宗教與儀式變遷：

多重的宇宙觀與歷史

Pamela J. Stewart

Andrew Strathern　主編

葉春榮

獻給

合作的靈魂

（To the Spirit of Collaboration）

PJS與AJS

2009

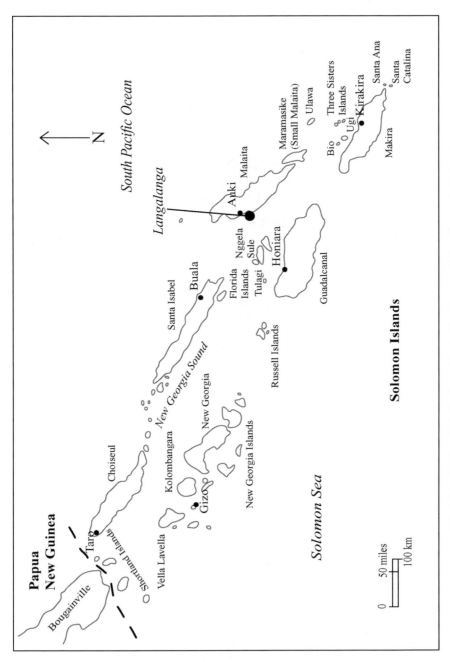

(after Michael N. Scott 2007, *The Severed Snake: Matrilineages, Making Place, and a Melanesian Christianity in Southeast Solomon Islands*, Carolina Academic Press, Durham, N.C., USA)

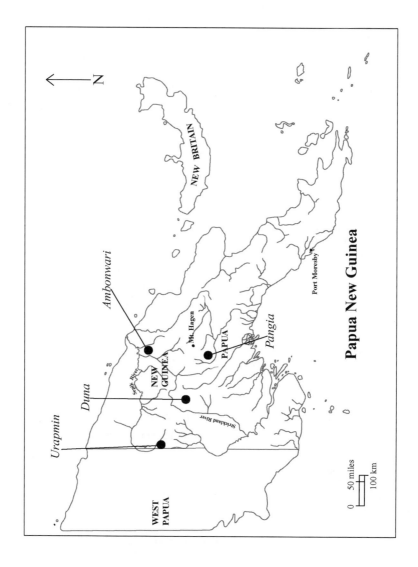

Papua New Guinea

N

NEW BRITAIN

Ambonwari

Duna

Urapmin

Sepik River

NEW GUINEA

Mt. Hagen

PAPUA

Pangia

Strickland River

Port Moresby

WEST PAPUA

0   50 miles

100 km

(after Peter Hastings 1971, *Papua New Guinea: Prospero's Other Island*, Angus and Robertson, Sydney, Australia)

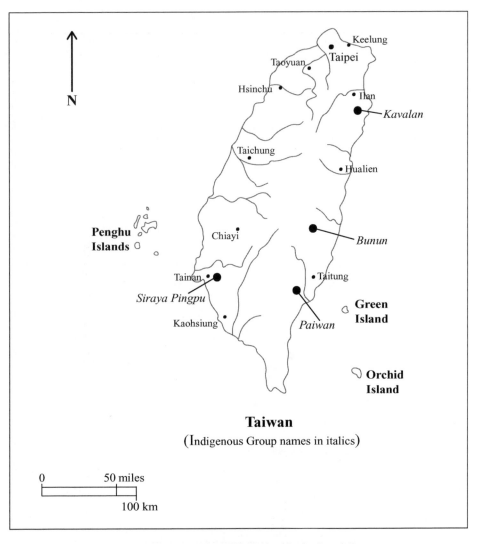

Taiwan
(Indigenous Group names in italics)

(after Gerald A. McBeath 1998, *Wealth and Freedom:Taiwan's New Political Economy*, Ashgate Publishing, Aldershot, England)

目次

前言
儀式路徑的合作模型[1]

Pamela J. Stewart and Andrew Strathern[2]

　　這本書於2009年發行的英文版本標題是*Religious and Ritual Change: Cosmologies and Histories*，編者為Pamela J. Stewart和Andrew Strathern。為了本書中文版的出版，我們與葉春榮教授合作，由他負責修訂中文版本的文章。本書中台灣籍學者的文章，都是由作者自己翻譯。其中有一些文章在從英文翻譯成中文的過程中，會添加一些額外的資訊或是做資料的更新。我們這篇前言和第一章導論也在從2009英文原版到中文版本的過程中經過些許的修訂。因此，中文版章節中的一些地方不盡然會完全吻合英文原版。若要詳讀，一定要回去查閱

1　在之前的著作中我們使用了「合作模型」（Collaborative Model）一詞來形容性別關係的一些面向（Stewart and Strathern 1999; Strathern and Stewart 2004）。我們也用過「儀式路徑」（Ritual Trackways）一詞來形容在地景中與儀式活動相關、同時具有儀式意義的通道、路徑（Stewart 1998）。在這裡我們將「合作模型」賦予新的意義，用以指稱在這部論文集中的作者儘管研究的是不同的西南太平洋或是台灣社群，還是可以藉由相關的研究主題被聯繫在一起。「儀式路徑」在此則是指新的宗教思想進入既有的宗教世界觀的過程。

2　我們擁有廣泛的研究興趣，所涉及的地區包括太平洋、亞洲、和歐洲。我們的網站是（www.pitt.edu/~strather）。其中列有許多關於我們研究興趣的書籍文章。

英文版本的章節。

　　許多人在這本書中文版的出版上貢獻了心力。我們在此感謝林蔓蓉小姐協助校定工作；羅永清先生翻譯本書中Joel Robbins的章節；邱子倫小姐和林浩立先生合譯我們關於Hagen、Pangia與Duna地區的研究的章節(第十章)；宋世祥先生翻譯Borut Telban的章節；以及林浩立先生翻譯我們的前言、導論(第一章)與結語，並協助我們完成整個翻譯的工作。我們同時也要感謝台灣聯經出版公司林載爵先生同意出版發行本書的中文版。

　　我們是這樣定義「當下時間」(Now time)的：一個「存在」開始在當下被深刻體驗的時刻(the here and the experienced moment of being)。在這個瞬間，這種體驗會與歷史產生聯繫，使當下的意識、在地性(emplacement)與經驗被重新架構起來，並產生意義。人類便是藉由這個「當下時間」來賦予宗教和儀式展演意義。本書的論文都涉及了當代台灣和西南太平洋社會(例如巴布亞新幾內亞和所羅門群島)脈絡中「當下時間」的討論。而且由於「當代」本身也不斷在變遷，在各地進行的在地實踐(emplaced practices)過程也都反映了這種「當下時間」。

　　如同所有的研討會與工作坊都經驗過的情形，許多想法和研究的發表是隨著計畫的推進而逐漸發展成形的。我們首先想到的工作坊名稱是：「身分認同、道德秩序與歷史變遷：台灣南島語族和西南太平洋島民的宗教實踐」(Identity, Moral Order, and Historical Change: Religious Practices among the Austronesian speaking people of Taiwan and among South-West Pacific Islanders)。我們於2002年開始籌畫這個會議。在當時的計畫書中我們提到，這個工作坊其中的一個目標是：

　　　探討人類如何以宗教來彰顯他們的道德秩序、來面對他們所

經歷的歷史變遷。這個過程也可以被視為在不同社會層次中找尋身分認同的歷程。因此，這個工作坊的目標是要了解並解釋人類如何透過其道德秩序的想法和在道德宇宙觀中的位置，來與理解認識自己變遷的經驗。除此之外，殖民歷史、傳教影響、經濟變遷、和政治活動都可以透過對宗教想法和儀式實踐的分析來思考。

我們對身分認同、道德秩序、和歷史變遷的想法可以藉由我們對巴布亞新幾內亞 Duna 人的研究來闡述（Stewart and Strathern 2002《重建世界：巴布亞新幾內亞 Duna 人的神話、礦業和儀式變遷》 Remaking the World: Myth, Mining and Ritual Change among the Duna of Papua New Guinea）。我們探討的要點其中之一是人類透過歷史經驗來思索身分認同的問題。然而，歷史經驗是流動而且不可預知的，所以人類會嘗試將這些變動與反映著生命規律性、並限制或激勵他們的道德秩序勾連在一起。在 Duna 人的例子中，這些過程是藉由 malu 創始神話來達成。在我們的術語中，這些 malu 神話代表著藉由肥沃／生殖能力來連結人類和環境的宇宙觀想法，例如富裕、健康、繁榮等等都在其範圍內。宇宙同時也可以用體液或是身體物質在人體和環境間的流動來表示。這對將死者與靈魂的想法與宇宙觀進行整合的過程也是十分重要的。歷史經驗與宇宙觀的互動使人類產生對自我的認識以及身分的認同。這些認知可以保持不變，但也可以隨時間而變遷。人類對宇宙看法的轉變會直接影響他們的身分認同。這些過程是緩慢或是迅速地進行，端看是何種力量在影響人類理解自己在宇宙中的位置。儀式實踐之所以重要，是因為它們能夠同時反映連續與變遷，也因此它們能使秩序趨於

穩定。(Pamela J. Stewart and Andrew Strathern，私人書信檔
案，經過些許修訂與更改)

本論文集中的文章最早是在一場我們後來命名為「權力與階
序：亞洲與印度太平洋地區的改信、儀式建構與宇宙觀信仰體系」
(Power and Hierarchy: Religious Conversions, Ritual Constructions, and
Cosmological Belief Systems in Asia and the Indo-Pacific)[3]的國際工作
坊所發表的。這場工作坊由我們以訪問學者的身分[4]與郭佩宜博士一
同組織企劃，於2005年的5月31日和6月1日兩天在中央研究院民族學
研究所內舉辦。有六篇文章是出自台灣籍學者之手，其他三篇則是來
自歐美籍學者。

我們給予了這個工作坊一個基本的理論架構，而這個架構也在
會議前後和與學者不斷的意見交換中獲得相當的發展。我們在當時所
準備的會議討論綱要是這樣寫的：

這個會議的主題包括改信——不只是基督教的改信，而是包
括廣義的宗教認同的轉變。另外一個重要的主題是儀式知識
如何從儀式專家傳遞到學徒巫士手上，不論是在台灣南島語
族的例子中，[5]或是在漢人宗教與基督教的脈絡下。會議中

3　在標題中加入「權力與階序」是為了配合當時幾位與會學者的研究興趣。

4　我們已發表出版過許多關於台灣研究的演講著作。我們的出版書目網頁列
　　有許多這方面的著作，請見(www.pitt.edu/~strather/sandspublicat.htm)。

5　我們在巫士展演的研究上與胡台麗博士和劉璧榛博士有著密切的合作關係。第一
　　場關於這個題目的工作坊是在2007年12月於台北中央研究院民族學研究所內舉辦
　　的。之後還有一場在2008年12月於同一個地點所舉辦的研討會。下面這個網址列
　　有與會學者的介紹(www.sinica.edu.tw/ioe/chinese/research/Shamans.htm)。

所有發表的論文都是來自研究者在特別的文化脈絡中針對這個主題所做的民族誌研究。我們在此的挑戰是要在工作坊舉行的這幾天，討論這些過程的變動性。一些我們希望能被提到的要點包括：

一、宗教和儀式實踐的傳播，以及它們在政治與文化場域中如何產生意義和價值上的轉變。

二、權力如何在一個社群之中，以及從這個社群之外運作，並造成宗教和儀式實踐的變遷。

三、個人相對於團體的「壓力」，或是使改信發生的「動力」。在此我們應該要了解個人和團體兩者，以及在實踐中不斷互動所形成的社會經驗，都需要被納入於我們的分析之中。

四、改信和儀式實踐變遷的過程中所產生的衝突或緊張關係。還有改信如何加深或化解這些衝突或緊張關係。

五、改信的時間面向。我們應該考慮到對於新的宗教和儀式實踐的接受是迅速或是漸進的。

六、改信的本質上，新的儀式實踐如何被接受，或是被改變；以及舊的儀式如何被維繫下來，甚至被強化。在此我們應該探討伴隨這些複雜的轉變而產生的意義變遷。

七、造成改信和儀式實踐變遷的道德信條和價值觀。

八、這些變遷過程中有關不同世代與性別的部分。

九、儀式和宗教實踐的政治面向。

十、儀式和宗教變遷過程中的展演面向，包括各種藝術展演的型式，例如演說、歌謠、舞蹈、和對身體的特殊運用。（參見Stewart and Strathern eds. 2005《展演類別》*Expressive Genres*）。

　　我們要求所有的論文都能透過對改信過程、儀式知識傳遞的探討來反映所研究的人們的宇宙觀信仰系統。除了知識的傳播外，我們同時也將訓練、入門、習慣的形成、舊有儀式實踐在歷史中的變遷、以及跨國資訊流動或是其他變遷機制的運作造成新想法的融入等議題包括在討論之中。宗教和儀式的力量在此可以被視爲階序的一部份。

　　許多學者將改信這個主題視爲了解宗教與儀式變遷的一種方法。改信這個概念暗示著個人宗教信仰的單方向變遷。然而，一個更廣更多元的視角可以使我們更了解之中長時間變動的過程。下面列有三個研究方向：

　　一、個人經驗；

　　二、外在歷史的影響；

　　三、外在歷史和社會內部競爭、衝突和爭權等過程的互動；

　　這三個研究方向各有其必要性。

　　第一個方向使我們能夠看到變遷在個人和人與人的層次上的動態。在這個過程中，宗教意識以及儀式實踐會在個人經驗中被強化，影響著他們的宇宙觀和道德價值觀。

　　第二個方向強調歷史和政治變遷的重要性，例如殖民政策的設立或廢除，或是新的經濟、環境和文化層面的影響，或是新的族群關係的形成。這個方向可以使研究照應到在個人生命之上更長遠的時間範圍。

　　第三個方向給予我們結合研究地方社會的運作過程和其文化脈絡的機會，並且使我們更了解這些過程如何與外在影響勾連在一起、人類如何找尋表現自我能動性的方式、以及他們如何創造自身的身分認同。

　　我們可以利用相同的邏輯來探討在正式的改信過程之外，儀式實踐和想法的傳播、變異和創新。這些有關宇宙世界觀和其中的信仰

價值、以及它們如何隨時間的遞嬗而變遷的議題，都必須被包含在討論中。因此，宇宙觀對工作坊所要探討的諸多脈絡來說，是一個非常重要的概念。

我們也期許這個工作坊能夠更深入了解地方與全球的因素如何在學者們所謂的「全球化」過程中運作。同時，我們也希望能進一步探討「改信」一詞。這個詞彙反映了一種立即的轉變。儘管它是許多民俗和基督教敘事的一部分，並且有著些許經驗上的真實性，大部分的學者都還是同意這詞彙容易使人產生誤解，因為我們面對的是一個漫長的過程，不論是在個人或是集體的層次上。需要問的是，是什麼因素驅使改信過程的發生。這個過程其中的一個環節是一套新的價值的引入。例如，很多人認為基督教會轉變舊有的價值體系。一旦新的價值被採納了，它們會隨時間的遞嬗逐漸成為傳統。在體驗新的宗教實踐的初期，人們通常會在測試完儀式的力量後，決定這個儀式是否有效。在短期之內，新的價值也許會風行草偃。但是經過一段長時間之後，人們通常會嘗試融合舊有的想法在其中，因為它們從來就沒有被完全根除。我們也必須要考慮在長時間下，懷舊之情如何復振舊的儀式實踐。

我們必須了解到，地方知識時常保持在新興儀式與宗教實踐的背景中。例如，關於祖靈的力量或是環境中的靈魂的概念會在新的宗教想法中被維持下來，甚至透過夢境或幻覺等經驗與之混合。

在我們的分析中所使用的另一個概念是「想像」（imagination）（參見Strathern and Stewart 2006）。「我們希望能思考想像在宗教與儀式實踐，以及改信過程中扮演的角色。想像指的是人類感知自身真實性和欲望的方式。我們同時也討論個人想像和集體想像，以及這兩者如何在人類對新的宗教和儀式實踐的反應中運作。在想像運作的過程中，恐懼是一個非常重要的元素。它甚至是驅使改信和變遷的主要動

力。想像同時使人類超脫於物質世界之上，並且使『另類真實世界』
成真。想像是一個非常重要的概念，因為它包括了人類如何依據自
己的希望、恐懼、懷疑和抱負來詮釋身旁發生的事件。」（Pamela J.
Stewart and Andrew Strathern，來自於個人語音檔案中於2005年5月30
日在工作坊中口頭發表的資料，並經過些許的改述和長度的修訂。）

　　這個主題的比較研究還有許多可以加強的地方。本書的論文是
一個傑出的開始，同時也對往後的研究奠下良好的基礎。

　　我們在此滿心感謝本書論文作者的用心和他們在這個主題研究
上的貢獻（在導論的附註一中有我們更詳細的感謝名單）。我們同時
也要求所有的作者必須取得使用任何資料的許可。我們感謝James
A. Johnson先生製作本書一開始的三張區域地圖。我們感謝Glenn
Summerhayes教授於2008年在紐西蘭奧塔哥大學（University of Otago）
人類學、性別與社會學系中提供我們一個研究室和訪問學人的職位。
當時我們正在準備本書英文原版的資料以備之後前往台灣與學者們進
行討論。

　　我們倆相處到現在，不斷地研究和與人分享我們的經歷，我們
發現我們關係的基礎與力量就是對彼此的愛與尊重。我們每一天都很
感謝這件事。

參考書目

Stewart, Pamela J.

　　1998　Ritual Trackways and Sacred Paths of Fertility. In Perspectives
　　　　　on the Bird's Head of Irian Jaya, Indonesia: Proceedings of
　　　　　the Conference, Leiden, 13-17 October 1997. Jelle Miedema,
　　　　　Cecilia Odé, Rien A. C. Dam, and Connie Baak, eds. pp.

275-89. Amsterdam: Rodopi.

Stewart, Pamela J. and Andrew J. Strathern

1999　Female Spirit Cults as a Window on Gender Relations in the Highlands of Papua New Guinea. The Journal of the Royal Anthropological Institute 5(3):345-360.

2002　Remaking the World: Myth, Mining and Ritual Change among the Duna of Papua New Guinea. Washington, D.C.: Smithsonian Institution Press.

Stewart, Pamela J. and Andrew Strathern, eds.

2005　Expressive Genres and Historical Change: Indonesia, Papua New Guinea and Taiwan. London: Ashgate Publishing.

Strathern, Andrew and Pamela J. Stewart

2004　Cults, Closures, Collaborations. In Women as Unseen Characters. Male Ritual in Papua New Guinea. Pascale Bonnemère, ed. pp. 120-138.　Philadelphia, PA: University of Pennsylvania Press.

2006　Introduction: Terror, the Imagination, and Cosmology. In Terror and Violence: Imagination and the Unimaginable. Andrew Strathern, Pamela J. Stewart, and Neil L. Whitehead, eds. pp. 1-39. London: Pluto Press.

第一章
導論：脈絡的複雜性與變遷的多重性[*]

Andrew Strathern and Pamela J. Stewart

一、問題與目標

　　宗教與儀式變遷是如何發生的？為什麼會發生？這些過程是如何在人類學家、歷史學家、社會學家、宗教學家、以及其他學者所關心的複雜脈絡中運作的？它們如何和連續與創新，或與其相對的斷裂與巨變這些議題勾連在一起？權力與政治之類廣大架構的問題如何能被帶進討論中？意識型態、結構、能動性和個人在這之中又扮演著什麼樣的角色？這些是我們在2005年5月於台北中央研究院民族學研究所的一場小型工作坊對與會學者所提出的問題，同時也是我們立文討論多年、並且在這本論文集中集結探討的課題。[1]更進一步地說，身為

---

[*]　本章節是由林浩立先生翻譯，編者們在此感謝他的協助。

1　在2005年這場工作坊之前，我們已經花了多年的時間準備這個題目的理論基礎以供討論。郭佩宜博士則協助籌劃協調工作坊在中央研究院民族所中的舉行。我們在此感謝使這個工作坊順利進行的台灣同事以及助理們。這些人包括我們邀請參與討論的研究員，例如張珣博士，以及前民族學研究所所長黃應貴博士；還有幫忙提供茶點、旅遊協助、視聽器材、影印的民族所工作人員們。我們同時也想感謝協助我們於2006、2007、和2008年以

西南太平洋區域研究(以巴布亞新幾內亞高地的Duna、Pangia與Hagen地區為主，這三處於本書通篇皆有論及)與台灣研究的專家，我們希望能將因近代歷史發展而分化，但在長遠的時空脈絡下關係依舊緊密的南島語族世界(當然也包括太平洋的非南島語系民族)，以超越地理區隔的研究主題重新聯繫在一起。[2]

在工作坊密集的聚會期間、之後幾年不斷的討論、思索和重寫中、以及身為這本論文集編者的修訂、反思、提供意見和校稿等責任裡，各篇文章所涉及的複雜性變得更加明顯。同時，關於這些題目的文獻也跟著擴張。然而，一些主線還是十分清楚。首先，幾乎所有的篇章都談到宗教改信和隨之而來的儀式變遷。其次，基督教所帶來的變遷是大部分篇章的談論焦點。第三，這些論文大都以歷史的角度來切入這個主題，希望能將人類學的觀察帶到貫時性變遷中。一言以蔽之，他們所觀察的這些複雜的想法與行動，都可以被劃到宇宙觀的範疇中：各種以秩序的創造和生命的延續為目的來存在於世、理解世界的行動方式。而這就是本論文集標題的由來：多重的宇宙觀與歷史。[3]

基督教研究，不論何種理論取向，三十多年來一直居於人類學研究的主流地位。但一直到最近，這個研究的數量、品質、地理區域、和與人類學主要議題勾連的程度才開始增加。這個方向反映了人類學學科主要理論的擺盪。它們不會完全推翻之前的理論，而是試圖取代

(續)───────────

訪問學者身分在台灣居留的現任民族所所長黃樹民教授。因為如此，我們才能夠直接與這本論文集的作者們互動並給予意見，使這本論文集成形。

2　我們在西南太平洋地區與台灣做過多年的研究。參見Stewart and Strathern 2002a, 2005a, 2007; Strathern and Stewart 1999a, 2000a, 2002h, 2004a。

3　宇宙觀與歷史這個主題是我們在過去幾年所追尋的主題之一，參見Stewart and Strathern 2000i, 2002a, 2005b; Strathern and Stewart 2004a。

之前理論的部分細節。不論如何，我們現在處於基督教研究（或者更廣泛地說，宗教變遷研究）和深度民族誌研究結合的階段；這類的研究也不斷地在和廣大架構的理論對話。在這篇導言中，我們首先會回顧之前關於這個取向的研究。我們接著會詳細討論本論文集中的各個篇章。在結語中我們會針對在其他地區的案例進行反思，指出一些可以幫助建立太平洋和台灣比較研究的一致性和特殊性。

　　在進行之前，我們將勾勒出過去40年來我們自己一些和這個主題相關的研究概念。

二、理論概念與我們之前研究的主題[4]

　　當我們於1964年在巴布亞新幾內亞Mount Hagen地區的田野工作開始展開之時，天主教會與路德教派的傳教士已經在當地運作了30年之久。我們清楚認識到這些基督教信仰已經深刻地影響著當地社會，並且對傳統儀式活動的進行造成限制。然而它們並沒有變成當地唯一的信仰。我們在研究中所關注的傳統交換行為，如在過去受到高度重視的*moka*交換行為（見A.J. Strathern 2007，1971初版之後的再版），仍然與分析改信基督教的現象十分相關。這裡，有兩個民族誌的特點需要特別注意：首先，在Hagen地區中的社會關係同時強調個人行動的選擇和團體結構的維繫。基督教的引入提供了當地人一套新的選擇，同時人們也傾向以群體的方式加入這個新的信仰中。然而之後這個模式改變了不少，一些當地人也開始擁有了更多個人抉擇的空間。

4　我們在這篇導論後面的參考書目中列了我們自己許多關於這個主題的著作，其他的則可以在我們的網頁中找到（http://www.pitt.edu/~strather/sandspublicat.htm）。

在這些脈絡中，宇宙觀的思維貫穿了個人的抉擇和結構的限制。生命的秩序和文化的再生產一直都與人類、環境、和靈魂的世界息息相關。對Hagen人以及許多其他的民族來說，這些不是各自獨立的範疇。泛靈信仰、咒語、獻祭、聖地、夢境、和起源神話將它們聯繫在一起。總的來說，我們將這些想法與行動統稱為宇宙觀（參見Stewart and Strathern 2002a）。當變遷開始發生的時候，這些想法會與宇宙觀中的各種範疇發生互動，甚至改變它們或是被它們改變。這也是為什麼一些新的葬禮儀式被引入時會產生不可預知的後果。人們會猜想在此之後亡靈會被安置在何處、而亡靈的處境又會如何影響他們對生者的作為。靈魂就像人類一樣：他們不喜歡被動地任人擺佈。這種認可靈魂能動性的宇宙觀使人類的能動性也跟著受到影響。

夢境是另外一個新和舊的宇宙觀產生推擠碰撞的場域。在Hagen地區中人類的夢靈（*min*）據信會遊走到北方一個名喚*Mötamb Lip Pana*的低窪野地。在那裡他們會以夜行有袋動物和鳥類的面貌出現，並與親戚族人相會。在基督教，特別是在近期的靈恩教派和五旬節運動被引入之後，夢境並沒有失去其重要性。夢境的經驗進入改信基督教的敘事中，並且成為擁有先知預感的主要依據。除此之外，因為親戚族人時常遷徙到城鎮中，在夢境中見到親人的景象反映了對親人在他鄉的是否過得好的焦慮（參見Stewart and Strathern 2003a）。

夢境經驗的描述和人觀的想法與變遷十分相關。為了回應那些過度重視個人或是另外一個極端：社會人（socio-centric self，同時又稱為可分割的人dividual，一個借自南亞文化脈絡的概念）的分析，我們於1998年提出了關係性個人（relational-individual）的概念（Strathern and Stewart 1998d, 2000a，同時參見Stewart and Strathern 2000h, 2005a）。一些來自現代化理論傳統的分析傾向將改信基督教視為一種把人觀從團體性轉變成個人性的過程，我們認為這個過程太過簡化了。我們需

要更多細緻的研究，以人類作為個體和群體關係中一分子的角度來探討變遷的發生。我們在研究*moka*交換時所關注的個人抉擇與群體情感之間的互動，在當代基督教脈絡中還是持續在運作著（參見我們在下面的討論和Stewart and Strathern 2001a〈大交換：*Moka*與上帝〉"The Great Exchange: *Moka* with God"）。

對新幾內亞高地社會的研究最重視的交換活動來說，道理也是一樣的。《*Moka*之繩》（*The Rope of Moka*）一書的索引處列有九項「傳教」的條目。除了一項提到有一個傳教士參與了*moka*交換活動之外（2007［1971］: 165-n.2），其他大多是關於早期路德教派傳教士反對*moka*交換的記錄。到了1990年代，新教堂的建立已經被融入於*moka*交換活動中。交換與宇宙觀始終關係緊密。以往*moka*成功與否的關鍵在於祖靈的保庇以及對看守儀式地的死者的獻祭。在基督教的脈絡中，禮物是為了確保死後能上天堂而獻祭給上帝的，貴重的教堂建築則反映了此生的榮耀。這表示現在領導的地位需要藉由參與教堂活動來得到。新教堂的建造與過去為了*moka*而建造的儀式地和男子會所的意義如出一轍。在巴布亞新幾內亞，無論在地方上或是國家上，宗教力量與政治力量始終緊密地聯繫在一起。[5]

5　由於Hagen地區「大人物」（big-man）領袖地位所含有的競爭性質，教會領導人藉由宇宙觀和交換的關係而獲得政治權力的現象並不令人意外。事實上，非基督教教派領袖也可以因為自己塑造的魔幻氣質而變成政治上的領袖。而這種氣質大多是他們的支持者投射在他們身上的（這種過程可以在世界各地的政治活動中看到）。

類似的過程也可以在學術界中看到。有些想法會很普及除了理論本身的價值之外，更有可能是因為一大群研究者盲目地引用。不久之後，這些想法開始有了特殊的魅力，成為研究出版甚至工作的通關密語，直到另一個世代沒有包袱的學者開始批判這些概念，並認為它們對自己的民族誌發現並沒有太大的用處時，這個過程才可能停止。

上述論點可以帶出另外兩個重點。改信是一種行動，而這個行動之後還有許多後續的行動，不是只有教會儀式上的轉變。因此改信可以被視爲一種與「體現」（embodiment）和「在地性」（emplacement）類似的展演行爲（參見Stewart and Strathern 2001c, Strathern and Stewart 1998e）。被蓋在特定地點的教堂會藉由這些地點獲得特殊的意涵，教堂也可藉由特別的展演給予這些地點新的意義。這些體現的展演創造了一種我們稱之爲「當下時刻」（Now-Time）的經驗，並且與不斷變遷的宇宙觀想像息息相關。教會活動創造了屬於自己的時空感，將群眾從一般的感知中分離，進入一個神聖的領域中。另外，基督教儀式與一般的儀式有一個共同的特點：它藉由「當下時刻」和「特殊的過去」（privileged past）的互動來獲得能量，使得過去成爲現今的形象。因此，耶穌基督過去的事蹟會與教會現今的經驗結合在一起。例如下面一首五旬節教派的聖歌：

> 耶穌基督在此守候
> 祂存在於四周
> 呼喚祂的子民至其左右……

同樣地，J.Z. Smith也點出儀式必須依靠一種儀式脈絡中的當下經驗來與外在脈絡中的日常生活區隔（Smith 1987: 110）。例如上面提到的耶穌基督形象，其想法是耶穌基督，一個永生的形象，向其信眾接近，如同他最初復活後在他的信徒面前出現一般。因此，儀式可以被視爲一種介入時間和空間的手段。當下時刻也代表著一種對「物品欲望」（cargoistic desire）先驗的實現。我們在此還可以提供另一個例子：魔術咒語往往都是使用現在式，因爲它們在描述一個希望成真的事件正在發生。

　　J.Z. Smith(ibid)強調，儀式和日常生活總是有一種緊張對立的關係。儀式無法完全占據日常生活。我們認為，實現願望的「當下感」會開始在儀式之外的脈絡中逐漸減弱。但另一方面，儀式行動並非只是儀式外的行動的相反面。兩者會互相影響。我們以前曾在討論新幾內亞高地的性別關係時提出「兩性合作模型」(the Collaborative Model)的想法。這個模型重視男性與女性之間合作的元素，雖然儀式的進行很多時候都還是以男性為主，例如在Mount Hagen地區中的女靈信仰(Stewart and Strathern 1999c)。我們的模型取代了之前在分析這些高地現象時，十分普及的性別對立模型。基督教同時某種程度也改變了性別關係，特別是儀式中將男女肩並肩放置在一起的做法。雖然這看起來是一個巨大的改變，我們認為這在基督教之前的儀式活動中早已有跡可尋。近幾年內，許多學者發表了一系列關於性別和性別關係的研究，包括Bacigalupo(2005)；Lipset and Silverman(2005)；Juillerat(2005)；Stewart and Strathern(1999a, 1999c, 2002g)；Strathern and Stewart(2004b，包括對Kenneth Reid, Edward Schiefflin, Maurice Godelier和Gilbert Herdt等人的民族誌的重新分析)；以及由Pascale Bonnemere所編的論文集*Women as Unseen Characters. Male Ritual in Papua New Guinea*(2004)；Dorothy Hodgson所編的論文集*Gendered Modernities*(2001)；還有Ty P. Kāwika Tengan(2008)。

　　上述這些概念提出了對於連續和變遷如何與改信產生關係的重要問題。我們接著開始評論這些問題如何在一些重要著作中被討論。

三、之前研究的主題以及我們的評論

　　我們首先討論於我們在台灣的工作坊後2006年出版的一系列研究。它們被集結成一個很籠統的名稱：《基督教的人類學研究》

The Anthropology of Christianity（Cannell ed., 2006）。這本論文集收錄了來自不同地區的研究，包括玻利維亞（Olivia Harris）、印度南部（Cecilia Busby, David Mosse兩個不同的篇章）、菲律賓群島（Fenella Cannell）、瑞典（Simon Coleman）、斐濟（Christina Toren）、秘魯的亞瑪遜地區（Peter Gow）、西巴布亞（也就是印尼的Irian Jaya）（Danilyn Rutherford）、馬達加斯加島（Eva Keller）以及在美拉尼西亞（西南太平洋）但以巴布亞新幾內亞為主的地區（Harvey Whitehouse）。上述這個清單反映了此類研究開始廣泛地在各個地區進行。另外值得注意的是，這十個篇章中有三篇是在討論太平洋地區，另一篇則有可能是針對在馬達加斯加島的南島語族。

那麼這三個關於太平洋地區的研究的主題是什麼呢？它們又如何與其他研究產生關聯？Fenella Cannell表示（2006: 3）其中一個研究問題是「認真地面對他者的宗教經驗」（[take] seriously the religious experience of others），以及基督教本身如何在人類學研究的領域中被看待。她回顧了一些不重視基督教的民族誌（頁10-14），並進一步認為基督教本身在歷史上被其領袖看待成一個帶來巨變和中斷的根源（頁14）。我們在此補充一點，改信如何作為一種整體經驗上的巨變，和如何協調上帝與墮落的人類之間關係的問題，便是由這些想法產生的。她還發現內在性和告解這兩主題在基督新教教義中特別明顯（頁20）。最後，她再度回顧關於歐洲歷史上基督教與資本主義之間關係的老問題，並引用了Jonathan Parry對Marcel Mauss名著《禮物》（*The Gift*）的分析（頁21）。

將這些早期著作與當代研究做比較的同時，Cannell強調該論文集的所有作者們「都以歷史的特殊性來理解基督教」（are committed to a historically particular understanding of Christianity）（頁22）。她談及歷史上羅馬天主教與基督新教的區隔，提醒我們基督教並非一元

的，而是非常多樣化。她更進一步指出正是因為地方的多樣性和當地人改信後造成基督教的改變，使一些實踐行為是否為基督教的問題開始出現(頁25)。藉由引用Charles Stewart和Rosalind Shaw的著作(1994)，她認為為了解釋地方上混合的宗教實踐，研究者求助於「綜合」(syncretism)一詞來解釋這狀況。她還發現羅馬天主教會以「因地制宜的文化適應」(inculturation)的概念來解釋這樣的混合現象，並認可這些地方的基督教形式，只要當地人「承認一個最高的神的存在」(the presence of a transcendent deity... is acknowledged)(頁26)。在此我們可以看到，鑑於自己長時間地與歐洲基督教以前的儀式混合的情形，天主教會使用包容理論(encompassment theory)來面對這種狀況：只要上帝還是在階序的頂端，其他宗教多樣的面貌是可以被允許存在的。同時，天主教會也持續地在定義什麼才是正統的宗教實踐，造成廣大信眾的焦慮以及正統基督教的分裂(同樣的過程也在伊斯蘭教世界中發生，參見Onder 2007關於土耳其農村地區醫藥理論和實踐的研究)。Cannell在此引用Christina Toren在斐濟的研究。Toren認為斐濟衛理公會教徒(Methodist)雖然重視宗教正統的做法、遵循著儀式活動的規定，但同時也將「斐濟酋長的模式」(the pattern of Fijian chiefs)(頁29)模塑於對上帝的想法中。

　　上述這點與本論文集中的研究是非常相關的。這也是我們自己在關於巴布亞新幾內亞Duna人的研究中所想要倡導的想法：不同的實踐和態度中會包含複雜但互相對應的觀點。一個特別的儀式從一個角度可以被視為基督教的，從另一個角度它又可以被視為非基督教宇宙觀的延續，或是一種潛藏的世界觀模型。我們所引用的例子是Duna人的墓葬習俗(也是基督教不斷攻擊的對象)。位於Aluni谷地的Duna人以往總是把死者放置在一個平台上，讓肉身下降到土地中，靈魂(*tini*)則在歌聲中飛入森林(若要進一步了解細節，參見Stewart and

Strathern 2000i, 2002a, 2005b）。傳教士希望當地人能停止這個習俗，並將死者放到棺材中埋在土裡。Duna人表面上遵循這個規定，但實際上他們在土坑中還是放了一個平台，棺材的底部則開了一個小孔，然後才放到坑中埋葬，如此以來肉身還是可以下降到土地中。而且他們之後還是會將死者的骨骸拾起帶到森林的岩窟中安置，使之與*tini*團聚。他們將這個行為稱為「為死者辦派對」（making a little party for the dead），軟化這件事實際的含意並給予一個無害的面貌。因此，Duna人在遵循基督教墓葬規範的同時，還是能持續地保持他們的土著宇宙觀。

另一方面，對基督教的適應不總是對外來形式的妥協而已。當地人還是會全心全意地關心神學或是倫理道德上的問題，例如Joel Robbins對巴布亞新幾內亞Urapmin人的研究（Robbins，本書中以及2004）。此外不同教派的信徒彼此之間的關係也是劍拔弩張，反映著或是進一步轉變地方競爭權力結構。地方性、民族語言團體、氏族、和其他造成變遷的動力都可能被捲入這些競爭或是短暫的和平中。這些關於能動性和實踐的表現形式也反映了最初不同傳教派別對基督教真理和信仰的爭執。在巴布亞新幾內亞高地中，澳洲的殖民政府為了阻止一些這樣的競爭，命令傳教組織建立各自的據點，向不同的群眾傳教。例如，在1930年代的Mount Hagen地區中，天主教聖言會（Societas Vocis Divini）在Rebiamul殖民政府巡邏站的南邊設立了總部，向Mokei人傳教。來自德國Neuendettelsau的路德教派則被分配到巡邏站北邊的Ndika人。同樣的情形也在1960年代南部高地的Pangia地區發生。殖民政府在那裡命令路德教徒在飛機跑道底部靠近監獄的地方設立其據點，而天主教徒則被分配到較遠的地方。然而在這些例子中，任何一個教派在任何一個當地群體中都沒有立即的聯繫或傳教上的優勢。這也許是因為地方社會結構的複雜性使他們不會輕易地向

圖一
在Aluni谷地Hagu聚落的墓地哀悼者，Duna地區，巴布亞新幾內亞，1998。這種新式的墓穴設有鋁浪板屋頂，取代以往使用的茅草。（照片來自P.J. Stewart/A. Strathern檔案）

任何一邊靠攏。在後殖民時代（1975年之後），Hagen與Pangia地區出現了地方教派激烈的競爭，特別是隨著五旬節教派的進入之後（A.J. Strathern 1984, 1993; Stewart and Strathern 2001d. 2002f; Strathern and Stewart 1999d, 2000a, 2000h, 2002:64-66）。

　　Colin De'Ath在關於巴布亞新幾內亞Trans-Gogol地區的研究中討論了一段天主教聖言會和路德教派在那邊傳教活動的歷史。他評論了一個發生在1930年代的事件，這個事件是關於一個荷籍天主教教士如何因為縱火的罪名被逮捕關進監獄，「他放火燒毀了三位路德教徒的房子，因為他們侵占了他傳教的地盤。」（after he had burned

圖二

在Aluni谷地Haiyuwi教區的浸信教派教堂，Duna地區，巴布亞新幾
內亞，1999。這個由木板蓋成的建築物靠著多根柱子支撐，並且有
一個鋁浪板屋頂。（照片來自P.J. Stewart/A. Strathern檔案）

the houses of three Lutheran Mission helpers who had encroached [on]
his territory)(1981: 67)。De'Ath也注意到當時傳教組織與殖民政府之
間的對立(ibid)，以及路德教徒與天主教徒之間持續的敵意。他認為
當地人往往以物質的角度來看待傳教組織，希望在改信這個新的宗教
之後能夠變得富有，而傳教士則以為他們是基於精神上的原因而改信
的(頁66)。針對這點我們認為許多文化間互動產生的誤解時常是因為
物質和精神的二元對立本身。土著宗教關心的是健康、繁榮、和豐
收，而且這些必須靠正確的儀式動作達成。這些利益是物質上的，也
是精神上的。在前資本主義社會的宇宙觀中這兩個領域可以合而為

一，在現代脈絡裡當地人對宗教獨特的想法中也是如此。哲學家，或是政治人物面臨變遷時會針對神學以及宇宙觀的議題進行辯論，其激烈程度甚至會和歐洲歷史上不同基督教教派之間的衝突一樣。基督教教義不可避免地會與地方實踐，以及與之勾連的宇宙觀、在地性（emplacement）產生碰撞，例如該如何、在哪裡安置與哀悼死者（如同上述Duna人的例子），令人爲難的教義問題和衝突也因此會在人們的日常生活中出現。

　　在我們的研究中，我們得知一個年長的Duna人早年加入了於1964年傳入的主權恩典浸信教會（Sovereign Grace Baptist）（Stewart and Strathern 2002a: 121）。他向我們表示他對死者的靈魂會到哪裡感到疑惑。他們都前往天堂了嗎？還是下了地獄？他們會徘徊在墓地四周嗎？傳教士告訴他如果墓地附近有靈魂出現的跡象，那就是惡靈（魔鬼）。這個解釋讓他感到不安，甚至有些焦慮。而這樣的焦慮感是來自與宇宙觀連結的地景不完整的重塑與斷裂的結果。

　　Michael Scott在對於所羅門群島中Makira島上Arosi人的研究中談到地方「民族神學」（ethno-theology）的概念，以及將研究問題視爲當地人建構自己的民族神學的過程，而非只是從外在觀察者的角度來看待這些現象（Scott 2005b: 106；同時參見其更廣泛的討論2005a，將Arosi人的例子與「混合、真空和封鎖」[hybridity, vacuity, and blockage]等人類學概念做比較）。在Cannell所編的論文集中，Eva Keller關於馬達加斯加島上五旬節教徒的研究強調聖經研讀和辯論使當地人與教會活動持續結合的重要性（Keller 2006）。Keller將重點從改信轉移到人爲何會持續信奉，並發現當地人在聖經研讀時不斷發問或追究的態度。當地人表示，魔鬼會欺騙人們、設法將真理掩蓋住，因此聖經研讀必須「將真理從黑暗處拯救出來」（rescue the truth from beneath the cover）（Keller 2006: 290）。她所描寫的狀況是當地人對聖

經研讀強烈的興趣(亦見Keller 2005)。這樣的形象可以與17世紀蘇格蘭的長老教徒強調討論與辯論的行為相呼應。[6]了解了這個主題的重要性後，我們想要再補充一點，那就是體現的研究角度：神學的議題往往在人生的潮起潮落中出現，例如疾病或是不幸。它也與人們在地景中嵌入意義的實踐(emplacement)息息相關(關於在地景中嵌入意義的實踐，見Stewart and Strathern 2003b)。Cannell表示(頁30)，「安息日教徒的崇拜行為出乎意料地理智」(Adventist worship emerges in the account as surprisingly cerebral)，有別於馬達加斯加島上重視情緒反應的五旬節教徒。然而，我們認為「理智」(cerebral)並不會排除興奮的體現反應；而這種刻意與別人不一樣的態度(在此指安息日教徒與五旬節教徒之間)也是地方政治上常見的體現表現。Christina Toren在《基督教的人類學研究》一書關於斐濟的篇章中則強調她所研究的斐濟人在信仰上和實踐上虔誠的表現(orthodoxy and orthopraxy)。他們小心翼翼地遵循著衛理公會教派的教旨和儀式禮儀。然而，他們的基督教經驗還是與葬禮行為以及親屬間同情互助的社會行為糾葛在一起(Toren 2006)。正是因為這種同情心的表現使得基督教和斐濟的傳統價值緊密結合，我們更進一步認為這兩者會因此激發彼此的能量。

　　基督教經驗和改信現象中一個重要的象徵主題是：聖經的力量。在此我們將進一步分析這個主題之中各種不同的意涵。由於本身就是一個重要的意象，聖經作為一個神聖的物件本來就會被視為具有力量。從另一個極端來看，我們也可以說對經文認真的研讀才能真正地彰顯它的力量(也就是「知識即力量」那端的看法，Keller所研究的安息日教徒便是持這個想法)。在這兩端的中間，則是一種「文字具有力量」(特指聖經上的文字)的想法。因為既然聖經上的文字是天啓

6　我們的田野地也包括蘇格蘭，見Strathern and Stewart 2001b。

的，其力量應該來自於上天，但也可以來自於對聖經旨意的闡述，使之能夠被人類理解。這兩種力量來源的匯流也可以在聖經以可傳文字形式存在的說法中被印證(在此我們進入了關於識字能力如何對口語文化產生影響的複雜討論中，對這個主題其中一個權威的看法可參見Goody 2000)。

在Cannell所編的書中，Rutherford對於西巴布亞的Biak人基督教信仰的研究探索了傳教士以及當地人如何賦予經文的力量不同的意義(Rutherford 2006a: 242-265)。她的分析強調了Biak人如何透過與外界的接觸，以使用外來象徵符號力量的能力來界定自己，並由此「將外來的事物轉化成身分認同的來源」(transforming the foreign into a source of identity)(頁249)。也就是說，他們自己的祖先可以被視爲與外人無異(這個主題，及其變調的發展，可以在新幾內亞被視爲「船貨運動」(cargo cult)的變遷運動中看到，參見Strathern and Stewart 2002: 66-71)。

Biak人擅長製作*korwar*雕像。這些雕像代表一種能夠溝通生人與逝者的靈魂，他還能夠在人疾病與危難時給予保護(Rutherford 2006a: 252)。當傳教士將聖經傳入時，Biak人將它視爲一個「充滿魔法的物件」(magical possession)(頁251)，足以取代*korwar*雕像。當地人告訴Rutherford他們不再需要老舊的祖傳遺物(例如*korwar*雕像)因爲現在他們已經擁有「福音來取而代之」(the Gospel instead)(頁251)。在改信早期的過程中，Biak人將傳教士所說的話語當作外來的貨物一樣看待(頁259)。對有著普世救贖熱情的傳教士來說，這樣的互動接觸帶來了關於「真誠性」(sincerity)的難題。這樣的互動同時也與「利用基督教措辭的末世運動」(messianic uprisings drawing upon and subverting Christian rhetoric)(頁261)勾連在一起，並以神話英雄人物Manarmakeri爲其中心。參與運動的人認爲Manarmakeri的降臨「會

使死者復生，開始一個無盡的繁榮年代」（would raise the dead and inaugurate an endless age of plenty），這個年代當地人稱之為*Koreri*，「並且會使人們的皮膚變好」（changing the skin）（頁261）。

Manarmakeri在這裡顯然是一個類似耶穌基督的人物，但在這個運動之中也有地方性和顛覆基督教的元素存在。在此之前，Biak人曾經到Tidore王國向當地的蘇丹王進貢。到了現在Manarmakeri運動的支持者表示他們要改向Manarmakeri獻上貢品（頁262）。末世運動中的一位先知是這樣看待聖經的，「聖經上的福音是對Manarmakeri神話的翻譯」（the Gospel became a translation of the myth of Manarmakeri），他認為是Biak人的一位祖先命令「古騰堡進行活字印刷聖經，讓德國傳教士可以過來這邊把聖經還給他們」（[order] Guttenberg to set up his presses so that the Germans could bring the Bible back where it belonged）（頁264）。他還認為荷蘭殖民政府的傳教士將聖經一開始關於Manarmakeri就是上帝的部分撕掉（ibid）。這些措辭無疑是基督教如何地被地方化最佳的例子。

舊的和新的宗教之間較為平和的互動可以在本書中關於布農族的章節看到。在該研究中楊淑媛談到布農族人如何將上帝視為與自己以往信仰的神一樣（楊淑媛，本書）。但我們也不能就完全接受或反對這種一致性。布農族作為一群具有想法和能動性的人會選擇這樣的看法是因為一來這樣的一致性本身就很合理，二來這樣可以配合他們所認知的世界。但基督教的觀念某種角度上來說已經改變了早期的想法，我們等一下在這個導論中會進一步討論這個情形。

在我們自己於台東縣的研究中，我們訪問了一些排灣族長老教會的牧師（相關討論見Strathern and Stewart 2006d, 2007h）。在這些訪談中一些牧師告訴我們，基督教的上帝與他們以前在傳統信仰中崇拜的「神祇或是土地精靈」（god/earth spirit）無異。在此同時許多牧師則

表示基督教與傳統信仰之間還是有其衝突，而且基督教必須被優先遵循。其他人則覺得沒有什麼太大的改變，他們認為傳統信仰可以增進基督教生活。

Webb Keane在Cannell所編的書中（Keane 2006）認為關鍵在於禱告時真誠的話語（頁316）。這個觀察與本書中譚昌國（譚昌國，本書）對於排灣族長老教徒的民族誌研究頗為一致。但是認為真誠性是基督教禱告中一個重要的議題，並不表示我們必須要將前基督教的儀式語言視為「不真誠」的。這是一個關於不同的說話方式，以及它們與地方人觀和能力展演之間關係的問題（詳細討論見下方）。

Cannell所編之書中還談及太平洋的資料的章節是Harvey Whitehouse（2006）的研究。他著名的地方在於關於認知科學與宗教研究的理論，以及對教誨性的、和依靠經驗意象的兩種不同宗教模式的區別（相關討論見Whitehouse 2000）。Whitehouse從我們上面提及的論點來開啟他的章節，也就是區隔宗教實踐中「傳統」和「基督教」元素的困難性（見Strathern and Stewart 2004a）。Whitehouse發現巴布亞新幾內亞的Baining人的火舞儀式表面上看起來是傳統的，但之中卻充滿了基督教的符號，例如十字架（我們認為這可能是因為該地區長期受到天主教的影響，見Hesse 1982）。Whitehouse接著列出一些基督教和土著宗教實踐顯著的不同處（2006: 300-303）。他發現知識的分配是其中一個不同的地方：知識在土著宗教中是被限制的，而傳教士卻是在將福音散布給每一個人（頁300）。他還認為基督教是靠著布道和演講來贏得人心，土著宗教則不依賴這種向大眾的註釋，而是只有專家了解其奧義（這個論點與第一點類似）。他又表示，基督教有規律的儀式，而土著宗教儀式則是片段的、循環的。Whitehouse接著認為，如同上述，基督教的記憶來自每一天的經驗，而土著宗教則是片段的；基督教認定一個廣大普同的社群，而土著宗教則重視地方上的支

持者。還是一樣如同上述，基督教傾向「擴張和包容」（expansionary and inclusive），並且擁有一個階序的結構，相反地土著宗教則是偏重地方和特殊性。這些所有的比較使Whitehouse總結土著宗教是意象性的（imagistic），而基督教是教誨性的（doctrinal）。這些比較當然只是針對一種理想的狀況，可以作爲了解當地人面對基督教教義挑戰時的標準。而這些挑戰造成的結果，以及當地人自己隨著時間想出的多樣解決辦法，與John Barker稱呼的「被挪用的基督教」（appropriated Christianity）十分類似（引用於Whitehouse 2006: 305，原文來自Barker 1999: 98）。

除此之外，各種土著儀式實踐和其模式有著許多種的變化，不會與Whitehouse的二分法完全吻合。Whitehouse的理論價值在於展現當地人需要去解決的差異性，如果他們能夠感知到這些差異性的話；或至少指出一個當地人如何了解基督教，並進而改信的方向，即使這個方向是他們爲自己創造出來的（Barker 1999與Whitehouse 1999之間的對話主要是在釐清兩者之間的誤解。Barker的評論中有一些值得引用的地方，他指出Ian Hogbin 1970年的著作和之後學者們的一些創新反思，例如Geoffrey White 1991，已經清楚闡述當地人如何主動地思索自己在基督教教義中的位置）。Joel Robbins與Whitehouse類似，認爲五旬節教徒有一套核心主要的實踐方式，而且這套實踐會在世界各個五旬節教派進入的地方中被複製（Robbins 2004）。

將這幾點聯繫起來後，我們想將另一個與上述討論相關的重點帶進來，那就是Duna人的葬禮儀式如何微妙地、隱密地將「傳統」與「變異」結合起來（Stewart and Strathern 2002a）。在五旬節教派核心的特徵中，我們可以再列兩項：說神語（speaking in tongues）的重要性，以及聖靈的附身。這些行爲對改信的人來說具有莫大的吸引力，並且經常成爲各種復興運動的基礎，例如Robbins所研究的Urapmin人

便是如此。這些現象從某種角度來說，是彰顯與過去斷裂的重要記號。五旬節運動便是引用聖經中關於類似現象的敘事，來強調他們教會的出現（參考Robbins 2004: 319）。

　　然而，我們認為有一個更為微妙隱晦的元素在此運作。雖然在巴布亞新幾內亞地方文化中沒有可以比擬說神語的文化形式，五旬節教派認為先知儀式性的演說是隱晦充滿力量的想法，在當地許多面向中還是可以輕易地找到關連性。同時，被聖靈附身的概念也與當地被祖靈或其他靈魂附身的想法類似。這些新宗教經驗形式的吸引力，便是在於它們與非基督教實踐如何地在表面上不同，但在更深層次中相似的感覺。這樣一個矛盾的狀況則必須依靠神學想法上的修補來解決。被聖靈附身的狀況開始需要與被舊信仰中的靈魂附身的情形區別開來。舊信仰中的靈魂於是被賦予負面的意涵，一如基督教早期在歐洲傳布的過程。這些舊靈魂當然還是具有影響力，但是這個影響力是相對於上帝的力量而言。在這種情形下，舊靈魂很容易地被放入基督教教義中魔鬼的領域裡。這樣的安排根本地改變了這些靈魂道德上和倫理上的位置。他們不但不再被視為好的行為的監督者，現在還被當成對新秩序的威脅。即使他們被認為在傳教士與舊宗教儀式專家之間的能力對遇中消失了，他們還是會在人們的夢境中或是不幸的狀況中出現（Stewart and Strathern 2003a; Strathern and Stewart 2002: 64-66）。他們的能動性始終存在，雖然只存在於具有傷害性的那面。這樣的故事在世界各地中屢見不鮮，但我們在此想要表達的是，新秩序需要作為反派的舊秩序來使自己蓬勃發展，例如不斷進行的救贖系統需要願意懺悔的「罪人」持續地出現，才能延續下去。

　　在我們的想法中，基督教不只是在反對土著宗教。事實上，它需要這些宗教內容中的一些部分來界定自己。而且既然我們面對的是個人和群體的問題，在實踐的過程中一定會遇到經過妥協和商量的複雜

關係：這就是John Barker(1999)提到的「挪用」的過程。

我們在最後這邊想強調的是，這樣的過程不是只會在土著身上，或是在使他們改信基督教的傳教士身上發現：這個過程是在他們兩者之間的互動中產生的。但是使當地人改變對祖先的看法、賦予他們正面或負面價值(changing the sign)的動力，首先會從傳教的脈絡中開始，特別是在基督新教的傳教活動中，因為他們在全球各地反對天主教會對土著想法的開放態度。這個情形也會在當地人自己身上出現，但原因比傳教的脈絡還要特殊、私密。對傳教士而言，當地人的祖先是「他者」，對當地人來說他們卻是「親人」。如果他們不尊重或是沒有善待自己的親人，不論是生者或是死者，他們或他們的下一代如何能修補這樣對過去的斷裂呢？對這個問題的答案是相當悲哀的，但也是非常實際的。

四、之前研究的其他主題以及我們進一步的評論

我們現在要分析與我們已經討論和評論過的主題相關的一小部分研究。我們從Engelke和Tomlinson所編的論文集中的研究(2006)開始談起。這些研究著重於意義產生的問題。該書中十篇文章有四篇是使用太平洋地區的資料。Danilyn Rutherford在她的文章中進一步討論之前提到的*Koreri*運動，她發現西巴布亞民族主義分子開始利用基督教的禱告來支持他們的政治理想，並隱約地表示上帝會站在他們那邊，幫助他們達成他們的目標(Rutherford 2006b: 120)(對西巴布亞伊斯蘭教、基督教以及印尼國家體制之間關係更深入的研究，見Farhadian 2005)。

Matt Tomlinson在該書中討論斐濟衛理公會的布道的文章發現聖經的斐濟文翻譯是出自對斐濟文不太熟悉的翻譯者，而且布道的內容

充滿了錯誤的發音和拼法（Tomlinson 2006）。然而這種翻譯的語言卻
開始積非成是，變成一種標準斐濟文。使用這種語言的布道者則成為
詮釋聖經章節的權威。來聽布道的人期待這種權威的展現，等待著他
們講解章節的意義。如果布道者達不到這樣的要求，他們會受到批評
（頁142）。Tomlinson在此的說明提醒我們基督教在地方上被採用後，
通常會出現不同意義的競爭以及藉由這些意義建構其宇宙觀的情形
（關於宇宙觀與歷史更進一步的討論可見Stewart and Strathern 2002a;
Strathern and Stewart 2004a）。

　　Ilana Gershon在薩摩亞對基督教的研究則展現了一個不太一樣，
但又十分相關的論點（Engelke and Tomlinson 2006第七章）。她在思索
為何有一些薩摩亞人會從「主流」的教派轉向新興的靈恩教派：每
當靈恩福音教派入侵基督新教和天主教的地盤時，例如在巴布亞新
幾內亞和其他出現類似狀況的地區中，這個過程便會發生（Gershon
2006）。

　　這裡我們要註明，上述的斷裂情形與從土著宗教轉向基督教的
狀況有所不同。這個情形比較類似一種消費者在類似產品中做選擇的
態度，或者用另一種方式來說，是一種自我展演的改變。在這個例子
中，選擇的進行代表一個人如何由生命儀禮交換的結構和道德觀來體
驗教會，轉而把教會當成展現親屬交換義務之外個人內心信仰的場所
的過程。我們認為Gershon研究中的薩摩亞人是住在紐西蘭奧克蘭的
移民，是一個很重要的事實。為了展現對老家的聯繫，他們會時常寄
禮物回薩摩亞，而主流教會也會鼓勵這種行為。相反地，例如基督復
臨安息日會和摩門教等新的基本教義派教會並不支持這個舉動，而這
些教派也於是成為想逃避這些責任負擔的人的一條出路。另一方面，
成為另一個教會的信徒也可能代表著參與一個不是以薩摩亞人為主的
信仰群體。這些狀況反映了一種身分認同上的轉變，也就是Gershon

所強調的「道德經濟」(moral economy)上的轉變(頁152 ff.)。轉換
教派的信徒也會表示以前的宗教儀式對他們來說是毫無意義的(頁
159)。他們代表否定過往行爲的一種斷裂，並且將重新創造的意義加
諸新的行爲之上。同時，他們也清楚了解新的教派所徵收的什一稅較
少這件事。

　　上面所展示的面貌也許比較符合移民社群的狀況。然而，人們
會因爲許多複雜的原因在教派之間做選擇的情況也可以與其他地方的
資料產生共鳴。在於巴布亞新幾內亞Mount Hagen地區的研究中，我
們發現安息日教徒以「只要在他們的教堂結婚，就不需要付聘金」的
口號來推廣自己的教會。另外，替教會之外的儀式跳舞表演的行爲
在薩摩亞福音教派「重生式」改信(born-again conversion)的脈絡中也
許會被鄙視，但更明顯的是教會自身的儀式會成爲與這些非教會儀
式競爭的美學場合，使信徒虔誠地展演與教會的聯繫，並且「努力
地創造一個虔誠的自我」([making] visible labor that goes into making a
worshipful self)(頁158)。因此，我們認爲上面提到的那種「自我」明
顯地較少受到財富交換的界定，而受到教會中歌曲、問候和禱告等宗
教言語的交換較多的影響。在這樣的情形下，崇拜的意義便隨著社會
關係的改變而產生轉變。

五、巴布亞新幾內亞高地

　　在巴布亞新幾內亞高地社會中，社會交換的原則和實踐是土著宇
宙觀非常重要的一部分。要想像一個沒有交換行爲的情形是不太可能
的(見Strathern and Stewart 2008a, 2008b)。

　　我們在這邊討論兩個關於高地社會的研究：Hans Reithofer的
《蟒靈和十字架：如何在巴布亞新幾內亞高地社會中成爲基督徒》

（*The Python Spirit and the Cross: Becoming Christian in a Highland Community of Papua New Guinea*, 2006）以及Hogler Jebens的《通往天堂之路：在巴布亞新幾內亞對抗主流和基本教義派基督教的現象》（*Pathways to Heaven: Contesting Mainline and Fundamentalist Christianity in Papua New Guinea*, 2005）。這兩個研究對地方社會性的模式和儀式實踐都有非常仔細且長篇幅的說明。Reithofer精闢地分析了早期殖民政府巡邏隊和探險家與Somaip人（他在巴布亞新幾內亞南部高地省所研究的對象）之間的接觸事件，如何地被當地人安排進入他們自己的歷史「宇宙地景」（cosmoscapes）中（Reithofer使用「神聖地理學」［sacred geography］和「宇宙自然化」［cosmological naturalization］來指稱這個現象，2006: 275, 277）。這個過程的結果是「白人」（泛指非巴布亞新幾內亞人的高加索白種外地人）一開始被視為擁有魔法，甚至是重返人間的祖靈──兩者都是在新幾內亞典型而且普遍的題材。包括衛理公會、天主教、路德教派、使徒教派（Apostolics）、和安息日會在內的傳教士們在1960年代獲准進入這個地區（Reithofer 2006: 239），而這之中只有使徒教派沒有留存下來。殖民政府和一些當地社群鼓勵傳教組織前來幫助地方的發展，這個情形也發生在南部高地的其他地方，例如Pangia地區的Wiru人（A.J. Strathern 1984; Stewart and Strathern 2001d, 2002f; Strathern and Stewart 1999d, 2000h）。

傳教組織彼此之間也存在著競爭關係，而殖民政府官員非常不樂意看到隨之發生的地方派系分裂的狀況（Reithofer 2006: 239）。當地社群深受哪一個教派是最好的這種謠言的影響（頁240）。以下是一個關於安息日會的真實事件：一個當地人透過靈媒得知他一個重病的兄弟正在被住在該地區聖地中的蟒靈所吞噬。在一隻原本應該被當作安撫蟒靈的祭品的豬被拿來當作其他用途的賠償禮之後，他的兄弟死

了。這個人於是拋棄了任何向蟒靈獻祭的儀式，轉而加入了安息日會（Reithofer 頁242）。

　　早期的基督教傳道師基本上都反對土著儀式實踐（頁247）。一個天主教傳道師敘述他如何將聖水灑在當地的靈屋上，以驅走撒旦惡靈，接著將屋子燒毀並在原地豎立十字架（頁247）。這是一個「能力的對遇」（power encounter）模式的典型例子，並且在基督教傳入高地的初期相當普遍，不論它是被外來傳教士所挑起還是來自地方上改信後的教徒。從物質層面來看，傳道師同時也有教會提供他們的衣物和報酬。他們是新宗教信仰的供應者，就像當地以前那些付出財富學到新儀式知識的人一樣，將知識傳遞給別人。在追求這些新教派的同時，當地人會混雜土著神話和儀式在聖經故事中（頁251）。天主教會在一些特定的社群中變得十分流行，安息日會則跨越社群界線來尋找信眾，創造出新的支持網路（這種情形在別的地區也可以看到，可以被視為一種在其他教會支配一地的狀況下，突破重圍吸收新血的策略）。

　　Somaip人回溯過往，建立了一個區隔黑暗罪孽的過去與純潔基督教的現在的二分法。他們表示改信基督教帶來了發展，使他們都變得更為強健（頁264），即使他們必須放棄向大地之靈獻祭的豬隻犧牲儀式。透過更進一步的檢視我們可以看到一些想法和體現儀式象徵上的改變。例如，肥皂被視為不只是一個清潔物品，而是一個洗滌惡靈的用具，例如肥皂會被用在清理女人的經血上，使他們不再需要用到以前的洗滌咒語（*nemonk*）（頁266）。Somaip人用關於火山灰燼飄落的敘事來指稱過去黑暗的時代，而新時代便是灰燼歸於塵土後新的開始。現在這個新的開始指的就是當代（這個主題也可以在Duna人中找到，Stewart and Strathern 2002a: 32-33）。他們說在首批傳教士到來之前，於1962年發生的日蝕事件中，有一個十字架同時在東方出現（頁

268），而且這個事件也被他們拿來與聖經中耶穌基督被釘死在十字架時出現的日蝕做比較（頁268）。我們由此可以看到，新的和舊的元素會被交織在一起、被重新架構起來。然而，雖然新的時代中有諸多好處，男性力量卻被認爲減弱了。這可以被視爲一種反映自尊消逝的想法（我們認爲這與戰爭行爲被迫中止十分相關）。儘管如此，Somaip人還是企圖與過去重新聯繫。他們會說自己的祖先早已經預告了這些外地人的到來（頁270，這也是南部高地普遍的題材，見Clark 1989, 2000對Wiru人的研究）。他們也會在自己的地景上尋找聖經時代遺留下的證據。一個當地人發現了一個堆滿人骨的洞穴（這應該是一個二度埋葬的陳列處，Duna人也會在自己的巖穴中做這種事，Stewart and Strathern 2002a），他認爲這些是在聖經提到的大洪水中被淹死的人（頁273）。最後，一個關於聖地的兩姊妹的地方神話，被重述成Maria與Marata（也就是聖經上的Mary和Martha）（頁275）。Reithofer在此引用我們的一段話，也就是我們認爲這是一種「將地方與一套充滿力量的基督教人事物稱謂結合的過程」（process that brings the local again into alignment with a sacred set of names denoting power）（Stewart and Strathern 2000g:18; Reithofer, 頁277）。

聖經中關於犧牲、奉獻生命等主題也能夠與Somaip人對宇宙的認識產生共鳴。有時候在改信基督教後，當地人會向祖靈獻上豬隻作爲最後一次的犧牲，感謝他們同時也是向他們道別。他們認爲靈魂會離開舊的儀式地，退居到高山的森林中（頁282）。他們希望在Tunda棲息的蟒靈能夠永遠沈睡不再醒來。這些都是他們覺得上帝的力量勝過舊的靈魂而接著產生的想法。除此之外，上帝的領域是在天上，但以前天上被認爲是天靈居住的地方（類似的想法見Strathern and Stewart 2000b，《蟒靈之背：通往印度尼西亞與美拉尼西亞比較研究之路》*The Python's Back: Pathways of Comparison between Indonesia and*

Melanesia)。基督教醫療的禱告也取代了以前儀式專家的*nemonk*咒語（頁300）。在天主教洗禮儀式中用到的聖水則使人想起過去重要的土著儀式中水的使用（頁301）。

Reithofer指出神學上對液體的重視在這裡巧妙地賦予了以前的象徵主題新的意義，例如他們會說耶穌基督的血充滿力量，使得女性經期的隔離行為不再有必要（頁303）。這與一段我們在Hagen地區發現十分流行的五旬節教派聖歌頗為類似：

> 這裡有力量，力量，無所不能的力量
> 在血液中，在血液中
> 這裡有力量，力量，無所不能的力量
> 在十字架寶貴的血液中……

2000年千禧年的來臨帶來了一種將舊的與新的時間觀、毀滅和復興等想法結合的末世論（頁312）（Reithofer在此又引用了我們關於這個主題的研究，Stewart and Strathern 1997, 2000a）。最後，Reithofer點出了女人如何在基督教聖歌中充滿創意地實現她們的宗教情感。他所引用的句子充滿了意象和隱晦的象徵，就像我們在Melpa（Hagen地區）、Wiru（Pangia地區）和Duna人中收集到的前基督教歌謠一般（見Stewart and Strathern eds. 2005a）。其中一個我們收集到的簡短的Duna歌謠，展現了在加入基督教的旅程中與耶穌基督的情誼，以及對在天堂中與祂再次相遇的憧憬：

> Yesu-ne haruru nganda
> 我想要和耶穌一起走……

　　從理論分析的角度來看，Reithofer的研究提出了一個重要的論點，也是我們之前已經提及的：關於斷裂和變遷的措辭，會伴隨一個較隱晦但始終存在的連續性出現。我們認爲這正是使Somaip人能夠創造自己歷史的「開關」，也就是Franz Boas在1898年所說的：「神話世界好像只是爲了被毀滅才被建立起來似的，而新的世界便是建築在其碎片之上。」（It would seem that mythological worlds have been built only to be shattered again, and that new worlds were built from the fragments）（以題詞的形式被引用於C. Lévi-Strauss的《結構人類學》*Structural Anthropology* 1963第十一章〈神話的結構研究〉"The Structural Study of Myth", 頁206）。

　　Holger Jebens的研究，《通往天堂之路》（2005），則可以作Reithofer的對照組。他的田野地也是在巴布亞新幾內亞南部高地省，對象是Pairundu的Kewa語族。在這裡，傳教工作開始於1958年，包括了天主教會和路德教派，以及之後1963年才過來的安息日會。天主教教士在報告中表示他們還沒有強烈地制止傳統實踐的進行，然而福音派教徒和當地人覺得過去的每一件事物應該被拋棄。安息日會清楚地提倡劇烈的變革，並將自己視爲在和天主教徒競爭（Jebens 2005:85）。很久之後於1987-89年間，一個聖靈運動隨著靈恩教派的到來在這個地區開始普及。當地人必須判定靈魂附身的現象是被聖靈，還是被惡靈附體（頁87），許多衝突和指控便因此發生。對巫術的恐懼與通靈占卜的行爲也依然存在（頁91），豬隻的犧牲也是如此。Jebens認爲對天主教徒來說，進入天堂是一個非常重要的目標，而要達成這個目標必須靠相當的努力才行（頁110），但當地人對傳統宗教持續的關心使得這些努力顯得有問題（頁114）。安息日會則強烈地將本身與傳統區隔開來，並且更積極地執行自己的禁忌和訓誡（頁115）。我們在安息日教徒算是少數的Mount Hagen地區的研究中也發

現了類似的模式。安息日會同時也強調對聖經徹底的理解（頁116，這情形在其他地區也十分普遍，他們還特別強調教育的重要性）。他們傾向將自己視爲「唯一真正的基督徒」（the only true Christians）（頁120），並且對天主教徒是否能進入天堂表示相當的質疑（頁137）。天主教徒對安息日教徒的回應則是他們「造成了社會衝突」（caused social conflicts）（頁139）。

在從歷史的面向研究這個主題時，Jebens指出改信在實踐上其實是一個拼湊而成的過程，使當地人逐漸地「採用基督教」（adopting Christianity）（頁170）。然而這個過程中同時也包括了安息日教徒想要使天主教徒改信的企圖。對兩邊來說，恐懼是一個很重要的元素——對審判日的懼怕、以及對帶來新宗教的白人力量的敬畏、以及對巫術持續的恐懼（頁178）（對巴布亞新幾內亞巫術的研究見Stewart and Strathern 2004）。有意思的是，在Jebens的分析中我們可以清楚看到當地人還是持續地在使用傳統的醫療方式。這也許反映了新引進的醫療資源的不足，以及隨著白人而來的新疾病的盛行。在一個抽象的層次上，Jebens看到了安息日教徒依舊在試著透過新的制度來實現傳統的合作價值觀（頁234）。這個結論可以說是對認爲基督教徹底改變了當地價值觀的論點的反面看法。但是我們必須知道，這些不同的論點是基於不同的觀點，和對資料不同的詮釋而做出來的。

六、道德觀和禱告

一個可以貫串所有關於基督教改信的研究的主題是，在複雜的變遷中道德觀的位置爲何。基督教傾向強調萬事萬物的道德性，特別是透過建構一個內化的自我，和隨之而來的個人責任來強調這個觀點。在宇宙觀的世界中這個重點與原罪、犧牲、和救贖等概念息息相關。

道德觀因此便與末世論勾連在一起。其中的細節雖然會因不同的教派而產生差異，但是整體來說基督教的道德觀與巴布亞新幾內亞土著道德觀一樣是鑲嵌在其宇宙觀中的。

　　人類學對傳統宗教的分析傾向於強調儀式的規則、程序、禁忌和回報等面向的重要性，以及違背禁忌後不好的後果，還有帶給人們安樂或是不幸的靈魂的能動性。如果我們將道德觀與特定基督教教義的關係看得太接近，土著文化中就似乎沒有道德觀的存在。然而這是非常錯誤的看法。當地人當然有強烈的是非觀念，人們做錯事後也有特定的懲罰。在這個廣義的架構下，基督教與前基督教的實踐形式之間可以找到溝通的橋樑。另一方面，理解宇宙觀如何作為道德觀的基礎也是很重要的。例如，一個「宇宙地景」（cosmoscape）也許會包含透過嵌入於聖地中被體現的意義（the embodied emplacement of sacred site）來平衡影響個人、群體和地方的能量流動的想法

　　由此我們可以知道，Somaip人對耶穌基督會出現在蟒靈棲息的聖地的想法，其實可以透過將人們的情感與轉化後的地景聯繫在一起的道德觀來理解。為了將人與地連接在一起，知覺的和美學的意象會被喚起，例如這個聯繫可以透過教堂的建築來達成。包括成年禮、結婚和死亡這些生命儀禮也時常將人與地纏繞在一起，以維持或重建一種道德秩序。這些想法是以前的土著儀式中固有的面向，在基督教儀式中，例如婚姻誓約，也一再地被強調。

　　身為在巴布亞新幾內亞研究地方和大眾基督教的先行者的John Barker，集結了一批專門研究「在美拉尼西亞和其他地區」（*in Melanesia and Beyond*）的道德觀的文章（Barker ed. 2007）。其中Bruce Knauft對在巴布亞新幾內亞Gebusi人所做的研究使用了〈道德觀的交換和交換道德觀〉（"Moral Exchange and the Exchange of Morals"）這樣的標題（Knauft 2007）。在這篇文章中他繼續討論他的專書《交

換過去》（*Exchanging the Past*）中的主題。在該書中他追溯Gebusi
人如何從兇狠好鬥、迷信巫術的叢林戰士，成為遷徙到Nomad河畔
殖民政府巡邏站旁、習於安靜地聽著布道和道德訓論的基督徒（一
言以蔽之，他們被殖民、馴化了）。但Knauft同時發現，「慶典活
動現在圍繞著搖滾樂團音樂，和年輕人對著流行音樂卡帶跳的迪斯
可熱舞」（festivities now revolve around string band music and teenage
disco dancing to cassettes of rock music）（2007: 64）。這個模式與被動
地接受基督教教條的模樣是非常不同的。Knauft對變遷的整體分析
是相當有意思的。他認為對Gebusi人來說，這一切就像交換活動一
樣：他們將自己的過去交換走，以獲得基督教的未來（更進一步的
討論見Strathern and Stewart 2004a: 142-146）。在論文集的導論中，
Barker將他的討論與Kenelm Burrudge的研究做了聯繫，專注於當地
個人的和個人之間的主體性，例如在民族誌中著名的「大人物」
（big-man）的問題，並且特別討論了他所謂的「道德正義感的存在
問題」（the existential problem of moral integrity）（Barker 2007: 9）。
Jorgensen（1994）最早曾認為，道德觀在大部分的時候，也許可以被
視為是即興創作的，而Barker也發現這點。然而，如果我們在這之中
加入宇宙觀的面向，它看起來也許就不會那麼地隨機、即興。這個
論點可以與以下討論相提並論：包括Burrudge「等值」（equivalence）
的概念、和Holger Jebens在他的研究中引用的Kenneth Read「力量和
等值」（strength and equivalence）的想法、以及在Hagen地區*moka*交換
體系中個人意識和群體責任矛盾的互動（見A.J. Strathern 2007[1971]；
Strathern and Stewart 2000a）。

　　我們在此應該避免把土著宗教與基督教簡單地區分成內部與外部
的主體性。實踐中的個人主體性一直是內部與外部兩者的混合，雖然
之中的文化意識型態還是會有所不同。為了調解這個主題中東方主義

式的（Said 1979）和普同式的兩種不同的形式，我們早先曾提出「關係性個人」（relational-individual）的概念（我們最近是在John Barker於2007年所編的論文集中，系列編者前言的部分提到這個概念，Strathern and Stewart 2007g）。[7]這個概念一方面避免太過強調關係，而剝奪了人類的個人性和創意；另一方面又不會太偏重個人而將一種民族中心主義式的個人觀加諸人類的行為上。我們希望能解決太側重於關係或是個人的兩難，在研究這個問題上能有一個更平衡的觀點。因此，今日和過去的社會生活在實踐上可以被視為一種個人意識與群體責任的平衡關係，雖然這個關係有時候是不穩定的。某些基督教的形式也許會鼓勵一種個人與上帝直接的聯繫，但這也會伴隨著頻繁的宗教群體活動。而且一個地方的社會形式如果因教會群體的劃分方式而改變了，它還是會受到早先社會關係的影響，例如教會群眾會被稱為「弟兄姊妹們」。

　　另一個爭論則是在於禱告本身與咒語、許願等土著儀式的相同或差異性。在Mount Hagen地區，天主教神父在當地的稱呼是土著儀式專家*mön wuö*，這也許是因為當地人覺得天主教儀式，包括禱告，與土著宗教實踐沒什麼差別。*Mön*的意思是口頭活動，也就是低聲說著咒語、或是向靈魂大聲許願之類的活動。這個字的動詞型態*mön rui*（擊打*mön*），指的是因某種強烈的目的而用力將字說出來。而且*mön*的話語安排順序只有儀式專家知曉。他們的語言是古老而且特殊的，並將其宇宙具體而微地表現出來。另一方面，於1930年代隨著天主教徒來到Hagen地區的路德教派傳教士則被當地人認為在進行

7　一些早期關於美拉尼西亞的個人性的研究可以視為是從社會主義／不可知論之類的概念發展出來的。這些想法沒有仔細考慮到民族誌的和語言學的資料，所以無法正確地描述所研究的現象，部分原因則是它們對宇宙觀脈絡的忽視。

miti。*Miti*應該是來自當地共同語言Tok Pisin中的「傳教」(mission
或*misin*)的新字彙，在地方上的Melpa語中無法找到這個字的語義根
源。路德教派以對教育和聖經經文的重視出名。*Miti mön rakl*是一個
隨著教會的來到而出現的Melpa詞彙，指的就是當時這兩個主要的
教會。天主教的禱告因此可能被當地人視為與路德教派有所不同。
Melpa語明顯地會根據意圖和結果來區辨不同的說話方式，所以對
*mön*與*miti*的區分反映了由該地語言內部特性發展出來的分類方式。

Joel Robbins在反思於「巴布亞新幾內亞西部高地邊陲」Mount
Ok地區Urapmin人(Robbins 2001b: 903，在此需注意的是，Urapmin
人在行政管轄上不是屬於西部高地省，而是西Sepik或是Sandaun省)
的田野工作時，分析了Urapmin人在禱告中所發展的新的語言使用方
式。Urapmin人信仰的是一種浸信教派。和Hagen地區的路德教派一
樣，他們用一個來自德文「禱告」的Tok Pisin詞彙*beten*來稱呼禱告這
個動作(可能是由北部海岸地區的德國路德教派帶來的)。這個詞彙將
禱告的新穎和力量與殖民經驗連接在一起。當地人時常禱告，不管是
以歌唱或是團體的方式(頁903)，而且可以為了許多不同目的而禱告
(就像所有的傳統目標：健康、狩獵、和諧)。Robbins認為這種對禱
告的強調與Urapmin人覺得基督新教教義中演說是非常重要的想法十
分相關(相較於非語言的儀式)(頁904)。基督教對文字重要性的堅持
有時候對Urapmin人來說是很麻煩的，這也使他們開始對自己「現代
化」的狀況表示懷疑。

從這個論點開始出發，Robbins認為「現代語言的意識型態」
(modern linguistic ideology)(頁904)連結了意圖、意義和真理的訴
說。現代的主體是開放的，而且會顯露出它內部的狀態。但Urapmin
人表示，心裡面的想法是無法被知曉或是傳達的(頁906)。禱告便成
為他們以儀式化形式熱切地表達真理的地方，而禱告也由此成為儀

式，而非只是話語(頁907)，部分原因是因為這些動作是向上帝的訴說。Urapmin人會用禱告來化解糾紛，就像過去的賠償禮一樣，並且還可以用來排解憤怒。Robbins在另一篇回顧Roy Rappaport關於儀式理論和真實性如何藉由語言和非語言媒介被創造出來的文章中更進一步地討論了這個議題(Robbins 2001b)。Rappaport的論點是人們覺得非語言動作比語言動作還要親密，而Robbins將這點連到他自己的見解上。

對於這個論點，我們認為必須建立在「語言現代性」(linguistic modernity)和「基督新教」(Protestantism)的模型上。Urapmin人是否了解這些模型很難知道。然而，他們覺得基督新教重視話語以及天主教重視儀式的想法，與Melpa語對*miti*和*mön*的分別有其相似之處。但這就是Rappaport討論的一個關於話語普遍的問題：當它們成為禮拜儀式的一部分時，它們會變得神聖、能夠吐露真理、而且擁有強大力量、能夠被展演出來。禱告也許真的重視一顆誠心的重要性，但是它還是必須依靠儀式化的形式才能進行。即使是五旬節教徒自發性的說神語行為都還是會以儀式的形式表現出來。

最後，只將「真誠性」(sincerity)放在「現代性」的討論中，會忽略人類學家之前所研究的那些「前現代」(pre-modern)文化實踐。誠然，人們對謊言和欺騙的防衛心很重，並且創造了神裁法這種制度來判定有罪或是無辜。「真誠性」如果被視為一種對某個理念的信奉，它便可以與「信仰」(belief)連在一起。但信仰在地方象徵體系中並非一個明顯的範疇，反而比較接近Pierre Bourdieu所謂的「潛藏共識」(doxa)(Bourdieu 1977: 164-171)。但如果真實性是一個基督教通俗的想法，它就不應該被拿來與非基督教儀式的「非真誠性」做比較。基督教的「真誠性」本身只能在基督教的宇宙觀中運作：它可以是溝通人與上帝的橋樑，就像一個作為犧牲品的動物一樣，價值珍貴

而且能夠展現奉獻者的心意，進而成為像Holger Jebens所著之書的標題，《通往天堂之路》一樣。

七、「通往比較之路」：本論文集中的研究

我們邀請學者來為這個主題貢獻心力，並將這批研究集結成本書最重要的原因，是要跨越歷史的分割來討論相似性和差異性的問題。在台灣的南島語族少數民族，和在巴布亞新幾內亞與所羅門群島（西南太平洋地區）的南島語族與非南島語族，以往多被當成民族誌上「孤立的個案」(ethnographic separates/isolates)在研究，而這些地區的整體歷史也真的不太一樣。讀者應該可以清楚看出我們的討論中大多在引用太平洋島嶼社會的例子。但是太平洋與台灣的民族誌案例歷史還是有許多關連性，以及在比較後才能看到的差異性。

我們將逐一討論本書中所有章節，並將它們彼此與本書的主題做一個勾連。郭佩宜關於所羅門群島Malaita島上Langalanga人的基督教信仰的章節(第二章)，很特別地是在討論空間的概念，以及基督教與空間觀在過去的敘事和現今的衝突中如何被聯繫在一起。從設法進入Langalanga社會的外地人的敘事中，我們可以看到他們如何被給予一個特別的生活空間。他們被接納的原因是因為他們帶來了特殊的知識和能力，包括儀式的能力。由於這種互動關係的存在，當地人在之後面對殖民時期引入的新宗教時，已經有了應對的前例。空間分配並不一定代表對立，雖然它還是可能會產生敵意。我們在這裡將進一步解釋郭佩宜的研究方法。她的研究方法是奠基在地景和在地性(emplacement)的理論上(見Stewart and Strathern eds. 2003b中我們對於這個主題的導論[Stewart and Strathern 2003c]以及郭佩宜自己的章節[2003])，並且與Hans Reithofer(2005)關於意義如何在神聖地景上

被重新賦予(re-inscription)的研究，和我們自己對Duna人的研究(見Stewart and Strathern 2002a; Strathern and Stewart 2004a)十分相關。郭佩宜的分析對性別研究也做了一個特殊的貢獻，因為她重新討論了空間分配的性別禁忌，以及它們的歷史變遷(在這裡又可以看到與我們在Mount Hagen地區女靈信仰的研究的相關性，Stewart and Strathern 1999c)。

郭佩宜提供讀者一套早期關於所羅門群島基督教信仰的研究的完整書目，我們在此就不再贅述。從民族誌的角度來看，她認為傳統靈魂持續的存在，和它們在地方生活中持續的影響力是不可否認的。在一個典型的模式中(最早在另一個所羅門群島的研究中被提出，White 1991)，舊靈魂邪惡的地方會被放大(溫和的地方則被低調處理，甚至抹滅)。靈魂同時被認為在過去便互相競爭，現在則進入了地盤的權力糾紛中(這可以和新幾內亞高地中，靈魂如何藉由儀式實踐的空間路徑穿越地景的現象作比較)。基督教各教派之間也宛如舊靈魂一樣，在歷史上互相競爭，所以這種「能力的對遇」的情形並非新穎的狀況。上帝藉由*aofia*的概念(一種類似南島語族中常見的*mana*的概念)被賦予力量，如此一來神聖力量的新舊來源便被結合在一起。同時，不幸的歷史事件會被認為是不高興的祖靈造成的。當地人認為祖靈透過疾病和不幸來干涉人世。他們的力量因此被視為是黑暗的，而這個黑暗面已經無法再被他們正面仁慈的一面抵消。仁慈的這一面便被基督教上帝所接收。

郭佩宜的章節包括了許多能與巴布亞新幾內亞和台灣的研究做比較的地方，但也能獨立地從她關於宗教變遷的過程中空間分配的想法來談起。本書接下來的章節(第三到第七)包含了來自巴布亞新幾內亞(Robbins和Telban)以及台灣(譚昌國、劉璧榛和楊淑媛)的資料。從這裡文章間的相似性以及差異性，開始變得十分明顯。

　　我們首先要點出一個偶然出現，但又具有啓發性的差異：巴布亞新幾內亞和台灣的殖民狀況是非常不同的。相較於巴布亞新幾內亞人，台灣的原住民（南島語族）經驗了一個更長、更複雜的被殖民歷史。他們首先從16世紀開始便面對了漢人的殖民；1895年到1945年之間，他們和漢人一樣都受到了日本人的統治；從1949年開始他們則經歷了蔣中正從中國大陸撤退來的軍隊，以及隨之而來一直到1986年才停止的戒嚴令（Rubinstein 2007: 436-495）。除此之外，葡萄牙人早期曾有一段時間影響了台南一帶的地區。在日本政權統治時，許多原住民流離失所、遷徙轉移至他處。許多原住民社群喪失了母語，甚至他們彼此之間的認同感。2000年之後土著文化實踐開始有復興的跡象，原住民權益也逐漸獲得重視。在那之前，跟隨著蔣中正來到台灣的國民黨政府促進國語在台灣的使用，並鼓勵原住民藉由通婚融入漢人社會中，許多國民黨榮民們便娶了原住民妻子。他們的名字也轉變爲漢字形式（較早住在這邊的閩南人在說國語之餘，還是保持了自己的語言閩南話，雖然當時有禁說閩南話的政策存在）。他們的語言使用、文化實踐、和歷史感也通通產生改變了。

　　在巴布亞新幾內亞，當地人的生活深受迅速的社會變遷、秩序的崩解、和基督教西曆引入的影響，使他們對2000年會發生什麼事情感到關切。在台灣，時間的計算不是從幾千年前中國帝王的時代開始，就是從中華民國於1911年建國的時候開始，因此千禧年的焦慮和運動並不顯著。大體而言，台灣原住民面對了比較劇烈的文化變遷和語言流失，但相較於巴布亞新幾內亞有比較少的千禧年末世問題存在。與此相關的是，基督教對台灣原住民有一種在巴布亞新幾內亞（或是在更廣的太平洋地區）中看不到的特殊意義：基督教信仰是台灣原住民區隔漢人的重要身分表徵，因爲大多數漢人（絕非全部）有著一種融合道教、佛教、和民間信仰，並到廟裡祭拜的信仰方式。

　　基督教在巴布亞新幾內亞將當地人與殖民者連在一起；在台灣則是把南島語族與漢人區隔開來(客家人的情形則不太一樣)。這些想法幫助解釋爲何台灣原住民會比較積極地將基督教地方化，並認爲基督教與他們自己的宗教形式有其相似性。這個過程包括了土著化基督教的形式，以及基督教化土著宗教實踐。在巴布亞新幾內亞這種過程也某種程度地在進行著。但隨著五旬節教派的盛行，以及1975年巴布亞新幾內亞獨立之後的改變，當地變得比較強調基督教帶來的斷裂和全盤的變遷。

　　本論文集中兩個關於巴布亞新幾內亞的案例：Urapmin人(第三章)和Ambonwari人(第四章)的研究，與上述的討論非常相關。Joel Robbins於1990年代所研究的Urapmin人是一群住在巴布亞新幾內亞Sandaun省Mountain Ok地區、人口大約390人的小群體。他們在1970年代時開始了一個基督教「復興」運動。會說復興是因爲他們早在1950年代末就已經初次經驗了基督教(Robbins 2004: 1-2)。這個復興運動並非導因於外來傳教士直接的介入，而是與外界接觸過的當地人自發的行動。它也不是來自劇烈的社會經濟變遷，因爲這裡反倒是缺乏這樣的變化。Robbins(2004)認爲這個運動是Urapmin人不滿於自己的文化在1977年後缺乏刺激變遷的事物造成的結果。這樣的論點與早期人類學在巴布亞新幾內亞對「船貨運動」的討論類似。在Urapmin人的案例中還有另一個元素：對外來人(白人、基督徒)生活方式與形象擬態的複製模仿。

　　Urapmin人將自己的宗教活動視爲他們文化實踐和價值全盤變遷中的一環，而這些變遷則支持了基督教社會秩序對傳統文化的取代。但這種劇烈的變遷也造成了他們的焦慮，使他們自己「成爲罪人」(*Becoming Sinners*)，也就是Robbins 2004年一書的標題。以Telefomin爲基地的澳洲浸信教派於1953年首次將基督教帶來這個地區。這個

傳教活動對地方文化相當排斥，並強調健康醫療和教育的重要性（Robbins 2004: 105）。Urapmin人覺得要獲得傳教活動帶來的好處，他們就必須要放棄自己舊有的生活方式（就像之前提到的「交換文化」的主題）。後來這個主要由一位名喚Diyos的地方領袖開始的復興運動，開始對宗教變遷的推動提供了情感的能量、興奮感以及聖靈附體時得到的神秘知識。當Robbins來到當地進行田野工作時，這個「革命」已經在Urapmin人的生活中被制度化了。

在本書的章節中Robbins重新檢視了文化變遷的問題，部分地作為對我們於2005年舉辦的工作坊中討論的回應。在他以前的著作中（2004:5），他反對文化元素混合的模型，認為那沒有處理文化秩序和價值的問題。這是一個非常重要的議題，並且與我們之前研究中所強調的宇宙觀的概念非常相關（見Stewart and Strathern 2001: 16）。然而，如同我們之前所說的，發現變遷如何潛伏於斷裂之下是非常重要的，反之亦然。Robbins是以價值的角度來處理這些問題：如果基督教的價值能夠包容所有其他的地方價值，那麼變遷就可能發生。這當然只是看待這個問題其中的一個角度；這個模型也反映在我們於Hagen地區的一個報導人自己的話語中。他告訴我們，如果祖靈想要讓人生病，他們必須先經過上帝的同意才能進行，這正是所謂的包容模型。然而包容模型並不代表它反對策略、修補、商量、不確定性、能動性和實踐中的拼裝行為（bricolage）等概念。Robbins的章節給了我們許多關於這點的例子。

首先，Urapmin人的祖靈想法與幾乎所有傳統與變遷研究中提到的模式相似，也就是祖靈還是存在，但是其能動性被限制住了。Urapmin人說他們沒有善待自己的祖靈、忽略了他們而轉向上帝，所以他們怎麼能夠重回他們的信仰呢？那麼。祖靈就因此是邪惡的嗎？還是他們只是生氣了或是感到怨恨？

再者，地主之靈*motobil*也被認為始終存在，而為了使他們離去，女性儀式專家*spirit-meri*的力量必須被拿來使用。*Motobil*跟祖靈一樣被認為有使人生病的能力。這些都是邪惡的力量，但從疾病本身的道德意義來看，這代表他們的地位還是很重要。那麼過去是誰在掌管*motobil*呢？答案應該是男性先知，但是為何他們不再負此責任了呢？

第三，禱告與咒語的領域依舊重要。禱告可以將靈魂驅趕到一個特定環境的想法與Duna女人的葬禮歌曲類似。在這些歌曲中，當地女人召喚死者的*tini*靈魂前往巖穴中（Stewart and Strathern 2002a）。而將十字架立起來作為阻擋*motobil*重返土地的「靈牆」（spiritual fences）儀式，與巴布亞新幾內亞其他地區中標示被保護的土地，或是將巫師埋在地下的物件挖出的行為類似。我們在Hagen地區的研究中發現當地人認為祖靈在人四周設下了保護牆，但如果當地人做錯了事，他們就會放惡靈進來攻擊人們。這樣的想法也可以透過Urapmin人基督教儀式中的意象看到。即使偶爾被允許的豬隻獻祭也有多重的含意：疾病的醫療雖然是因為上帝的力量，但是傳統的獻祭還是進行了。在當地人對婚姻的看法上，我們可以看到另一種的調解方式。Urapmin人不在婚禮中使用基督教的儀式，因為他們覺得基督教對婚姻是永恆的看法太危險了。

最後則是一個非常有力的例子，也就是*motobil*可能保管了土壤中的黃金的說法。這與Duna人對自然靈魂和其力量的想法類似，也就是說*motobil*的概念保留了解釋未來的可能性（比較Stewart and Strathern 2002a中的例子）。

Borut Telban的文章（第四章）則幾乎與Robbins對Urapmin人的研究一致。Telban在田野地見證了一個與Urapmin人在1977年的經驗類似的劇烈變遷時代和復興運動。當地的Ambonwari人是天主教徒，而

他們的復興運動來自於天主教靈恩教徒的帶領，以及1994年附近神學院的學生將一座聖母雕像帶來此地的事件。這顯然是一個我們所謂「能力的對遇」的新狀況，它並且使得魂遊象外（trance）的經驗和被聖靈附身的狀況大幅增加。在這裡也有世代性的因素：老一輩的儀式領袖都死去了，導致一種正統性延續的危機在村裡產生。聖母瑪利亞同時也能使女人魂遊象外，而她們也因此獲得了新的宗教權力，就像Urapmin人中的女性儀式專家*spirit-meri*一樣。這都是因為老一輩男性儀式專家死去後留下的發展空間造成的結果。Telban認為這些變遷削弱了舊信仰中的靈魂和人們的關係。這個對於關係的說法非常重要。祖靈和靈魂依然存在，只是他們與人的關係改變罷了。歷史也可以強化或是削弱這層關係。Ambonwari人的民族歷史觀包含了一種在新幾內亞非常普遍的題材：新幾內亞人與白人原本是兄弟，但是白人將最強大的知識能力帶走，使他們在外地發達。聖靈隨著傳教士的到來則將這個能力又帶了回來，並且使Ambonwari人原本信仰的靈魂的能力相形失色。這些靈魂以往保護了村子不受外界危險的影響，因為新的事物進來前必須先經過靈魂對它們的淨化。然而現在，舊靈魂卻被視為阻止了發展變遷的發生。聖靈則可以替變遷開一條路出來。如此一來舊的「靈牆」就必須被毀棄，使全面變遷能夠以風行草偃之勢進行。

我們應該一方面把上述這一系列發生的事件視為一種獻祭的動作；另一方面，雖然它迎接了新的事物，卻也含蓄地再次承認了舊起源神話的合理性。然而，這個神話的意義現在受到了「事件性危險」（evenemential hazard）的挑戰（Marshall Sahlins自己的用語，見Sahlins 1976）。Telban是在基督教改信的第二階段中觀察到了變遷早期的發展。在村落開放之後，當地人期待的結果會出現嗎？這些又是什麼樣的期望？Ambonwari人仍然信仰靈魂，但是又不能把他們放在村子

中，因為他們會對這個狀況感到生氣。Ambonwari人於是把他們放在森林裡以往的聖地中。他們就這樣繼續存在在那邊，成為一個儲藏意義和力量的地方，就像Urapmin人的*motobil*一樣。年輕的一代於2005年才完全地掌權，並將之前的天主教儀式換成新的靈恩教派的形式，但這些靈恩教派的儀式也會帶有地方色彩。年輕人會感覺到每件事物都改變了，但他們希冀變遷的結果，跟他們希冀變遷的欲望比起來，還是不太明朗。

本論文集接下來的三個章節(第五、六和七章)都是出自研究台灣南島語族的台灣學者之手。這批學者都是在歐洲拿到博士學位的：英國倫敦大學學院(譚昌國)、倫敦政經學院(楊淑媛)、以及法國巴黎高等社會科學研究院(劉璧榛)。

譚昌國(第五章)使用了一批不同領域的理論家的想法，從Merleau-Ponty和Bourdieu到Thomas Csordas和Webb Keane。整體而言，如同其他學者，他關心的是基督教帶來的變遷的特徵，以及基督教的不同形式。他的研究問題是一般的宗教醫療儀式是怎麼進行的(順著Csordas的討論)，以及他所觀察到的基督教(長老教派)實踐是否能被認為不只是取代，而是重新解釋了過去一些與巫師相關的信仰模式。[8]如同Robbins一般，他更進一步討論了禱告作為儀式話語的問題，以及聖歌具有魔力般強化人心的功能。

跟Telban的研究一樣，聖靈的主題也時常出現在譚昌國的研究

8　我們同時也訪問了Hans Egli神父。他向我們解釋了他對教會一生的奉獻和他在排灣族部落的傳教工作。Egli神父對排灣話、神話與民俗信仰非常有興趣。他也積極地在推廣將土坂村排灣族的傳統圖案，例如百步蛇，包含進天主教教堂的結構中。Egli神父溫和且大方地與我們討論這些議題，他也都是以這種態度來面對當地的排灣族人和其文化實踐，以及不斷詢問他問題的我們。我們在此特別感謝他與我們的會面，以及他對排灣研究的貢獻。

中。聖靈提供人類和上帝之間一個有效的溝通管道。1940年代當地開始改信基督教之後，1960年代來到這裡的靈恩運動又帶來了一種新的聖靈概念。天主教徒和長老教徒於是開始被並列比較。天主教徒允許排灣文化與基督教之間物質層面明顯的混合，例如土坂村天主教教堂中的儀式裝飾(Tan 2001: 192 ff.; 2002)(我們自己也於2007年1月前往參觀這個土坂村的教堂並記錄了這些現象)。當地不同的地方會因對傳統排灣儀式實踐的支持或是反對而被劃分開來。巫師領導人特別堅持舊的方式，靈恩醫療者也部分地支持上述這個模式。「真誠性」則被基督徒拿來當作區分基督教禱告和舊儀式的標記，但這點是否被非基督教的傳統派人士所同意就不得而知了。譚昌國的田野地的靈恩派信徒使用禁食和進入山中靈修的方式來接近聖靈。這個過程與我們在巴布亞新幾內亞Mount Hagen地區的例子非常類似。道教徒同時也主張進入山中修行，實際地，但同時也是象徵地追求觀看人世不同的角度。

　　譚昌國強調聖歌使人們感覺與上帝接近的力量，並且強化禱告的言辭效果。這是一個相對而言比較少被探討的主題，但這點還是非常重要，因為基督教徒本身就經常提到唱詩，並且非常重視這個活動。我們也可以在基督教傳統外的地方找到關於歌曲力量的概念的例子。在譚昌國的分析中我們還看到了另一個與Mount Hagen相似的主題，那就是信徒的附身舞蹈會被質疑是被惡靈，還是被聖靈附身。

　　其他相似的主題也在他的研究中出現。例如祖靈被當作是苦痛而非安康的來源。基督教醫療者用禱告來切除與祖靈的關係，就像Urapmin儀式專家設法將*motobil*驅趕走一般。譚昌國指出，排灣族的傳統派人士將他們與祖靈的關係視為透過通靈占卜來溝通並達成的互相信賴感。我們在這裡再次看到一個關於把一切歸因於靈魂的主題(就和與上帝的「關係」一樣)。Roger Lohmann(2003b)提出了一套看法。他認為巴布亞新幾內亞Asabano人(與Urapmin人位於同一個

地區)的改信過程「牽涉了停止、切割與一套超自然事物的關係，而轉向支持其他的力量」(involves discontinuing or severing relationships with supernatural beings in favor of others)(2003b: 109)。Lohmann強調「信仰」也許是「他們選擇與一套想像的事物建立社會關係所出現的另一個結果」(a secondary consequence to their choosing a social relationship with imagined beings)(2003b: 118)。Asabano人受到同一個啓發Urapmin人復興運動的基督教領袖Diyos的影響，而Diyos的先知活動則被認爲是受到聖靈的啓發。

聖靈和地方靈魂之間能力的對遇被進一步想像成來自外界的聖靈比地方靈魂還要強大(與Telban的觀察類似，見本書第四章)。對Asabano人來說，靈魂在人體棲息的地方是肚子，「改變肚子」(turning the belly)指的便是從地方靈魂改爲信仰聖靈(頁116)。在這裡的問題是，要將失寵的靈魂放到哪裡？而如果他們保留了使人們生病的能力，將疾病與道德觀切割開來便不是一件容易的事情。

上述這些並非譚昌國在文章中的重點。他主要是順著Csordas的研究來關心醫療儀式的展演性。他的結論是醫療的確是淨化個人內在的工具，使人們能夠與神以及身邊的親屬建立和諧的關係，他認爲這個狀態是一種「奉獻的人」(devoted person)而非如Csordas(1994)所說的「神聖的自我」(sacred self)。這也許反映了天主教和長老教派神學上不同的重點。總的來說，譚昌國的章節中相似性的部分還是很明顯，包括靈恩醫療者和巫師醫療者之間的相似性。雖然對儀式話語的使用區隔了基督教和非基督教的醫療行爲，但從過程和社會的角度來看，兩者其實頗爲類似。這也許使得新的信仰能夠在當地取代舊信仰的位置。這個過程看起來是經過巨大的改變，其實之中還是有一個隱晦、深層的連續性存在。

楊淑媛的文章(第七章)明確地針對連續性的問題作討論。她指

出對她研究的布農族來說，強調舊的宗教和基督教是信奉同一個神是非常重要的事情。這是一個與Robbins頗爲不同的取向。Robbins從一個觀察者的角度先入爲主地認爲來自猶太基督教傳統的上帝與地方上的神祇靈魂是不一樣的，而「能力的對遇」模型也是基於這個前提開始展開。因此，如果上帝被認爲接管了整個宇宙，這過程一定經過了一場巨變。傳教士經常以這個看法來解釋問題：上帝是獨一無二的，而這個獨特性的主軸是上帝的力量比較強大，而且會站在你那邊，如果你與祂建立了良好的關係的話。然而，這個被認定的獨特性掩蓋了在往後歷史變遷中相似性出現的可能。這正是楊淑媛的布農族報導人所做的事情。首先，他們告訴她祖先們教導一套與傳教士一樣的道德觀，也就是尊敬的、富同情心的行爲。再者，傳教士用布農話*dehanin*來翻譯上帝的稱號，而這使得他們認爲*dehanin*和上帝是同樣的概念，所以上帝可以被當地話稱爲*Tama Dehanin*，「天父」（God the Father）。傳教士同時也強調「敬虔」而非「神學教義」的重要性。這也許是他們對布農語言和宇宙觀的誤解所致。無論如何，這些實踐使布農族能夠輕易地發展出*dehanin*和*Tama Dehanin*是一樣的概念的想法，而這個狀況我們認爲是，套一句拉丁文銘言來說，他們「每一個人的靈魂都是天生的基督徒」（*anima naturaliter Christiana*; a soul naturally Christian）。因此，斷裂的感覺就不存在了。

　　當然，敬虔也是祖先崇拜中一個重要的特徵，包括漢人的祖先崇拜儀式也是如此。楊淑媛文章中提到的當地的*hanitu*精靈（這明顯地屬於一個泛南島語族的精靈概念，見Strathern and Stewart 2000b: 96；以及Forth 1998關於在東印尼Flores島上Nage人的研究），現在變成導致惡夢和疾病的源頭（就像Urapmin人的*motobil*一樣），而禱告則成爲了驅趕他們的治病儀式（*paspas*）（楊淑媛，本書），並取代了以往的「靈媒」（spirit mediums）（例如巫師）活動。楊淑媛接著解釋天主教徒

如何以與上述同樣的目的來使用聖水和聖餐。而且，與其他案例中教會之間激烈競爭的狀況不同的是，天主教徒與長老教徒在這裡相安無事。除此之外，當地人可以接受一次以上的洗禮，而且不限於轉換到其他教派的情況。楊淑媛認為洗禮在這邊被視為一種醫療儀式，而再次的洗禮則是對抗疾病的一種方式。

我們在巴布亞新幾內亞觀察到的Duna人的傳統實踐，可以與布農族的例子作一個比較。Duna人作為獻祭和探知疾病原因的「打豬鼻」儀式*ita kuma saiya*，會伴隨著一個將生病的小孩重新命名的動作。重新命名就像是給予小孩一個新的身分，使導致他生病的死去親人的靈魂不再騷擾他。類似但又不盡相同地，在巴布亞新幾內亞的Hagen地區中，因祖靈作祟而生病過世的孩子的母親，會稱呼她的下一個孩子為*Andakit*，也就是「壞祖父」的意思，來使祖靈羞愧，不再騷擾這個孩子。我們再次看到「關係」如何地具有影響力。

如同排灣族一樣，醫療是非常重要的行為。在許多台灣原住民社群的例子中，我們常可以看到傳教士基於實際層面的考量，帶來了食物和醫藥品當作補給品(見本書中葉春榮的章節和下面的討論)。但是在基督教逐漸在地方上被採用的過程中，是儀式形式，而非這些食物藥品，將新的宗教建立起來並使之與舊宗教結合。這是因為醫藥品與治療(curing)疾病的動作，並不代表醫療(healing)(見Strathern and Stewart 1999e)。醫療是一個複雜的動作，而且包括了整體的個人。布農族的醫療行為包括了之前提到的驅走*hanitu*的動作。從這個論點，我們可以看到地方上人觀的樣貌，而楊淑媛也在文章中討論到這點(Telban在他的章節中也有提到)。

楊淑媛在文章的一個小節中討論了基督教關於個人的想法。她認為基督徒對布農族來說是一種「在道德社群中的個人」(persons-in-a-moral-community)。這個論點與一些學者或是當地人認為基督教將重

心從社群轉向個人的看法是相牴觸的。從我們自己的研究的角度來看，我們認為個人和群體兩者在基督教和非基督教的情境下都十分重要。將兩者二分是很容易做到的事情，但是也很容易令人產生誤解(Stewart and Strathern 2000h)。然而，各種要素的重要性會隨著歷史變遷而不同。楊淑媛引用了Marcel Mauss關於歷史中人觀和自我概念的短篇研究，認為對布農族來說，基督徒是一個「道德人」(moral person)，但不是如同Dumont在研究西方社會時所說的，一個「理性獨立的個體」(rational and individual substance)或是一個「非社會的存有」(non-social being)。Mauss在這裡引用了Cassiodorus(485–585 A.D.)的理論(Mauss 1985: 20)，但是他認為這或許不能完全反映當時基督徒的想法。我們在這裡想補充的是，神學家的看法不見得與大眾的實踐符合；而人類學希望理解的正是大眾自己的想法。

　　另一方面，布農族的人觀值得在此做更深的探討。黃應貴在*dehanin*被基督教拿來使用之前就已經做了一個關於*dehanin*作為一個地方概念的研究。黃應貴的研究使我們能夠看到一些南島語族的關連性。但是他比較關注的是*hanido*(也就是*hanitu*)的概念。*Hanido*是對於一般精靈的統稱，包括動物的靈魂以及石頭之類的物品(Huang 1988:97)。*Hanido*精靈可以掌管一塊土地(如同*motobil*)。人類被認為擁有兩個*hanido*，位於右肩的是友愛善良的*mashia hanido*，位於左肩的是粗暴易怒的*makwan hanido*(也就是一個人社會的和反社會的傾向)(頁98)。這兩個*hanido*被認為來自父親的睪丸(頁99)。母親的男性族人則有*mashia*的能力能夠保佑姊妹的孩子(頁99)，但也可能會帶給他們災禍(這種典型的力量也可以在新幾內亞、非洲、和其他地區找到)。當胎兒在母親體內成長時，他的*is-ang*(心、氣息和意志)也逐漸成形(頁100)。在四處遊蕩的*hanido*會使人作夢，而疾病可能是別人的*makwan hanido*入侵造成的。*Is-ang*的功用是管理*hanido*的行徑，

並且會隨著年紀而成長。*Hanido*的力量可以藉由訓練來強化（例如巫師的訓練）。人死亡之後，其*is-ang*會離開身體，成為一個*hanido*。一個平靜的死亡會產生一個善良的*hanido*（*mashia*）；意外或暴力造成的死亡則會產生暴戾的*makwan*（Huang 1988: 102）。

這個敘述充分展現*hanido*概念原本是多麼複雜而密切地與人類的社會行動聯繫在一起，這同時也提供了一個檢視從黃應貴1970年代在東埔的研究到楊淑媛1990年代的研究之間，布農社會如何變遷的視角（Yang 2001; Huang 1988: 16-26關於連續和變遷的理論問題）。

*Hanido*原本的概念不只與其他南島語族的案例非常相似，與Mount Hagen地區*noman*的想法也十分類似（Stewart and Strathern 2001e: 113-138; A.J. Strathern 1981）。當地人對*noman*（心靈、思維）上部和下部的區別可以與布農族左右肩的*hanido*做一個對應。*Noman*包含了*is-ang*和*hanido*兩者的功能。決策的能力和意志位於*noman*之中，而且它也擁有社會和反社會的力量。*Noman*的上部和下部可以代表好的或壞的念頭，也可以反映堅持或猶豫不決。Melpa地區*min*的概念（Stewart and Strathern 2003a:53）則跟*is-ang*一樣，但並不包含意志。它反映了一個人的生或死，而人死的時候是*min*而非*noman*繼續存在下去，並且會因死亡時的狀況而決定它好或是壞的性格。我們在這裡的論點很簡單。在楊淑媛的分析中*hanitu*簡單地成為了邪惡的力量，而非黃應貴早期研究中作為人內在的一部分的情形。布農族的人觀在過去與Hagen人的看法相似。從這個角度來看，基督教可以說帶來相當巨大的變遷。布農族似乎在本質上改變了*hanido/hanitu*的想法，這也使得要比較人觀想法的研究角度變得不太容易。

*Dehanin*看起來不像是一個和*hanido*一樣重要的概念，然而從宇宙觀的角度來說，它與之後引入的基督教想法大致相符。它被認為與天空相關，而且能夠阻擋洪水和停止壞天氣。對我們來說這與巴布亞

新幾內亞高地神話中「天靈」（sky beings）*Tei Wamb*的概念十分類似
（Strathern and Stewart 2000b: 70-72）。黃應貴在研究中引用了一則布
農族關於古老小米的神話（1988: 175），其中敘述了一個與Hagen人和
Duna人（見下方）的神話十分相似的故事。一個女人（女性天靈）與她
的兒子來到一個男人的屋子中，向他展示了一堆裝在葫蘆中的小米穀
粒（頁175），並說道這些作物可以讓他免於飢餓，而且會自己繁衍生
長許多次；但是想要得它們，他必須收留她們母子兩人。男人同意
了，但是有一天他責罵了女人在哭鬧的兒子，於是女人便帶著兒子回
到天上，使男人再也沒有小米可以種植。這個故事很像巴布亞新幾內
亞高地關於女性天靈的故事（見Strathern and Stewart 2000b: 59 ff.）。
它表示人類必須與天靈建立道德的關係，而這個關係是有可能被中斷
的。如此一來，*dehanin*便十分接近之後上帝的概念，只是兩者沒有
儀式上立即的關係。*Dehanin*成為*Tama dehanin*的過程反映了某種程
度的轉變，但也有楊淑媛的報導人所指出的連續性存在。

這些例子再次展現了對於連續和變遷問題的看法是多麼地多元
化。這並不是說有一個看法比其他的看法還要正確。這些問題會隨著
歷史變遷而改變，也會因觀察者所欲求得的答案而不同。布農族展現
了一個和諧的景象、將基督教當作自己傳統的一部分，但是他們不太
可能在改信的初期就有這樣的想法。楊淑媛自己認為這個過程在基督
新教和天主教的情境中會比在五旬節教派的脈絡下進展地還要順利，
因為五旬節教徒比較重視斷裂（以及狂喜）的感覺。但如果從這個斷裂
感退後一步看，我們其實也可以發現連續性在其中出現。蘇格蘭長老
教會也許不會同意自己的教義中有如同楊淑媛認為的那種「軟」的文
化形式。但我們認為，如同另一句拉丁文銘言所說的：「每一個地方
都有自己的宗教」（*cuius regio, eius religio*）。長老教派的教義，如同
各種複雜的儀式形式一樣，會隨著時間和地點的不同而改變。

　　至於五旬節教派，它能夠同時借用和滲透主流教會的教義，兼併其形式和儀式實踐，並將自己塑造成一個新的跨宗派的普同教會，使之能夠接觸各個角落、類型的群眾，但又能往不同的方向迅速擴張發展。這個過程可以在巴布亞新幾內亞清楚看到，例如神召會（Assemblies of God）的傳教活動。但在本論文集的台灣研究中這個過程並不顯著，因爲主流教派在台灣持續占有主導的地位，並且能夠適應各種地方上的變遷。五旬節教派有能力吸收別的教派的信徒，並且向模稜兩可的空間拓展，所以它在不穩定和充滿紛亂的地區特別盛行。同樣地，它也可以用個人救贖、安康福祿、繁榮興旺等教義來占據之前「船貨運動」所依附的象徵空間。類似這樣的狀況似乎構成了Urapmin人與Ambonwari人復興運動的基礎，但如我們上面所說的，這個過程在排灣族和布農族的例子中無法發現，在劉璧榛關於噶瑪蘭族的研究（第六章）中也看不到。

　　噶瑪蘭族是最近才被國家認定的原住民族群之一。劉璧榛關於他們的研究中特別重視其性別關係以及男性的狩獵活動。噶瑪蘭族，像阿美族一樣，屬於母系社會。他們的巫師都是女性，而且這些女巫擁有土地權，並控制稻米的種植。男性則是透過狩獵得到名聲，並信奉一種叫做Saliman的精靈。他們說這些精靈居住在男性捕獲的野生動物的頭骨和下頜骨中。這些Saliman會「咬」或是攻擊村民，使之生病，特別是針對獵人的姻親們。當地野生動物越來越稀少，所以狩獵的競爭會非常激烈。Saliman可以將獵物帶到獵人的四周，使牠們被輕易捕獲。女巫則能夠請求Saliman不要再咬受過攻擊的病人。

　　噶瑪蘭族很早就改信基督教了，但是上述這些信仰還是被繼續流傳下來（劉璧榛，本書）。有意思的是，漢人的一個信仰主題也被噶瑪蘭族吸收進他們的儀式中。在譚昌國的研究中提到，排灣族會把其他的族群，包括漢人和卑南族，視爲擁有巫術。在楊淑媛的研究中，我

們可以看到布農族基督徒抗議漢人拿到在他們的土地上建立一座佛寺的許可。對土地資源的爭執經常是此類族群糾紛的根源。對噶瑪蘭族來說，漢人農民占據了他們以往狩獵的土地，使狩獵活動更加困難。為了因應這種狀況，噶瑪蘭族採用了漢人的土地公信仰來幫助他們打獵，他們也會請漢人乩童來召喚土地公。如果土地公無法讓獵物被他們抓到，他們會擊打土地公棲息的地方、甚至威脅他（這也許反映了漢人與原住民之間的緊張關係）。

天主教傳教士禁止了一切跟*Saliman*相關的儀式。他們提供食物和衣物給在日本殖民時代（1895-1945）結束後日益窮困的當地人，並很快地受到當時剛遷徙來台的國民黨政府的支持。長老教派之後也進入這個地方，一方面提供教育，另一方面也吸收了一些反對國民黨專制政權的支持群眾。在這裡劉璧榛以一個比較理性主義的角度來討論改信的議題。她認為這必須要放在更廣的政治脈絡下觀察。

劉璧榛也討論了宗教變遷中的性別關係。巫師現在依舊是女性，她們也因為這些特殊的力量而在社群中擔當重要的角色。至於因為狩獵活動的衰落而逐漸失去其地位的男性，則轉向天主教會中擔任職務，找到另一個提升自己名聲的辦法。在這裡劉璧榛強調的還是理性的、政治層面的因素。從更廣大的架構來看，在面對全球化力量和變遷的衝擊下，噶瑪蘭族希望能重新確立自己的傳統文化形式，包括巫師的儀式和信仰。至於天主教會在這個過程中扮演何種角色，在這裡並不清楚。

透過劉璧榛的研究我們看到一些漢人宗教實踐的面貌。本書下一個部分中的兩個章節便是在討論這些議題。第一篇，也就是蔡怡佳的文章，是一個對女性如何入門成為靈乩的過程的深入研究。靈乩對漢人來說就像南島語族的儀式專家一樣。從蔡怡佳的研究我們可以知道這種信仰的複雜性和豐富性，以及它如何不斷灌輸的「靈」的想法。

靈常被視爲一種力量或是效力。在蔡怡佳所觀察的訓練靈乩的「靈學院」中，靈則是像「靈魂」一樣的概念。他會前來學院中與靈乩會合，並且要透過個人與靈之間的關係來管理。靈乩身體和心靈經過社會化而與這些靈建立關係的過程，就像巫師與其守護靈一樣。蔡怡佳也提到明確的教誨、文字的溝通、和神學的探索如何圍繞著這些漢人宗教實踐在進行。這或許也解釋了他們如何能與基督教原罪等教義相抗衡、如何與漢人身分認同和文化活動勾連在一起。

　　我們在這裡想要針對幾個特點作評論。首先，從上面的敘述中我們可以看到一個非常強大的宇宙觀，以及與其他主流宗教教義類似的教誨。靈可以是非常古老、多變、或具有輪迴的性質，靈乩所欲追尋，並且能夠淨化提升靈質的「元靈」也是如此。一個倫理的自我是在靈乩的身體上，透過「調靈訓體」的方式建立的。女性儀式指導老師渾厚的歌聲是一個美學的體現特徵，用以反映自身與靈的關係以及對自我的修練。展演的動作是經過編制的，而神明的附身降臨就像老師吟唱的高潮處一樣高亢。另一個有意思的地方是靈的業緣可以透過與靈乩的相遇轉化成功德。蔡怡佳在這裡帶我們進入基督教之外儀式實踐的核心。她敘述學員們如何藉由訓練和努力轉化成一個社會化的靈乩。她對這種超自然經驗模式的分析與基督教改信的研究也非常相關，例如Robbins所敘述的Urapmin人對成爲基督徒的努力，就跟靈乩的修練十分類似。但不同的是，Urapmin人是藉由轉化他們自己的文化來成爲基督徒，靈乩則是藉由轉化自我來成爲儀式專家。

　　這個部分的第二篇文章是出自漢人宗教實踐研究專家葉春榮之手（第九章）。在這裡葉春榮觸碰了西拉雅人、歐洲傳教士和漢人移民之間幾百年的歷史互動，而這個複雜的歷史關係也反映在宗教改信的複雜性上。針對改信這個概念，葉春榮提出在同一個宗教下不同教派之間的移動算不算改信、從佛教轉到道教實踐又算不算改信之類的問

題。將這些動作稱為改信當然只是語義上的方便，但是一個整體的信仰轉變，和一個因為特定狀況而產生的信仰轉變之間，似乎有一個分析上和經驗上的差異存在。當信仰的轉變越全面，我們就越可以使用改信來分析、定義它。因此改信一詞常與基督教連在一起並不是偶然的；但它也能應用在其他宗教的脈絡中。至於能應用到什麼地步則要看程度上的差別，而非先入為主地認為它們有絕對的差異性。

不論是廣義還是狹義的「改信」，葉春榮藉由這個概念討論了兩個學者David Jordan和John Shepherd的理論。Shepherd的研究對象正是葉春榮所討論的西拉雅人。Jordan則使用一個他所謂的「測字理論」（glyphomancy theory）作為研究方法。Jordan解釋道（1993:287），「中國基督教測字學是要展現中文字中早已含有基督教的象徵意義，因此基督教是中文字中長久蘊藏的宇宙觀的公開表現形式。」（Chinese Christian glyphomancy seeks to demonstrate that Chinese characters contain Christian symbolism and that Christianity is therefore a public manifestation of the same cosmological view esoterically enshrined in Chinese characters by the sages of antiquity）。這明顯地是一個認可新的和舊的宗教之間有其相似性和連續性的看法，就像楊淑媛在本書中關於布農族的研究一樣。

Jordan以測字學為例來說明教會如何用措辭來說服人們改信。這個「測字因素」（glyphomancy factor）包含了各種不同的措辭。其中一個是關於條件的措辭（頁291）。如果「公平性」被賦予了很高的價值，人們改信與否便會基於宗教是否有在宣揚這個價值。另一方面如果「醫療」（包括健康的維繫和疾病的治療）的價值很高，那麼有比較有效的醫療方式的宗教就會被選擇。Jordan（以及葉春榮對西拉雅人的研究）認為這個因素在台灣早期改信基督教的過程中舉足輕重。Jordan也認為對漢人來說，這個過程是附加在其原本的信仰之上的。基督

教可以附加在舊的宗教實踐之上而不（完全）取而代之。但大致而言，傳教士反對這種附加的過程，特別是一些基督新教的教會。Jordan指出（頁298）像基督教這種世界宗教並不會比地方傳統宗教還要「現代」、「理性」。他對宗教變遷不同狀況的解釋則留下了開放的討論空間，並指出政治和族群性在這些變遷過程中的重要性（ibid）。

Shepherd也明確地將台灣平埔族的研究與政治和族群性的問題聯繫在一起（Shepherd 1996）。平埔族被迫將他們大部分的土地賣給漢人（Shepherd 1996: 123）並流離遷徙到台灣內部山區中。他們於是逐漸地被漢化，採用了漢人文化和說話方式，但還是保留了自己宗教想法的一些部分。在基督教傳教士於19世紀中期來到這裡之後，平埔族開始在歐洲與中國人建立權力關係。Shepherd回顧引用了許多歷史案例，他的結論是平埔族的改信時常是一種獲取權力和與漢人（包括客家人）的爭鬥中得到傳教士支持的手段。葉春榮在評論這個理論時則認為，獲取醫療照顧在這個過程中是更為重要的因素。也許這兩個理論並不互相衝突，因為這個過程中可以有超過一個因素在運作，而其中一個也許會在一開始的時候壓過其他的因素。另一方面，Shepherd與葉春榮的論點可以說呼應了Jordan關於條件性的想法。

葉春榮將一個很有意思的發現作為文章的核心焦點。購買了屬於平埔族家庭的土地的漢人，在面對一連串的疾病和不幸的事件後，在西拉雅巫師的指點下重新建立一個祭祀平埔族神祇阿立祖的小廟，因為他們說這些災禍是對阿立祖的忽視造成的。以壺為形象的阿立祖因此就被重新信奉了，並且融入漢人家裡的供桌上，或是野外的小廟中（同樣地，西拉雅人也接受了漢人神明畫像的掛軸作為自己的宗教物品）。我們認為這種互相混合的過程可以被認為是綜合（syncretism）的一種，而非改信，因為這種情形是兩個不同的活動被結合起來成為一個單一的結構：例如，從漢人的角度來看，這些不同的信仰元素有著

階序的關係。至於西拉雅人是否有這樣的想法就不得而知了。

　　葉春榮的章節非常重視歷史的面向，但也將比較的方法放入其架構中，並評論了關於改信種種不同的解釋。這篇文章可以說屬於一種客觀比較研究的類別。我們自己的章節，也是本論文集最後一篇文章，也是屬於這樣的類別（Strathern and Stewart，第十章）。我們在這篇文章中選擇比較我們自己在田野中得知的案例。文章中談及的地區屬於有著同樣歷史背景的巴布亞新幾內亞高地地區。我們的比較研究有兩個主軸：（一）改信剛開始進行的殖民歷史背景；以及（二）五旬節教派和靈恩運動到來的時機。在我們所討論的地區中（Mount Hagen、Pangia與Duna），Hagen地區最早與外界接觸（1930年代），接下來是Pangia（1950年代），最後才是Duna（1960年代）。在Hagen地區的早期接觸主要以兩個互相競爭的傳教組織，德國路德教徒和美國天主教徒爲主。靈恩教派一直要很久之後才來到這裡。隨著城鎮化的發展，當地開始面對城鎮中人群混雜等新的社會問題，到了2000年左右，復興運動和新的福音運動也開始盛行。Hagen地區一開始的改信活動也許有其他的動機，例如覬覦新來傳教士爲了參與交換而帶來的珍貴珠貝、醫療藥品，以及將傳教士視爲擁有魔力和財富的想法。第二階段的改信活動則與最近發生的社會動盪相關，特別是城鎮化和新族群關係的影響。

　　在Pangia地區，這些過程被壓縮在短時間中。當地人被接觸得較晚，並且隨後就立刻經驗了傳教組織（主要是路德教派和天主教會）和殖民政府共同進行的激烈發展計畫。由於這些變動和壓力，Pangia巡邏站附近開始出現了由福音聖經傳教組織（Evangelical Bible Mission）啓發的「聖靈」運動。之後於1980年代左右隨著後殖民時代的到來，當地的發展計畫停頓了下來。另一個傳教組織，五旬節運動，就在這個時候從北邊（Hagen和Ialibu）來到這裡。

　　Duna地區展現了第三種模式。當地與外界的接觸事件發生得很晚，大約在1960年代左右，而且因爲該地區Aluni谷地偏遠的位置，像Pangia那種鋪天蓋地式的發展計畫在這邊鮮少進行。只有一個傳教組織，主權恩典浸信教會，前來這裡，並且在對當地人進行一輪的洗禮之後就離開了。住在Aluni谷地的Duna人在此之後便陷入一種發展的泥淖中。之後，巴布亞新幾內亞福音教會(Evangelical Church of Papua New Guinea)的員工信徒在溪谷最西邊處蓋了一個飛機跑道。這個教會以南部高地省爲其根據地，教義保守，其傳教士禁止任何關於千禧年的討論。神話和儀式想像開始影響當地人的地方是在礦業和土著宇宙觀的互動上(見Stewart and Strathern 2002a)。因此這些Duna人一直到2000年都還沒有經驗到第二次的改信活動。他們反而逐漸走向一條融合萬物復始的宇宙觀和浸信教派信仰的道路。雖然以往的土著信仰崇拜沒有完全復甦，女性和男性土地靈魂的想法還是逐漸與他們所面對的環境問題聯繫在一起，並且混入基督教儀式之中，特別是禱告上。事實上，禱告和對土地靈魂的召喚很容易地就被融合在一起。我們不認爲這是一個「反改信」(de-conversion)的狀況，因爲這過程中包括了許多企圖將宇宙秩序復原的即興行爲。雖然改信一開始包括了「減法」的步驟，例如去除土著儀式地和物件的力量，在之後的階段中改信會比較偏向「加法」，開始恢復一些土著文化的題材。郭佩宜在她的文章中(本書第二章)所強調的在地景中嵌入意義的實踐，在此也成爲Duna人案例中的特徵，以及我們在本書的導論和最後一個章節的重點之一。

結論與尾聲

　　我們對這批研究的主要結論就反映在導論的標題上。所謂改

信、採用(adoption)、綜合(syncretism)等這些過程是非常複雜的，而我們需要結合詮釋和歷史的研究方法來包含它們。從這個觀察出來最明確的論點是，我們不能把連續性當作變遷的相反來研究，因為連續和變遷在同一個活動中是可以同時存在的，即使它們有不同程度的影響力。我們需要注意的是，當在研究制度和權力結構時，我們同時也在面對能動性、選擇、甚至個人獨特的偏好等議題。另一方面，重建整體秩序的嘗試會和文化拼裝的行為肩並肩同時進行。秩序性的一端會出現在宇宙觀中，複雜性的一端則會出現在歷史裡。宇宙觀是既有彈性、又有結構的；而當人們試著理解自己變動中的生活時，歷史會開始與宇宙觀糾纏在一起，對物質和精神生活的興趣也會因此交會。人類是一種不斷在計畫，而且在世存有的行動者，總是在為自己尋求權力和意義。在改信的早期歷史中，將宇宙觀與歷史結合的「能力的對遇」的狀況是一個主要的特徵。誰擁有最大的能力始終是一個重要的議題，但重要的是能力已經開始被認為來自許多不同的地方。

在我們的比較架構中，我們的討論展示了許多台灣和西南太平洋地區之間的相似性。但相似性還是可以與差異性一同討論。時間感和殖民歷史使台灣的例子與眾不同。土著和新引進宗教之間的多種互動方式則在兩個地區產生類似的過程。複雜的族群政治關係使基督教在台灣成為一種族群身分的認同；在巴布亞新幾內亞基督教則比較像是整個國家的表徵。

作為尾聲，以及有鑑於我們在自己章節中對基督教的經驗層次過於簡短的討論，我們在此評論我們在巴布亞新幾內亞高地見到的一些特殊的宗教變遷歷史發展。在1960年代時，透過口傳歷史我們可以看到西部高地的Hagen社群對從附近傳教站傳來關於基督教的消息的反應。這些口傳歷史展現了這些消息和當時還十分陌生的歐洲傳教士對當地人的吸引力。路德教派的基督教信仰首先被傳到Hagen地區的

Ndika人那邊。他們位於在殖民政府巡邏站北方幾哩的Ogelbeng傳教站附近。但是在向北20哩的Kopon地區，當地人已經開始在模仿他們聽聞到的聖歌，並且創造出他們自己版本的新基督教儀式，而這一切都是在他們被傳教士直接接觸、開始改信基督教之前的事情。這個故事反映了當地人在聽到關於基督教的謠言風聲之後，如何擬態複製他們所認爲的新宗教形式，以使自己準備好來面對變遷。無疑地，這個時候當地人想的是如何把這些新的形式附加在原本的傳統實踐之上。他們早已習慣於引進新的儀式。在殖民前的時期中，Hagen地區就已經接觸到了許多新的儀式綜合體，而在基督教信仰被採用後的殖民和後殖民時期中，這個傳播的過程都還是不斷地在運作著。在1960年代隨著基督教的傳入，當地開始對這種信仰狀況產生紛爭。每當一個社群宣布他們完成了一個女靈信仰的儀式循環時，他們就表示自己不會再回頭進行這個儀式，因爲他們已經成爲基督徒了；但是這些社群還是會將代表女靈的聖石埋在自己的土地中，使他們在未來還是有可能重新進行這個儀式（Strathern and Stewart 1999b）。我們回憶起這種儀式在位於Hagen地區的Kuk聚落中的Kawelka人中最後一次進行的幾年之後，我們聽到的一段對話。我們當時正開著卡車穿越他們放置聖石的聖地附近，一個年輕人對我們說這是一個禁忌之地，人們不能夠穿越這個地方，或是在上面種植作物。他沒有參加過女靈信仰的儀式，但是還是有人跟他講過關於儀式和聖地的故事。這個小故事顯示了儀式實踐即使停止後，記憶還是會流傳下去，以及它們在地景中如何被嵌入，可能性如何被保存下來。

　　這個現象不是只限於儀式地。Halvaksz（2008）記錄了在巴布亞新幾內亞Morobe省Biangai語族的舊礦場流傳下來的記憶。Halvaksz引用了對於Paiela人和Duna人附近Porgera金礦場，以及其他地方的研究，並認爲「遍布巴布亞新幾內亞，這些神秘的過去會透過儀式進入

現在的世界中」（throughout Papua New Guinea, these mythic pasts are remade into the present through ritual）（頁11）（也可參見《重建世界：巴布亞新幾內亞Duna人的神話、礦業和儀式變遷》*Remaking the World: Myth, Mining and Ritual Change among the Duna of Papua New Guinea*, Stewart and Strathern 2002a）。

　　上面敘述的是一個將過去、未來和現在席捲在一起的過程。現在我們來看一個不太一樣的例子，來自我們自己在1970年代巴布亞新幾內亞南部高地省Pangia地區的研究。在Pangia，以前主要的土著儀式的殘留片段在1960年代時就已經逐漸逝去。1967年時舊的聚落已經改建成村落，而天主教和路德教派的教會在這些村落中也開始建立起來。然而，舊儀式的記憶對大多數人來說還是栩栩如生。有一次，在我們拜訪完別的地方回來時，隨著村落逐漸映入眼簾，我們的報導人開始興奮地大叫起來。當時我們看到炊煙從不同的房子中冒出來，這代表村民正在烤豬肉。這位報導人有時候會跟我們表示他對路德教派摧毀他們儀式生活的一切感到厭惡。在看到煙炊後他興奮地說，或許當我們不在村子的時候，村民們決定要恢復他們過去的儀式（稱為*tapa*和*timbu*），並且正在烤豬來慶祝這件事（見Stewart and Strathern 2001d）。當我們進去村子中時才發現並不是那麼一回事。這些豬肉來自於鄰近的村落，現在他們只是在把肉重新加熱以分配給親戚族人，這使我們的報導人大失所望。在這裡我們可以看到，一個對過往獻祭儀式的記憶如何被重新喚起，在現在中創造了一個海市蜃樓。這顯示儀式的可能性會始終存在。

　　Pangia地區早期這些日子裡，新的影像持續地進入我們所研究的村子中。這個村落被路德教派和天主教會傳教組織的勢力所平分，另外一個鄰近與他們有親屬關係的村子則被安息日會設立了一個傳教的前哨站。1967年8月19日，兩個安息日會傳教士走進村落中。我們的

田野筆記記錄了這個故事：

> 他們帶了幾卷19世紀感性風格的圖畫，畫中描述的不是聖經的故事，就是美國安息日教徒在教堂中的模樣——當耶穌降臨時天使在天上陪伴、男人和女人在吃著葡萄和其他水果之類的畫像（而非酒或豬肉）——用以作為節制禁欲的例子。這兩個安息日教徒安靜但是親切，而且非常地虔誠。其中一位對我以前沒有看過他們帶來的圖畫感到很意外。他問我是屬於哪一個傳教組織，並且對我的回答（也就是我不是傳教士）感到驚訝。他接著為了我和村民們禱告，說在看到這些畫像之後就不會生病。他說的一番話的主旨——他在村子裡的男子會所中對當地男性說的——就像其他的福音傳教士一樣，是耶穌很快就會回來了，在那之後所有的白人就會離開巴布亞新幾內亞，只有天主教的神父和安息日教徒會留下來。這兩者（天主教徒和安息日教徒）也許會起爭執，而當地人（*kanakas*）可能會受到傷害。他們現在要為大家進行洗禮；他們應該要等待輪到自己受洗的時機，不要輕易讓別的傳教組織給他們施洗。安息日教徒和天主教神父可以上天堂，其他人都會下地獄。

這個Pangia的村落的一個老領袖表示，這些安息日會傳教士教導他們一套新的禱告方式，也就是手要放在前面，並曾經拿一罐肉（不是豬肉）給他們看，問小孩子們有沒有吃過，他們回答沒有。這位老人繼續說到：「他想要給我們上油膏（說服我們加入安息日會），但是我們這裡已經有了路德教徒和天主教徒、醫務人員（Aid Post Orderly）、和田野工作者，所以我們不想再要更多的外地人進來

了。」

　　這個事件結束之後就沒有什麼進一步的發展。這個小故事中比較值得注意的地方是，早在1967年，耶穌復臨就已經被提起了。這個想法在接近2000年時達到高峰。另一個有趣的事情是沒有人在乎安息日會傳教士給的建議。安息日會傳教士指點了如何應對耶穌復臨的方法和計畫，並特別指出安息日教徒和天主教徒會留下來，而當地人可以上天堂，如果他們在安息日會中接受洗禮的話。但是當地人還是對這些說法不為所動。村中一半的人是路德教徒，而且當時路德教徒和天主教徒之間沒有什麼嚴重的糾紛，就算有糾紛也是針對政府職位的結構性競爭關係。一個曾經參加過所有前基督教的土著儀式的老人便將安息日教徒視為入侵者。這種對陌生人的勸誘持很實際的保留態度的情形，在當時並不算少見。

　　至於在我們所研究的Aluni谷地的Duna人中，安息日教徒也一樣屬於少數。曾經有幾年安息日會的信仰是靠一個在安息日教會學院受過教育後返回村子的年輕人維繫的。他在位於Muller Range（我們其中的一個田野居所也在那邊）高處的Hagu山中聚落的房子旁建立了一個花朵圍繞的神壇。當時是1991年。到了1998-99年間，當地的信仰狀況有了很大的改變。Hagu聚落的一個領袖的家庭中發生了幾起被認為是巫術造成的死亡事件。當地被指控是巫師的女人會被驅逐出境。這位安息日教徒的姊妹也被指控為女巫。他在Aluni谷地舊政府巡邏站處建立了一個新的安息日會傳教站。建築和旁邊的花園四周設有籬笆。他現在把這個地方提供給害怕被指控的女人作為避難所，特別是寡婦或是居社會邊緣地位的女性。就這樣巧合地，安息日會的傳教事業開始有所成就。這倒不是因為他們的教義或是神學想法吸引人，而是由於巫術指控所創造的新環境條件。雖然他們無法保護其信徒不受巫術攻擊，但至少能保護弱勢女人不受到女巫指控的傷害。有意思的

是，對豬肉分配不公的嫉妒心被認爲是巫術念頭的開端。但既然新幾內亞的安息日教徒都不吃豬肉、其傳教士也不鼓勵信徒飼養豬隻，他們很自然地免除了這種嫉妒心的指控。這個例子再次展現了我們這篇導論的標題：脈絡的複雜性，變遷的多樣性。本論文集接下來的章節將進一步討論這個主題。

參考書目

[*This is a list of works cited in our Introduction plus additional references relating to the topic as a further reference guide to our Readers.*]

Ahrens, Theodor

    2000　On Grace and Reciprocity: A Fresh Approach to Contextualization With Reference to Christianity in Melanesia.　International Review of Mission 89 (355): 515-527.

Andresen, Jensine

    2001　Religion in Mind: Cognitive Perspectives on Religious Belief, Ritual, and Experience. Cambridge: Cambridge University Press.

Aragon, Lorraine V.

    2000　Fields of the Lord: Animism, Christian Minorities, and State Development in Indonesia. Honolulu: University of Hawaii Press.

Asad, Talal

    1996　Comments on Conversion. In Conversion to Modernities: The Globalization of Christianity. Peter van derVeer, ed. pp. 263-273.

New York: Routledge.

Bacigalupo, Ana Mariella

    2005 Gendered Rituals for Cosmic Order: Mapuche Shamanic Struggles for Wholeness. Journal of Ritual Studies 19(2): 53-69.

Bailey, Michael D.

    2003 Battling Demons: Witchcraft, Heresy, and Reform in the Late Middle Ages. University Park: Pennsylvania State University Press.

Ballard, Chris

    1998 The Sun by Night: Huli Moral Topography and Myths of a Time of Darkness. In Fluid Ontologies: Myth, Ritual and Philosophy in the Highlands of PNG. Chris Ballard and L.R. Goldman, eds. pp. 67-85. Westport: Bergin and Garvey.

    2000 The Fire Next Time: The Conversion of the Huli Apocalypse. In Millennial Countdown in New Guinea. P.J. Stewart and A. Strathern, eds. Ethnohistory [Special Issue] 47(1): 205-25. Durham, NC:Duke University Press.

Barker, John

    1990b Introduction: Ethnographic Perspectives on Christianity in Oceanic Societies. In Christianity in Oceania: Ethnographic Perspectives. John Barker, ed. pp. 1-24. Lanham: University Press of America.

    1992 Christianity in Western Melanesian Ethnography. In History and Tradition in Melanesian Anthropology. James G. Carrier, ed. pp. 144-73. Berkeley: University of California Press.

1999 Comment. From Mission to Movement: The Impact of Christianity on Patterns of Political Association in Papua New Guinea. Journal of the Royal Anthropological Institute 5(1):97-98.

Barker, John, ed.

1990a Christianity in Oceania: Ethnographic Perspectives. ASAO Monograph 12. Lanham, NY: University Press of America.

2007 The Anthropology of Morality in Melanesia and Beyond. For the Anthropology and Cultural History in Asia and the Indo-Pacific Series. Aldersthot: Ashgate Publishing.

Bashkow, Ira

2006 The Meaning of Whitemen: Race and Modernity in the Orokaiva Cultural World. Chicago: The University of Chicago Press.

Bielo, James S.

2004 Walking in the Spirit of Blood: Moral Identity Among Born-Again Christians. Ethnology 43(3): 271-89.

Biersack, Aletta

1991 Prisoners of Time: Millenarian Praxis in a Melanesian Valley. In Clio in Oceania: Toward a Historical Anthropology. Aletta Biersack, ed. pp. 231-295. Washington, D.C.: Smithsonian Institution Press.

2004 The Bachelors and Their Spirit Wife: Interpreting the Omatisia Ritual of Porgera and Paiela. In Women as Unseen Characters: Male Ritual in PNG. Pascale Bonnemère, ed. pp. 98-119, 208-213. Philadelphia: University of Pennsylvania Press.

Bonnemere, Pascale, ed.

　　2004　Women as Unseen Characters: Male Ritual in Papua New
　　　　　Guinea. Social Anthropology in Oceania Monograph Series
　　　　　(no. 21). Philadelphia, PA: University of Pennsylvania Press.

Bourdieu, Pierre

　　1977　Outline of a Theory of Practice. Trans. R. Nice. Cambridge:
　　　　　Cambridge University Press.

Brakke, David, Michael L. Satlow, and Steven Weitzman, eds.

　　2005　Religion and the Self in Antiquity. Bloomington: Indiana
　　　　　University Press.

Brison, Karen

　　2007　Our Wealth Is Loving Each Other: Self and Society in Fiji.
　　　　　Lanham, MD: Lexington Books.

Burridge, Kenelm

　　1969　New Heaven, New Earth. New York: Schocken Books.

Buswell, Robert E. Jr. and Timothy S. Lee, eds.

　　2007　Christianity in Korea. Honolulu: University of Hawaii Press.

Cannell, Fenella, ed.

　　2006　The Anthropology of Christianity. Durham: Duke University
　　　　　Press.

Carrithers, Michael, Steven Collins and Steven Lukes, eds.

　　1985　The Category of the Person. Cambridge: Cambridge University
　　　　　Press.

Clark, Jeffrey

　　1985　From Cults to Christianity: Continuity and Change in Takuru.
　　　　　Unpublished Ph.D. Thesis, U. of Adelaide, Adelaide.

1989　God, Ghosts and People: Christianity and Social Organisation Among Takuru Wiru. In Family and Gender in the Pacific. M. Jolly and M. Macintyre, eds. pp. 170-92. Cambridge: Cambridge University Press.

2000　Steel to Stone: A Chronicle of Colonialism in the Southern Highlands of PNG. Chris Ballard and Michael Nihill, eds. Oxford: Oxford University Press.

Clough, Paul and Jon P. Mitchell, eds.

2001　Powers of Good and Evil: Social Transformation and Popular Belief. New York: Berghahn Books.

Coleman, Simon

2000　The Globalisation of Charismatic Christianity: Spreading the Gospel of Prosperity. Cambridge: Cambridge University Press.

2004　The Charismatic Gift. Journal of the Royal Anthropological Institute 10(2): 421-442.

Csordas, Thoas J.

1994 The Sacred Self: A Cultural Phenomenology of Charismatic Healing. Berkeley: University of California Press.

Dalton, Doug

2000　Cargo Cults and Discursive Madness. Oceania 70: 345-361.

Dawia, Alexander

1980　Indigenizing Christian Worship in Melanesia. Bikmaus 1 (1): 63-84.

Dempsey, Corinne C. and Selva J. Raj, eds.

2002　Popular Christianity in India: Riting Between the Lines. Albany: State University of New York.

De'Ath, Colin

  1981 Christians in the Trans-Gogol and the Madang Province. Bikmaus 2(2):66-93.

Douglas, Bronwen

  2002 Christian Citizens: Women and Negotiations of Modernity in Vanuatu. The Contemporary Pacific 14(1): 1-38.

Duncan, Christopher R.

  2003 Untangling Conversion: Religious Change and Identity Among the Forest Tobelo of Indonesia. Ethnology 42(4): 307-22.

Engelke, Matthew

  2007 A Problem of Presence: Beyond Scripture in an African Church. Berkeley: University of California Press.

Engelke, Matthew and Matt Tomlinson, eds.

  2006 The Limits of Meaning: Case Studies in the Anthropology of Christianity. New York: Berghahn Books.

Eriksen, Annelin

  2008 Gender, Christianity and Change in Vanuatu: An Analysis of Social Movements in North Ambrym. For the Anthropology and Cultural History in Asia and the Indo-Pacific Series. Aldershot: Ashgate Publishing.

Ernst, Manfred ed.

  2006 Globalization and the Re-Shaping of Christianity in the Pacific Islands. Suva: The Pacific Theological College.

Eves, Richard

  2000 Waiting for the Day: Globalisation and Apocalypticism in Central New Ireland, Papua New Guinea. Oceania 71(2):

73-91.

Farhadian, Charles E.

2005 Christianity, Islam, and Nationalism in Indonesia. New York: Routledge.

Fife, Wayne

2002 Heroes and Helpers, Missionaries and Teachers: Between Mimesis and Appropriation in Pre-Colonial New Guinea. People and Culture in Oceania 18: 1-22.

Forth, Gregory

1998 Beneath the Volcano. Leiden: KITLV Press.

Gershon, Ilana

2006 Converting Meanings and the Meanings of Conversion in Samoan Moral Economies. In The Limits of Meaning: Case Studies in the Anthropology of Christianity. Matthew Engelke and Matt Tomlinson, eds. pp. 147-163. New York: Berghahn Books.

Gibbs, Philip

1994 Akali Andake: Reflections on Engan Christology. Catalyst 24(1): 27-42.

1997 Bokis Kontrak: An Enga Ark of the Covenant. Catalyst 27(2): 147-64.

Goody, Jack

2000 The Power of the Written Tradition. Washington: Smithsonian Institution Press.

Green, Maia and Simeon Mesaki

2005 The Birth of the "Salon": Poverty, "Modernization," and

Dealing with Witchcraft in Southern Tanzania. American Ethnologist 32（3）: 371-388.

Griffith, R. Marie

2004　Born Again Bodies: Flesh and Spirit in American Christianity. Berkeley: University of California Press.

Guo, Pei-yi 郭佩宜

2003　Island Builders: Landscape and Historicity among the Langalanga, Solomon Islands. In Landscape, Memory, and History: Anthropological Perspectives. P.J. Stewart and A.J. Strathern, eds. pp. 189-209. London: Pluto Press.

Halvaksz, Jamon A.

2008　Whose Closure? Appearances, Temporality, and Mineral Extraction in Papua New Guinea. Journal of the Royal Anthropological Institute 14(1): 21-37.

Hefner, Robert W. ed.

1993　Conversion to Christianity: Historical and Anthropological Perspectives on a Great Transformation. Berkeley: University of California Press.

Herda, Phyllis, David Hilliard, and Michael Reilly, eds.

2005　Vision and Reality in Pacific Religion. New Zealand: Macmillan Brown Centre for Pacific Studies and Australia: Pandanus Books.

Hesse, Karl in collaboration with Theo Aerts

1982　Baining Life and Lore. Port Moresby: Institute of Papua New Guinea Studies.

Hodgson, Dorothy

　　2001 Gendered Modernities: Ethnographic Perspectives. New York: Palgrave Macmillan.

Hogbin, H. Ian
　　1970 Experiments in Civilization. New York: Schocken Books.

Huang, Ying-kuei
　　1988 Conversion and Religious Change among the Bunun of Taiwan. Ph.D. Thesis, The London School of Economics and Political Science.

Huber, Mary Taylor and Nancy C. Lutkehaus, eds.
　　1999 Gendered Missions: Women and Men in Missionary Discourse and Practice. Ann Arbor: University of Michigan Press.

Jacka, Jerry
　　2002 Cults and Christianity among the Enga and Ipili. Oceania 72:196-214.

Jebens, Holger
　　2000 Signs of the Second Coming: On Eschatological Expectation and Disappointment in Highland and Seaboard PNG. In Millennial Countdown in New Guinea. P.J. Stewart and A. Strathern, eds. Ethnohistory [Special Issue] 47(1): 171-203. Durham, N.C.:Duke University Press.

　　2005 Pathways to Heaven: Contesting Mainline and Fundamentalist Christianity in Papua New Guinea. New York: Berghahn Books.

Jolly, Margaret
　　1996 Devils, Holy Spirits, and the Swollen God: Translation, Conversion and Colonial Power in the Marist Mission, Vanuatu,

1887-1934., In Conversion to Modernities: The Globalization of Christianity. Peter van derVeer, ed. pp.231-261. New York: Routledge.

Jordan, David K.

1993 The Glyphomancy Factor: Observations on Chinese Conversion. In Conversion to Christiantiy. Robert W. Hefner, ed. pp. 285-303. Berkeley: University of California Press.

Jorgensen, Dan

1994 Locating the Divine in Melanesia. Anthropology and Humanism 19(2): 130-137

Josephides, Sasha

1990 Seventh-Day Adventism and the Boroi Image of the Past. In Sepik Heritage: Tradition and Change in PNG. N. Lutkehaus et al. eds. pp. 58-66. Durham, NC: Carolina Academic Press.

Juillerat, Bernard

2005 Separation, Return, Permanence: The Maternal Bond in the Naven Ritual of the Iatmul. Journal of Ritual Studies 19(2): 71- 88.

Keane, Webb

1996 Materialism, Missionaries, and Modern Subjects in Colonial Indonesia, In Conversion to Modernities: The Globalization of Christianity. Peter van derVeer, ed. pp.137-169. New York: Routledge.

2006 Epilogue. Anxious Transcendence. In The Anthropology of Christianity. Fenella Cannell, ed. pp. 308-323. Durham: Duke University Press.

Keller, Eva

    2005 The Road to Clarity: Seventh-Day Adventism in Madagascar. New York: Palgrave Macmillan.

    2006 Scripture Study as Normal Science: Seventh-Day Adventist Practice on the East Coast of Madagascar. In The Anthropology of Christianity. Fenella Cannell, ed. pp. 273-294. Durham: Duke University Press.

Keller, Rosemary Skinner and Rosemary Radford Ruether, eds.

    2006 Encyclopedia of Women and Religion in North America. Bloomington: Indiana University Press.

Knauft, Bruce

    2002 Exchanging the Past: A Rainforest World of Before and After. Chicago: The University of Chicago Press.

    2007 Moral Exchange and Exchanging Morals: Alternative Paths of Cultural Change in Papua New Guinean. In The Anthropology of Morality in Melanesia and Beyond. John Barker, ed. pp. 60-73.Aldershot: Ashgate Publishing.

Lalich, Janja

    2004 Bounded Choice: True Believers and Charismatic Cults. Berkeley: University of California Press.

Lattas, Andrew

    1996 Memory, Forgetting and the New Tribes Mission in West New Britain. Oceania 66: 286-304.

    2000 Telephones, Cameras and Technology in West New Britain Cargo Cults. Oceania 70: 325-344.

Leavitt, Stephen C.

2000 The Apotheosis of White Men?: A Reexamination of Beliefs about Europeans as Ancestral Spirits. Oceania 70: 304-323.

Lee, Joseph Tse-Hei

2003 The Bible and the Gun: Christianity in South China, 1860-1900. New York: Routledge.

Levi-Strauss, Claude

1963 Structural Anthropology. New York: Basic Books.

Lipset, David and Eric Silverman

2005 Dialogics of the Body: The Moral and Grotesque in Two Sepik River Societies. Journal of Ritual Studies 19（2）: 17-52.

Lohmann, Roger Ivar

2003a The Supernatural is Everywhere: Defining Qualities of Religion in Melanesia and Beyond. Anthropological Forum 13(2): 175-85.

2003b Turning the Belly: Insights on Religious Conversion from New Guinea Gut Feelings. In The Anthropology of Religious Conversion. Andrew Buckser and Stephen D. Glazier, eds. pp. 109-121. Lanham: Rowman and Littlefield Publishers.

MacDonald, Mary N.

1991 Mararoko: A Study in Melanesian Religion. New York: Lang. （American University Studies Series 11. Anthropology and Sociology 45.）

Martin, David

2002 Pentecostalism: The World Their Parish. Oxford: Blackwell Publishers.

Mauss, Marcel

1967 The Gift: Forms and Functions of Exchang in Archaic Societies. New York: Norton.

1985 [1938] A Category of the Human Mind: The Notion of Person; The Notion of Self. Trans. W.D. Halls. In The Category of the Person. Michael Carrithers, et al. eds. pp. 1-25. Cambridge: Cambridge University Press.

Midelfort, H.C. Erik

2005 Exorcism and Enlightenment: Johann Joseph Gassner and the Demons of Eighteenth-Century Germany. New Haven: Yale University Press.

Miyazaki, Hirokazu

2000 Faith and its Fulfillment: Agency, Exchange, and the Fijian Aesthetics of Completion. American Ethnologist 27(1): 31-51.

Montgomery, Robert L.

1999 Introduction to the Sociology of Missions. Westport, CT: Praeger. Noegel, Scott, Joel Walker, and Brannon Wheeler, eds.

2003 Prayer, Magic, and the Stars in the Ancient and Late Antique World. University Park: Pennsylvania State University Press.

Nutini, Hugo G.

2000 Native Evangelism in Central Mexico. Ethnology 39(1): 39-54.

Onder, Sylvia Wing

2007 We have No Microbes Here: Healing Practices in a Turkish Black Sea Village. For the Ethnographic Studies in Medical Anthropology Series. P.J. Stewart and A. Strathern Series Editors. Durham, N.C.: Carolina Academic Press.

Otto, Ton and Ad Boorsboom

　　1997　Epilogue. Cultural Dynamics of Religious Change. In Cultural Dynamics of Religious Change in Oceania. Ton Otto and Ad Boorsboom. eds. pp. 103-112. Leiden: KITLV Press.

Parry, Jonathan

　　1986　The Gift, the Indian Gift and the 'Indian Gift'. Man 21: 453-473.

Ploeg, Anton

　　2007　Revitalisation Movements among Me, Damal and Western Dani, Central Highlands, Papua, Indonesia. Zeitschrift Für Ethnologie 132: 263-286.

Merleau-Ponty, Maurice

　　1962　Phenomenology of Perception. Trans. C. Smith. New York: Humanities Press.

Quanchi, Max

　　1997　The Invisibility of Gospel Ploughmen: The Imaging of South Sea Pastors in Papua. Pacific Studies 20(4): 77-101.

Rasmussen, Susan J.

　　2005　'These are Dirty Times': Transformations of Gendered Spaces and Islamic Ritual Protection in Taureg Herbalists' and Marabouts' Albaraka Blessing Powers. In Contesting Rituals: Islam and Practices of Identity-Making. Special issue edited by Pamela J. Stewart and Andrew Strathern, pp. 73-100. Durham, N.C.: Carolina Academic Press.

Read, Kenneth

　　1955　Morality and the Concept of the Person among the Gahuku-

Gama. Oceania 25(4): 233-282.

Reinders, Eric

　2004　Borrowed Gods and Foreign Bodies: Christian Missionaries Imagine Chinese Religion. Berkeley: University of California Press.

Reithofer, Hans

　2005　The Python Spirit and the Cross. Becoming Christian in a Highland Community of Papua New Guinea. Berlin: Lit Verlag

Robbins, Joel

　1995　Dispossessing the Spirits: Christian Transformation of Desire and Ecology Among the Urapmin in PNG. Ethnology 34:211-24.

　1997　666, or Why is the Millennium on the Skin? Morality, the State and the Epistemology of Apocalypticism among the Urapmin of PNG. In Millennial Markers. Pamela J. Stewart and Andrew Strathern, eds. pp. 35-58. Townsville: Centre for Pacific Studies, James Cook University of North Queensland.

　1998　On Reading 'World News': Apocalyptic Narrative, Negative Nationalism and Transnational Christianity in a Papua New Guinea Society. Social Analysis 42(2): 103-130.

　2001a　Secrecy and the Sense of an Ending: Narrative, Time, and Everyday Millenarianism in Papua New Guinea. Comparative Studies in Society and History 43(3): 525-551.

　2001b　God is Nothing but Talk: Modernity, Language, and Prayer in Papua New Guinea Society. American Anthropologist 103(4): 901-912.

2001c Ritual Communication and Linguistic Ideology. Current Anthropology 42(5): 591-599.

2003a Introduction: What is a Christian? Notes Toward an Anthropology of Christianity. Religion 33(3): 191-199.

2003b On the Paradoxes of Global Pentecostalism and the Perils of Continuity Thinking. Religion 33(3): 221-231.

2004 Becoming Sinners: Christianity and Moral Torment in a Papua New Guinea Society. Berkeley: University of California Press.

Robbins, Joel, Pamela J. Stewart and Andrew Strathern, eds.

2001 Pentecostal and Charismatic Christianity in Oceania. Special Issue of the Journal of Ritual Studies 15.2. (ISBN 0967049911)

Roberts, Richard H.

2002 Religion, Theology and the Human Sciences. Cambridge: Cambridge University Press.

Rubinstein, Murray A.

2007 Political Taiwanization and Pragmatic Diplomacy: The Eras of Chiang Ching-kuo and Lee Teng-hui, 1971-1994, In Taiwan: A New History. Murray A. Rubinstein, ed. pp. 436-495.Armonk, NY: M.E. Sharpe.

Rutherford, Danilyn

2006a The Bible Meets the Idol: Writing and Conversion in Biak, Irian Jaya, Indonesia. In The Anthropology of Christianity. Fenella Cannell, ed. pp. 240-272. Durham: Duke University Press.

2006b Nationalism and Millenarianism in West Papua: Institutional

Power, Interpretive Practice, and the Pursuit of Christian Truth. In The Limits of Meaning: Case Studies in the Anthropology of Christianity. Matthew Engelke and Matt Tomlinson, eds. pp. 105-126. New York and Oxford: Berghahn Books.

Sahlins, Marshall D.

1976 Culture and Practical Reason. Chicago: The University of Chicago Press.

Said, Edward W.

1979 Orientalism. New York: Vintage Books.

Scott, Michael

2000 Ignorance is Cosmos: Knowledge is Chaos: Articulating a Cosmological Polarity in the Solomon Islands. Social Analysis 44(2): 56-83.

2005a Hybridity, Vacuity, and Blockage: Visions of Chaos from Anthropological Theory, Island Melanesia, and Central Africa. Comparative Studies in Society and History 47(1): 190-216.

2005b I Was Like Abraham: Notes on the Anthropology of Christianity from the Solomon Islands. Ethnos 70(1): 101-125.

2007 The Severed Snake: Matrilineages, Making Place, and a Melanesian Christianity in Southeast Solomon Islands. Durham, NC: Carolina Academic Press.

Shepherd, John R.

1996 From Barbarians to Sinners: Collective Conversion Among Plains Aborigines in Qing Taiwan, 1859-1895. In Christianity in China. Daniel H. Bays, ed. pp.120-137. Stanford: Stanford University Press.

Shoaps, Robin A.

　　2002 Pray Earnestly: The Textual Construction of Personal Involvement in Pentecostal Prayer and Song. Journal of Linguistic Anthropology 12(1): 34-71.

Shorter, Aylward

　　1978 African Christian Spirituality. Maryknoll, NY: Orbis Books.

Sluhovsky, Moshe

　　2007 Believe Not Every Spirit: Possession, Mysticism, and Discernment in Early Modern Catholicism. Chicago: University of Chicago Press.

Smith, Jonathan Z.

　　1987 To Take Place: Toward Theory in Ritual. Chicago: The University of Chicago Press.

Spyer, Patricia

　　1996 Serial Conversion/Conversion to Seriality: Religion, State, and Number in Aru, Eastern Indonesia. In Conversion to Modernities: The Globalization of Christianity. Peter van derVeer, ed. pp. 171-198. New York: Routledge.

Stewart, Charles and Rosalind Shaw, eds.

　　1994 Syncretism/Anti-Syncretism: The Politics of Religious Synthesis. London and New York: Routledge.

Stewart, Pamela J. and Andrew J. Strathern

　　1998a Life at the End: Voices and Visions from Mt. Hagen, Papua New Guinea. Zeitschrift für Missionswissenschaft und Religionswissenschaft 82, No. 4. pp. 227-244.

　　1998b Money, Politics, and Persons in Papua New Guinea. Social

Analysis 42(2): 132-149.

1998c End Times Prophesies from Mt. Hagen, Papua New Guinea: 1995-1997. Journal of Millennial Studies 1(1)[electronic journal, http://www.mille.org/]

1999a Engendering the Millennium in Papua New Guinea. In Engendering the Millennium. Special Issue of the Journal of Millennial Studies. Brenda Brasher and Lee Quinby, eds. 2(1) [electronic journal, Center for Millennial Studies, ISSN # 1099-2731, http://www.mille.org/]

1999b Feasting on my enemy. Images of Violence and Change in the New Guinea Highlands. Ethnohistory 46(4):645-669.

1999c Female Spirit Cults as a Window on Gender Relations in the Highlands of Papua New Guinea. The Journal of the Royal Anthropological Institute 5(3):345-360.

1999d Time at the End: The Highlands of Papua New Guinea. In Expecting the Day of Wrath: Versions of the Millennium in Papua New Guinea. Christin Kocher-Schmid, ed. pp. 131-144. Port Moresby: National Research Institute, Monograph 36, July 1999.

2000c Fragmented Selfhood: Contradiction, Anomaly and Violence in Female Life-Histories. In Identity Work: Constructing Pacific Lives. Pamela J. Stewart and Andrew Strathern, eds. pp. 44-57.ASAO (Association for Social Anthropology in Oceania) Monograph Series No. 18. University of Pittsburgh Press.

2000d Religious Change in the Highlands of Papua New Guinea.

（Previously entitled "Envisioning the Millennium in Highlands Papua New Guinea."）Journal of Ritual Studies 14(2): 28-33.

2000e History and Change in the Highlands of Papua New Guinea. Minpaku Anthropology Newsletter 11: 2-3. National Museum of Ethnology, Osaka, Japan, and in electronic print, http://www.minpaku.ac.jp

2000f Body and Mind in Mount Hagen, Highlands Papua New Guinea. Special Issue of the Journal Anthropology of Consciousness [Guest edited by Grant Jewell Rich] 11 (3/4): 25-39.

2000g Introduction: Latencies and Realizations in Millennial Practices. In Millennial Countdown in New Guinea. P.J. Stewart and A. Strathern, eds. Ethnohistory [Special Issue] 47(1): 3-27.

2000h Introduction: Narratives Speak. In Identity Work: Constructing Pacific Lives. Pamela J. Stewart and Andrew Strathern, eds. pp. 1-26. ASAO (Association for Social Anthropology in Oceania) Monograph Series No. 18. University of Pittsburgh Press.

2000i Naming Places: Duna Evocations of Landscape in Papua New Guinea. People and Culture in Oceania 16:87-107.

2001a The Great Exchange: Moka with God. Special Issue, "Pentecostal and Charismatic Christianity in Oceania." Joel Robbins, Pamela J. Stewart, and Andrew Strathern, eds. Journal of Ritual Studies 15(2): 91-104.

2001b Foreword: Pentecostal and Charismatic Christianity in

Oceania. Special Issue, "Pentecostal and Charismatic Christianity in Oceania" Joel Robbins, Pamela J. Stewart and Andrew Strathern, eds. Journal of Ritual Studies 15(2): 4-6.

2001c Origins Versus Creative Powers: The Interplay of Movement and Fixity. In Emplaced Myths: Space, Narrative, and Knowledge in Aboriginal Australia and Papua New Guinea Societies. Alan Rumsey and James Weiner, eds. pp. 79-98. Honolulu: University of Hawaii Press.

2001d Timbu Wara Figures From Pangia, Papua New Guinea. Records of the South Australian Museum 34(2): 65-77.

2001e Humors and Substances: Ideas of the Body in New Guinea. Westport, CN: Bergin and Garvey, Greenwood Publishing Group.

2002a Remaking the World: Myth, Mining and Ritual Change among the Duna of Papua New Guinea. For, Smithsonian Series in Ethnographic Inquiry,

Washington, D.C.: Smithsonian Institution Press.

2002b Comment: Making up people in Papua. The Journal of the Royal Anthropological Institute 8(2): 367-369

2002c Power and Placement in Blood Practices. Special Issue, "Blood Mysteries: Beyond Menstruation as Pollution," Janet Hoskins, ed. Ethnology 41(4): 349-363.

2002d Introduction. Oceania: An Introduction to the Cultures and Identities of Pacific Islanders. In Oceania: An Introduction to the Cultures and Identities of Pacific Islanders. Andrew Strathern, Pamela J. Stewart, Laurence M. Carucci, Lin Poyer,

Richard Feinberg, and Cluny Macpherson. pp. 2-7. Durham, N.C.: Carolina Academic Press.

2002e Ritual Studies Monograph Series Editors' Foreword. In The Third Bagre: A Myth Revisited. Jack Goody and S.W.D.K. Gandah. pp. ix-xi. Durham, NC: Carolina Academic Press.

2002f Part II. Gardening: Comparisons from Three Highlands Areas (Duna, Pangia, and Hagen). In Horticulture in Papua New Guinea: Case Studies from the Southern and Western Highlands. P. Sillitoe, P.J. Stewart, and A. Strathern. pp. 199-338. Ethnology Monograph Series. No. 18, University of Pittsburgh, Pittsburgh.

2002g Gender, Song, and Sensibility: Folktales and Folksongs in the Highlands of New Guinea. Westport, CT: Praeger Publishers (Greenwood Publishing).

2003a Dreaming and Ghosts among the Hagen and Duna of the Southern Highlands, Papua New Guinea. In Dream Travelers: Sleep Experiences and Culture in the Western Pacific. Roger Ivar Lohmann, ed. pp. 42-59. New York: Palgrave Macmillan.

2003b Landscape, Memory, and History: Anthropological Perspectives. For, Anthropology, Culture, and Society Series. London: Pluto Press.

2003c Introduction. In Landscape, Memory and History. Anthropological Perspectives. P.J. Stewart and A. Strathern, eds. pp. 1-15. For, Anthropology, Culture, and Society Series. London: Pluto Press.

2004 Witchcraft, Sorcery, Rumors, and Gossip. For, New Departures in Anthropology Series, Cambridge: Cambridge University Press.

2005b Cosmology, Resources, and Landscape: Agencies of the Dead and the Living in Duna, Papua New Guinea. Ethnology 44(1): 35-47.

2005c The Death of Moka in Post-Colonial Mount Hagen, Highlands, Papua New Guinea. In The Making of Global and Local Modernities in Melanesia: Humiliation, Transformation and the Nature of Cultural Change. Joel Robbins and Holly Wardlow, eds. pp. 125-134. For, Anthropology and Cultural History in Asia and the Indo-Pacific Series, London, U.K. and Burlington, VT: Ashgate Publishing.

2005d Duna Pikono: A Popular Contemporary Genre in the Papua New Guinea Highlands. In Expressive Genres and Historical Change: Indonesia, Papua New Guinea and Taiwan. Pamela J. Stewart and Andrew Strathern, eds. pp. 83-107. For, Anthropology and Cultural History in Asia and the Indo-Pacific Series, London, U.K. and Burlington, VT: Ashgate Publishing.

2005e Body and Mind on the Move: Emplacement, Displacement, and Trans-Placement in Highlands Papua New Guinea. Asia-Pacific Forum (Centre for Asia-Pacific Area Studies, Academia Sinica, Taipei, Taiwan) 27 (March): 205-217.

2005f Anthropology and Cultural History in Asia and the Indo-Pacific Series Editors' Preface. In Expressive Genres and Historical Change: Indonesia, Papua New Guinea, and Taiwan.

Pamela J. Stewart and Andrew Strathern, eds. pp. xv. London: Ashgate publishing.

2007b Introduction: Ritual Practices, 'Cultural Revival' Movements, and Historical Change. In Asian Ritual Systems: Syncretisms and Ruptures.Pamela J. Stewart and Andrew Strathern, eds. pp. 3-33. For, Ritual Studies Monograph Series. Durham, N.C.: Carolina Academic Press.

2007c Ritual Studies Monograph Series Editors' Preface for Resisting State Iconoclasm Among the Loma of Guinea. "Ritual, Secrecy, and Continuity." In Resisting State Iconoclasm Among the Loma of Guinea. Christian Kordt Hojbjerg. pp. xiii-xxiii. Durham, N.C.: Carolina Academic Press.

Stewart, Pamela J. and A. Strathern, eds.

1997 Millennial Markers. Townsville: JCU, Centre for Pacific Studies.

2000a Millennial Countdown in New Guinea. Special Issue of Ethnohistory 47(1), 2000. Duke University Press.

2000b Identity Work: Constructing Pacific Lives. ASAO (Association for Social Anthropology in Oceania) Monograph Series No. 18. Pittsburgh: University of Pittsburgh Press.

2005a Expressive Genres and Historical Change: Indonesia, Papua New Guinea and Taiwan. For, Anthropology and Cultural History in Asia and the Indo-Pacific Series. London: Ashgate Publishing.

2007a Asian Ritual Systems: Syncretisms and Ruptures. For, Ritual

Studies Monograph Series. Durham, N.C.: Carolina Academic Press.

2008　Exchange and Sacrifice. For, Ritual Studies Monograph Series, Durham, N.C.: Carolina Academic Press.

Strathern, A.J.

1981　Noman: Representations of Identity in Mount Hagen. In The Structure of Folk Models. M. Stuchlik, ed. pp. 281-303. London: Academic Press.

1984　A Line of Power. London: Tavistock.

1993　Voices of Conflict. Pittsburgh: Ethnology Monograph no. 14.

2007　[1971] The Rope of Moka., Second edition. Cambridge: Cambridge University Press.

Strathern, A.J. and Pamela J. Stewart

1997a　Introduction: Millennial Markers in the Pacific. In Millennial Markers. Pamela J. Stewart and A.J. Strathern, eds. pp. 1-17. Townsville: JCU, Centre for Pacific Studies (ISBN 0 86443 639 4).

1997b　The Efficacy-Entertainment Braid Revisited: From Ritual to Commerce in Papua New Guinea. Journal of Ritual Studies 11 (1):61-70.

1997c　The Problems of Peace-Makers in Papua New Guinea: Modalities of Negotiation and Settlement. The Cornell International Law Journal 30(3): 681-699.

1998a　A Death to Pay for: Individual Voices. Distributed by Pennsylvania State University Media Service. Pittsburgh: Department of Anthropology, Univerisity of Pittsburgh.

1998b Melpa and Nuer Ideas of Life and Death: The Rebirth of a Comparison. In Bodies and Persons: Comparative Perspectives from Africa and Melanesia. Lambek, M. and A. J. Strathern, eds. pp. 232-251. Cambridge: Cambridge University Press.

1998c The Embodiment of Responsibility: Confession and Compensation in Mount Hagen, Papua New Guinea. Pacific Studies 21(1/2): 43-64.

1998d Seeking Personhood: Anthropological Accounts and Local Concepts in Mount Hagen, Papua New Guinea. Oceania 68(3): 170-188.

1998e Embodiment and Communication: Two Frames for the Analysis of Ritual. Social Anthropology (Journal of the European Association of Social Anthropologists) 6(part 2): 237-251.

1998f Introduction and Postscript. In A Death to Pay for: Individual Voices. pp. 76-78. Pittsburgh: Department of Anthropology, University of Pittsburgh. [ISBN 0-945428-10-3].

1998g Continuities and Ruptures in Ritual Practices. Editorial Comment on Tubuan: The Survival of the Male Cult Among theTolai. Journal of Ritual Studies 12 (2): 29-30.

1999a Collaborations and Conflicts: A Leader Through Time. Fort Worth, TX: Harcourt Brace College Publishers.

1999b The Spirit is Coming! A Photographic-Textual Exposition of the Female Spirit Cult Performance in Mt. Hagen. Ritual Studies Monograph Series, Monograph No. 1. Pittsburgh.

1999c On the theory of Stability and Change in Ritual: the Legacy of Roy Rappaport. Review Essay on Roy Rappaport's (1999) Ritual and Religion in the Making of Humanity (Cambridge University Press). Social Analysis 43(3): 116-121.

1999d Outside and Inside Meanings: Non-Verbal and Verbal Modalities of Agonistic Communication among the Wiru of Papua New Guinea. Man and Culture in Oceania 15:1-22.

1999e Curing and Healing: Medical Anthropology in Global Perspective. Durham, N.C.: Carolina Academic Press.

2000a Arrow Talk: Transaction, Transition, and Contradiction in New Guinea Highlands History. Kent, OH: Kent State University Press.

2000b The Python's Back: Pathways of Comparison between Indonesia and Melanesia. Westport, CT: Bergin and Garvey.

2000c Stories, Strength & Self-Narration. Western Highlands, Papua New Guinea. Adelaide, Australia: Crawford House Publishing.

2000d Further Twists of the Rope: Ongka and Ru a Transforming world. In Identity Work: Constructing Pacific Lives. Pamela J. Stewart and Andrew Strathern, eds. pp. 81-98. ASAO (Association for Social Anthropology in Oceania) Monograph Series No. 18. University of Pittsburgh Press.

2000e Accident, Agency, and Liability in New Guinea Highlands Compensation Practices. Bijdragen 156-2: 275-295.

2000f Recent Ethnological Studies from the Highlands of Papua New Guinea. Bulletin of the National Museum of Ethnology, 25(2): 271-285. Osaka, Japan.

2000g Custom, Modernity and Contradiction: Local and National Identities in Papua New Guinea. The New Pacific Review 1(1): 118-126.

2000h Dangerous Woods and Perilous Pearl Shells: The Fabricated Politics of a Longhouse in Pangia, Papua New Guinea. Journal of Material Culture 5(1): 69-89.

2001a Rappaport's Maring: The Challenge of Ethnology. In Ecology and the Sacred: Engaging the Anthropology of Roy Rappaport. Ellen Messner and Michael Lambek, eds. pp. 277-290. Ann Arbor: University of Michigan Press.

2001b Minorities and Memories. Survivals and Extinctions in Scotland and Western Europe. Durham, NC: Carolina Academic Press.

2002 Part I. The South-West Pacific. In Oceania: An Introduction to the Cultures and Identities of Pacific Islanders. Andrew Strathern, Pamela J. Stewart, Laurence M. Carucci, Lin Poyer, Richard Feinberg, and Cluny Macpherson. pp. 10-98. Durham, NC: Carolina Academic Press.

2003 Divisions of Power: Rituals in Time and Space among the Hagen and Duna Peoples, Papua New Guinea. Taiwan Journal of Anthropology 1(1): 51-76.

2004a Empowering the Past, Confronting the Future, The Duna People of Papua New Guinea. For, Contemporary Anthropology of Religion Series, New York: Palgrave Macmillan.

2004b Cults, Closures, Collaborations. In Women as Unseen

Characters: Male Ritual in Papua New Guinea. For Social Anthropology in Oceania Monograph Series, edited by Pascale Bonnemere. pp. 120-138. Philadelphia, PA: University of Pennsylvania Press.

2004c Afterword: Substances, Powers, Cosmos, and History. In The Anthropology of Assault Sorcery and Witchcraft in Amazonia. Neil L. Whitehead and Robin Wright, eds. pp. 314-320. Durham, NC: Duke University Press.

2005a South-West Pacific Research: Trends and Suggestions. In A Special Issue, Retrospects and Prospects of Pacific Islands Studies in Taiwan, Asia-Pacific Forum 30: 96-125.

2005b Introduction. In Expressive Genres and Historical Change: Indonesia, Papua New Guinea and Taiwan. Pamela J. Stewart and Andrew Strathern, eds. pp. 1-39. For, Anthropology and Cultural History in Asia and the Indo-Pacific Series. London: Ashgate Publishing.

2005c Melpa Songs and Ballads: Junctures of Sympathy and Desire in Mount Hagen, Papua New Guinea. In Expressive Genres and Historical Change: Indonesia, Papua New Guinea and Taiwan. Pamela J. Stewart and Andrew Strathern, eds. pp. 201-233. For, Anthropology and Cultural History in Asia and the Indo-Pacific Series. London: Ashgate Publishing.

2005d Witchcraft, Sorcery, Rumors , and Gossip: Terror and the Imagination --- A State of Lethal Play. The Central States Anthropological Society Bulletin 40(1): 8-14.

2006a Foreword to Collection (JRS 20.2, 2006). Ritual:

Transplacements and Explanations. Journal of Ritual Studies 20(2): i-v.

2006b Introduction: Terror, the Imagination, and Cosmology. In Terror and Violence: Imagination and the Unimaginable. Andrew Strathern, Pamela J. Stewart, and Neil L. Whitehead, eds. pp. 1-39. For, Anthropology, Culture, and Society Series, London: Pluto Press.

2006c Duna. In The Greenwood Encylcopedia of World Folklore and Folklife. pp. 165-171. Westport, CT: Greenwood Publishing Group.

2006d Shifting Centers, Tense Peripheries: Alternative Cosmopolitanisms. Paper presented at the ASA meeting in Keele, England in 2006. For publication in volume edited by Elisabeth Kirtsoglou and Dimitrios Theodossopoulos. Oxford: Berghahn Publications.

2007a Actors and Actions in 'Exotic' Places. In Experiencing New Worlds. Jurg Wassmann and Katharina Stockhaus, eds. pp. 95-108. New York: Berghahn Books.

2007b Ethnographic Records from the Western Highlands of Papua New Guinea: Missionary Linguists, Missionary-Ethnographers. In Anthropology's Debt to Missionaries. L. Plotnicov, P. Brown and V. Sutlive, eds. pp. 151-160. Ethnology Monograph Series No. 20. University of Pittsburgh, Pittsburgh.

2007c Songs, Places, and Pathways of Change: Themes from the Highlands of Papua New Guinea. Special Issue, "Anthropo-

Aesthetic Domains: Song, Dance, and Landscape." Taiwan Dance Research Journal 3:1-26.

2007d Ritual Studies Monograph Series Editors' Preface. In The Severed Snake. Matrilineages, Making Place, and a Melanesian Christianity in Southeast Solomon Islands. Michael W. Scott. pp. xi-xix. Durham, NC: Carolina Academic Press.

2007e Ritual Studies Monograph Series Editors' Preface, "Ritual Studies and Cognitive Science: Anthropology's Shifting Boundaries." In Religion, Anthropology, and Cognitive Science. Harvey Whitehouse and James Laidlaw, eds. pp. ix-xxi. Durham, NC: Carolina Academic Press

2007f Anthropology and Cultural History in Asia and the Indo-Pacific Series Editors' Preface. "The Complex Pathways of History: Uyghurs and Formations of Identity." In Situating the Uyghurs Between China and Central Asia. Ildiko Beller-Hann, et al. eds. pp. xvii-xxiv. Aldershot: Ashgate Publishing.

2007g Anthropology and Cultural History in Asia and the Indo-Pacific Series Editors' Preface. "Morality and Cosmology: What do Exemplars Exemplify?" In The Anthropology of Morality in Melanesia and Beyond. John Barker, ed. pp. xiii-xxi.Aldershot: Ashgate Publishing.

2007h Epilogue: Syncretisms, Ruptures, Continuities. In Asian Ritual Systems: Syncretisms and Ruptures. Pamela J. Stewart and Andrew Strathern, eds. pp. 263-282. For, Ritual Studies Monograph Series, Durham, NC: Carolina Academic Press.

2007i Indigenous Cosmopolitanisms. Paper delivered in March 2007 at the Institute of Ethnology Colloquium, Academia Sinica, Taipei, Taiwan.

2008a Introduction. Aligning Words, Aligning Worlds. In Exchange and Sacrifice. Pamela J. Stewart and Andrew Strathern, eds. pp. xi-xxxvi. For, Ritual Studies Monograph Series, Durham, NC: Carolina Academic Press.

2008b Exchange and Sacrifice: Examples from Papua New Guinea. In Exchange and Sacrifice. Pamela J. Stewart and Andrew Strathern, eds. pp. 229-245.For, Ritual Studies Monograph Series. Durham, NC: Carolina Academic Press.

2008c Anthropology and Cultural History in Asia and the Indo-Pacific Series Editors' Preface. "Fixity, Movement, and Change: An Ambrym Kaleidoscope." In Gender, Christianity and Change in Vanuatu: An Analysis of Social Movements in North Ambrym, by Annelin Eriksen. pp. ix-xv. Aldershot: Ashgate Publishing.

Tan, Chang-Kwo 譚昌國

2001 Mediated Devotion: Tradition nd Christianity among the Paiwan of Taiwan. Ph.D. Thesis, University College London.

2002 Syncretic Objects: Material Culture of Syncretism among the Paiwan Catholics. Taiwan. Journal of Material Culture 7(2): 167-187.

Tengan ,Ty P. Kāwika

2008 Native Men Remade. Gender and Nation in Contemporary Hawaii. Durham, NC: Duke University Press.

Timmer, Jaap

　　2000　The Return of the Kingdom: Agama and the Millennium among the Imyan of Irian Jaya, Indonesia. In Millennial Countdown in New Guinea, P.J. Stewart and A. Strathern, eds. Ethnohistory [Special Issue] 47(1): 29-65.

Tomlinson, Matt

　　2006　The Limits of Meaning in Fijian Methodist Sermons. In The Limits of Meaning: Case Studies in the Anthropology of Christianity. Matthew Engelke and Matt Tomlinson, eds. pp. 129-146. New York: Berghahn Books.

　　2009　In God's Image: The Metaculture of Fijian Christianity. Berkeley: University of California Press.

Toren, Christina

　　2004　Becoming a Christian in Fiji: An Ethnographic Study of Ontogeny. Journal of the Royal Anthropological Institute 10(1): 222-240.

　　2006　The Effectiveness of Ritual. In The Anthropology of Christianity. Cannell, Fenella, ed., pp. 185-210. Durham and London: Duke University Press.

Toulis, Nichole Rodriguez

　　1997　Believing Identity: Pentecostalism and the Mediation of Jamaican Ethnicity and Gender in England. Oxford and New York: Berg.

Trompf, Garry W.

　　2000　Millenarism: History, Sociology, and Cross-Cultural Analysis. The Journal of Religious History 24(1): 103-124. Uhalley,

Stephen Jr. and Xiaoxin Wu, eds.

2001 China and Christianity: Burdened Past, Hopeful Future. Armonk, NY: M.E. Sharpe.

Wagner, Herwig and Hermann Reiner

1986 The Lutheran Church in Papua New Guinea. Adelaide, Australia: Lutheran Publishing House.

White, Geoffrey

1991 Identity through History: Living Stories in a Solomon Islands Society. Cambridge: Cambridge University Press.

Whitehouse, Harvey

1999 Comment. Journal of The Royal Anthropological Institute 5(1): 98-100.

2000 Arguments and Icons: Divergent Modes of Religiostiy. Oxford: Oxford University Press.

2004 Modes of Religiosity: A Cognitive Theory of Religious Transmission.

Walnut Creek, CA: Altamira Press.

2006 Appropriated and Monolithic Christianity in Melanesia. In The Anthropology of Christianity. Fenella Cannell, ed. pp. 295-307. Durham: Duke University Press.

Whitehouse, Harvey and James Laidlaw, eds.

2007 Religion, Anthropology, and Cognitive Science. For the Ritual Studies Monograph Series. Durham, NC: Carolina Academic Press.

Wiessner, Polly and Akii Tumu

2001 Averting the Bush Fire Day: Ain's Cult Revisited, in Ecology and the Sacred. Engaging the Anthropology of Roy A. Rappaport. Ellen Messer and Michael Lambek. eds. pp. 300-23.Ann Arbor: University of Michigan Press.

Yang, Shu-Yuan 楊淑媛

2001 Coping with Marginality: The Bunun in Contemporary Taiwan. Ph.D. Thesis, London School of Economics and Political Science.

第二章
分隔的空間，協商的靈力：
Langalanga祖靈與基督上帝的動態關係[*]

郭佩宜

中央研究院民族學研究所副研究員

> 信仰有兩種：信撒旦或信上帝。「Kastom（傳統）信仰」
> 是前者，祖靈的神蹟貨真價實，我們親眼目睹好多次，
> [祖靈]很有靈力。然而，你只可以選擇一邊的信仰，我們
> 選擇了上帝。（一名安息日會忠實信徒的評論）

1997年，所羅門群島的Langalanga礁湖區，一個以基督復臨安
息日會[1]為主要信仰的村落發生了一個事件。一位中年生意人在首都
Honiara開車時，突然暴斃身亡，遺體被送回去村子裡安葬。葬禮後
的某天夜裡，人們看到兩尾大鯊魚在村旁繞圈；在Langalanga傳統信

---

* 本章根據筆者1995年以來在Langalanga地區的研究所得。本文部分曾發表於
2005年5月於中研院民族所舉辦的工作坊「權力與階序：亞洲與印度太平洋
地區的改信、儀式建構與宇宙觀信仰體系」，筆者感謝與會學者啟發性的
討論。同時也感謝Andrew Strathern、Pamela J. Stewart、Ben Burt教授的寶
貴建議，以及施昀佑和林浩立和戴惠莉協助文稿潤飾、黃維晨協助地圖繪
製。筆者多年來受惠於Langalanga人協助研究工作，不勝感激。

1 Seventh Day Adventist(SDA)，以下簡稱安息日會。

仰中，這樣的情景意味著祖先要求殺豬獻祭。[2]但死者家庭隸屬安息日會教派，所以不能做傳統的獻祭儀式(goona)，而死者一個非教會成員的兄弟在試圖說服他們舉行獻祭儀式失敗後，只能召集一些親戚，以一杯茶向已故的傳統祭司(fata aabu)禱告。然而這並不是回應祖靈要求的正確方式，因此人們開始擔心會有不好的事情發生。

幾天後，死者的兒子突然「被擊倒」，而且完全不能講話。他的家人請求村外另個氏族的傳統祭司協助，祭司以海水輕拍那年輕人的身體，要他起立、坐下，而後馬上他就恢復說話能力了。然而，祭司卻警告說，這只是個暫時的措施，如果沒有舉行適當的獻祭儀式，不幸還會再次降臨。

村人懷有更多疑慮的事情是，有些人認為那名生意人的死，源於沒有滿足祖靈先前的要求。死者造好了一艘新船後，卻沒有在下水前按照傳統殺豬祭拜，回想起來，似乎早已經出現過幾次祖靈警告的徵兆。死者不在教會的兄弟幾度要求死者舉行傳統祭儀，但死者卻基於信仰否決了，因為他們已經選擇了基督教，不能獻祭祖靈；然而祖靈依舊不斷的要求，其靈力也持續有影響力，若不舉行傳統儀式的話，似乎就無法化解。因此他們家陷入兩難之中。

如本章一開始的引文所言，Langalanga的安息日會教會不否認祖靈(agalo)的存在與力量，因為靈力的證據明確而頻繁，而人們也認為某些不幸(包括意外死亡與一些疾病)是由祖靈引起，並且只能依照他們的方式才能根本地被解決與治癒。然而，教會裡的人不被允許殺豬獻祭，因為他們已經選擇基督教的神，應該嘗試以教會的方式解決

2　在Langalanga文化中，鯊魚常被視為祖靈的代表。無預期的鯊魚現身通常被詮釋為祖靈要求獻祭豬隻的徵兆。而有些鯊魚則本身即為神話生物，其超自然力量與祖先無關。

問題。許多人在兩者間掙扎，並發展出一種另類的解決方式：他們還是留在教會中向上帝禱告，但同時又找了不屬於教會的親戚為他們殺豬獻祭；在安息日會村內，他們依循教會的方式，在村外，則依循祖靈的方式。兩種靈力並存，但在空間上區隔開來。

本章從空間分隔的角度，探討Langalanga礁湖區祖靈（*agalo*）與基督教上帝之間的動態權力關係。在基督教進入美拉尼西亞後，傳教士與基督徒均承認祖先或其他精靈的力量依舊持續存在（e.g. Levy, Mageo and Howard 1996: 25, Clark 1989）。例如Borut Telban於本書第四章中指出，在新幾內亞的Ambonwari社會中，儘管男子會所廢棄且神聖的物消失了，人們依舊相信祖先、森林及水的精靈存在。即使比較極端的轉宗案例也未否定祖靈的持續性存在，例如本書第三章中，Joel Robbins談到他所研究的Urapmin人在大規模徹底改信福音教派後，依舊相信精靈不會消失或離開，而是在森林中遊蕩，仍可能帶來危險。

因此如同Lambek所言，現在的問題不是「哪些精靈還存在？」而是「哪些精靈有靈力影響我現在的生活？」（Lambek 1996: 247）。更進一步來看，我們需要深入探究這些靈力的本質如何存在，如何影響社會生活，以及人們如何與之互動。

相關學者多半同意，早期美拉尼西亞的基督宗教常被人類學者忽略，或被當成「非土著的、非真實的地方文化」，而未被嚴肅看待（e.g., Barker 1990a, 1992; Burt 1994: 7-14, Douglas 2001, Robbins 2004: 27-34）。然而，人類學研究逐漸轉向，從傳教與轉宗的歷史，進而著重實踐的動態性以及地方詮釋（Barker 1990b, Borsboom & Otto 1997）。在此同時，主流的觀點也正在改變，宗教信仰的改變原本被視為殖民影響或傳教化，但現在則著重於當地人在宗教再建構過程中的主動能動性。一如Barker（1990b: 22）指出，基督宗教現在是「原住民真實的一部

分」，我們需要做更多研究，在地方、區域以及全球脈絡下探討其複
雜性，同時也採取當地人在宗教轉換過程中的主動參與式視角。1980
年代晚期後，人類學家已完成一些從大洋洲的在地視野看宗教轉換
的詳細研究，[3]包括Geoffrey White（1991）在Isabel島（所羅門群島），
Ben Burt（1994）在Kwara'ae族（所羅門群島），及Joel Robbins（2004）在
Urapmin（新幾內亞）的研究。[4]

　　一個研究美拉尼西亞基督宗教的重要主題，是探討基督信仰與原
住民信仰的關係。如Burt指出，在當代基督宗教信仰中，多半能找出
美拉尼西亞傳統宗教延續的一面（1994: 13）。[5]例如Kove人（新幾內亞
的New Britian島西部）將其信仰體系中的超自然生物之一等同於基督
上帝（Chowning 1990），Malaita的Kwara'ae人把祖靈信仰比擬為舊約
聖經中的猶太宗教（Burt 1982, 1994），這兩個例子都是當地人企圖建
構祖靈信仰與基督教的連結。而在有些案例中，當地人們發現基督
教的核心價值與他們的傳統吻合，例如慷慨、愛、關心及和諧。（參
見Flinn 1990，Pulap, Truk的民族誌）舉例來說，在Kragur（新幾內亞
Sepik區），人們將自我認同的道德特質（好客、慷慨與合作），認定與
基督教義重視仁慈與兄弟情誼具有相似性，這樣的例子說明了他們試

3　更完整的重要論文與編著書目，請參見本書導論以及Robbins（2004：第一章）。

4　大洋洲基督教的研究中，所羅門群島的民族誌中有些重要貢獻，包括
　　Hobgin（1971）、Monberg（1967）、White（1991）、和Burt（1982, 1982,
　　1994）。近年的研究，則有McDougall （2003）和Scheyvens（2003）研究所羅
　　門的教會女性團體，Stritecky（2001）探討聖靈降臨教派運動（Pentecostal
　　movement）中靈力戰爭的敘事。Scott（2005）研究Arosi聖公會教徒的「民族
　　神學」（ethno-theology），亦即當地基督徒如何重新結構基督教與其文化傳
　　統模式的對比。

5　不過本書中Robbins也提醒我們，小心不要過度簡化傳統的延續性，談文化
　　變遷時，落入看到傳統元素就等同有延續性的陷阱。

圖尋找傳統文化與基督教的相容性（Smith 1990）。類似的例子也同樣出現在斐濟（參見Kaplan 1990）。

已經有許多人類學家研究大洋洲住民對基督上帝和祖靈這兩種力量的在地詮釋，但卻很少有人從空間分析切入。我的研究即企圖從這個角度，探討在地觀點的轉宗過程。我認為空間分析的取徑，有助於闡明Langalanga人在宗教轉換過程中的文化動態性。

如同許多研究者指出，美拉尼西亞的文化是非常「嵌入地方」（emplaced）（如Rumsey & Weiner 2001）以及「寫在土地上（written on the ground）」的（Douglas 1982）；空間配置與地景反映也建構了他們與過去及現在的連結（e.g. Kuchler 1993, Hirsch 1995, Guo 2003, Leach 2003）。根基於這樣的文化脈絡，轉宗基督教的過程如何同時轉化了靈力與祖先歷史的地方性（emplacement），是值得探討的課題。轉宗時，常常出現空間配置與地景的變遷，以Urapmin為例，人們拆掉那些保存著男女祖先遺物的男性和女性會所，把遺物移到洞窟中，但這些行動造成一些緊張，因為人們相信祖先依舊擁有靈力。在教堂建好後，地景被轉化，聚落中心基督教化，而洞窟與林間則成了精靈和祖先逗留之所（Robbins 2004: 145-154）。

在美拉尼西亞的基督宗教研究中，Barker是第一個研究傳教基地（mission station）（1990c），以及新建村落與新的村落概念（1996）的人類學家。他詳述在Maisin（新幾內亞）區傳教基地與當地村落的相互關係——包括彼此二分、互補、並相互以對方為模式發展村落的關係；他也描述將建造教堂為新的神聖之所、新道德秩序的支柱以及新的村落建構如何受到殖民與傳教目的影響（cf. Comaroff & Comaroff 1986: 13-14）。

競爭的宗教力量之間出現空間分隔是普遍的現象；然而，研究者對其間的動態性討論甚少。本章主要探討Langalanga不同靈力間的

關係變動與嵌地性（emplacement）。在美拉尼西亞，靈力的空間分隔並非基督宗教進入之後才有的現象，在前殖民時期的Langalanga，超自然力量已然協商他們在地區中如何透過空間分割而共存。在介紹Langalanga人與他們的空間模式後，我首先討論前殖民時期祖靈間的權力協商，接著描述此區的基督宗教傳教歷史，以及基督宗教與傳統信仰的關係如何展現在地景轉換。最後，我將討論空間分隔的理論意涵。

Langalanga人與他們的島嶼空間[6]

Langalanga人居住在Malaita島西海岸的礁湖區（圖一），人口數在西元2000年時有近8000人。[7] Langalanga人以前居住在大島Malaita沿岸的人造島，在過去幾十年間，大部分人已經搬到岸邊興建的新社區，以捕魚、勞動工資和少部分農業爲主。特別的是，此地經濟大部分仰賴製造貝珠錢（*bata*），作爲區域內的儀式用途（包括新娘聘金與賠償）以及個人裝飾（Guo 2007a, 2006, 2004a）。

在Malaita近海的人造或半人造島嶼居住超過13代之後，大部分的Langalanga人在過去幾十年間陸續遷居大島。遷徙的原因包括：英國殖民政府介入後使不同部落間的暴力衝突降低、在二次大戰後興起的Masina Rule運動推廣了「Malaita認同」（Keesing 1992），以及1960年代末到1970年代初的幾次颱風侵襲。

Langalanga最早期的居民可能來自鄰近的Kwara'ae及Kwaio的山

---

6 本節有些民族誌資料改寫自筆者的博士論文（Guo 2001）。

7 根據Langalanga選區的故國會議員Ulufa'alu設立的組織APEX所進行的家戶統計。

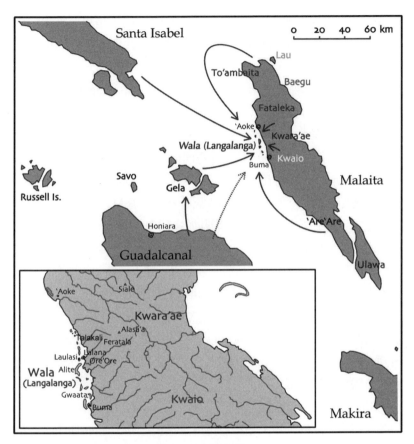

圖一　Langalanga礁湖及周邊地區

區，然後加入來自Malaita島南、北部，以及外島如Gela、Guadalcanal
及Santa Isabel島的後來者(圖一)。在社會組織方面以父系繼嗣群(稱
為*fuiwale*)為主，同屬*fuiwale*的成員宣稱源自該氏族創始祖，沿著男
性繼嗣線代代相傳。大部分的*fuiwale*有自己的「聖壇」(*beu aabu*)，
祭司(*fataa aabu*)在此殺豬獻祭給祖靈(*agalo*)(亦見Cooper 1972)。

聖壇位於「男性會所」（*fera aabu*，或簡稱*fera*），是只允許男性進
入的空間。有些*fuiwale*有自己的*fera*，然而有些則和其他*fuiwale*共
享*fera*。1960年代末，很多Langalanga的*fera*被颱風毀壞；在改信基
督教之後，*fera*逐漸廢棄消失。目前約超過90%的Langalanga人自我
認同為基督徒，該區已經沒有*fera*了。雖說Langalanga為「父系」
社會，然而實際上，父系（agnatic）與血親（cognatic）繼嗣原則都很重
要，每個人可以根據其最佳利益或不同情境的偏好，選擇歸屬於*abae
wale*（父方）或*abae geli*（母方）氏族（cf. Keesing 1968, 1971, 1982）。

在前殖民時期，Langalanga人居住在離大島Malaita幾百公尺遠
的人造或半人造島嶼。[8] 前人可能基於多種理由開始建造人造島，包
括：逃避與Malaita人的衝突，尋求沒有蚊子的健康環境，以及接近
漁場取得製造貝珠錢所需的貝殼。被稱為「純人造島」的地方，是以
海中高起的珊瑚礁和淺灘為地基，再以珊瑚礁岩為材在其上堆疊而
成。島嶼的建構需兼具物質與超自然力量，興建的過程中，珊瑚礁
石在幾個面向上具有象徵力量：以基石的物質型態象徵*fata aabu*（祭
司）取得來自鯊魚／*agalo*的力量；而想要在氏族島嶼之外另建小島
者，必需由原島嶼取得一塊基石，以將氏族*agalo*的力量轉換給新的
居地；除此之外，後進加入的成員必須得到創建氏族的同意，並贈予
一塊基石表示認同。本文稍後將再討論最後這點，亦即不同*agalo*達
致共識的問題。

接下來我以Langalanga Lagoon最古老、也是最大的村落Laulasi為
例，說明島嶼空間結構。Laulasi村的空間分成幾個區域，如圖二所

---

8 不是所有Langalanga居住的小島都是人造的——雖然它們常被描繪為整體都
　是「人造的」。Ivens（1930）和Cooper（1970）將小島分類成三種類型：「純
　人造島」、「半人造島」與「自然島嶼」。當地人也區分「純人造島」、
　「人造島」和「原真島嶼」，對應不同所指。

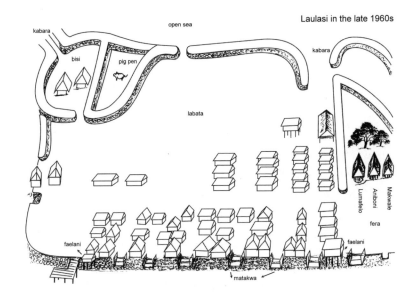

圖二　1960年代Laulasi聚落重建圖

示。[9]

1. 住宅區：村內最大的區域。有些報導人指出可分隔成四個主要區塊：(由南往北)Suu，Loa、Tafilaebaua及西側的Adeade，但各區間界線有些模糊。[10]

9　圖二改編自Silas Waletofe的原稿，依據他的記憶，以及我們與多位還記得老Laulasi的耆老訪談所得。Laulasi島曾在二次大戰時被美軍誤炸，在1960年代時被颱風襲擊。這張靠記憶重構圖以1960年代初期為參考時間點，當時大部分居民還住在人造島嶼上，今日不少人對彼時的細節還記憶猶新。大部分報導人認為，Laulasi島在1960年代的空間配置與19世紀並無太大差異，只有實際的房屋，房屋的數量與屋主有所改變。

10　這可能與Cooper(1970:63-65)所記錄的"ward"相符合：「一個abae

2. *labata*：聚落中央的公共空間。平坦且寬敞，供公共事務及兒童玩樂用。例如當外來人士造訪、有事宣布，全村的人可聚集在此聆聽；聘禮交換儀式中，男方在此將貝珠錢聘禮擺列展示；社區內有人犯錯，亦聚集於*labata*討論，耆老再告知惹麻煩的人依據習俗應該如何處理。

3. *matakwa*：獨木舟入口。住宅區的各分區皆有獨木舟入口，方便船隻停靠。

4. *babala*：建造和停放獨木舟的遮棚。*babala*後面特殊的獨木舟入口稱為*malakwali baru*，用來停泊戰舟（*baru*），是女性的禁區。

5. *faelani*：青年會所。此會所通常座落在村莊前面。[11]

6. *bisi*：女性空間。此處為女人在月經及分娩時的居所。[12]

7. *fera*：一般稱為*fera*或*fera aabu*。[13]此處位於*Laulasi*北側，以石牆隔離，為女性的禁區（*tambu*/taboo）。*fera*內分成兩部分。後方是神聖的處所，稱為*fera aabu*或*beu aabu*，為保存祖先的頭蓋骨和舉行獻祭之處，因此*beu aabu*只限祭司進入（Cooper 1970: 62）。*fera*前半部只有一邊屋頂，叫做*faefae*或*mala fera*（字面意義為「*fera*前面」），男孩與成年男子在此睡覺、吃飯、講故事或開會。Laulasi共有三個*fera aabu*，下節將進一步討論。

（續）————————————————

　　fera（*fera*的一邊，類似*fuiwale*）的所有家戶在村裡組成一個分離的、有名字的ward。Ward看起來像是『實地上』小規模的地方父系氏族。」

11　理想上，每個*fuiwale*都有自己的*faelani*，但實際上未必。

12　此區通常泛稱bisi，實則分為兩部分：經期、分娩期及分娩後10天內，女人必須待在小屋（稱為bisi），分娩10天後則移到另一個靠近bisi的區域（稱為foko）再停留10天。

13　倘若對照台灣南島研究一般用語，*fera*的前半部類似「男子會所」，後半部類似「祖靈屋」。本文不強調翻譯，使用當地詞彙*fera*稱之。

8. 豬圈：與住宅區隔離。有些島嶼空間較小，則在村外另建小型人造島專做豬圈之用。

9. *kabara*：廁所。男廁在*fera*後方靠海處，女廁在bisi後方靠海處。[14]

在Langalanga，人們記憶中的古老聚落，幾乎都有與住宅區隔離的*fera*和*bisi*。談及過往的島嶼生活時，人們提及的第一件事通常都是*fera*只限男性與祖靈祭儀，*bisi*只限女性，在月經及分娩時期需移居該處。報導人都強調，女人該去*bisi*的時候卻待在村中，是非常*aabu*（禁忌）的事情。犯了忌的話*agalo*會知道，此時得賠償以免發生不幸，例如死亡或生出畸形兒等。一個六十多歲的長老Tolifaeki強調：

> 女人的地方不一樣──她們住在*bisi*。如果該去那裡卻還留在村內是禁忌。男人的話，如果要吃禁忌的食物（*fana aabu*）（例如：豬），他們會住在*fera*。女人和男人平常可以住在他們的家屋，但時間一到，女人就會說：「喔！我要去待在*bisi*了」，然後就離開了。她不能待在村裡，而得待在*bisi*。如果男人說：「喔！我要去*fera*做些禁忌的事情（*taua are aabu*）」，那麼他就會離開村子去那邊。他會先去*fera*，因為他們在那裡向*agalo*禱告。

這種分隔不只展現在空間層面，食物亦然。*bisi*是獨立的領域──女人有她們自己的田、獨木舟跟薪柴；女人撿拾她們的貝殼，吃她們的食物，也喝她們的水。女人經期結束後可以自由回到村裡，但如果

14　通常這區不會圍起來。

只是在一般日子去*bisi*幫忙，再回村時得以一種特別的樹葉洗手。母親與新生兒快要回村時，母親必須剃光頭髮，祭司會先把一種特別的葉子放在每戶門前。Cooper認為Langalanga男性與女性區域以圍牆分隔，反映了「男性與女性形而上的分隔與社會結構的對立」（Cooper 1970:62）。

在Malaita人改信基督教前，性別分隔是該島普遍的特色。Hogbin（1970）發現在Malaita北方的To'abaita也有類似的作法。在To'abaita，與精靈有關者稱為*aabu*（字面意義為「分開」或「神聖」），應以尊敬的態度面對（ibid: 103, 113）。"*aabu*"／「神聖」與精靈聯結，"*sua*"（字面意義為敗壞或儀式上不潔，但非污穢）則與月經和分娩的血聯結（ibid: 114）。跟*sua*的女人接觸，會導致男人馬納（*mamanaa*，亦即力量）減少；「任何讓神聖與世俗碰觸、侵入傳統相反性別範疇的行為」（ibid: 115）會引發精靈的憤怒。

最保守的例子在Kwaio山區，直到今日，他們仍嚴格執行傳統規矩。在Kwaio，聚落分割為男性空間（男性會所與神聖場所）、住宅區與女性空間（月經小屋和分娩小屋）（Keesing 1982, Akin 2003, 2004）。Keesing（1982）反對將Kwaio宇宙觀誤導為男性領域即是神聖、而女性領域即是污染的的二分法。他認為月經的血本身並不危險，而是當它越界時才會變成危險。另一方面，Burt（1994）則認為在Kwara'ae社會，「什麼是*aabu*」是脈絡性的——亦即，月經小屋的本質不是*aabu*，但男人去那裡的行為則是*aabu*。

在Langalanga，最嚴格的禁忌在教會的影響及教誨下逐漸被拋棄。今天，女人在分娩或月經時不再去*bisi*，而*fera aabu*則被棄置，且大都逐漸破敗或被颱風摧毀。然而，*fera aabu*的舊址依然是女性的禁忌區域，無論男女都「尊敬」。雖然物質上不存在，但與之連結的*agalo*靈力依舊在彼。後面小節將再討論這個概念。

Langalanga的*agalo*與其他精靈的靈力協商

　　根據口傳歷史，Langalanga的興起是多重移民潮的結果。首先是從Malaita島 Kwaara'ae及Kwaio山區下到Langalanga海岸，而後移往近岸小島，甚至建造人造島。新的居所吸引來自Malaita山區以及所羅門海域的人加入，新來者貢獻自己的特殊知識與靈力，包括多種巫術。在口述傳統中，是否接納新來的人，通常會考量其勞力及特殊才能。

　　筆者以在Langalanga很普遍的傳說——Wa'a(蛇)的故事，來說明創始者與後來者之間的協商。故事中，Malaita南部有個女人生了一條蛇，很長一段時間裡，她把小孩藏起來，深怕丈夫會殺了他(蛇)。但丈夫終究還是發現了，並且憤怒地把蛇剁成八塊。之後連續下了八天八夜的大雨，蛇的八塊身體重新結合。知道自己再也不能跟父母住在一起後，蛇把所有的好東西帶走，棲息在樹枝上，往北漂流，尋找新的居所。故事接著詳述了一直線系列的地名，在每個地方，蛇上岸請求收留，但都被拒絕。最後，Langalanga南部的Takwa人接納他，他帶來的法術則有助於該地繁榮發展。下面這個版本清楚的交代蛇找到安身之地的過程。在故事中，有個Takwa人發現了蛇，他回家問父親能否讓蛇留下來，父親回答：

　　　　「喔，沒關係，變好的，但我們得帶他回村裡。我會先殺豬獻祭，讓他能跟祖先坐一起。你帶一頭豬來*fera*獻祭，這樣我就能通知那些已經過世的人，讓他們能聽到這件事，之後蛇就可以跟我們住在一起了。」這個父親是名祭司，他們父子帶來一隻豬到*fera*獻祭，把蛇的事情通知所有Takwa的祖靈。蛇的名字是Kwalutafana。他(祭司)告知所有的祖靈，

　　　告知他們的祖父母(*koko*)，接著在蛇的周邊以石頭圍成圈，

　　　並在*fera*上面蓋個小屋。從此，蛇就住在Takwa了。

　　這故事是個絕佳的隱喻，說明人們如何遷徙，並請求現有的居民接納他們。人們可能因爲吵架、爭論，或是因違反某些禁忌而被原村驅逐，抑或是被冒險的野心驅使而離開。他們到處遊盪，卻無法找到無人煙的土地，而在接二連三且令人失望的拒絕後，他們因人力、專長或靈力(多半以巫術的形式)方面的貢獻而被Langalanga人接納。

　　蛇象徵Langalanga的後來者。首先，接受新來的人被描述爲一個協商的過程；第二，新來的人被視爲帶來有用的技術與巫術的人，他們常被描繪爲貢獻不同專長與超自然靈力，有助於Langalanga茁壯，而這正是他們在協商過程中能提供的籌碼。在蛇的故事中，蛇以自己能提供的各項專長和靈力來引誘遇到他的Takwa人。

　　上述傳說讓我們更洞悉Langalanga人接納新來者的要義。新來者不只需要被原居社群接納，他們的*agalo*也必須能與創始者的*agalo*和平相處。因此原居社群得要舉行獻祭儀式來諮詢*agalo*的意見，也得找到適當的地方安置新來的精靈靈力，與其他靈力和平共存。

　　遷徙歷史的口傳故事中常常強調*agalo*間的競爭與合作關係，這些關係更在空間上呈現。在幾則遷徙敘事中可見，後來者常需冒著被當地人殺掉的風險，他們被接納與否，多半考量其可提供之勞力及特殊能力。Langalanga不同氏族擁有不同巫術：有些擅長捕魚，有些專精農作，有些懂得療癒，有些則爲受託、爲了賞金(*foua*)而殺人的戰士。如Cooper(1970)提到的，執行「巫術」得向特定專長的*agalo*祈禱，有時還要殺豬獻祭。靈力跟*agalo*連結在一起，因此許多新來者會建立他們自己的獻祭場所，持續祭拜祖靈，並將知識傳承給氏族的男性後代。Malaita的常態是每個氏族建立自己的*fera*，而後來者被接

納後，原居氏族也會得到一些權利、甚至靈力。有則遷徙故事即描述一名後來者的兒子從創始氏族的*fera*獲得一根房屋的橡木[15]——也是靈力的象徵——用於建造他們的*fera*（相關討論參見Guo 2001, 2004a）。

接受其他*agalo*在同一個*falua*（村莊）居住，是經過協商與交換而達致和諧關係的過程。如前述，建造新的人造島嶼時，需從原居島嶼取得一塊基石，象徵原居島與新島之間的連結。而當新來者想加入一個島嶼聚落時，他們也得取得該島的一塊基石，用來在周邊擴建自己的土地，然後於新塡地上立屋。越來越多人加入，小島面積就越變越大。這種將基石由創始者傳給新來者的過程，象徵祖先超自然靈力的傳遞（以基石／鯊魚力量的形式），讓新來者與創始祖靈在島上和平相處。而橡的轉贈也很類似，象徵在神聖空間上達成協議。

然而，人造島上空間有限，因此晚來者的*agalo*不自立*fera*而加入原有*fera*的情況很常見，但他們仍保留了分隔的獻祭空間（一根柱子，*fulu*，或石頭祭壇）。有些*agalo*處得來，可同在一個*fera*屋簷下，但有些則不合而得各住各的。

此處再度以Laulasi爲例來說明。在這個古老聚落中有三個*fera*（見圖二）：Lumafelo、Aniboni及Makwale。Makwale *fera*中包含一個*fuiwale*，Lumafelo *fera*中有兩個*fuiwale*，Aniboni *fera*則由四個*fuiwale*「分享」。[16]

是否共享神聖空間是權力協商的結果。這些*fera*建立的先後順序有不同版本的敘事，攸關土地所有權。本文的目的並非證實不同版本的真僞，而是分析潛藏在敘事背後的文化概念。

15　橡木稱為*ato*，也就是從屋脊到屋簷，支撐茅草屋頂結構面的支架。

16　有時以*rasu fafia*（在裡面）來描述*fera*與*fuiwale*的對應關係。

*fera*的名字	*fera*裡的*fuiwale*（氏族）
Lumafelo	Lumafelo Kosi
Aniboni	Aniboni Kemarobo Abaeole Aratalau
Makwale	Makwale

在某個版本中，敘述者聲稱在Laulasi的第一個*fera*是Aniboni，為 Aniboni *fuiwale*創建。創始祖後來接納好幾個新來者加入其*fera*，每 個*fuiwale*有自己的角落作為祭拜原家*agalo*的地方。Aniboni創建者的 兒子擅長造獨木舟，但因為造了太多，堆了滿屋子，他的父親要他不 要再做了。他為此很生父親的氣，於是從父親的Aniboni *fera*拿走橡 木，另建一個新的Lumafelo *fera*。這是創立新的*fuiwale*的第一步。

在另一個例子中，有個*fuiwale*曾經想加入其他*fera*，但發現「不 適合」，因為他們的專長是稱為*foulirau*的捕魚巫術（字面意義為 「bonito魚的陷阱」），而這與*dani*巫術（有關天候）[17]衝突。所以他們 改去鄰村，在那裡發現與一個來自Kwaio、叫做*susu*法術（帶來*fana*， 食物）投緣。報導人相信，兩者同在一間*fera*內，可以彼此力量加乘。

當數個*fuiwale*共享一座*fera*時，每個*fuiwale*各占不同的 「*abae*（邊）」。「*abae*」一詞廣泛使用在空間與系譜切割，例如 *aba(e) aolo*（右邊）與*aba(e) mouli*（左邊）；土地也分成*abae asi*（靠海 邊）與*abae tolo*（靠山邊）。超過一個*fuiwale*（父系氏族）共用一個*fera*

---

17 特別是因為*dani*農業巫術在*koboru*季節（從2至3月）需要關閉*fera*，與 *foulirau*捕魚巫術衝突。

時，每個氏族也稱爲*abaefera*(字面意思爲「*fera*的一邊」)(cf. Cooper
1970: 65, 84)——因爲不同氏族共用*fera*建築，但同時他們卻因爲親
屬關係上隸屬不同氏族而得分開做獻祭，於是各自在*fera*中占據一個
角落空間(ibid: 64)。

　　世俗世界中，創始者協商後接納後來者，後者在小島邊上增疊
石塊，擴大聚落。他們也對每日生計和儀式活動有所貢獻，與其他
人交友聯姻。但他們不是單獨來的——他們帶來氏族的*agalo*及其靈
力。在*agalo*的世界中，後來者也與原居祖靈協商，尋找和平相處的
方法。創始祖可能給他們*fera*的橡木或幾塊基石，象徵權力。依照彼
此的*agalo*是否合得來，決定空間上的分隔距離——是另建*fera*、分享
*fera*的一邊，還是搬到隔壁村去。

　　不光是*agalo*間需要靈力空間的分割。Langalanga人也遭逢其他
地區的超自然靈力形式，包括蛇、鯊魚、*fila*(魟魚manta ray)及章
魚，還有某些Malaita人在1930年代由外地帶來的*"bulu"*巫術(Akin
1996)。[18]這些異族靈力在Langalanga以治療的能力聞名，在20世紀
初期時由幾個山上的人引入Langalanga。已故的Buloli告訴我：

> 進來幾個*bulu*，人們就開始說東說西——大概是嫉妒。「你
> 只是用*bulu*賺錢啦，我們要你把*bulu*帶回山裡。」Laulasi的
> 人這樣跟他說的(那個擁有*bulu*的人名爲Ragia)。*Bulu*來自山
> 裡，Ragia接納它，把它放在Firifau(另一個小島)。我父親
> 母親就是去那裡，帶兒子去給Ragia治療。

18　在Kwaio被稱爲*buru*。Akin(1996)詳細描述這個外來靈力及其蘊含異族
　　傳統模式，在山區Kwaio被認爲會造成社會問題。Burt(1984: 382, 1994:
　　144-147)也提到*buul*在Kwara'ae的爭議，尤其是早期Kwara'ae人接受*bulu*，
　　作爲基督教之外的選擇。

當地人對*bulu*的反應是複雜的。有些人，例如Buloli的雙親，相信*bulu*有保護靈力，能在人的身邊形成防護欄防止惡靈傷害；但有些持批判態度，認為它會殺人而排拒。[19] 不管主張它是善或惡，人們普遍認知其靈力，且與原有的靈力競爭。在Buloli的個案中，他的父親違反由*agalo*設下的禁忌，造成孩子死亡。在無法以原有方法解決問題時，只能轉向*bulu*尋求保護他僅存的兒子。可是由於*bulu*與*agalo*的靈力競爭，或說是祭司*fata aabu*與新的*bulu*主人權力競爭，造成社會巨大的分裂及衝突，於是在協商後以分割空間的方式解決，設有*fera*的聚落不願接受*bulu*，只好另建新的Firifau島來安置（參見Burt 1994: 145）。

Langalanga對外來或是新的精靈的反應是有選擇性的，而且視脈絡而定。與Kwaio類似，那些對*agalo*不具威脅性的精靈較容易被接受（Akin 1996: 158），進而轉換成有價值、善的靈力繁榮地方。不過和Kwaio相比，Langalanga比較傾向歡迎更多新的靈力，並且將其主人或後裔吸納成為社群一份子。基督上帝的到來，以及後來基督宗教廣為Langalanga人接受，需要放在這個文化脈絡下來理解。

"Siosi e dao lo"（教會來了）：基督教與宗教變遷

基督宗教一開始是由前往斐濟及澳洲昆士蘭當墾殖園移工的島民引介回所羅門群島（Burt 1994, Keesing 1992），Malaita島的第一個教會為1890年代的英國國教會（Anglican Mission、聖公會）（Burt 1994:

---

19 有些人的命名記錄了相關爭議。例如，bululibata（字面意義：*bulu*的錢），Bulugelema（字面意義：用*bulu*殺人），Buloli（字面意義：要*bulu*回去），及Bulutasia（字面意義：把*bulu*丟掉）。

104)。到了20世紀初期，幾個教會成功地在Langalanga建立傳教基地。羅馬天主教在1913年(或1909，Tippett, 1967: 49)於Langalanga 最南端的Buma設立大型傳教站，Langalanga的第一個天主教教會聚落則設於人造島嶼Fodoru。Buma教會的設立在當地人的記憶中留下了深刻的印象，那是第一個歐洲人在該區買地的案例，他們記得負責蓋基地的Wilson神父只支付了少少的購地費用就取得了那塊土地——有些人相信他只有付了一盒煙草，有些人說只有一些刀子與煙草，也有一些人認為花了五隻牛及60鎊。

　　另一個教會，南洋福音教會(SSEM, South Sea Evangelist Mission)在1920及1930年代進入這個區域。一開始是透過從昆士蘭墾殖園回來的移工引入Malaita，尤其是Mau'u的Peter Abuofa。1930年代間，一名由昆士蘭返鄉的移工Clement Maelalo將南洋福音教會帶進Langalanga，在Firifau村建立了一所學校跟教會。傳說他有「天眼」(a man with "vision")——神奇的在頃刻間擁有英文的讀寫能力。無論是Langalanga島民還是Kwara'ae山區居民，有不少被吸引而加入該村。

　　安息日會則在1933年由一位當地Big man，Frank，[20]引介進Langalanga。當他們去Malaita北部時他的太太生病了，吃了安息日會傳教士的藥痊癒。於是Frank認為安息日會是一個更有力量的宗教，就決定將之帶回Langalanga。

　　巴哈伊(Bahai)教會進入Langalanga則相對地晚。1974年，兩個從斯里蘭卡來的傳教士Blamo及Abudulu Fasi在Lalana建立巴哈伊總部。巴哈伊不是基督教的一支，但它有時與基督教同被歸類為外國宗教。

20　Frank是他的英文名字。在Malaita，他也叫Neikwa和Lauramona，在Guadalcanal則叫Bosita或Naipapasu(細節請見郭佩宜 2007b)。

　　各種教會進入之後，當地人如何反應？「轉宗」又是如何發生？筆者在此首先要釐清，本文使用「轉宗」（conversion）這個概念來指涉宗教信仰對象改變的長期過程。如Austin-Broos（2003）指出，「轉宗是持續的實踐……轉宗是一段旅程（p.9）」；其中人類學家主要的關懷是轉宗的社會實踐與能動性。Chowning（1990）的研究提醒我們要更謹慎地使用「轉宗」的概念：對Kove人來說，轉宗的架構並不適於解釋他們信仰轉變，其性質比較接近取用基督教教派、傳統信仰及兩者混合的多樣性元素組裝。同樣的，在Langalanga轉宗並不是一個單線（unilineal）發展的過程。

　　基督宗教與祖靈信仰相遇初期並不順利。有時候老人家會阻止小孩去教會學校，若有違背則威脅要殺死他們。有位女性名叫Sukuluta'a，字面上的意思是「壞學校」，這個名字的由來始於安息日會教會進入村莊的事件，因爲有些人發現它跟傳統信仰有衝突，例如禁止吃豬肉跟檳榔，而不願接受它。有個老人評論道："*sukukulu ta'a melu sakeauri ai*"（它是你帶進來的壞學校），有些人要求引介者把教會「拿回去」。發生此事件後，一位教會虔信者就以此典故爲新生兒命名。

　　即使有些反對與波折，經過一段時間，教會逐漸在地方壯大。人們爲何會改信外來宗教？改信基督教的理由在學界已經有很多討論，學者大多同意，美拉尼西亞人主要是基於實用主義（相關例子請見Monberg 1967, Kahn 1983, Burt 1994, Strathern & Stewart 2000）。在Ben Burt的文章中指出，其主要理由包括「欲改變他們與殖民世界的關係，並取得西方財物、科技、知識和力量，替代傳統宗教價值觀中追求和平的意識型態，以及在靈的啓發下帶來社會轉變（Burt 1994: 7）」。Langalanga的基督徒和其他Malaita人一樣（e.g., ibid: 131-134），轉宗往往歸因於經濟及情緒動機。以下殖民官員的紀錄就

是一個很好的例子：

> 平息生氣的祖靈是昂貴的事，需要經常殺豬獻祭和花錢。在
> 土著貨幣短缺的情況下，有些老人似乎在鼓勵小孩變成基督
> 徒，就不令人意外了。有個男人說，「當異教徒要保持名聲
> 開銷太大，我兒子應該負擔不起，所以他最好加入教會。」
> （1938 Malaita 年度報告）

我的研究與上述報告不謀而合。有個男人告訴我，他們不想要傳
統方式，因為生病時得找貝珠錢來買豬、請薩滿舉行祖先獻祭，「那
太貴了！」他這樣說。而很多人也有類似的擔憂。[21]

Langalanga在20世紀有幾次大規模轉宗，多發生在流行病或傳染
病導致多人死亡之後。傳統治療無效後，許多人轉向新宗教及其醫療
服務，藉此尋求精神及生理療癒，Frank引介安息日會進入Langalanga
就是很好的例子。此外，另一個事件也被Langalanga人詮釋為祖靈獻
祭衰退的原因之一。二次大戰期間美國在Laulasi島誤投炸彈，Laulasi
是Langalanga中部最古老的村落，也是*agalo*最密集之處，該島被炸彈
與大火嚴重摧毀，所有的*fera aabu*都燒成灰燼，死傷慘重。此外，人
們逃生時顧不得遵守某些禁忌，有些人誤闖有性別禁忌的地方。在
一些當地人的詮釋中，這些違反習俗的作為造成了祖靈生氣，[22] *fera
aabu*焚毀也削弱祖靈的靈力。基督上帝的靈力證據在這樣的脈絡下有

21　尚有其他解釋與動機。例如有神學碩士學位的原住民Elliot Joi認為，人們
　　改信基督教不是因為他們喜歡教義，而是他們害怕世界末日，與想去天堂
　　（Sol Star 19970528, pp. 6-7）。

22　這對*agalo*是嚴重的冒犯，就如同Keesing（1992）描述1920年代時，英國為
　　了懲罰Kwaio人暗殺行政區長官Bell，而將他們的*fera*毀壞作為報復。

了展現的舞台。

那在這場靈力競逐中，Langalanga人如何概念化基督神的靈力呢？在Langalanga，基督神被翻譯為「*aofia*」，這個詞原本在Malaita島各族通用，指的是促成和平的地方領導人，擁有特殊*mana*（靈力）。已故的Feragwau爺爺解釋道：

> 基督上帝和*aofia*一樣，沒有差別。當你向上帝禱告，你說，「讓我變好」。你把東西放在耶穌的手上，然後跟他說。但耶穌看顧你的方法和*aofia*相同…………*Aofia*是我們的*mana*，我們的靈力。[23] 聖經說：「但我向你、只向你祈禱。」（"but I pray to you God but God"）為什麼要說「只向你」（"but"）？嗯，我覺得「向耶穌祈禱」跟向*mana*祈禱很像。

基督上帝的靈力在這些情境下似乎獲得勝利，然而祖靈力量在許多人的心中並未衰退。不同教會對傳統信仰與實踐的態度不同。南洋福音教會與安息日會教會強烈反對傳統宗教活動，[24] 羅馬天主教則溫和許多，而巴哈伊教則在神學上混合不同宗教，以最正面的態度接

23　Keesing(1984)認為把*mana*視為「不可見的媒介力量，是歐洲人的發明」(p.148)。依照他的說法，Feragwau對*mana*的詮釋可能是受到傳教士影響過的觀點。

24　安息日會對關於傳統信仰的實踐抱持相對負面的態度，然而，實際上各地執行的寬鬆程度不一。例如Ross(1978)的報告指出，在Malaita，轉信安息日會者拋棄許多傳統作法，包括養豬、吃豬肉、傳統盛宴、聘金、傳統歌舞等，然而Chowning(1990)在Kove的研究則指出，安息日會成員基本上只是不吃豬肉，安息日（週六）也不種田。

納傳統祖靈崇拜。[25] 上述教會對「進行與祖靈崇拜有關的宗教行為」的態度不同，但對於「祖靈力量的存在與否」，各教會認知卻很接近。大多數Langalanga的基督徒，即使是南洋福音教會或安息日會教徒，都承認祖先的靈力，兩種靈力在今日社會共存。[26] 教會不否定agalo的靈力，也承認某些過去和現在的事件實為祖靈力量的證明。教會講道時，agalo的靈力常被說成「撒旦」或「惡魔」，人只能上帝或撒旦的路中擇一，然而對大多數Langalanga人而言，即便當後代都成為基督徒、儀式知識也失落了，祖先依然不會停止獻祭的要求，而其靈力仍影響人們生活。這樣的信仰認知反映在一件事情上：人們即使轉信基督宗教，依舊默默視先前fera的地點為禁忌——儘管所有的fera都消失了，還是必須尊重這神聖區域，女人也不該擅闖。

如同本文一開始所舉的例子，許多人因此陷入兩難。一方面，身為基督徒，他們只能遵守教會規則，放棄傳統的祖靈獻祭；但另一方面，他們依然與祖先連結，受到祖靈力量影響，但職司中介生者與agalo的祭司、還有相關儀式知識，都逐漸凋零。

地方的轉換：為基督上帝協商空間

筆者曾於另文描述傳教站和之後的基督教村落的建立，改變了

25　Ben Burt(1984, 1994)論及有些Kwara'ae的基督徒（大多為南洋福音教會）嘗試調和傳統與基督教信仰。在Langalanga，類似情況也在巴哈伊、羅馬天主教與南洋福音教會的信徒中出現。

26　不同地區和不同教派，對祖靈的態度也有差別。Chowning(1990)描述了Kove天主教與安息日會教會的教義殊異，特別是他們對「鬼」的態度（死者的靈魂）不同。天主教傾向否定鬼的存在，認為人死後靈魂應該回到上帝那裡，相反的，安息日會則將鬼詮釋為惡魔的明證。

Langalanga地景（Guo 2001）。本文將從空間觀點進一步分析教會的進入以及*agalo*與基督上帝之間的互動過程。如前述，不同的教會對傳統信仰與實踐態度不同，並隨歷史脈絡而改變；因文長限制，以下將以安息日會的情況為主，輔以其他教會的狀況做參考。[27] 討論範圍不光是轉宗的最初階段、「極端的瞬間改變」（Rambo 2003: 213），而是將轉宗視為一段持續的旅程，已經在Langalanga實踐了約70年之久（Austin-Broos 2003: 9）。

當安息日會在1993年剛被big man Frank引進時，他想要在人造島Gwaelaga設立教堂，因為他的氏族是該島的創始者。（圖三）在最初階段，Frank的叔叔邀集五名*ilala*（預言者），詢問是否能在Gwaelaga設立教堂。他提供獻祭的豬，決定*agalo*怎麼說就怎麼做——萬一所有的*ilala*都說*agalo*拒絕他的請求，那就中止蓋教堂的計畫，不過並未發生此事，於是就將教堂蓋在村落外，靠近女人的*bisi*區域。

然而教堂建立後，*fata aabu*們仍強烈反對。有些人覺得他們的*agalo*生教堂的氣，並對唱詩班常唱基督教歌曲不滿，視之為對*agalo*的干擾。[28] 有些人覺得*fata aabu*能感覺到嵌在小孩歌聲中的基督神的靈力，因此許多父母禁止小孩參加教會學校。[29]

不久後，教會決定重新選址，先是搬到*Bibira*島，稍後於1940年在離Gwaelaga幾公尺處建造新的人造島*Saliau*，構築一個能容納教會、學校及信徒的新社區，然而島上沒有足夠空間可以擴建學校，之

27　所謂「基督宗教」（Christianity）並非同質；有些學者主張從複數而變動的觀點重新檢視「基督宗教」（例如，Cannell 2005）。不同教派有不同的政策和歷史經驗，本文只以Langalanga的一個教派為例討論。

28　Hogbin也指出在Malaita北部，有些基督徒藉由唱聖歌來打斷傳統儀式。

29　虔誠的安息日會信徒從不同角度來詮釋此事件。他們認為，*fata aabu*感覺到的干擾，正可證明基督上帝的力量，以及*agalo*沒有能力驅逐基督上帝。

圖三　中部Langalanga礁湖區的小島與村落

後決定將基地搬遷到岸上的新社區，名為Talakali(圖三)。

　　從上述案例我們得以一窺*agalo*與基督神明之間的靈力協商。基督上帝進入島嶼，與任何新的超自然靈力(新來者的*agalo*、蛇及*bulu*)抵達時一樣，必須得到創建氏族和當時位於島上的*agalo*的允許。因為沒有被直接拒絕，人們於是帶入基督宗教，但把它的神聖領域蓋在離當地的*agalo*最遠的地方。而當教會招募了越來越多的年輕人，使這兩種靈力、兩種生活方式在同社區中共存出現困難時，就得進一步在空間上隔離。Austin-Broos曾說「改信是一種在世界上協商出一個地方的過程(conversion is a type of passage that negotiates a place in the world)」(2003: 2)；我想進一步指出，在轉宗過程中，不只是信徒想要找到一個心靈歸依的所在，精靈的靈力也在協商彼此安居的地方。

　　Frank從Malaita北部帶來安息日會後，他的氏族Lumafelo有很多人加入教會。[30] 當時多數住在Saliau的人跟Lumafelo有親屬關係，於是他們試著要找塊Lumafelo氏族有土地權的地來蓋教會。在一位英國墾植農場主人的建議下，Frank買下一塊地，於是教會要取得土地使用同意就輕而易舉了。[31] 這塊名為Talakali的地原本是Langalanga人種椰子的地方，[32] 該地非常泥濘，沿海有紅樹林，內陸一點的地方則長了*kakama*(沼澤芋頭)。

30　直到今天，我們仍可發現親屬關係與宗教間高度相關。並非一個人屬於哪個氏族，就決定他信什麼教會，而比較像是被親戚影響——無論是父系或母系的親戚——而加入某教會，再者，孩子通常會追隨雙親的宗教信仰。

31　此處呈現的是Talakali的主流觀點，然而對於這塊地的法律權力見解，Talakali村裡或Langalanga礁湖區內仍有其他觀點。

32　此乃根據我訪問的Talakali人所得。那些和他們爭論土地所有權者，意見大不相同。

　　Talakali學校始於約1957-58年間，當時老師是從所羅門島的西省來的傳教士。剛開始時，教室、教師宿舍及學生宿舍都建在岸邊數碼處。擴建了排水系統把沼澤的水引出去、泥濘也越來越少後，就搬到比較內陸的地方。慢慢的，學校容納了四個年級的學生，與一個學齡前的班。後來逐漸擴大，吸引許多轉宗者搬遷上岸。而在1960與1970年代颱風的威脅和造成損害之後，許多人下定決心放棄世代居住的島嶼生活，搬到海岸邊的新聚落，幾年內Talakali已經成長到中等規模。教堂於1973年落成後，學校擴建並往更內陸搬（見圖四）。Talakali在接下來的40年間持續成長，2000年初並成立高中部，外地來的住校生也進一步增加居中人口。2006年起開始擴建教堂的新工程，原本想要趕在2007年初落成，以慶祝安息日會來到Langalanga的

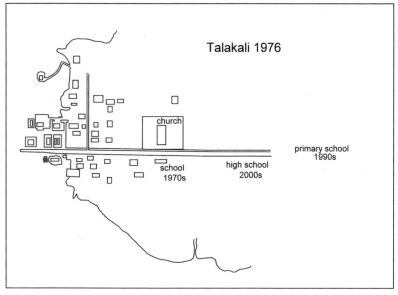

圖四　1976年的Talakali

75週年，然因經費不足而延宕。

　　沿海新村的構成牽涉多重考量，主要面對的問題是如何在新的情境中重新創造彼此的關係(Lieber 1977: 386)。我在Langalanga的村落普查研究顯示，親屬關係在小型聚落中通常扮演重要角色，宗教則對大型聚落的組成有明顯影響力。早期幾波大規模人口遷徙中，許多人是因為某教會緣故選擇搬遷上岸以及搬到哪個社區，在不少社區裡，宗教的力量勝過親屬連帶，Talakali也是其中之一。

　　比較島嶼故居與海岸新社區，我們看到一些連貫性，和一些不連貫性。搬到海岸村落後，新聚落的結構通常沒什麼改變，空間仍分割成碼頭與*matakwa*(獨木舟停靠處)(村莊前面)，公共聚會空間(村莊中間)，住宅區，和神聖空間(常過去都在村莊某側)。一個明顯的改變是*bisi*與*fera*消失，解除男性與女性的空間隔離(cf. Chowning 1990, 1997: 90)。Rodman(1984)指出，傳教士推動的一項重要變革，是奠基於一夫一妻制與核心家庭之上的觀念，將兩性睡覺的地方集中在住宅區(而非男性會所之類)。Langalanga的*fera*和*bisi*消失也是這項意識型態的產物。

　　另一個重要的特點，是將禁忌跟居住地的分隔。從前的島嶼聚落如Laulasi、Alite或Busu上，都強調*fera aabu*和*bisi*與住宅區的分隔。新的海岸村莊都是基督教社區，不意外的，人們將教堂當成另一個特別的空間，帶有*aabu*的意涵，最好離住宅區有段距離。

　　例如在建造Saliau時，人們把教堂放在離所有住家最遠的地方。相似地，Talakali早期的社區規劃中，規劃委員會希望以主要道路來做空間分隔：北邊給住宅區，南邊則保留給教會、學校、教師及牧師宿舍。然而，一位村民堅持將他的房子蓋在「錯誤的一邊」，讓計畫破功，於是變更規劃，將教堂與學校往內陸移動(東邊)，讓人們住在靠海之處(西邊)。1980年代後人口膨脹，開始有人將新房子蓋在教堂

東邊區域，計畫再次失敗。然而空間分隔的概念依然可見：村民在教堂周圍築籬笆圈地，並將學校移到更內陸的地方。

即使在部分村莊中教堂沒有完全與住宅區隔絕，也多半會圍籬笆，或留大塊空地，以保持與住家相當的距離。教堂所在之地受到的敬重，稱爲「*luma li foa*」（字面意義：禱告之屋），人們只爲宗教事務才去，小孩子不會去那邊玩。過去舉行大型獻祭盛宴（*maoma*）時，[33] 人們會邀請不同村落的親戚來參加，聚集在*fera*進行儀式；與過去的社交模式類似地，今天人們邀請其他村落的人來教堂，參加彌撒或其他宗教活動及儀式。

教堂建造的地點常與文化傳統相關。例如，在Bellonese的例子中（所羅門群島），早期的轉宗時期有空間模式的連貫性，傳統上每個土地共有群體會建造屬於自己的祭壇，轉宗後則每個氏族都自建教堂，幾年之內蓋了一堆教堂。新的教堂蓋在住家附近，靠近原來的儀式空間（Monberg 1967）。相反地，在Langalanga，無論過去或現在，最重要的空間分隔是神聖／住家空間。*Fera aabu*總是蓋在離住宅區最遠處，而非聚落的中心；安息日會的新教堂蓋在Saliau的島的一側，而非中心；稍後在Talakali蓋的教堂，原本也計畫要與住宅區分隔開來。

第二，古老禁忌（*aabu*）之地，和新的「神聖」（*aabu*在Langalanga話中被翻譯爲"holy"神聖）之地（亦即教堂）很少混在一起。這不是新概念，如前所述，新舊靈力有時候需被分隔，前面提過的情節就是清楚的例子：安息日會教會剛進入Langalanga時，在傳統祭司的允諾下於Gwaelaga蓋教會，但是後來被傳統祭司反對，後者擔心教會唱歌會吵到*agalo*，於是轉宗者自建新的人造島。很多Talakali的報導人在談

33　*Maoma*是一種很多氏族參與、向*agalo*獻祭的大型宴會（Guo 2004b）。

到教會及其聚落時，對這個故事津津樂道，靈力在空間上分隔的想法深入人心、可見一斑。

不只是基督上帝應該跟*agalo*分隔，其他新來的精靈剛到時也依據分隔的原則處理。例如，加拿大人Greg Waginay在1970年把巴哈伊引進到Laulasi時，想要在Lalana（圖三）蓋一個巴哈伊中心，原擬蓋在Lalana最古老的Bubuitolo遺址中舊*fera aabu*所在之處。這個提議違反了分隔的概念，很快被阻止。已故的Feragwau曾解釋：

> Gerg Wagina說：「我們需要一個中心來運作」。一個來自錫蘭名叫*Fasi*的人在Auki蓋馬路，和我一起去找地方。原先我們想要蓋在Bubuitolo的上方，但是他感應到不該蓋在那裡，所以我們改到守護石（ward stone）那邊去——也就是今天巴哈伊中心的位址，那區以前是生小孩的地方。我想把中心放在Bubuitolo，但Fasi的預感叫我不要。「如果兩個放在一起，也許我們的祖先跟Bahaula（巴哈伊教的至高神）會吵點架。我們搬走吧，或許Bahaula能教導祖先和諧及美好生活的道理」。

這個例子清楚地描述分隔不同靈力（巴哈伊和祖靈）的考量。下面這個例子則進一步說明空間分隔被打破時人們多麼不安。在巴哈伊中心蓋好兩年後，有架載著一具屍體的直升機緊急迫降在Lalana。這個意想不到、從天而降的屍體，以及伴隨它的*are aolo*（靈魂）嚴重冒犯在地的*agalo*，他們要求賠償，也如願以償（法院案例MLC 6/24）。此事件再次突顯尊重地方靈力的文化價值觀，也強調需為社會福祉進行協商。

性別與禁忌之地

　　美拉尼西亞許多地方傳統上都有性別的空間分隔，其空間模式在改信基督教後往往跟著改變。例如，Hogbin在半世紀前的田野期間發現，Malaita北部的基督徒認為月經的血（*sua*）不乾淨，即使男女住處不再分開（亦即男性不再住在會所），丈夫和妻子在那段期間仍然分開睡，女人在月經跟生產期間也會自行與教堂隔絕（Hogbin 1970:200-201）。Jolly（1989）描述Vanuatu的空間是如何透過生者與祖先、性別、和地位的分隔而神聖化。男人與女人有分別的通道與廁所，此外空間分隔也展現在住家（*im*）與男性會所（*mal*）的性別對比，還有住家裡面的性別空間分割。[34] 如此分割並不等於家庭／公眾事務、男性／女性的二分法；然而傳教士以此類二分的歐洲中心的概念來理解該地的空間配置，並欲帶入新的模式。不同的教派對性別關係有不同的空間安排（例如，有些以修正過的*mal*作為男性社會空間），但都一致以新的神聖空間（教堂）取代舊的神聖空間。

　　在Langalanga傳統的島嶼村落中，*fera*為特別的區域，是傳統祭司進行儀式、保存祖先頭骨之所。人們通常將*fera*和*fera aabu*翻譯作「禁忌之屋（*tambu* house）」，指涉其獨特的性質：*aabu*（禁忌）[35] 的空間。研究Malaita的人類學者對於*aabu*的意義有不同詮釋，[36] 本文

34　幾種Vanuatu習俗的作法跟台灣的南島語族非常相似。例如，排灣族的死者的墓地要在家屋下面（見蔣斌 1999）、魯凱族的家戶內性別空間（見鄭瑋寧 1999）。

35　在Langalanga及其他Malaita的語言（Keesing 1982: 31），aabu是大洋洲語中與tabu及tapu同字。所羅門Pijin人也常使用特定用法的"*tambu*"。

36　"*Abu*"在Kwaio語中有「禁止」（forbiddance）及「神聖」（sacredness）的意思（Keesing 1982:31），與Langalanga語相似。*Abu*可用來表示人們不該去觸犯

主要就空間面向提出討論，故強調其中蘊含「分隔」，或Keesing稱為「禁區（off-limits）」的意義。

*Fera aabu*是女性禁止進入的空間，其後方祭司獻祭用的特別小屋*bey aabu*，對一般男性也是禁區。另一方面，*bisi*對男人也是*aabu*，禁止進入。禁區或分隔是島嶼聚落在傳統空間結構上的核心軸線，此概念今日依然可見。雖然現在的島嶼聚落不再有*fera*或*bisi*，但基於尊敬傳統的理由，*fera aabu*遺址所在地仍舊是女性的禁區。例如當女人想要從Busu去隔壁的Fodoru村時，不能走最近的路，因為會經過從前*fera aabu*坐落之處，她得從村莊後面繞道。

上節提過，因擔心*agalo*和Bahaula無法相處，人們放棄在古聚落Bubuitolo的*fera aabu*遺址建立巴哈伊教會中心，但是後來一個安息日會教會卻選擇在那裡蓋教堂。此事被告上法庭（民事案1995/3/15），原告抱怨在該區砍草、建安息日會教堂損害了祭壇（*beu aabu*）和Bubuitolo的禁忌之地（*tambu* site），[37] 在那裡蓋高的屋子也違反習

（續）

　　的禁忌，或禁止做或說的事情，以及禁止去的地方；否則祖先會生氣，讓不好的事情發生在他們身上。另一方面，也有神聖的意涵，大家應加以尊敬。如Keesing指出，這個詞反映出祖先靈力與神聖的想法（Keesing 1982: 2），最好概括譯為「禁區」（off-limits），因其本質上有相對性（relational）和觀點性（perspective）——任何人或地方「並非本身就是*abu*，而是從相對位置者的觀點來看，才是*abu*」（ibid: 65）。Burt（1988, 1994: 32-37）則主張，*abu*並不光用以定義人與祖靈的關係，也主宰了Kwara'ae社會的所有關係規則。相對於Keesing結構性的詮釋，Burt偏向脈絡化的理解。Cooper（1970: 117-121）曾論述Langalanga有三種*aabu*性質：禁止（being forbidden）、某種危險（danger of some sort）及分隔（separation）。本文強調分隔或禁區的面向，但並不表示其他面向不重要。

37　原告在此案指涉的禁忌之地是Alifa獻祭的禁忌之地和Susuna祭壇。傳說Susuna是負責礁岩保護，且掌管雷聲與閃電的*agalo*。

俗。原告擔心這樣的作法會帶來疾病與死亡，因為老人家說那是「神聖」的地方，被告一方的女人在那裡出入是不尊重禁忌的行為。被告對於該地的所有權屬誰有異議，不過也提及他們的父親曾說那裡有女人的禁地，他們已在禁地區圍起石牆，只使用其他女性可自由進出的空間。本案中兩造都認同一個概念：即使古老的*fera aabu*已經棄置或毀壞，原區域仍應受尊重，也還是女性的禁地。兩造有爭議的是禁地的實際面積，原告主張整個*fera*的區域都應視為*aabu*，而被告則認為只有其中一部分——傳統祭司才能進入的*beu aabu*——須保留為女性的禁地。

傳統上男性區域和女性區域各為異性的禁區，然而今日人們對這兩者「禁忌性」的看法出現差異。大部分人（尤其女性）平日避免接近*fera aabu*遺址，但相反地，*bisi*遺址就沒那麼*aabu*，多半可自由挪用，男女皆然。換句話說，男性傳統*aabu*之地到了今天還是*aabu*，但女性的*aabu*之地則否，道理何在？需要進一步解釋。

在Langalanga人的眼中，*agalo*仍徘徊在禁忌之地，尤其是靠近*fera aabu*的地方。因此避開那些地方變成避免惹上麻煩的方法。*Bisi*在過去是男人的禁區，但既然教會村莊中性別禁忌的整體結構及他們與*agalo*的關係已經改變，女性月經和生產也不與社區隔離，*bisi*於是成了中性之地。然而問題是，如果*agalo*依舊在附近徘徊，為何違反了祖靈立下的規矩（性別的空間隔離），卻不會受到處罰？

讓我們先看看鄰族Kwaio的案例作比較，或許有助於思考這個問題。在Kwaio山區中，人們現今仍奉行性別分隔的規則，和過去Langalanga人遵循的類似。如上所述，談到傳統生活時，大部分的Langalanga人會提出性別空間的分隔，認為那是過去與現在最主要的

差異，由此可知Langalanga與Kwaio和Kwara'ae文化十分類似。[38] 對傳統的Kwaio人而言，女人如果觸犯了性別分隔的規則、或在住宅區內撒尿和月經，adalo會懲罰族人。然而居住在海邊基督教會社區的Kwaio人不再奉行該規則，[39] 為何不會受到懲罰？

在遵守傳統的Kwaio人的眼中，Kwaio基督徒尋求他們的「主人（Master）」（基督上帝）的靈力，同時則失去了他們祖先（adalo，同Langalanga的agalo）的靈力與支持。例如，一個Kwaio女人解釋為何基督徒不奉行性別禁忌而不受影響：

> 因為他們的adalo沒跟他們在一起。他們的adalo已經不見，離開他們了。因為他們受污染了，所以就拋棄他們了。那就是為何他們在那裡生存。那就是為何他們好好地在那裡生活，而沒有生病。（Keesing 1987: 202-203）

我們不知道是否Kwaio基督徒同意這個詮釋。然而，在Langalanga的基督徒的觀點中，他們的祖先可能沒有完全離開——他們還是回來索求豬隻。Kwaio傳統派的人認為，基督徒沒被adalo懲罰是因為adalo離開了。在Langalanga基督徒的感受和詮釋中，沒有被懲罰的不是因為agalo離開了，他們承認agalo與基督上帝共存。人們只避開

---

38 有一個明顯的例外。在Kwaio，有些參與舉辦盛宴（feast-giving）的女人可以贏得聲望（Keesing 1987, Akin 1999），有些女人如某些男祭司一樣，可以體現神聖性（abu）（Keesing 1987），甚至被視為具有靈力的祖先（Keesing 1992: 73-78）。在Langalanga，我沒聽過獻祭女性agalo的情況，即使是那位帶來貝珠錢知識和製造技術的女人（Guo 2007a）也沒有fata aabu獻祭。

39 就空間的配置而言，Kwaio山區的傳統派將海邊的教會社區當作「月經區域」，與他們在山坡上的聚落相對（Keesing 1989, 1992）。

*fera*的禁地空間，對展現女性生育力量的*bisi*不再有特殊禁忌。那麼他們爲何不擔心違反傳統性別空間分隔，會被*agalo*懲罰？

讓我們繼續對比這兩個例子，或許可以得到一些線索。David Akin討論當代Kwaio人越來越強調女性禁忌的原因（亦參見Keesing 1987的案例），認爲是「形塑且對應社會變遷而發展出來、不斷變動的創發」（2003: 381）。他主張，在現代民族國家的脈絡下，「女性禁忌變成傳統行爲的核心，不只做爲反基督教的象徵，也肇因於越來越覺得得更嚴格執行的意識」（Akin 2004: 312）。女性的禁忌（與性別分隔相關）已經變成Kwaio傳統的象徵，因此在Kwaio山區被更加強調。

傳統上，Langalanga有類似性別分隔的模式，但現在已經不太關注這個面向。當代Kwaio傳統主義者與Langalanga基督徒對於祖先需索多寡的感受不同，與其說是兩族在傳統性別觀念與*agalo*信仰的關聯性上不同，不如說是在當代，文化系統轉變後的差異。[40] 對傳統派Kwaio人而言，他們的*adalo*信仰形成一個全貌的文化系統，除了敬畏*adalo*靈力，更須遵守*adalo*立下的規則，持續奉行性別禁忌是文化體系的實踐，而不間斷地在生活方式上實踐也回饋了文化—信仰體系。對Langalanga基督徒而言，他們的*agalo*信仰則沒有這種情況，在沒有舉行獻祭儀式也沒有生活實踐的脈絡下，人們仍承認祖先靈力，因此他們只注重與*agalo*靈力有直接關係的空間（*fera*）。Langalanga基督徒不關心返回傳統生活方式（性別分隔是基本要素）的可能性，他們主要的焦慮，是大家繼續相信*agalo*靈力強大有效，對他們而言，性別空間分隔不是問題，身爲基督徒，已經不是生活在*agalo*信仰的文

40　本書中的Joel Robbins認爲Urapmin的改信案例中，建立了一套新的價值體系或不同價值間的階序關係，超越了傳統精靈及其代表的價值。我並不確定這是否也發生在Langalanga，然而與傳統主義的Kwaio案例比較，的確證實至少有些文化價值已經被改變了。

化體系內，*agalo*不會因為基督徒違反性別分隔就索求豬隻或加諸懲罰——只有在那套體系內（如傳統派Kwaio人）才會有遵循性別禁忌的必要。[41] Langalanga基督徒只需擔心*agalo*作為競爭性靈力的部分。

然而這部分並不容易處理，尤其是當*agalo*要求後代持續獻祭，否則可能遭致災厄的情況。當人們無法經由對上帝的禱告或信念解決不幸或生理病痛時，將之解釋為*agalo*的介入、得以遵循傳統儀式性交換作為解決方案，就產生吸引力，與人們對教堂的忠誠產生衝突。

競爭的靈力，分隔的空間

在許多社會中，即便轉宗基督教信仰，人們仍繼續相信祖靈及其靈力的存在。例如Wamira人（新幾內亞）在基督教的背景下保持精靈的信仰，他們的文化「強調立即可見的意圖證據」（Kahn 1983:106），而古老巫術（特別是農藝）、精靈靈力的效力都有看得到的明證，因此精靈信仰獲得支撐，但出現轉化。Wamira人主張其存有具有雙面性：表面上是基督教徒，底下其實是Wamira人（是傳統，也是教會口中的「惡魔」）。Langalanga人也強調靈力的可見證據，且大部分Langalanga的教會與信徒都不否認*agalo*靈力的持續存在和實際證明。問題是如何處理其與基督上帝的關係——彼此靈力的競爭與協商是不斷發展的過程。人們承認兩者都對世俗世界產生重要影響，當來自雙方的要求衝突時，會讓人陷於兩難之中。

為了對現象有全面性的了解，筆者認為不能只討論轉宗基督宗教

41　不過*agalo*定下的某些規矩因為與基督教教義一致，其修辭也不與教會衝突，所以違反時也被認為會引來*agalo*懲罰，最明顯的例子是重視親戚間的團結與和諧，一旦違反則會導致生病、甚至死亡。

的現象，而得往前回溯更早期精靈、靈力相遇的情形。本章中，我敘述了後來者的*agalo*、外來精靈（例如，蛇、*bulu*）向創始者尋求同意，協商出雙方同居共存及合作的方式，謀求社會更大利益。基督神明初來乍到的階段也曾經歷過靈力協商的過程，並以空間分隔的方式解決。然而後來的權力結構出現翻轉。

在所羅門群島，祖靈與其他精靈的相遇在過去非常普遍。Monberg(1967)提到基督宗教還沒來之前，Bellona島曾發生過宗教變遷，拋棄舊的信仰，引入新的儀式準則與新的神靈。他進一步指出，改信基督教是不同的情況，因為早先引進的外來神靈並未導致舊的神靈死亡，但改信基督教則不然。我們在Langalanga看到類似模式。從前當其他精靈加入礁湖區，它們被接納，有時還被融合，並未挑戰原本*agalo*的支配地位。但因基督教的教義不允許崇拜其他神或精靈，理論上應不予理會，也造成了精靈間靈力關係的重新結構。

Burt則認為，相對於祖先信仰和生活方式，基督教提供了另一種選擇，更重要的是，「殖民主義藉由挑戰傳統儀式系統的預言能力，或用Kwara'ae的話來說，鬼魂的實際靈力，創造出對基督教的興趣。對很多人來說，鬼無法再提供人們原先仰賴的支持和保護力量。(1994: 132)」由此，重點是要探究基督上帝與*agalo*在歷史及政治的脈絡下的權力競爭。

當基督宗教在社會上占有優勢地位後，仍然要面臨持續信仰其他靈力的情況，不同教會以不同方式處理這個問題。Geoffrey White認為傳教士在所羅門群島摧毀祖先祭壇及其中聖物的行為(1991: 103-104)，一方面演示靈力由舊的轉移到新的，但另一方面又證實祖先靈力的持續存在。在此讓我們進一步討論靈力協商的幾個作法。White指出，雖然儀式與神聖中心已經由祭壇轉為教堂，前者仍「保持大半效力，基督教化甚至更鞏固其能造成傷害的面向」(ibid: 106-107)。

一種處理祖靈力量威脅的方法是吸納它，將祭壇的石頭加入教堂基座；另一種方法則是基督教的儀式表演，來「賜福」（blessing），讓原存靈力「失去效力」（neutralize）或被驅散。同時，與Langalanga類似，許多人仍認為祭壇是危險的地方，特別是女人與小孩應該避免與之不慎接觸（ibid: 38, 107-109）。

在新的權力結構下，Langalanga基督徒如何處理雙重系統呢？我同意Lohmann（2003）的看法，「轉宗牽涉到中斷、切斷與特定超自然存有的關係，轉而偏好其他。原來的精靈不會因此而不存在，只是被忽視而已。」（p.109）「改變與超自然存有的關係」的概念，有助於理解Langalanga的宗教轉換經驗。在Langalanga，沒有確實論證可否定*agalo*的持續存在及靈力，虔誠的基督徒只能承認他們與基督上帝共存，但不贊同與其靈力有連結的任何作為。變成基督徒的人必須中斷與*agalo*的關係，無視*agalo*，終止人與祖先行儀式交換的獻祭活動。然而，當基督教的方式無法解決生活裡的不幸，人們就會煩惱是否要繼續不理會*agalo*而陷入天人交戰。如本章一開始的案例，人們因*agalo*的要求而煩惱，有些選擇信守教會的方式，全盤否定*agalo*，但有些人則雙頭並進——他們待在教堂禱告，但請親戚到他處舉行獻祭儀式。

兩種靈力之間的競爭必須放在文化脈絡中理解。Langalanga的文化非常重視個人的能動性與行動，在遷徙敘事中，構成地景與歷史的是祖先的行為（Guo 2003）。在論及貝珠錢時，最關鍵的是製造過程，也就是身體與物質建立關係的過程（Guo 2006, 2007a）；類似地，在宗教範疇內也是取決於一個人選擇如何作為、決定跟隨什麼。一位老人告訴我：「*Koe fito God, Koe falalama God. Talasi koe io ala agalo, koe falalama agalo*（直譯：當你信神，你就賦權予神。當你與*agalo*同在，你就賦權予*agalo*）」。信即是賦權（Langalanga語中*fito*意為信仰，

*falalama*可譯為賦權empowerment）。當一個人對上帝有信念，他／她即賦權予上帝；當他／她與*agalo*同在，就賦權予*agalo*。在他們的看法中，信念（faith, *fitona*）乃「你所希望者即得證」（the evidence of things as you hope for）。當一個人向上帝或*agalo*禱告祈求實現其期望，會出現某些行動模式作為證明，而非悄然無聲毫無動作。因此*fitona*不是一套思考模式，而是個人賦權予特定超自然存有的決定，人的行動則揭示其選擇 *falalama*（賦權）的*lalama*（靈力）。表面上看似是*agalo*與基督上帝競爭，但其實是人決定他們的強弱。教會虔誠的信徒強烈反對「倒退走」，以傳統獻祭方法解決問題的人，因為那麼做本身會增強*agalo*的靈力，削弱基督上帝的力量。實際上，基督上帝與*agalo*的靈力協商是一種關係協商，並透過個人的決定與行動來實踐。

　　本章另一主題是以空間的角度來分析宗教轉換及靈力協商。在不同的歷史脈絡下，Langalanga礁湖區曾有多重靈力競爭，同時也得找到共存之道。在Langalanga文化中，地方或地景不是中立或空白的，而是鑲嵌了過去祖先的行動，並由今日行動賦權（Guo 2003）。任何一種靈力都不是飄在空中或只存在心中，而是與某些地方（place）相聯甚至緊密纏繞。在本章中我論述Langalanga人對靈力是否相容非常在意，協商也從未停歇，而空間分隔則提供了安置多樣靈力的解決方式。依此模式，*agalo*與許多不同來源和力量的精靈在分隔的空間中共存，而基督上帝的進入也需依循該過程。在當地的Langalanga地景中，*agalo*與基督上帝的靈力共存，他們從相遇後即不斷競爭。Langalanga的安息日會教會不採取融合*agalo*靈力的方式（與前述Isabel島的案例相反），兩者的「神聖的」空間——*fera aabu*和教會——從一開始就分開。甚者，在新的權力結構下，現今的*agalo*以存在但變成「不可見」的方式，與基督上帝在空間上分隔。

　　空間的隔離未必意謂權力的對立。如同性別關係的討論，隔離不

盡然是對立，而是一個變動的並存又競爭的過程（Keesing 1982），或解釋為合作模式（Stewart & Strathern 1999）。[42]在Langalanga，靈力的分隔牽涉到競爭，以及一定程度的不相容。然而只將其視為敵對的表現會看不清問題。藉由在空間上分隔靈力，這些靈力都被承認，並以某種方式合作增進俗世利益。前殖民時期不同的*agalo*與超自然存有聯合促進了Langalanga的繁榮；今日，*agalo*與基督上帝在空間上分隔而共存，保留了與過去和土地的連結，以及未來在天上團圓的希望。

　　然而此種協商並不表示*agalo*與基督上帝關係平等，或構成雙元而對稱的關係。在20世紀後，基督上帝具有支配性地位，教堂的數量與規模增加，在社區構成新的神聖空間；而在物質世界中，幾乎已經沒有*agalo*的祭壇，則說明了*agalo*越來越隱形。然而，*agalo*的神聖空間依舊持續被人們「看見」——透過心存敬意的行為，繼續珍視其存在。

參考書目

蔣斌

　　1999 墓葬與襲名：排灣族的兩個記憶機制。刊於時間、歷史與記憶，黃應貴編，頁157-228。臺北：中央研究院民族學研究所。

鄭瑋寧

　　1999 人觀，家屋與親屬：以Taromak魯凱人為例。清華大學人類學研究所碩士論文。

42　根據更多近期的討論，學者不再將性別隔離視為敵對或對立的，改成詮釋為互補及合作（Stewart & Strathern 1999）。雖然性別隔離不同於宗教分隔，此處筆者認為不妨類推，考慮將基督上帝與*agalo*的共存視為合作而未必是敵對的可能性。

Akin, David

1996 Local and Foreign Spirits in Kwaio, Solomon Islands. In Spirits in Culture, History, and Mind. Jeannette Marie Mageo and Alan Howard, eds. pp. 147-171. New York: Routledge.

1999 Cash and Shell Money in Kwaio. In Money and Modernity: State and Local Currencies in Melanesia. David Akin and Joel Robbins, eds. pp. 103-139. Pittsburgh: University of Pittsburgh Press.

2003 Concealment, Confession, and Innovation in Kwaio Women's Taboos. American Ethnologist 30(3): 381-400.

2003 Ancestral Vigilance and the Corrective Conscience: Kastom as Culture in a Melanesian Society. Anthropological Theory 4(3): 299-324.

Austin-Boos, Diane

2003 The Anthropology of Conversion: An Introduction. In The Anthropology of Religious Conversion. Andrew Buckser and Stephen D. Glazier, eds. pp. 1-12. Lanham: Rowman and Littlefield Publishers, Inc.

Barker, John

1990a Christianity in Oceania: Ethnographic Perspectives. John Barker, ed. Lanham, MD: University Press of America.

1990b Introduction: Ethnographic Perspectives on Christianity in Oceanic Societies. In Christianity in Oceania: Ethnographic Perspectives. John Barker, ed. pp.1-24. Lanham, MD: University Press of America.

1990c Mission Station and Village: Religious Practice and

Representations in Maisin Society. In Christianity in Oceania: Ethnographic Perspectives. John Barker, ed. pp. 173-196. Lanham, MD: University Press of America.

1992 Christianity in Western Melanesian Ethnography. In History and Tradition in Melanesian Anthropology. James G. Carrier, ed. pp. 144-173. Berkeley: University of California Press.

1996 Village Inventions: Historical Variations Upon a Regional Theme in Uiaku, Papua New Guinea. Oceania 66(3): 211-229.

Barthgate, Murray A.

1985 Movement Processes from Precontact to Contemporary Times: the Ndi-Nggai, West Guadalcanal, Solomon Islands. In Circulation in Population Movement: Substance and Concepts from the Melanesian Case. Murray Chapman and R. Mansell Prothero, eds. pp. 83-118. London: Routledge and Kegan Paul.

Bennett, Judith A.

1987 Wealth of the Solomons: A History of A Pacific Archipelago, 1800-1978. Honolulu: University of Hawai'i Press.

Borsboom, Ad and Ton Otto

1996 Introduction: Transformation and tradition in Oceanic Religions. In Cultural Dynamics of Religious Change in Oceania. Ton Otto and Ad Borsboom, eds. pp. 1-10. Leiden: KITL Press.

BSIP (British Solomon Islands Protectorate)

1938 Malaita Annual Report.

Burt, Ben

1982 Kastom, Christianity and the First Ancestor of the Kwara'ae of

Malaita. Mankind 13(4): 374-399.

1983 The Ramnant Church: A Christian Sect of the Solomon Islands. Oceania 53(4):334-346.

1994 Tradition and Christianity: the Colonial Transformation of a Solomon Islands Society. Switzerland: Harwood Academic Publishers.

Cannell, Fenella

2005 The Christianity of Anthropology. Journal of the Royal Anthropological Institute (N.S.) 11: 335-356.

Chowning, Ann

1990 God and Ghosts in Kove. In Christianity in Oceania: Ethnographic Perspectives. John Barker, ed. pp.33-58. Lanham, MD: University Press of America.

1997 Changes in Housing and Residence Patterns in Galilo, New Britain, 1918-1992. In Home in the Islands: Housing and Social Change in the Pacific. J. M. R. Rensel, ed. pp. 79-102. Honolulu: University of Hawai'i Press.

Clark, Jeffrey

1989 God, Ghosts and People: Christianity and Social Organization among Takuru, Wiru. In Family and Gender in the Pacific: Domestic Contradictions and the Colonial Impact. Margaret Jolly and Martha Macintyre, eds. pp. 170-192. Cambridge: Cambridge University Press.

Comaroff, Jean and John Comaroff

1986 Christianity and Colonialism in South Africa. American Ethnologist 13(1): 1-22.

Cooper, Matthew

    1970 Langalanga Ethics. Ph.D Dissertation, Department of Anthropology, Yale University, New Haven.

    1972 Langalanga Religion. Oceania 43:113-122.

Douglas, Bronwen

    2001 From Invisible Christians to Gothic Theatre: The Romance of the Millennial in Melanesian Anthropology. Current Anthropology 42(1): 615-50.

Flinn, Juliana

    1990 Catholicism and Pulapese Identity. In Christianity in Oceania: Ethnographic Perspectives. John Barker, ed. pp. 221-236. Lanham, MD: University Press of America.

Guo, Pei-yi 郭佩宜

    2001 Landscape, History and Migration among the Langalanga, Solomon Islands. Ph.D. dissertation, Department of Anthropology, University of Pittsburgh.

    2003 'Island Builders': Landscape and Historicity among the Langalanga, Solomon Islands. In Landscape, Memory and History: Anthropological Perspectives. Pamela J. Stewart and Andrew Strathern, eds. London: Pluto Press.

    2004a 「比較」與人類學知識建構──以所羅門群島Langalanga人聘禮交換儀式為例。台灣人類學刊 2(2)：1-42。

    2004b Rethinking Ascribed/ Achieved Status: Hierarchy and Equality in Oral Histories among the Langalanga, Solomon Islands. Paper presented at the conference 'Hierarchy and Power', Oct. 6th-8th, Institute of Ethnology, Academia Sinica, Taipei.

2006 From Currency to Agency: Shell Money in Contemporary Langalanga, Solomon Islands. Asia Pacific Forum 31: 17-38.

2007a "Making Money": Objects, Production, and Performance of Shell Money Manufacture in Langalanga, Solomon Islands. In New Frontiers of Southeast Asia and Pacific Studies. Michael H. H. Hsiao, ed. pp. 211-240. Taipei: Center for Asia-Pacific Area Studies, Academia Sinica.

2007b Coloniality, Trade, and Local Leadership: Example of a Solomon Islands Bigman. Paper presented at the Presentation of CAPAS Research Projects 2006. July 20th, 2007, Nankang, Taiwan.

Hirsch, Eric

1995 Landscape: Between Place and Space. In The Anthropology of Landscape: Perspectives on Place and Space. Eric Hirsch and Michael O'Hanlon, eds. pp. 1-30. Oxford: Clarendon Press.

Hogbin, Ian

1958 Social Change. London: C. A. Wattts.（cited in Barker 1990: 16）

1970 Experiments in Civilization: The Effects of European Culture on a Native Community of the Solomon Islands. New York: Schocken Books.

Ivens, Walter G

1930 The Island Builders of the Pacific. London: Seeley, Service and Co. Ltd.

Jolly, Margaret

1989 Sacred Spaces: Churches, Men's Houses and Households in

South Pentecost, Vanuatu. In Family and Gender in the Pacific: Domestic Contradictions and the Colonial Impact. Margaret Jolly and Martha Macintyre, eds. pp. 213-235. Cambridge: Cambridge University Press.

Kahn, Miriam

1983　Sunday Christians, Monday Sorcerers: Selective Adaptation to Missionization in Wamira. Journal of Pacific History 18(1): 96-112.

Kaplan, Martha

1990　Christianity, People of the Land, and Chiefs in Fiji. In Christianity in Oceania: Ethnographic Perspectives. John Barker, ed. pp.127-148. Lanham, MD: University Press of America.

Keesing, Roger M.

1968　Nonunilineal Descent and Contextual Definition of Status: the Kwaio Evidence. American Anthropologist 70:82-84.

1971　Descent, Residence and Cultural Codes. In Anthropology in Oceania: Essays Presented to Ian Hogbin, L. R. Hiatt and C. Fayawardena, eds. pp. 121-138. San Francisco: Chandler Publishing Company.

1982　Kwaio Religion: The Living and the Dead in a Solomon Islands Society. New York: Columbia University Press.

1984　Rethinking Mana. Journal of Anthropological Research 40(1): 137-156.

1987　Ta'a Geni: Women's Perspectives on Kwaio Society. In Dealing with Inequality. Marilyn Strathern, ed. pp. 33-62. Cambridge:

Cambridge University Press.

1989 Sins of a Mission: Christian Life as Kwaio Traditionalist Ideology. In Family and Gender in the Pacific: Domestic Contradictions and the Colonial Impact. Margaret Jolly and Martha Macintyre, eds. pp. 193-212. Cambridge: Cambridge University Press.

1992 Custom and Confrontation: The Kwaio Struggle for Cultural Autonomy. Chicago: The University of Chicago Press.

Küchler, Susanne

1993 Landscape as Memory: the Mapping of Process and Its Representation in A Melanesian Society. In Landscape: Politics and Perspectives. Barbara Bender, ed. pp. 85-106. Oxford: Berg Publishers.

Lambek, Michael

1996 Afterwrod: Spirits and Their Histories. In Spirits in Culture, History, and Mind. Jeannette Marie Mageo and Alan Howard, eds. pp. 237-249. New York: Routledge.

Leach, James

2003 Creative Land: Place and Procreation on the Rai Coast of Papua New Guinea. New York: Berghahn Books.

Levy, Robert, Jeannete Marie Mageo and Alan Howard

1996 Gods, Spirits, and History: A Theoretical Perspective. In Spirits in Culture, History, and Mind. Jeannette Marie Mageo and Alan Howard, eds. pp. 11-27. New York: Routledge.

Lieber, Michael D.

1977 The Process of Change in Two Kapingmarangi Communities.

In Exiles and Migrants in Oceania. M. D. Lieber, ed. pp. 35-67. Honolulu: University of Hawai'i Press.

Lohmann, Roger Ivar

2003 Turning the Belly: Insights on Religisou Conversion from New Guinea Gut Feelings. In The Anthropology of Religious Conversion. Andrew Buckser and Stephen D. Glazier, eds. pp. 109-122. Lanham: Rowman and Littlefield Publishers, Inc.

Macintyre, Martha

1990 Christianity, Cargo Cultism, and the Concept of the Spirit in Mimiman Cosmology. In Christianity in Oceania: Ethnographic Perspectives, John Barker, ed. pp.81-100. Lanham, MD: University Press of America.

Mageo, Jeannette Marie

1996 Continuity and Shape Shifting: Samoan Spirits in Culture History. In Spirits in Culture, History, and Mind. Jeannette Marie Mageo and Alan Howard, eds. pp. 29-54. New York: Routledge.

McDougall, Debra

2003 Ownership and Citizenship as Models of National Community: United Church Women's Fellowship in Ranongga, Solomon Islands. Oceania 74(1/2): 61-80.

Monberg, Torben

1967 An Island Changes Its Religion: Some Social Implications of the Conversion to Christianity on Bellona Island. In Polynesian Culture History: Essays in Honor of Kenneth P. Emory. Genevieve A. Highland, et al., eds. pp. 565-589. Honolulu:

Bishop Museum Press.

Rambo, Lewis

　　2003 Anthropology and the Study of Conversion. In The
　　　Anthropology of Religious Conversion. Andrew Buckser and
　　　Stephen D. Glazier, eds. pp. 211-222. Lanham: Rowman and
　　　Littlefield Publishers, Inc.

Rodman, Margaret

　　1984 Contemporary Custom: Redefining Domestic Space in
　　　Longana, Vanuatu. Ethnology 24(4): 269-279.

Ross, Harold M.

　　1978 Competition for Baegu Souls: Mission Rivalry on Malaita,
　　　Solomon Islands. In Mission, Church and Sect in Oceania. J.
　　　A. Boutilier, D. T. Hughes and S. W. Tiffany, eds. pp. 163-200.
　　　Lanham, MD: University Press of America.

Rumsey, Alan and James F. Weiner

　　2001 Emplaced Myth: Space, Narrative, and Knowledge in
　　　Aboriginal Australia and Papua New Guinea. Honolulu:
　　　University of Hawai'i Press.

Scheyvens, Regina

　　2003 Church Women'Groups and the Empowerment of Women in
　　　Solomon Islands. Oceania 74 (1/2): 24-43.

Scott, Michael W.

　　2005 'I was Like Abraham': Notes on the Anthropology of
　　　Christianity from the Solomon Islands. Ethnos 70(1): 101-125.

Stritechy, Jolene Marie

　　2001 Israel, America, and the Ancestors: Narratives of Spiritual

Warfare in a Pentecostal Denomination in Solomon Islands. Journal of Ritual Studies 15(2): 62-78.

Smith, Michael French
  1990 Catholicism, Capitalist Incorporation, and Resistance in Kragur Village. In Christianity in Oceania: Ethnographic Perspectives. John Barker, ed. pp.149-172. Lanham, MD: University Press of America.

Stewart, Pamela J. and Andrew Strathern
  1999 Female Spirit Cults as a Window on Gender Relations in the Highlands of Papua New Guinea. Journal of the Royal Anthropological Institute 5(3): 345-360.

Strathern, Andrew and Pamela J. Stewart
  2000 Collaborations and Conflicts: A Leader Through Time. Forth Worth, TX: Harcourt College Publishers.

Tippett, A. R.
  1967 Solomon Islands Christianity: A Study in Growth and Obstruction. London: Lutterworth Press.

White, Geoffrey M.
  1990 Identity through History: Living Stories in a Solomon Islands Society. Cambridge: Cambridge University Press.

第三章
歷史、宇宙觀與性別：

巴布亞新幾內亞Urapmin人的基督教與文化變遷*

Joel Robbins

美國加州大學聖地牙哥分校(University of
California, San Diego)*人類學系所教授*

　　宇宙觀的變遷在歷史變遷的洪流中，一般而言是扮演什麼角色呢？本章將透過新幾內亞Urapmin人最近的歷史變遷來探索這個問題的答案。自從澳洲政府在1940年代末期在Urapmin人地區的開啓了殖民事業以來，Urapmin人的文化經歷了很大的變化。在殖民時代剛開始的前15年裡，其變化的速率比起之後的狀況，大概可以說是相對緩慢的，而在1970年代後期，隨著相關概念與制度機構一夕之間似地建立起來，加上老制度同時地被拋棄，其變化的速度與深度較顯得激烈多了。一個從新幾內亞某地源起而相當風靡的基督教靈恩復興運動(charismatic Christian revival movement)，在1977年的時候傳到了Urapmin地方，並扮演起了影響Urapmin人文化變遷至鉅的一個角色。隨著這個復興運動在1970年代間所漸漸積累的能量，所有的Urapmin成年人都改信了基督教。而且由於這個復興運動傳入的基督教宇宙觀深植人心，隨之改信者便摒棄許多塑造他們

---

* 　本章節是由羅永清先生翻譯，編者們在此感謝他的協助。

生活的傳統宇宙觀。當代的Urapmin人往往將那波復興運動視為他們社會生活的大決裂；他們還說復興改變了所有的事。在這篇文章中，我想知道以人類學的角度來看，是否有可能認可當地人對於他們近代歷史明顯的二分看法。我的結論將認為他們對於巨大改變的認定方式，在宇宙觀的層次而言是站得住腳的。基於這樣的結論，容我提出這個問題：宇宙觀的變遷，一般而言，是在什麼程度型塑著歷史變遷，來開啟我的討論。

　　對於宇宙觀之種種，我的研究取徑著重的是價值（values）對宇宙觀與文化中的元素之間相互連接（articulating）關係的重要性。由於Dumont（1980, 1986）理論的啟發，我認為文化元素（信仰、思想、事物）之間相對的重要性，取決於其價值。因此，價值會架構出一套文化元素如何受到不同程度的重視的階序關係。Dumont對於價值如何在一個文化中與階序組織之間相互連接的看法，有一個很大的貢獻，就是在於它將價值看成是內在於文化之中而不是關於主體性認知判斷（subjective appraisal）的問題。在Dumont的思考架構中，人們可以透過觀察文化元素之間上下從屬（super- and subordination）的關係，超越文化的組織面向來解讀一個文化中的價值。只要這樣的關係存在，就可以很清楚地說有這樣的價值在運作著。正如同語言學標記方法可以當作Dumont用來指涉其關於文化元素之間的階序關係的模型一樣，價值就可被理解為文化結構的一部分，而不是依個人的主體式思索方式而另外添加於結構之上的東西（Battistella 1990）。價值因此可以被理解成是文化的一部分，並且能夠將文化中其他部分之間的關係結構起來。我在此要發展的論點乃是從將價值視為得以結構文化的重要角色的看法出發。我認為劇烈的文化變遷得以進行必須建立在價值也經歷了轉變的前提上，例如新價值被引入或因為傳統價值之間的連接關係已經改變的狀況下。

　　Urapmin人聲稱他們在14年間，也就是從復興運動的肇始一直到我在1991年1月開始的田野研究之中，全盤接納了全新的基督教宇宙觀。以下我將應用上述的理論架構來分析Urapmin人這樣的認知是否成立。我對這個問題的答案是肯定的。接著我將檢視宇宙觀的改變如何牽動Urapmin人生活中其他面向的轉變，特別是在關於男人與女人之間互動的宗教規範上，以及這樣的轉變如何爲女人們開展了新的角色場域，造成Urapmin人的性別關係某些方面的轉型。

改信與Urapmin人的宇宙觀變遷

　　Urapmin乃是指涉一群約390人口數大小，居住在新幾內亞West Sepik省的人們。他們屬於所謂的Min人的一支而說著山地Ok語。由於居住於新幾內亞的偏僻地區，Urapmin人一直沒有與西方傳教士有直接的接觸。在1950年代早期，澳洲浸信教會在距離Urapmin人居住區約需半天行走才得以穿過Sepik峽谷而到達的Telefomin地方建立了一個傳教站。Urapmin人就開始有些積極地送年輕人去傳教站接受教育並帶回基督教的訊息。在整個1960年代到1970年代的日子裡，Urapmin人持續地鼓勵年輕人到鋪設有飛機跑道而可及的某些教會傳教站的地方就學。這些年輕人漸漸成爲虔誠的基督徒並發現在自己的族人裡無法引導更多的人成爲基督徒，於是他們認爲在這個開始變化而處於後接觸時代的Min區域中的各人群之間，有著需委身成爲有給職的福音傳道人的需要產生。大概到了1970年代中期，人們儘管能夠忍受社區裡的某些年輕人改信成爲基督徒，但大多數Urapmin人仍持續著傳統宗教信仰的實踐方式。

　　這樣的狀況在1977年的時候有了劇烈的轉變。在那一年，有

一連串靈恩式的復興運動（rebaiba）[1] 席捲著整個新幾內亞（Flannery
1983a,b,c 1984）。這些復興運動儘管由當地人實行著，但仍可以看出
是一種有著西方影子而被引介來的靈恩派基督教的樣態。幾位在Min
區域聖經學校學習過的Urapmin年輕人帶來了這些復興運動並且很快
地使一些人為聖靈（Holy Spirit）所充滿。當他們被聖靈「踢」到時，
他們的身體就搖擺著並且有些人被視作能行治療或者預言之神蹟而
能審斷帶來社區問題的罪惡。一些被聖靈所觸摸的人以及一些僅僅
見證到別人接受到聖神之禮的人們就信服了上帝存在的事實，於是
到了1978年Urapmin的所有成年人都改信基督教。自從那時開始，
Urapmin人就認為他們生活在完全是基督教式的社區生活裡了，並且
他們將這種成功的「基督教生活」（Kritin laip）當作是主要的共享目
標來實踐於教會的服侍、家庭禱告、聖經靜修以及一些得以使人們脫
離罪的宗教儀式等目標之中。到了1991年，當我初抵Urapmin人社區
時，基督教已經是他們公共文化及私人生活中的主要核心了。

　　Urapmin人何以如此一致地並且密集地改信靈恩派基督教的原
因及過程，這樣的提問，我在其他研究區域也曾經追索過（Robbins
2004a）。我有興趣的乃在於1990年代初期以來，其因為改信而產生的
文化形式。正如同我之前提到的，在Urapmin人的理解裡，他們正生
活在一種至少在宗教或宇宙觀而言是全新的文化之中。「以前是以
前」，他們說道，「現在是現在」（bipo em I bipo, na nau em I nau）。
在復興運動高漲的期間，基督教的領導人們將在傳統宗教生活中扮演
著核心角色，並能夠促進農業的豐腴盛產而且能讓男孩子們成為成年

1　本文裡所用的Tok Pisin語彙會加劃底線，這個語言是巴布亞新幾內亞的最為
　　通行的共同語也是Urapmin人基督教生活中使用的語言，而如果是Urapmin
　　人母語的話，筆者會用斜體字表示。

戰士的聖祖骨（*kun awen*）給移開了，人們自己也一併把以往用來施展一些巫術的相關的物器（*serap*）給扔了。正如人們是這樣說的，他們「拋棄」（rausim）了祖先並且完全靠向了基督教的神。這種Urapmin人所認知的與祖先的決裂的程度是徹徹底底的。一旦他們如此地對待祖先們，就沒有機會再回到祖先這一邊了。那時候起，以上帝、聖靈、耶穌爲主的基督教宇宙觀就成爲了Urapmin人生活中唯一有效的宇宙觀參考架構了。[2]

當我們審視Urapmin人非常活躍的宗教生活時，很難不像當地人一樣把他們晚近的過去視爲一種文化衝突。只有一個例外，就是他們後來以明顯的基督教語彙進行的儀式生活。教會每週通常至少會在星期三或星期六晚間或星期日早晨舉行一個小時或長一點的聚會。常常也會在其他的日子裡舉行聚會。生日、喪禮、生病或者如共餐、獵物分享、園藝工作等都是人們特別要舉行禱告聚會的場合。[3] Urapmin

---

2 如Meyer（1999）所說的，許多靈恩派基督教會都充斥著惡靈魔鬼的說法，但是撒旦這個角色在Urapmin人的心中引起的效應沒有想像中大，不足爲懼。某程度而言撒旦的角色被人們的心中那種想做惡的意念所取代，而這些意念才是所有罪惡的主要來源（Robbins 2004a）。但有些也被傳統自然精靈所取代，這些精靈就被認爲是撒旦的手下。我會在下面多描述些關於自然精靈的事。

3 婚禮卻不列在基督教式禱告的對象當中。這有幾個原因，第一Urapmin人的婚禮從來就沒有過儀式的色彩。婚禮中主要的節目就是交付聘禮（unang kun），而這個節目也往往是在兩人已經結婚一年多了以後才舉行。第二，Urapmin人認爲如果人們在教會舉行婚禮那就是在上帝的見證之下，以後便不能離婚了。因爲離婚常常發生在新婚的頭幾年，這也是人類學家所觀察到的說頭幾年常常試婚的說法，人們也不願意一開始就冒險讓自己被結婚誓約束縛。Urapmin人社會的這個說法與發生在Duna地區的說法可以來做一個有趣的比較，因爲儘管後者也沒有將婚禮放在基督教儀式之中，但

人的主要年度節慶就是聖誕節及復活節，是最具有社會意義的時節，就是當有居住遠地的人們回來或紛爭的平息或婚禮、殺豬等場合也都是如此。基督教的方式幾乎就是所有儀式的基調，即使如國定假期如新幾內亞獨立紀念日或West Sepik省日，總是會在冗長的晨禱或晚禱的儀式中劃上慶祝的句點，而且連像選舉或法庭宣判等公共事務也充滿了禱告等基督教色彩的語彙。

儘管沒有多餘的空間繼續討論這個（我在Robbins 2004a有討論過），但關於Urapmin人的儀式生活的觀察，我必須再說的是，在所有的儀式脈絡裡或非正式的場合中也好，Urapmin人的基督教生活方式是非常具有基督教典型特質的。而且這般帶有西方及世界各地靈恩派基督教特質的民俗神學（folk theology）也鼓舞了Urapmin的基督教生活。Urapmin的基督教生活不只是在傳統世界觀外的表面之物，他們的禮儀實踐也不只是囫圇吞棗地接受基督教，卻對其一無所知。Urapmin人對於事涉宇宙觀的事情時，或這麼說好了，事關宗教的面向之時，基督教式的宇宙觀就是他們的依歸。

目前為止我對Urapmin人宗教生活的速寫證明了Urapmin人他們自己用對於他們自己歷史的詮釋來解釋復興運動來臨後新的宇宙觀如何取代了舊的宇宙觀的正確詮釋。然而有兩件事乍看之下使這個故事變得複雜。第一個就是Urapmin人仍然認為他們所居住的世界充斥著對生活有許多影響的傳統自然精靈。事實上，某一些基督教儀式的目的正是用來操控這些傳統自然精靈的影響。Urapmin人並沒有發現這種持續的傳統或者說儀式上與精靈的相互涉入這樣的事態對於基督信

（續）　他們的說詞卻是說乃是因為傳教士沒有教他們怎麼作的原因（Strathern and Stewart 2004: 57）。這個比較說明了Urapmin人如何地想貫徹基督教教義於所有的儀式實踐之中的努力了。

仰與認同來說會是一個威脅，也不會生出這樣的問題說他們與過去已經決裂的說法是矛盾的。然而，對於一個研究者而言，這種與自然精靈的持續相涉，使得他們的宗教生活蒙上了老舊傳統的陰影，致使他們所謂的大改變的說辭有了矛盾的地方。關於他們以文化鉅變的視角所構築的狀況的第二個挑戰乃是跟剛剛所說的第一個矛盾緊緊有關。問題就出在Urapmin人有時說他們仍然向自然精靈獻祭。這些宗教生活的樣態的確影響著Urapmin人的思考，使他們懷疑這種獻祭行為是否表示了一種對於基督教的背叛。對於研究者而言，這可能會使我們犯下一種錯誤，就是以他們對於大斷裂的民族歷史學式的修辭的說法來當作解開他們近來的歷史真理之鑰的觀點。

　　儘管將Urapmin人的歷史以宇宙觀的劇烈變遷過程來說明仍然會遭遇一些問題，但我還是認為這樣的解釋可以成立。而且提出這個觀點時，以Dumont的「文化建構於價值觀上」之論點來分析最能解釋得通。Dumont的觀點的好處，在於其所堅持的就是認為當我們在觀察變遷時，我們必須注意價值觀的變遷如何轉變著文化元素之間的關係，而不是僅僅在意這個文化是不是包含了新的或舊的元素或者過去某些元素是否仍然在人們的腦中持續扮演著某些角色云云一類的問題。從這個觀點出發，文化是否有劇烈轉變，端看自然精靈的想法和獻祭儀式的實踐在何種程度上已經由基督教宇宙觀所架構，而非當地的傳統宇宙觀。

　　為了以此架構來分析，我們有必要快速地回顧Dumont所說的關於價值理念如何架構宇宙觀或文化元素的觀點。簡短地說，價值理念將元素給安排進了一個階序裡了。但Dumont所提出的不只這些。他認為一對文化元素中比較有價值的那個會去包含相對它的一方。也就是說，在某些脈絡裡，一些較有價值的辭彙可以既代表本身又表示其相反的一面，像英文裡"man"這個詞素，同時表示了「男人」與「女

人」，另外如"goods"也就同時同意含了「貨物」或「服務」的意思（Dumont 1977, 1980）。另外，從一些Dumont的著作我們可以看到，「融貫包容」（encompassment）只是價值如何組織文化元素的一環而已。我們也發現越能有價值的觀念，就越會被詳盡地展演出來，或套一個韋伯式的術語，就越被理性化了（rationalized）。同時，這些較有價值的觀念也會控制比較沒有價值的觀念被理性化的過程，以確保價值系統之間不會相互扞格。最後，較沒有價值的觀念只有在次要脈絡中，其意義才能被完全彰顯。如果要舉個例子來說明以上最後兩個關於文化組織的觀點的話，就拿在西方文化中扮演著重要角色的自由主義來說，被特別著重之自由這個概念乃是被當作能夠操控或凌駕於平等這個次級價值之上的，儘管牽涉著機會平等的概念乃是支持著個別差異成就的重要信念，但我們發現基於齊頭式平等（equality of outcome）的信念而產生的結果只是加強了相似性時，我們就會體會這個觀念並不盡然為人們所認同了。齊頭式的平等的追求，事實上僅會淪落成次要價值的脈絡中，如私領域的家庭中，小孩子之間各自能力的展現儘管應該有所鼓勵，但卻應該被同等地對待與疼愛（這些觀念的討論詳見Robbins 1994的討論）。

　　回到Urapmin人的例子來看，依照我剛剛所舖展出以用來分析變遷的方法來看，如果Urapmin人真的像他們自己說的那樣，生活在一個新的基督教宇宙觀的世界裡的話，我們就必須看到基督教宇宙觀所蘊含的價值體系在牽引著其文化元素去包含、壓縮如自然精靈、獻祭儀式之類還持續存在的傳統元素，並使之進入次要的脈絡中。因此，這些較舊的元素就不應該從舊的宇宙觀脈絡來理解了，儘管在舊的宇宙觀它們不但具有意義而且被高度重視。相反地，我們應該從Urapmin人基督教宇宙觀的角度來看待這些元素，並找出這些元素價值之間的組架方式。

為了看這樣的分析方式能夠如何地展現在Urapmin人的例子之中，我們直接從他們之間仍盛行的自然精靈觀與漸不流行的祖靈信仰的比較來切入會很有效果。這兩種宇宙論中的個體所擁有的迥異命運，其實是可以解釋的。另外，對這樣不同命運的解釋，也同時可以發現基督教宇宙觀何以能夠盛行於Urapmin人之中的原因。

當代Urapmin人比較少談到其祖靈。他們相信其祖先們仍然是以精靈的樣子存在，但正如剛剛所說的，Urapmin人不會再回到以前傳統宗教的樣子了，因為他們認為他們對於祖靈所做的行為，將不允許祖靈回來。以往他們之所以會在意祖靈乃是因為他們認為祖靈是惡靈會招致疾病。他們不再特別為祖靈舉行儀式，我們可以這麼說基督教已經把祖靈的力量在Urapmin人的心中完全消除了。當然祖靈在Urapmin人的基督教宇宙觀中是沒有地位的。

但自然精靈可就不同了。Urapmin人認為自然精靈乃是與環境的某些部分連接在一起的。*motobil*這個字就是他們用來指涉這些環境部分的詞彙，這些詞彙也就指涉或擁有著環境中所有重要的部分如樹、巨石、溪流、土地、動物等。就是這些精靈允許人們利用祂們擁有的資源。當*motobil*感覺被打擾時，也就是人們觸犯了一些*motobil*所規範的禁忌（*awem*），如禁食某種動物、農耕或打獵不喧嘩嬉鬧的規定時，精靈就會招致病症於人們。大部分嚴重的病都被認為乃是*motobil*所招致，而嬰兒死亡也往往是這個原因。

*Motobil*精靈的行為以及他們所招致的問題乃是當代Urapmin人生活中家常便飯的話題。在Urapmin人所理解的基督教中，一個主要的禁令就是不可以遵行任何傳統禁忌。信徒應該相信上帝能夠保護他們免於因為違反禁忌而被精靈處罰的危害，也因此敬畏禁忌就是表示對上帝沒有信心。人們很容易地拋棄了祖先們所設置的大部分禁忌。但他們發現要去除與*motobil*精靈有關的禁忌會有些難，因為一些纏身

的病痛就是*motobil*精靈依然會糾纏人們的證據。*Motobil*精靈的力量就是一個揮不去的憂慮，也因此我們在人們的禱告中仍可以聽到祈求上帝免除*motobil*精靈之擾的禱詞。

　　一旦有人生病，人們念茲在茲的就是想辦法訴諸於驅逐*motobil*精靈的手段。親朋好友向上帝禱告祈求趕離這些*motobil*精靈。較嚴重的病則由一群被稱作靈女（Spirit women）（*Spirit meri*）的女性儀式專家來幫忙。（這些靈女出現於復興運動時期。有關靈女，筆者稍後會再詳述）這些靈女被聖靈所附身，而聖靈則示喻靈女哪一個*motobil*精靈是招致疾病的禍首。她們為病人禱告並要求上帝來處置該位致病的*motobil*精靈禍首。有時候靈女也參與到更盛大的儀式當中來為村落或一些地方裡生病的人們驅趕*motobil*精靈。在這些儀式當中，一些靈女會進入出神狀態（trance）以驅逐一些附身的*motobil*精靈。她們呼求上帝來驅逐motobil精靈並將之打入地獄。只要施行了這樣的禱告與驅逐儀式，她們就會在村子的入口或是她們曾淨化過的地方插上許多十字架，以此做為一道防護線，確保motobil精靈不會再回來作亂。

　　目前我對於靈女們所作所為的討論之中還沒有看到有任何有矛盾爭議的地方，儘管這種淨空周遭精靈的儀式本身就很少舉行。但有件事還是足以在這種種的靈女行儀中被認為是矛盾的地方，也就是下面這狀況：在禱告用盡，但嬰兒或成人仍久病不癒的狀況下，靈女會說聖靈要求病人的家屬殺豬獻祭給某某致病的*motobil*。在這種僅能由某些擅長傳統咒語的儀式專家主持的獻祭之中，人們以豬的味道或血來慫恿*motobil*精靈饒恕其所致害的人。正如我之前所提的，殺豬是Urapmin人認為惹人爭議的行為。耶穌，才是最後的獻祭，Urapmin人如此認為，因此沒有人可以有這種在獻祭儀式中所呈現的與*motobil*精靈之間的正面交換關係；精靈是必須在與上帝合盟的關

係中被鬥爭掉的，而不是以合作或交換關係來修復彼此關係的脈絡之中的。有些人甚至認爲，當靈女呼求獻祭時，她們所被附身的不是聖靈而是惡靈（*sinik mafak*）。儘管有這樣的矛盾，人們還是常常訴諸獻祭，尤其當小孩生病的時候（因爲小孩不像大人，會被精靈殺死），而且人們也知道獻祭是他們依然公開並且常常舉行的傳統儀式。

關於*motobil*精靈的種種儀式以及行爲在Urapmin人之中是相當顯著的，而且我們可以看到當地基督教信仰與實踐中對於*motobil*精靈的對應成分。這種顯著性似乎表示了傳統元素的持續作用，也因此說他們的改信是一種極端的文化變遷似乎仍嫌過於果斷。關於這些*motobil*精靈的種種，顯示出Urapmin人依然在意著傳統。

從以上關於將變遷的模式視作價值觀的變動以及其間文化要素之間階序關係的組構的角度來看，我們仍然很難認定說Urapmin人的例子乃是傳統的持續發酵所致。透過這個分析模式，我們可以很清楚地發現在後復興時代中的Urapmin人的想法中，傳統精靈的力量已經被限縮了很多。針對這個模型時，我認爲較低價值的文化要素會如此被減縮，乃是因爲它們不能牴觸更重要價值的要素的展現，也因此這些較低價值要素只能在次要價值脈絡或場域中苟延殘喘。這兩個原因可以說明今日Urapmin人之所以還關切motobil精靈的理由。進一步我們也可以發現Dumont所謂「融貫包容」的過程也在運作。藉著這個過程，我們可以了解只有在基督教的觀念比較不受重視的地方，傳統的精靈概念才會保持下去。

面對兩種觀念互相衝突時，他們取其較受珍視的那個。在Urapmin人的基督信仰中，一個重要的基礎就是上帝是宇宙的唯一創造者。Urapmin人常說神造萬物。而在Urapmin人的禱告中我們也常常發現他們將上帝視作有真正大能的。如果我們把他們的精靈信仰視作一個單一語料庫，其中就包含著關於著祖靈以及*motobil*精靈的種

種概念，那麼這些傳統信念所曾經開展的關於創造力量的部分成分已經被棄置了。現在他們很少談論祖靈了，也很少說他們與創造力量相關或者因而接近祂們，因為任何傳統神靈創生的說法都跟上帝造人的概念相左。而之所以仍殘餘著一些關於祖靈的種種，乃是因為Urapmin人不知道如何找到一個既可以保留祖靈觀念而又不會影響到中央價值系統基督教價值觀的出路所致。

　　第二部分要關心的是一些仍較流行但僅止於次要價值脈絡中的傳統概念。由此可知*motobil*是如何被展現以及理解。關於*motobil*精靈的信仰，往往只發生在疾病的狀況中，人們很少提到精靈，卻只有在生病的時候才會提起。只有在疾病的脈絡中，人們會討論事關某些環境要素的精靈。[4] 這樣的看法乃是基於motobil精靈會附身的想法之上的，加上祂們也會否決掉Urapmin人祈求的所需，或者也會生氣來附身於人們身上，使其如同被五花大綁般地死纏不放而生病。儘管Urapmin人會談論精靈，但他們想像的空間仍然是有限的：就人類而言，精靈會引發疾病或被迫如此乃是因為他們專心地致力於附身這一法術上。這種關於精靈能治病並危害人間的看法，並不會與上帝的大能這樣的主要價值觀念相互衝突，因為上帝不會讓人生病或傷害人們，而在Urapmin人們的神學認知當中，對於motobil精靈的角色認知，正如同撒旦或魔鬼在基督教的教義中所扮演的角色一樣。受限於這樣的脈絡裡，並且僅能依這樣的語彙發展的傳統精靈觀，就是依著

4　一個例外就是Urapmin人認為motobil精靈會讓礦產的經營遭遇困難。這個想法就是認為motobil精靈是擁有金礦的礦脈並且不輕易地放給探礦者，為了破除這樣的陰影，Urapmin人在一些相關儀式裡作了一些創新的變革（Robbins 1995）。但這些變革才剛開始發生，我暫時不便討論。這些想法與motobil精靈只能在受限的脈絡中和其附身的能力上被展現的論點是不相矛盾的。它們的邏輯與關於疾病的討論非常類似（以下正文裡會再討論）。

基督教被Urapmin人所理解的方式來展開的，也因此我們可以理解傳統宗教精靈世界的這一部分在今天依然盛行的原因。

最後，透過典型Dumont的分析語彙「融貫包容」這個字來看motobil精靈之所以會在後改信時代的Urapmin人之間流行的原因是很值得一試的。即使Urapmin人僅僅將關於motobil精靈的想法有限制地鋪陳在有負面意義的生病的脈絡之中，人們還是想辦法「融貫包容」motobil精靈，以使得我們必須以上帝或聖靈的對手的角度來看待之。當Urapmin人思考著如何來對付這些motobil精靈時，他們訴諸的對象乃是上帝或聖靈。事實上，整個所謂motobil精靈之種種乃是依著上帝的旨意所定，因為上帝也如同"man"這個英文詞彙同時涵括了性別一樣，代表著宇宙種種。那些motobil精靈之所以依然作亂，乃是因為上帝還未將他們從Urapmin人心中去除，並繩之以法。在基督教裡關於未來的想望中，Urapmin人屆時可以想像在耶穌回來的時候，他們就不用再受到motobil精靈的干擾了。目前仍承認著motobil精靈的存在，乃是一個具有過渡性質的惡。因為人們可以從基督教的角度來詮釋這樣的現象。

本文透過融貫包容這樣的角度來分析，乃是發現當人們在對付motobil精靈的干擾時，希望所求的對象往往都是靈女這些儀式專家等這樣的現象。[5] 靈女很明顯地就是顯示著基督教的形象，因為她們的力量來自聖靈，人們相信她們，乃是因為他們相信靈女可以幫助上帝來控制那些危害人們的壞精靈，她們所具備的道行包括附身、禱告、立十字架等等，這些在Urapmin人的眼中都是基督教的彰顯，也因此我們可以看到基督教的上帝是一種超乎萬法的，基督教價值是取

5　我之所以會說很重要，乃是因為在生病的前期人們會與牧師或者只是與親戚之間一起禱告來祈求上帝來驅逐惡靈遠離自己或小孩。

法乎上的，也因此能夠幫助人們來對付精靈的作怪。唯一一個大概可以說是例外的就是她們的獻祭，靈女們允許人們透過訴諸傳統儀式的舉行的方式來對付惡靈的作怪，這個事實顯示出傳統價值得以某程度地存活並應用而超乎了基督教的融貫包容範圍之外，這是想當然爾的，因為正如我們之前所說的，這僅僅在病痛發生的負面情境中才得以如此，但不可否認地，在這些獻祭儀式中，人們對於*motobil*精靈的思考都是傳統的老樣子，這也就是為何獻祭儀式在Urapmin人當代社會裡會如此具有爭議性與顯著性。

即使我們能夠體會獻祭儀式或關於精靈之種種，正如我們所論述的那樣僅僅侷限於或被含括於當代Urapmin人文化的某一部分之中，我們也可以看出Urapmin人是多麼努力地將其獻祭儀式模塑成基督教教義所能通貫包含的樣子，這個模塑過程裡，其程序首先就是由基督教儀式專家靈女來執行儀式，然後再透過基督教式的禱告來開始每一個儀式。以下我舉一個例子來說明開場的基督教式禱告如何顯示了筆者所說的一種通貫包含的企圖，而使得獻祭儀式能為基督教所接受。

以下我要描寫的這個乳豬獻祭儀式乃是為了一個4歲小女孩所作的。主持祈禱的牧師首先誦唸了Urapmin人所用的Tok Pisin語聖經中雅各書第5章第13到16節的經文。其翻譯如下：

在你們兄弟之中有人遭遇著困難嗎？因此他必須向上主禱告，你們當中有人是快樂的嗎？因此他必須頌唱上帝的歌，你們當中有人苦於病痛之中嗎？他應該求助於教會的領導人，以上帝之名，它們將會為他塗抹膏油，他們將會為了他而向上帝禱告以幫助他，如果他相信上帝並且禱告，那上帝將會醫好他的病並且將他捧抱在自己的膝上，如果他犯了甚麼罪，那上帝將會赦免他的罪，所以你們必須向你們的弟兄

承認罪過，你們必須向上帝禱告以幫助弟兄姊妹，上帝將會
幫助你們順利，好人的禱告是有力量的並將足以幫助人們。

很令人訝異的就是該牧師在獻祭儀式舉行之前，竟然先做的
就是誦唸這一段經文。然而這一段經文也是往往當人們想要去除惡
靈的影響而祈求上帝幫忙的時候所舉行的正式的醫療禱告時所常常
唸的經文段落（Robbins 2004a），牧師也會常常禱告的時候引用這一
段經文的段落，透過這樣唸誦禱告以及引用經文的方式，牧師將即
將舉行的獻祭祭儀納歸爲基督教的醫療禱告儀式之中，也使得獻祭
儀式獲有基督教的能力，但是如果這樣的儀式不奏效的話，接著就
會由靈女來執行獻祭儀式。在此我們看到的是，即使禱告會還沒開
始之前，我所謂的基督教通貫包含的現象已經在發生了，唸完上述
那段經句，牧師繼續唸著（以下我將牧師持續唸頌的經句標上流水
號以方便下文的參照引用，並以括弧將我的註釋隨註在中）：

1　這是雅各書第5章第13到15節所說的【其實牧師也唸了第
　　16節】，我只唸這些，然後靈女們就可高興地跳上跳下
　　了【進入附身了的狀態】，靈女可以用乳豬作她的事了。
　　【牧師走到病童身旁說要「大力地」禱告然後開始禱告。】

2　上帝啊！上帝，神聖的上帝，我向祢禱告，正如祢可以
　　看到的，我妹妹的女兒以及她的丈夫都生病了，我妹妹
　　的女兒生病了，如今我們一家人聚集在這裡。

3　求求祢啊！上帝，祢是全能的，祢有足夠力量，祢有榮
　　耀，祢是慈悲的上帝，祢是和平喜樂的上帝，我以祢的
　　名禱告，祢必須把我的女兒醫好。

4　我的小孩Kiki（也就是生病小女孩的爸爸）以及我的妹

妹，這一對夫妻的女兒，上帝祢向她彰顯祢的大能吧！
從天上降臨並且帶著神聖的利刃來切斷精靈的手腳，
將Alal這個地方的惡靈給趕跑，將Lalip地方的精靈給趕
跑，將Wim tem山洞的精靈給趕跑，將Delolbikma地方
的精靈給趕跑，將Bantok地方的精靈給趕跑，也將壞的
動物精靈如Belulumin地方的飛狐那樣一類的壞東西都趕
跑。

5　只有祢上帝有這樣的大能，就是當人們生病，當人們有
困難，就是雅各書第5章第13到15節的聖經經文所說的：
「如果你的朋友有重擔就像他有病一樣，你必須去看
他，你必須幫他放下重擔，教會的領袖像牧師或者執事
們或靈女或靈男【Urapmin人社區有一位男的儀式專家】
會來，你們堅強的基督徒必須來到你的朋友身邊，並為
他禱告，然後我就會聽見你們的禱告，我就會醫治你們
的朋友，如果你的朋友犯了罪並且因罪而辛苦，我也會
醫治他，我可以收回他的生命也可以回復他的生命，我
會治療他。」這是祢說過的，所以關於我的小孩的小孩
的事，也是，耶穌啊！祢是神聖而高潔的，而我們弟兄
姊妹只是普普通通的凡人，我們向祢禱告！

6　我覺得祢必然會醫治這個小孩子，所以她就來到祢面
前，而我正在禱告。並且我們會殺一條不錯的小豬來
……我們殺這豬並會煮了牠，這是我們覺得得以醫好這
小女孩的法子，她帶了這小豬，而且我們將要宰了牠。

7　惡靈啊！魔鬼啊！看不見的壞東西啊！她【透過這個文法
上陰性的指稱代名詞將可以指涉到聖靈以及靈女】將會把
你們通通甩掉，她將會把這些壞東西都去丟掉扔掉。

8　耶穌啊！祢是好的羔羊並且為我們而死，以讓我們能夠
　　起死回生！那是祢曾作過的，如今我們要效法祢，也帶來
　　一隻小豬仔來屠宰了，並且舉行一個儀式【「舉行儀式」
　　一詞是從Tok Pisin語中的singsing「唱歌」翻譯來的，透
　　過這個字眼所暗含的意思裡可以發現其中有指涉傳統儀
　　式的成分在，因為這個字眼很少被用來指涉基督教的儀
　　式。】我們會這樣做著獻祭儀式而且祢會看著我們，上
　　帝啊！降下祢的大能吧！這只是一點點豬肉，我們殺牠吃
　　牠，所以上帝啊！降下祢的大能與神聖來治好她的病吧！

9　祈求祢！我已經說了這些！上帝啊！祢是仁慈的！祢是
　　慈祥的！祢是喜樂的！所以我向祢禱告，所以請眷顧這
　　個孩子並讓她痊癒，將邪惡毒蛇惡靈的手腳給剁掉吧！
　　還有那些鬼狗靈、那些鬼火雞靈、壞食蟻蝟靈等等任何
　　邪惡的精靈、住在樹上的、任何壞人（這裡指涉的是精
　　靈）、壞東西、蛇靈，反正任何壞東西都將他們一網打盡，
　　都將他們帶走踩扁摧毀，拜託！拜託！救救這孩子。

10　我將這小女孩帶來祢跟前，交到祢的手上。拿撒勒人
　　呀，她與祢的聖潔同在。請求祢顯現並且使她痊癒吧！

11　我的小孩的小孩生病了，我為她禱告儘管我是個罪人，
　　我沒有看她沒有人來看她都沒關係。但上帝啊！祢要來
　　看她並且使她痊癒，耶穌啊！只有祢能夠醫治我小孩家
　　這個小女孩，我們作為人母人父兄弟姊妹的都只是人而
　　已罷了，所以耶穌啊！求祢求祢【一定要幫忙】，我將
　　她交給祢了，我已經說太多了而且我句句屬實【這是禱
　　告最後最常說的結束語句】。

　　Urapmin人在他們的禱告中充分展現了他們對於神學概念的聯想方式，（Robbins 2004a）這些禱詞中包含了許多神學的重要概念，其中最重要的就是將人的脆弱對比於神的大能之前，但這稱職地透過禱告來開始獻祭儀式的方式，也說明了人們如何透過基督教教理的角度來貫通含括傳統精靈信仰的方式，在禱告中尤其人們所唸頌的第[6]及第[8]段中，牧師所直接指涉的獻祭就是人們僅能做的，而與基督上帝能做的大能不一樣，第[6]段就說人們僅能做的就是這個，而最後在第[8]段又說這獻祭就僅僅是豬肉罷了，比起上帝的大能不算什麼，真正的治病儀式只有上帝可以做得到，再者，這位牧師認為他們所做的獻祭儀式乃是根據耶穌獻祭的模式而來的，儘管這樣的思維邏輯牧師並沒有繼續拓深下去，但表明了牧師將傳統獻祭儀式綜合含攝在基督教裡的用意，在前面第[6]段第[8]段的邏輯來看，就是一種貫通含括的例子。將獻祭乳豬的儀式類比成耶穌以死獻祭的儀式就是根本上將殺豬儀式看成是基督教儀式，這也意涵著說人們在小小能力範圍裡所能做的儘管很少，但至少可以說明這樣的類比乃透露出任何有效的儀式都是要基於上帝大能的信念。這樣的訊息透露出牧師所作所為都是要將傳統貫融含包於基督教裡的方式。

　　正如這些禱詞表面所透露出的融貫包容的意涵，其結構的許多重要面向也開始運作這種融貫包容的方式。也就是說，當人們禱告時，融貫包容便會開始進行（they bring it about as they are enacted）。這在很多方面來說都屬實。第一，人們將獻祭禱告類比成正規的基督教式醫療禱告，我前面就提過，如牧師所唸頌的雅各書第15節的經文，也是人們在正規醫病禱告中所同樣要唸的，此外，在前述標號段落的第[2]到第[5]以及第[9]到[11]段落也與標準醫療禱告的說法是雷同的，一一列舉出不同可能招致疾病的精靈名稱並且祈求上帝摧毀或斷了或趕走這些壞靈的手腳的說法也都是在正規醫病禱告裡正常的說詞，昭

然若揭地，都在在證明了這種獻祭儀式根本就是正規的基督教醫療禱告儀式，也基於此，而不是所獻所祭才使得此獻祭禱告儀式得以如醫療禱告一般靈驗有效，事實上祈禱者將殺豬獻祭儀式轉換成了基督教的醫療儀式了。

　　第二個我要提出的說明就是人們透過禱告來使得這種貫融合攝得以呈現，這就牽涉到結構了，這也是Dumont所謂的貫融合攝的精要意義所在，也就是如此透過一個專有辭彙來鋪陳出所有現象的因果。在上面描述的那段禱詞當中，獻祭僅僅出現在中間的一段，而前後段落的重點乃在於彰顯對於神上帝及其大能的認識才得以成就完全的醫療。這樣的結構模式透露出Urapmin人當前從基督教的角度來認知精靈世界的方式，而一些非基督教的鬼靈精怪則僅僅能在基督教的認知方式或者描述方式裡苟延殘喘。

　　我已經花費了許多力氣針對獻祭有所討論，因為唯有如此我才能將這個例子拿來充分說明我在Urapmin人社會中發現的一種討論變遷的方式。透過這樣的建構，這種向基督教價值觀傾斜的狀況，就能說明了為何一些傳統的宇宙觀等價值觀念僅僅只能在不與基督教宇宙價值觀相衝突，而侷限在被基督教定義並邊緣化成次級價值觀念的有限範圍裡存活著。然後，我也論及了這些傳統概念也完完全全被基督教所融貫包容了的狀況。即使這些傳統信仰出現的時候，也都會伴隨著與他們對立的基督教價值觀。當Urapmin人要舉行獻祭儀式時，他們儘管好像用著傳統的辭彙來描述遇到精靈危害的狀況，也因此為傳統保留了一個空間，而這當中讓傳統信念不會被基督教所完全蓋掉，而使得傳統信仰能自由自在。其實，從前面的分析中，我們可以發現事情並不其然，獻祭儀式往往是被基督教儀式專家如靈女或牧師所求應並執行的，這些獻祭儀式也是以基督教禱告儀式為範本來使之能就範成為具有基督教儀式面貌而讓傳統獻祭儀式的靈驗能基於實質的基督

教教義之上。在獻祭儀式中，我們可以發現這種讓傳統精靈信仰有所節制地發揮並且通過融貫融入的作用方式來使傳統精靈信仰成為基督教儀式的方法，在Urapmin人的社會中是很明顯的手法，因此我們也在這樣的例子中發現人們如何因應需要而小心翼翼地使用這個手法。

目前為止我已探討了Urapmin人改信了這個靈恩派的基督教之後如何進一步地讓基督教價值體系躋身成為得以建構Urapmin人宇宙觀文化的重要地位的過程。我也說明了基督教價值觀如何能在重新架構出Urapmin人的宇宙觀的同時又不會把傳統宇宙觀及信仰全部否棄，但也左右了人們如何看待傳統宇宙觀的方式。我也描述了一些基督教價值觀發揮結構力量的管道及彰顯的方式——也就是透過讓傳統信仰僅能自我節制地限縮地發展或者將之邊緣化到次要價值的範疇中或者以基督教價值觀貫穿包攝的方式給蓋掉。整體而言，就是以目前已經普及在Urapmin人的信仰體系裡的基督教價值觀的角度來將傳統信仰給予一個定位。也就是這個因素，從人類學的角度而言，我們可以合理地認可Urapmin人自己將當前歷史描述為具有劇烈宇宙觀變化的觀點。

有好幾本專書已經顯示出對於新幾內亞高地文化變遷現象的高度關切，其中也不乏一些專注於討論宇宙觀以及宗教變遷的詳細討論（如Clark 2000, Knauft 2002; Li Puma 2000; Strathern and Stewart 2004等）。透過這些研究的成果，我們發現Urapmin人的例子呈現出一個特別的地方，就是Urapmin人宇宙觀變化過程中的頭尾連貫性。[6] 正如一些既有研究所透露出的，巴布亞新幾內亞的人們一直汲汲營營地尋找著能調和基督教與傳統信仰的方式，比如說在南部高地省的Aluni谷地的Duna人儘管一直被浸信教會所強力影響，但他們依舊想方設法地

6　值得一提的是，從這麼多以五旬節和靈恩福音為中心的宗教變遷來看，Urapmin的例子是比較一般的（見Robbins 2004b）。

找法子讓基督教禱告儀式能相容於旨在獻祭給自然精靈的殺豬儀式之中，這雷同於我所描述的Urapmin人，但Aluni谷地的Duna人則不覺得必須以基督教教義來融貫包容所有的傳統概念及信仰的實踐(Strathern and Stewart 2004: 86-7)。因此Urapmin是偏遠地區的例子，可以幫助我們了解在文化衝擊之下區域的改變趨勢。Urapmin人社會中這種劇烈型變化爲我們提供了作爲一個理解宇宙觀變化如何對歷史過程有著任何影響的探究對象，還有一個重要的地方就是在Urapmin人社會裡發生的這種宇宙觀的劇烈變化其實並未伴隨著該社會中其他面向如社會結構或生產等日常生活方式的劇烈改變，宇宙觀的改變是Urapmin最意義深遠的文化變遷。爲了探究這種劇烈的宇宙觀變遷如何在其他社會生活中起著作用，我將接著探討發生於Urapmin人之間的宇宙觀變遷如何改變當地的性別關係而得以爲婦女開啓了新的天地。

宇宙觀變遷與性別

正如同在世界其他地方同樣發生一般，靈恩派基督教會的來臨也使得Urapmin人社會的性別關係有了改變。[7] 我們在這裡沒有空間細細描述發生在改信後的Urapmin人社會裡種種關於性別關係的變化狀況，也沒有辦法追溯其間個別面向各種枝微末節間的變化。我將著重於討論與之前申論過的宇宙觀變遷面向環環相扣的一些改變，我將說明這些改變來自於人們對於價值觀的變遷和人們如何應對這些轉變。

在之前我對於宇宙觀變化的討論裡，我觀察到Urapmin人自己認知他們改信基督教後就有了宗教上徹底改變的體會這一點來討論，對

7　相關這一議題的文獻可參考Robbins(2004a: 132-134)這一篇文章的回顧。而關於巴布亞新幾內亞的討論可參考Strathern and Stewart(2001)的文章。

於性別關係而言，我們很難依循這樣的邏輯來探討，因為，正如我在其他文章討論過的，在當代Urapmin人社會裡，性別的面向很少是個議題(Robbins 2004a: 40-41)。值得一提的是接下來我將討論的兩個面向：即關於男女關係之間以往所約束的傳統禁忌的消除；還有能主導儀式的靈女的竄起等，這兩方面乃是Urapmin人認為最具有改變意義的面向。由此我們可以推知與價值觀轉型相關的轉變或變遷才會由人們所知覺到這樣的事實，也因此其他非關價值觀轉型的面向的轉變則往往較難為人所查覺。

正如前面所提示的，在Urapmin人宇宙觀中最大的轉變莫過於關於祖靈信仰的式微。以往這些祖靈之所以重要乃是因為他們事關著萬事萬物繁衍生存的力量，在人們改信基督教並進入所謂的復活期之前的年代裡，Urapmin人往往因為祖靈們具有這種繁盛萬事萬物的能力而時時舉辦獻祭儀式，這種對於祖靈的想法自然就會與那些信了基督教而認為上帝才是世界的創造者、萬事萬物的擁有者、宇宙的主宰以及萬善之源頭的概念有所衝突。因為Urapmin人對於基督教義理的認知是取法乎上的，也因此關於祖靈的信仰似乎有被打入冷宮之態。同樣的命運也降臨在Afek，也就是「老婦人」身上(老婦人就是當地語Afek的意思)。Afek以往被視為最舉足輕重的祖靈，更是所有習俗的始創者。在1990年代當我在詢問某位Urapmin人的重要領袖關於Afek的問題時，他只丟一句話說「忘了Afek吧！」("*maski* Afek")。在傳統時代，這樣的話語將被當作天大的瀆神之言，但在1990年代早期，這樣的批評背後其實就是說明了人們早就不把Afek當作是當代世界裡起得了作用的角色了。

Afek信仰的沒落也是性別關係巨大變化下產生的其中之一的效果。這無非是因為當初Afek所設定的關於傳統宗教或儀式舉行中男女必須在很多場合區別開來種種規定，特別該區別開來的領域就是儀式

的場合，因為儀式是男人獨擅勝場的場合。這種男女有別的禁令也同樣出現在家庭生活中，男人通常不跟女人及小孩睡在同一個屋簷下，也不能在同村子裡共進飲食。一旦違禁而有所接觸將可能導致小孩發育遲緩或者造成大人得到這種叫做"*fum*"的膝蓋關節炎。Afek的信仰特色，也就是強調男女區隔的儀式和禁忌，也在當地留下了為數不少的地景標記。每個村落都有女人及小孩睡的「女人屋」(*unang am*)，也有男人過夜並舉行儀式的各式各樣的男子會所，男人與女人各自走的大小路徑也縱橫交錯於村落內內外外，因而傳統信仰影響下，Urapmin人的社會呈現的面貌就是這種男女有別地組織起的社會，但彼此之間卻必須盡量少接觸的樣態，女人在宗教領域就是沒有插手的份。

　　在改信基督宗教後並且閒置了Afek信仰的上帝靈恩復興運動時代裡，這一切都變得很快而劇烈。在1990年代早期人們在一棟以往很重要的男人會所裡討論村落大小事務時，我發現有些參與其中的女人還覺得哪裡不太對勁。我至少曾見識過幾次這樣的狀況。但其曾經存在的大大小小為過夜或儀式而用的男子會所都已經消失了，男人與女人及小孩都睡在女人屋裡頭了，同樣的，以往男女分道而行的傳統也完全消弭，而隨著不可共食的禁忌去除，不同階層的人開始食用某些特定的相同食物，男女關係在日常生活裡也變得緊密。

　　就目前討論的觀點而言，對於這些改變，很值得注意的就是這些變遷比較是因為價值觀的變遷而導致Afek信仰的衰落，而不是因為人們接受了基督教觀點的性別觀念所致。Urapmin人的基督教並未向Urapmin人提供像男人女人應該在許多面向上是平等的這一類新穎的性別關係模式。這種新穎的觀點認為每個個體都對於其自身的救贖有所義務，比如說，男人女人都各自擁有相當的能力獲得救贖，也因此男人與女人都得參與於儀式之中。但這些理念都還未連接一氣地成為一種性別平等的理論，讓Urapmin人可以拿來質疑以往的傳統信念或

在這後靈恩復興運動期裡作為除舊行動的理論基礎。讓他們摒棄這種男女隔離的文化的正是與Afek的接觸，而他們相信上帝的大能已然超越Afek。也因此種種導源於Afek信仰的觀念也被視作無力。換句話說，表態放棄所有關於Afek的信仰暨祭儀是乃是意欲獲得變化的第一步，這樣的轉變並不是因為要獲得根植於基督教義理的男女關係模式，這也是為何要把Urapmin人的男女性別關係的變化放在價值觀變遷的視野中來看待的原因。

正如同Knauft(1999: 175)所曾討論的，宗教上男女性別隔離關係的稀釋，似乎改變了人們日常生活之間的互動，但並不代表這樣的改變會帶來男女之間的既有權力關係或甚而減少男人掌控的程度，我的研究透過Urapmin人的例子支持了這樣的觀點。當主要的變遷影響了性別區隔的價值觀時，尤其是在宇宙觀層次時，卻不一定會帶來一套新穎的性別關係模式進來，也就是說不會帶入一套全新的男女性別關係的實踐典範進來，儘管這樣的改變已對日常生活帶來很大的衝擊。第二，我要談到的另一個變遷面向的不一樣的開展方式，其實在某些層面而言，已經為男女權力關係的不平衡有了一些實質的影響了，我們由此可知人們如何藉由依附新的宇宙價值觀而提升他們自身的社會地位。

這裡要提的改變面向就是靈女角色漸漸坐大的過程，過往判斷是哪一些自然精靈在作怪致病的，就是那些觀察水上飄的樹葉之間的漂浮型態的男性神職人員的工作。但如今這些男人不再表演這項才藝了，而他們的地位也被那些能被聖靈充滿的人所取代了。這些得以取代的人就幾乎清一色都是女性。[8] 況且，在改信基督之前並沒有這類附體或聖靈充滿發生過的。因此在Urapmin人的認知裡，靈女的角色

8　在Urapmin人社會裡僅有一位男靈媒，他獨特的地方不只在於他也扮演起了與靈女同樣的角色。他還因為痲瘋病帶來的腿殘而足不出戶。

是全新另起的。他們認為這一類角色是聖靈在現在所處的靈恩復興運動期所發起的，儘管從我這個分析者的角度認為靈女這樣得以聖靈充滿或參與醫病禱告的角色扮演是與靈恩復興運動一起來的，而這樣的靈恩復興運動一開始也是男人帶進來的，這男人透過教導和禱告將復興運動傳入Urapmin，後來更與一位權力很大的靈女結為夫婦。與其爭論這些理念的來源，我們比較要注意的是這些觀念的引入很快就在Urapmin人社會中建立起堅強的基礎，使得女人得以獲得以往在傳統宗教裡沒有的參與機會。

　　靈女的盛行無疑地是發生在1990年代早期。人們生病的時候，還有像在上個部分提到的久尋失物不果的時候，考慮要不要出遠門的時候等等需要諮詢的時候，都會來找靈女。她們獲得人們的廣大尊崇，另外地方領袖(kamok，大人物)還有牧師也是人們願意信任而成為人們在大大小小問題發生時想訴諸幫忙的對象。大致來說這些靈女在社會生活上並未扮演其他重要角色，甚至還有這樣的一位靈女，以往是被認為精神上有問題並且獨居在林中深處的人。但是一旦成為靈女，這些靈女擁有很高的聲望而成為社區中很重要的人士。

　　為了理解這些靈女之所以在Urapmin人社會中受到高度敬崇的原因，我們必須首先切入的地方就是在宇宙觀價值上的改變所為她們開啓的空間。有一點是千真萬確的，那就是聖靈的存在准許了她們的工作。複雜一點地討論的話，如Knauft(1999: 169)所說的「在世界上很多地方，現代化的欲求也有其性別方面的分殊；男生與女生在不同面向與現代化相連接，也與不同的期待或權力關係有所牽涉。」這在Urapmin人社會中也是一樣，男人在參與靈恩復興運動期裡啓動了「丟棄」祖靈及其所有相關神奧的動作，風起雲湧地蓋教堂，設立教會儀式章典的制度及實踐，以預備人們迎接新的千禧年的到來。靈女們則接收了傳統信仰中與傳統宇宙價值觀，尤其是自然精靈相互連接

的部分。我們也許可以這樣說，就是男人在幫助居民進入那他們認為復興運動帶來的新世界時，也找到了自己新的當代身分。相對的，女人們，尤其是靈女們則是一心一意地在意變遷之中男人以為已經處理乾淨的交界處裡頭依然存在的落差。面對著這麼些仍殘存一點點的傳統宇宙觀，靈女們認為有必要捍衛這僅存的部分，以免完全流失掉。就是透過如此的分工使得靈女得以在宇宙觀價值體系變化的當口中扮演著獨特的角色。[9]

　　為了解釋何以宇宙觀的變化與其相關價值系統的變遷能夠提供機會讓人們來著手於社會權力關係的重新配置，文獻裡對於附身或聖靈充滿的討論面向是值得參考的。Lewis（2003）對於女性附身的經典詮釋認為這樣的附身現象往往是一種依賴於邊緣的或外圍的精靈所為的「邊緣化」的附身，說這不會支持傳統道德倫理觀，說這也會本質上構成女性對於男性操控的一種抵抗，女性的這類靈通附身，與那種與祖靈相繫並且維持社區倫理的「正統」（central）男性的宗教管轄領域是相互對立的。Maxwell（1990: 201-203）指出Lewis的說法並不適用於已改信於靈恩派基督教會的靈女們身上，因為這些靈女乃是被中央聖靈所附身降臨，而這個中央聖靈也是男人得以證成其宗教實踐的基底概念，這樣的靈動媒介活動（mediumship）也同時在某些方面直接地強化了社區道德與倫理（他說的關於靈女的這一點，儘管我沒有提及

9　許多探討靈恩派基督教的文獻都指出大部分男人往往成為教會的正式幹部，而女人則扮演一些次要的角色，如Urapmin人的靈女差事就是依靠著獲得聖靈的恩寵而來的（Robbins 2004b: 132）。Urapmin人的例子大體上也呼應了許多文獻裡的說法，儘管男人女人皆會有意象或夢境看見耶穌的二次降臨這樣的現象讓事情沒那麼可以簡單帶過。我這裡主要要作的就是說明Urapmin人的男女之間是如何地以不同的方式來援引宇宙觀價值體系的變遷面向或切入點來獲取不同角色的擔當或扮演的機會。

過，但也同意其說明上的完整性）。一旦成爲聖靈的媒介，靈女們就成爲Urapmin人基督教的實踐中心。這也就是她們會倍受尊崇與權力滿滿的原因。這樣的情況很少被以潛在抵抗的角度來看待，反而被看成是對於權力與能力的直接彰顯。

靈女的竄起表示了宇宙觀變化所帶來的權力變化，當新的價值觀得以出台，能呼應得上這些新價值觀的人就得享尊榮與權力。在Urapmin人社會裡，宇宙觀價值體系的改變能改變男人女人日常生活的某些樣態，卻沒有在當地形成一套有條理的男女相處新模式，也就無法直接影響男女之間的既有權力配置關係了。就是透過這種特意選邊站的方式區別基督教宇宙觀以及傳統自然精靈信仰之間的差別，並且在這個區域裡形成一種讓婦女可以勝任新穎而正式的社會角色，使得Urapmin人社會裡的婦女們能夠援引基督教宇宙價值觀來使她們獲得以往所沒有的宗教參與。宇宙觀的改變也促成了社會變革，使得婦女得以在持續變遷的Urapmin當代社會裡扮演起不可或缺的角色。[10]

結論

種種變遷的歷史過程是複雜而與過去之間充滿了持續與斷裂的關係。這使得對於文化變遷的分析很難有所成就。在這篇文章裡，我分析了一個算是比較極端而單方面的變遷面向，也就是宇宙觀價值系統的猛烈變遷，來試探這個超乎平常清楚的改變輪廓是不是可以幫助我們推演出變遷的一般過程。在Urapmin人社會中，宇宙觀的劇烈式變

10　男人得以用宇宙觀變遷的某些面向來發動社會變遷，如一些男性青年人就是想辦法充任牧師或執事的角色來獲得以往只能由年長男人擔任的角色。我可以再多舉一些類似的例子說明當代男人如何獲得權力的方式，但我必須因篇幅所限轉而討論女人獲得權力的例子來平衡我全文的論旨。

遷並沒有伴隨著其社會生活領域中其他關於價值觀同樣程度的變遷
（比如說經濟與政治等等領域）。在Urapmin人的例子中，相對而言，
我們姑且可以這樣問說，宇宙觀是劇烈地改變了，但這樣的改變又如
何影響其他文化層面的變化呢？Urapmin人的例子說明某些價值觀的
轉換促進了重要宇宙觀的變化。新舊的宇宙觀要素都依然共存於當代
的Urapmin人社會裡，但這之間的關係並不是胡拼亂湊在一起的。反
而，這些關係是有清楚的結構架構著的，而這個架構就是以風行於
Urapmin人社會的基督教宇宙價值觀義理為基礎的。再者我們從靈女
之可以援引基督教義理來獲得一些新的權力的現象，也可以看出宇宙
觀價值系統的變化如何得以帶來社會其他面向的轉變。這一點的說明
並不能將Urapmin人社會裡發生的宇宙觀價值體系變化的例子躋於一
個典範的例子，這乃是因為他們這種對於變遷的經驗實在太過度地聚
焦於宇宙觀面向的關係所使然。我的目標很簡單，只是要說明有些改
變的機制會以不同但彼此相關的形式呈現，但彼此之間也會有相關互
動的影響效應。

參考書目

Battistella, Edwin L.

    1990　Markedness: The Evaluative Superstructure of Language.
        Albany: State University of New York Press.

Clark, Jeffrey

    2000　Steel to Stone: A Chronicle of Colonialism in the Southern
        Highlands of Papua New Guinea. Oxford: Oxford University
        Press.

Dumont, Louis

1977 From Mandeville to Marx: The Genesis and Triumph of Economic Ideology. Chicago: The University of Chicago Press.

1980 Homo Hierarchicus: The Caste System and its Implications. M. Sainsbury, L. Dumont, and B. Gulati, transl. Chicago: The University of Chicago Press.

1986 Essays on Individualism: Modern Ideology in Anthropological Perspective. Chicago: The University of Chicago Press.

Flannery, Wendy

1983a Religious Movements in Melanesia Today (1). In Point No. 2. Goroka: The Melanesian Institute for Pastoral and Socio-Economic Service.

1983b Religious Movements in Melanesia Today (2). In Point (2). Goroka: The Melanesian Institute for Pastoral and Socio-Economic Service.

1983c Religious Movements in Melanesia: A Selection of Case Studies and Reports. Goroka: The Melanesian Institute for Pastoral and Socio-Economic Service.

1984 Religious Movements in Melanesia Today (3). In Point Series 4. Goroka: The Melanesian Institute.

Knauft, Bruce

1999 From Primitive to Postcolonial in Melanesia and Anthropology. Ann Arbor: University of Michigan Press.

2002 Exchanging the Past: A Rainforest World of Before and After. Chicago: The University of Chicago Press.

Lewis, I.M.

2003 (1971) Ecstatic Religion: A Study of Shamanism and Spirit

Possession. London: Routledge.

LiPuma, Edward

2000 Encompassing Others: the Magic of Modernity in Melanesia. Ann Arbor: University of Michigan Press.

Maxwell, David

1999 Christians and Chiefs in Zimbabwe: A Social History of the Hwesa People. Westport, CT: Praeger.

Meyer, Birgit

1999 Translating the Devil: Religion and Modernity among the Ewe in Ghana. Trenton: Africa World Press.

Robbins, Joel

1994 Equality as a Value: Ideology in Dumont, Melanesia, and the West. Social Analysis 36:21-70.

1995 Dispossessing the Spirits: Christian Transformations of Desire and Ecology among the Urapmin of Papua New Guinea. Ethnology 34(3):211-224.

2004a Becoming Sinners: Christianity and Moral Torment in a Papua New Guinea Society. Berkeley: University of California Press.

2004b The Globalization of Pentecostal and Charismatic Christianity. Annual Review of Anthropology 33:117-143.

Stewart, Pamela J., and Andrew Strathern

2001 The Great Exchange: Moka with God. Journal of Ritual Studies 15(2):91-104.

Strathern, Andrew, and Pamela J. Stewart

2004 Empowering the Past, Confronting the Present: The Duna People of Papua New Guinea. New York: Palgrave Macmillan.

第四章

與靈相爭：

一個Sepik社群的階序、儀式與靈恩運動*

Borut Telban

斯洛維尼亞科學暨藝術研究院科學研究中心
（Scientific Research Center of the Slovenia Academy
of Sciences and Arts）人類學與空間研究所研究員

引言

　　位於巴布亞新幾內亞East Sepik省的Ambonwari村，在過去10年
經歷了激烈的社會與文化變遷。[1] 在1994年的12月4日，跟著天主
教神學院學生從Wewak買了一座聖母瑪利亞像帶進Amboin區的村
子。Ambonwari村人們說，這正是聖靈進入這個村子與他們的身體
的時間點。村人們當時經歷魂遊象外（fall into trance），開始以神語
禱告（speak in tongues）。Bob Kanlik Anjapi，一位當地的大人物（big

＊　本章節是由宋世祥先生翻譯，編者們在此感謝他的協助。

1　本文的初稿已宣讀於由Pamela J. Stewart博士、Andrew Strathern博士與郭佩
　宜博士於台北中央研究院民族學研究所所舉辦的「權力與階序：亞洲與印
　度太平洋地區的改信、儀式建構與宇宙觀信仰體系」國際工作坊，時間是
　2005年的5月30日至6月1日。在此，我特別感謝Allan Yang, Pamela J. Stewart,
　Andrew Strathern與Michael Young對我初稿所提出的建言。

man)，同時也是村裡最具力量的傳統領袖，在這時刻的幾年之後死去。在新千禧年的始肇，最有經驗也最有影響力的傳統療師Tobias Yangi Akawi，也和Bob精通竹占的兄長Andrew Andari Anjapi一樣蒙主寵召。雖然村中尚存可以操演治療祭儀與占卜的兩位男性，但這兩位缺乏經驗、沒有影響力也不太受尊敬。突然，與精靈的連結弱化了。這段時間中的疾病與死亡、與鄰村的敵對關係、從外在世界通往宇宙生命的阻絕，都怪罪到Ambonwari的精靈們——森林雨水的精靈、來自人們男子會所(men's house)中的精靈與先靈們(spirit of dead)——身上。當村人決定放棄這些精靈並擁抱聖父、聖子與聖靈，他們同時下定決心放棄了傳統的(以精靈為中心的)儀式，並且引進了新的儀式，這些儀式從屬於天主教靈恩運動(Catholic charismatics)。許多年輕的Ambonwari男性村人參加這樣靈恩儀式的討論會與工作坊，並且與鄰近的Imanmeri村的男性結伴到該區域其他的村落去，開始宣傳他們所新獲得到的宗教知識與信仰實踐。村中婦女也開始大力仿效魂遊象外、預言、神語禱告等靈恩運動的行為。在2003年尾，Ambonwari族已經把最神祕的精靈聖物(精靈鱷魚、絲鼓與笛子等)從男子會所中搬出，把這些物品丟棄任其腐敗，屋子也成為包含婦女與小孩任何人都能進入的聚會場所。在2004年，村民們擴建翻修一座大教堂來舉行天主教週日彌撒；同時，他們也在家中舉行一週三次的靈恩課程。在每一次的課程中，重複地唱著一首稱讚耶穌基督的歌。在2005年的3月，Ambonwari村中靈恩運動的領導人開始倡導有必要在「沉悶」的週日彌撒中注入一股活力。

Ambonwari與其環境

使用Ambonwari語的Karawari族一直都是新幾內亞East Sepik省

Angoram區中，Amboin 分區中最有勢力的村落。[2] 其位置近Konmei
溪，Karawari河的支流，使其相對孤立且因為河流主脈對旅程的限
制而少被造訪。該村四周被溪流、雨林與西谷米環繞，Ambonwari
村人喜於划船交通勝於步行、喜於漁撈勝於打獵，喜於採集勝於
植栽。他們喜歡西谷米勝於番薯，喜歡西米蟎蟗（譯註：一種甲蟲
類的幼蟲）勝於袋狸，喜歡椰子勝於麵包樹，雖然後者在飲食選項
裡。穿越Konmei河後上至山丘，那座落著一個更大的村落，名為
Imanmeri，是Ambonwari村長久以來的敵人。他們說著不同的語言，
且Ambonwari村人認為他們是山胞，相對地缺乏在沼澤與低地生活
的技能。在河的更上游處，向著東北方前進，有一Kansimei村（為另
外一個不同的語言群），是一個較貧乏也較小的村子。在過去幾年
中，該村居民積極參與收集沉香木材（eaglewood）。順流而下向西南
方行，有一說Karawari語名為Konmei的村子，這個村落是在幾代以前
由從Manjamai出發尋找更好漁撈點的移民所建立起的。儘管他們與
Ambonwari在邊界上一直有衝突，但他們就像Kansimei人一樣，承認
Ambonwari和Imanmeri在這區域的主權。

　　Ambonwari 的父系體系可分為12個氏族，這12宗族可以看做以父
親與兄弟為主的「家戶單位」（domestic units）或是「區」（wards），且
他們的太太是從其他的氏族來的，鮮少來自於其他的村落。他們的社

2　在為天主教教區中心的Amboin Subdistrict區中有16個村落（說五種語言）：
　　Kansimei, Imanmeri, Ambonwari, Konmei, Manjamai, Kaiwaria, Kunnggrimbun,
　　Meikerobi, Kundiman-1, Kundiman-2, Yimas-1, Yimas-2, Wambrimas,
　　Yamandim, Awim與Imboin。　Amboin僅是一個只有名字但不實際存在的教
　　區。每年一個傳教士從Timbunke到Ambonwari與鄰近村落為新生兒施洗與
　　為夫妻再次舉行婚禮。說Masandanai語並為基督復臨安息日會（Seventh Day
　　Adventists）信徒的Karawari族屬於另外一個教區。

會組織、氏族、與村落領導權，他們的Omaha-type親屬體系，在單獨家戶中的生活組織、他們的土地所有權、命名體系、男子會所、儀式，及以精靈為基礎的傳統宗教，都是奠基在其起源神話和其更細緻的宇宙觀中。

　　然而，在過去的60年裡，Ambonwari村被來自廣大Sepik區域侵入的新的信仰與宗教實踐影響越來越深，且Ambonwari村的生活世界開始改變。這些變化發生在物質上、社會上與文化上，且包含在村人所涉及到的教育、商業、旅行與新興的宗教實踐。在二次大戰之前，兩個Ambonwari男人已經離開村莊到椰子乾農場去工作。在大戰期間，日本軍人在村莊鄰近地區建立了兩個營區。在1950年代，該村集體被受洗，雖然傳教士並沒有住在這個村裡。在1959年5月由Anthony Forge所繪製的地圖上，可以看到一個大圖示代表著教堂。1960年，Amboin區政府樓與小學開始運作(資料來自個人通訊)。1977年時，Ambonwari村與Imanmeri村在靠近Konmei溪附近名為Kurumbat的地方建立了一個新的小學。

　　在物質文化的變遷中，村民記得在1960年代時他們如何開始用報紙捲煙草，及如何慢慢地放棄了原本用的香蕉葉。在那個時候，第一台收音機剛進入村裡，同時為了要向精靈們介紹這新玩意兒，Ambonwari村舉行了一個啟用儀式(見Telban 1998: 105-108)。在1970年代，大規模的營利企業進入了Karawari區域：一開始是伐木業與橡膠業，後來是可可樹業與香草業。在近年，Ambonwari年輕人引進了露天的舞廳(disco)進入村中，午後傍晚也會傳出木吉他的演奏聲。他們還為了一台電視機與一台錄放影機買了發電機。這些裝備儘管目前已經壞了，仍屬於一位Ambonwari男性Steven，他在過去幾十年裡於Amboin區的醫護站擔任醫護員的職務。在2001年時，許多新的大型魚種出現在附近的河溪裡。如同在引進許多東西入村時所發生的事

情一樣，村人們一開始極度質疑並且拒絕去使用他們。在兩個勇敢的男人嚐過這些魚——一種魚以橡膠嘴或是豬鼻子命名，而另外一種魚稱爲紅腹，或是斷睪丸刀，因爲其有男人般尖銳的牙齒——還依然存活後，這新的食物才在這村裡的日常飲食中有了一席之地。

儘管所有引進的事物、動物與日常生活實踐，包含教育與基督信仰，都一一被吸收，且被他們與宇宙世界觀過濾，或是與之共存，這都沒有延續到1994年年尾，因爲當時一個巨大的文化變遷在這個區域發生了。這一年因爲天主教靈恩運動的開始被牢牢地記住，這個運動的特徵有魂遊象外、以神語禱告、預言、施行治療與當然少不了的聖靈附體。正是這個運動快速地侵蝕了人與精靈間的關係。這是首次有一群人，主要是年輕男女，透過熱情地參與靈恩運動，開始強調宇宙觀上他們存有的議題。

宇宙觀與精靈

Ambonwari村人與他們的精靈塑像在1950年代時就已經受洗了。在來造訪的羅馬教會的指導下，男人們不情願又帶著焦慮地把他們的神祕精靈請出男子會所外受洗禮。在那之後，一座特別的小屋在森林裡被蓋起，在這屋中棄放著鱷魚精靈雕像、顱骨、聖石、貝殼、笛子與其他的精靈聖物，任其敗壞。村民告訴他們的精靈，他們應該離開且去到他們想去的任何地方。就是這段時間男人們從他們宗族的領導家屋中丟棄了那些附在顱骨、骨骸與聖石的精靈。回溯起來，這是與房屋／宗族的精靈間互動關係的終點，這也是宗教思想改變的前兆，預告了其將在40年之後發生變動，從Ambonwari年輕一代開始，且包含男性與女性。這是一次從社群內部發起，也是天主教的靈恩運動。這與斐濟的五旬節運動（Pentecostal movement；

譯註：或稱「聖靈降臨運動」）有類似的特徵與結果，如最近Linda Newland有討論到：「儘管對於基督教下在地信仰的維持已經有很長一段的矛盾與模糊，……聖靈降臨復振已經被增強到支配了地方的信仰實踐。（2004: 5-6）」且早於基督教時期的精靈們也已經變成邪惡與罪惡。

然而，在這一切發生之前，Ambonwari村人重建過他們與這些精靈的關係。在1975年，時值巴布亞新幾內亞正舉國慶祝國家獨立，但Ambonwari人在很多方面非常懊悔殖民政府的撤離。他們對於即將風起雲湧的局勢忐忑不安，因而恢復了成年禮。在男子會所裡花了兩個月後，六個年輕男性終於完全地成年了。Ambonwari男人們從森林裡重新拾回了最重要的精靈聖石，重建了男子會所，雕刻了新的鱷魚精靈像，也做了新的笛子。在接下來的幾年裡，他們持續舉辦成年禮：第二次舉辦於1979年（四位成年禮參與者），第三次在1980年（兩位成年禮參與者），是第四次是1981年（五位成年禮參與者）。如同我在別處曾經提過的：「成年禮與初經儀式並不僅是男孩與女孩轉變成Ambonwari村的男人與女人，而是重新與他們的精靈們建立關係與維持關係的一套工具……。這些儀式是再次形構Ambonwari宇宙觀與維持生命世界的工具。」（Telban 1998: 225）更甚者，男子成年禮就是代表宇宙創生的大事件。

Ambonwari村的宇宙觀可以被理解成是一擺盪的過程，當中他們的宇宙不間斷地封閉與重新開啟。在宏觀面與微觀面（舉例來說，他們的身體）上，保持「封閉」（closed）是一種形上學上的集體建構。許多之前附屬於生命世界不同的規定與偏好的信仰實踐都被聚焦在他們宇宙的關閉與保護上。這些信仰實踐包含了村落的「父親們」與「母親們」的角色、一個人與他或她母系宗族間的義務、儀式創辦人的習俗、舞伴、婚禮路徑、命名系統、飲食禁忌、對於男性排便的

否定（denial of male defecation）（Telban 2004）、舞蹈形式、kurang儀式（可被理解為Iatmul族中的naven儀式），哀悼禮節、及之前與他們有連續關係的精靈。Ambonwari族透過世代的崩解與對性別差異的否定達到自我滿足的「合而為一」（oneness）的狀態。時間的廢止是透過使用親屬詞彙、婚禮路徑與由發現祖先辨別男性氏族成員、及成年禮的儀式結構而建立起的。如此一來，他們的過去變成他們的未來，儘管當前每一個宗族從婚禮與後代中藉由與某些氏族裡的其他宗族開展新的關係，確保了本身的再生產。父系宗族可以「只有在自『合而為一』的狀態下脫離分離出使其得以永存；而唯一分離的理由即是要維持其『合而為一』（Telban 1998: 227-8）。」

另一方面，Ambonwari社群在過去一直都有進出實體貨物、吸收或外傳其他宗教儀式、實踐的經驗——不光是進出許多Sepik村落，也同樣進出其他新幾內亞的社群。人類學家所能追蹤到的來看，其微觀面與宏觀面皆早已被開啓。然而，曾經進入他們生命世界的任何一件東西或是任何一人也已通過了一個特殊的開幕儀式：人們通過成年禮與重要的物件通過傳統的「賜福」（blessing）儀式。做這件事情最主要的理由是之一是要使Ambonwari精靈們去熟悉新的人群、新的物件與新的信仰實踐。其宇宙觀一向都建立在人靈共存的基礎上，而他們的過去是在一連續性地在陽世與冥界之間不停再結構與再調整的平衡上。我們可以說，精靈們（包含鱷魚雕像、絲鼓、先靈與樹精等）在這種意義上扮演著面對外在世界的保護者，從而使人們期待可以預測的未來。然而，當他們保護這個村子免於壞的事物，他們也同時隔絕了好的事物。精靈們包圍且封閉了村莊以促進內部的再生產且隔絕了外界的干擾；村莊就是一個由精靈保護免於破滅的泡沫。每每遭逢變故或是有不祥預兆都透過宗教儀式來解決問題。

在近年，傳統的自治模式遭受質疑。隨著傳統領導人Bob Kanjik

Anjapi(Telban 1977b)在1999年的死亡與地方上負盛名的傳統治療師
Tobias Yangi Akawi(Telban 1997a)於2003年的過世，Ambonwari村開
始拒絕任何將他們與精靈連結在一起的任何事物(成年禮、男子會所
與鱷魚精靈等)。如同他們在我2005年2月與5月的造訪中所告訴我
的，他們想要放棄兩項維持已久的儀式：人死後的竹占與在喪禮最後
階段中的落髮禮。突然間，精靈不再被視為是保護者，而是被歸咎要
負起疾病、死亡、不幸與貧窮的責任。藉著驅逐在地的精靈——實
際地放棄了他們的宗教物品，拒絕提供祭品、停止實踐相關儀式(成
年禮、治療與占卜等)，並漸漸地在日常生活中將他們自己遠離於精
靈們，Ambonwari人慎重地弱化了他村莊在宇宙觀上的邊界。這個
Ambonwari拒斥的邊界不僅是空間性的；還是時間性的。特別是，藉
由在當下放棄了祖先的過去，他們也正放棄了他們祖先的未來。

除了每一氏族的起源神話(Telban 1998: 142-161)，Ambonwari村
保存了一個關於地球的起源與人類的宇宙進化論的神話。簡而言之，
對許多Ambonwari與Imanmeri男人來說，所有的人(及所有的精靈)
都起源於在Arafundi河，Karawari河的一個支流，南方山上一個碩大
的石陰道(stone vagina)(見Telban 1998: 151 f.n.10; Roscoe and Telban
2004)。大部分的人在「出生」之後立即離開，而黑人待在那看管著
人類的起源家鄉。順著在美拉尼西亞一則非常普遍的「船貨」神話，
黑人怪罪白人，不是因為他們已經離開，而是因為他們在離開時帶走
了最具有力量的物件，且最重要的是知識，這幫助白人得到了財富。
這知識讓白人變得富有，也使白人去建造、發明出超出了黑人兄弟們
期待的東西。但是，白人們從沒想到他們的兄弟，對這些兄弟來說，
知識同樣屬於他們，因為他們共享宇宙演化遺產起源知識，但白人從
來沒有把神祕知識帶回巴布亞新幾內亞。Ambonwari村與要為他們封
閉生命世界負責的在地精靈一同被遺棄。這一直得到他們體驗到靈恩

運動（聖靈的禮物），Ambonwari才嚴肅地開始質疑他們傳統儀式、他們與在地精靈的關係，以及他們宇宙演化論。

階級與領導權

許多民族學家已經強調過Sepik河流域社會關係的平等性。當與世俗平等性對比儀式階序，Harrison指出儀式與權力上的分割創造地位上世襲的不平等，且這不僅相當於一個模型，也是階級的生活體驗（1990: 4, 6, 7, 85）。Ambonwari的階級是奠基在繼承與領導權的系統，其為儀式專家與精通於宇宙知識的演說家所專有，而在近年來，因為人們參與靈恩運動的關係而有所改變。把神靈拒於門外的村民開始拒絕沿用祖傳的儀式和他們宏大的宇宙觀。他們漸漸把普及識字率和吸收新知視為首要之務。此外新福音的宗教儀式並非由過去的傳統領袖主持，象徵這波運動對社會階層的流動影響甚大。

通常村民期許他們的領袖具有某些技能，特別要能通曉儀式、善於演說、並知道如何去運用相關的知識。他們應該要勇敢無懼且強壯，且大方與公平（Telban 2002）。大體上，我們可以說當前在Ambonwari的領導權涵蓋了五個主要的面向，有些人則會重複擁有以下特質：

● 基於角色繼承的領導權。村莊的「父親」與「母親」。單一氏族的「父親」。

● 權力奠基於技術的領導權。我們可以把在村莊中精於傳統信仰實踐的領導人算入，也可以把在其他地方工作中為了報酬而擁有某種技術的領導人算入。

● 奠基於政府法令。由村民選出並經由政府認可的議員與委員。

● 宗教領導權。傳統儀式領導者，天主教會領導者與靈恩運動領導
者。
● 奠基於經濟勢力的領導權。為受薪者的個人。三位不常在村裡的醫
護站醫護員；兩位村裡的老師；及那些在城裡工作但鮮少返鄉親戚
的人們。[3]

　　村子裡的傳統階序完全是按照每一氏族祖先們到達村子的先後順
序，與一起來的對於人名、地名、神話、歌謠、男子會所、精靈與儀
式的知識(所以有領導權)。在12個圖騰氏族中，有三個特別重要且他
們的領地占著以下的區域：天堂鳥氏族(the Bird of Paradise Clan，三
兄弟中最年長者Akumbrikupan的子孫，第二名到達這個區域)的領地
是在最遠的河川下游。第一鱷魚氏族(the Crocodile-1 clan，三兄弟中
最年幼Kapi的子孫，也是建立村子的人)的領地鄰近天堂鳥氏族的領
地附近的河川上游。而第二鱷魚氏族(the Crododile-2 clan，三兄弟中
排行第二Mamanggamy的子孫，最晚到達)的領地在更遠的河上游。

3　Ambonwari村，就像是其他巴布亞新幾內亞的社群，發展出特別對於金錢
　生產與使用特別的理解。在儀式與交換脈絡下，金錢是朝著一個人母舅的
　方向「移動」。同時母舅提供食物、衣物、蚊帳、烹鍋、收音機等等。然
　而，在宇宙觀的脈絡下，Ambonwari村人找尋著金錢的宇宙觀起源。在不
　同的場合裡，我被要求帶回一台可以製造金錢或是塑膠片(plastic，如信用
　卡)的設備。這個「設備」被理解為一台機器，或是形而上的知識。這樣一
　個觀點被他們的話語所支持：「金錢是用來掃蕩森林的刀與斧，為的是進
　到更深處與開創一條道路。」金錢變成是一種有變形能力的工具。不僅是
　這些男人，沒有女人，能得到金錢，他們同樣能得到特殊種類的知識──
　「城鎮的知識」(the knowledge of town)與「白種男人的知識」(knowledge
　of the white man。Ambonwati村人同樣說：「金錢是個身材曼妙的年輕女
　子」暗示著其有誘惑與有時帶有傷害的影響力。

唯一一個領地在更上游處的氏族，是那些在近幾代才從鄰近區域加入
村子的「晚來者」（latecomers），他們名為Arkwas。該村與周圍鄰近
的地景是依照他們的宇宙觀與起源神話來安排的；土地的分配也反應
了氏族的先來後到。當對土地有所爭論時，神話就像是過去一樣重
要，而精靈的名字與行動變成人們聲稱他們認同與土地有力工具。這
些都對贏得辯論非常必要。Ambonwari村土地的所有被他們的宇宙觀
所完全地包圍。簡而言之，Ambonwari村地景就是他們宇宙觀的一面
鏡子。

　　在每一氏族中一個特定的宗族被認為是一個領導宗族，在這宗族
中最年長者，也就是「宗族的父親」（father of the lineage），被認為是
男子會所／氏族的父親。當一個人屬於三個領導氏族之一，他也就是
「村莊的父親」（father of the village）。這個地位是被長子繼承，他必
須已經結婚成為「村莊的父親」。在成婚後，他的妻子變成「村莊的
母親」（mother of the village）。所以，Ambonwari村一直都有三個村
莊父親與三個村莊母親（見Telban 1988）。造成這父系社群領導者另一
個不平等的是，在父與子間、在長子與么子間，及在這中間者的差別
性。不可忘記的是，在日常生活時間中，繼承而來的身分不被看重，
因為同氏族中有能力勝任領袖這個角色的人通常會取而代之。

　　在過去，像來自第一鱷魚氏族（Crocodie-1）氏族的Bob Kanjik（但
不是來自於他所屬氏族的領導宗族），一位博學的長者，且精於各種
傳統實踐。他受眾人敬畏且被認為是kupan（大人物big man）。然而在
近代，許多較年輕的男人已經在新的靈恩運動儀式中取代了這類領導
角色。他們的修辭技巧尚未完全發展，且他們也還未習慣公開地「展
演」（perform）。像是一位靈恩運動祈禱者領導人Leonard所告訴我，
聖神、耶穌與聖靈幫助他克服了他的舞台恐懼，並助他的發聲有了必
須要有的力量。在1992年時，Bob Kanjik已經表示了他對於從其他氏

族來的的男性可以在新宗教中與政治事件中得到領導地位這件事的關心。當然，Bob對於他重要傳統知識的使用與誤用，也同樣連結著他的氏族的力量與在村中階序的位置(Telban 1997b: 30)。意識到這些侵入性的改變，他告訴我，當我在1997年離開這村子時，他希望他能夠以Bob John Paul，或至少是Bob John，這類基督徒的名字被記得(同上:35)。

如同Francis Bacon在其《沈思錄》(*Meditations* 1597)一書中所言，知識就是力量。然而，我們應該要問，是什麼樣的知識？擁有權力的人定義了什麼爲知識與如何得到知識(Telban 2001: 11, Flyvbjerg 2001: 155)。Bob當時正逐漸失去了他的權威。年輕男性不僅缺乏了祖先所留下來的相關知識，他們同樣也無法透過儀式與其他的實踐來體現這些祖先所留下的。他們當中的許多人到鎮上去工作，回到村裡時伴著豐富的熱忱帶回來了新的知識、新的儀式。中年男性與少數的老年人(現在已經過世)，他們曾經在許多面向上怨恨與他們同時期的Bob的知識與權力，並不反對這些發生在眼前的改變。更甚者，那些回來的人是他們的兒子，許多還是他們的長子。政治格局與社會階序於是面臨轉變。

在我2005年回到村裡後不久，前任的議員Samuel Mapi告訴我當他還在他的位子上時，村子的秩序還一切良好。現在，當另一個男人被選爲議員後，村子陷入不平靜的狀態。他說，2004年時，因爲村人忽略了風俗傳統，三個男人死於蛇吻。他繼續說他是「村莊之父」(father of the village，事實上他來自同一氏族另一宗族的兄弟在繼承上是更合乎體統的一位)。Samuel說，他不能向村人們說太多來解釋風俗，因爲這一向僅透過男子會所來完成；所以，他僅能很表面地討論許多敏感的主題。依照Samuel的說法，新的議員不諳傳統習俗，更不是「村莊之父」。更糟的是，新的議員來自於河的上游區域，另外

兩名被新指派的「委員」(committees)與「村警」(village policeman)
也是。因為村莊的先人們從村的低地(河下游)遷到高地(河上游),且
由於村人們開始遵行非奠基於傳統習俗的新的種種,這個村子,按
照Samuel的說法,開始被暴斃死亡所襲。許多傳統主義者已經在我過
去18年與這村子互動中一再提出,這是一套排練好的論述。然而,
Samuel並不在公開場合談論這些事。儘管是一個是經常演說者,在村
會議中也被最尊為一大人物(big man)與前議員,他保持著對於他自
已的想法,或是挖苦村莊的精靈們;且儘管他並不參與任何一種的天
主教祈禱會,他開始向著聖靈的力量祈禱(或是假裝祈禱)。

村子的一分為二

村子階序與領導權的轉變與村子的成長及居民人數的增長息息相
關。

表一　Ambonrari人口成長(1954-2005)[4]

	男性	女性	兒童	不在籍	總人數	房屋數
1954年	25	51	96	15	187	未通報
1990年10月	107	75	215	25	422	57
1996年7月	94	101	323	34	552	58
2001年2月	89	103	350	28	570	59
2005年2月	91	112	358	63	624	61

4　該資料是基於我數次田野工作中所收集到的人口統計數據,除了1954年的
　　資料以外(見Copley 1954)。

在1990年至2005年間，人口顯著地增加（48%），而人們實際居住的房子——未算入被棄住與正在興建中的房子——仍維持近乎一樣的數字（見表一）。不過，整個村莊已經明顯地往北邊和東北邊擴張。村民自身也注重周邊的建地運用。他們說他們的村子幾乎已經延伸到人們去捕魚的草地。在這幾年裡，變得很明顯的是Ambonwari開始把他們自己分割成住在河上游的人與住在河下游的人，這比之前都還激烈。從1995年起，該社群便已經有兩個教會領導人：一位來自上游，一位來自下游。2005年的3月，Ambonwari村開始思考有兩位議員的可能性，一位來自村莊的上方區，一位來自村莊的下方區域。當討論到該為村子購買一個舷外機時，許多男人建議我應該買兩個：一個給村子的上方區，一個給下方區。

一方面，這個村子的一分為二對比了村子由Ambonwari神話裡三位兄弟建造者而來的三分。另一方面，這重建了Ambonwari村半偶族結構（moiety structure），這個結構，是Kapi與Akumbrikupan兩兄弟，分別為太陽偶族與月亮偶族的代表，在最初所建立的（Telban 1998: 71-75, 143-155）。這個最初的分化，賴於Ambonwari宇宙觀的基礎，舉例來說，這可以在舞蹈中或是其他的儀式形式中見到，當在前排的兩位舞者代表了Kapi與Akumbrikupan，他們從第二鱷魚氏族來的第三個兄弟與他從Casswawry氏族來的夥伴占據了後排。如果該村分裂了，兩祖先兄弟的後代（天堂鳥氏族與第一鱷魚氏族的成員）應該待在一起像是這在河下游的人一樣。我並不會訝於如果未來Ambonwari村人分裂並形成兩個村莊，類似Yimas-1與Yimas-2或是Kundiman-1和Kundiman-2一樣。Ambonwari也有可能會分裂成三個群體，回到Arkwas，他們出生的地方。

靈恩運動的成長與對精靈的退斥（1995-2000）

　　Ambonwari村從來沒有傳教士住在村裡，參加主日祈禱的在幾十年間也僅有少數的婦女與小孩。在1990年，當我開始我在Ambonwari村的田野工作時，一位名叫Raymond Yakopia（第二老鷹氏族），在經過於Amboin區那裡一個禮拜的課程後，變成一位祈禱的領導者，且開始在他所擁有的小屋組織主日祈禱。從第一位傳教士到達這區域那時開始，Ambonwari村便是一個名義上信奉天主教的社群。然而他們的傳統還是相當盛行，且基督教儀式鮮少被用到─幾乎從未在疾病、死亡或是其他不幸後出現。當其他人僅照著祖先的方式時，基督教與前基督教並存著。前基督教也是由大人物、儀式專家、醫者（healer）與占卜師（diviner）來推行。

　　在1994年12月4號，爲了做一場在Karawari地區巡迴朝聖，一座小木製聖母瑪利亞雕像從Wewak 帶來Amboin教區。這是在教宗若望保祿參訪Moresby 港後的幾個月發生的事。Konmei村人以他們最精緻的傳統飾品來裝飾他們自己，載歌載舞地將雕像送到Ambonwari村。這個雕像在Ambonwari村過了一夜。村民圍繞著它祈禱與歌唱後，將雕像跨越Konmei河送進Kurumbat小學，路途中，他們在那兒將雕像傳遞給隔壁Imanmeri村。Imanmeri村過了一個類似的夜晚之後，這座雕像被帶去河的更上游的Kansimei村。Kansimei人接著將其送回Amboin區。傳統的精靈塑像從來沒有一個類似的巡迴，但卻被限制在一個村子裡，這個雕像變成不僅是地方宗教，更是區域宗教的雕像。

　　Robin Sarmbi Ingim（沙袋鼠氏族，Wallaby Clan）沒有忘記過去那些日子。1994年12月4號不僅僅是聖母瑪利亞來到這個村子，他的

圖一

天主教教堂；位於巴布亞新幾內亞East Sepik省中的Ambonwari村
（2005年2月到3月）。攝影：Daniela Vávrová。

圖二

教堂前方的細節以及wunduma面具；位於巴布亞新幾內亞East Sepik省中的Ambonwari村（2005年2月到3月）。攝影：Daniela Vávrová。

女兒Madeleine也在這一天過世。他對那些日子的解釋如下。在12月
6日，當他躺在他的蚊帳下，聖母瑪利亞招喚他。他聽到祂的嘴裡說
出：「你來吧！別擔心！你將會照顧所有被附身的（possessed）男人
與女人。」儘管他沒有得到說神語的力量也沒有被聖神附體（他稍晚
在1996年體驗到），他之後變成一位領導人舉辦祈禱營與祈禱夜。自
從這個運動開始後，兩位女性帶頭領導著：Albert的女兒，後來嫁給
另一個靈恩運動領導者Leonard，與Maureen，一位已經過世的有名傳
統醫療者Boniface的女兒。這兩位女性得到預言的神力，成爲所謂的
「小組之母」。Robin解釋道：

> 他們先收到話語然後跟我說。接著我便把這些訊息傳達給這
> 個社群（例如翻譯他們的話語與意義）。所以我說：「我們應
> 該就像這樣做，這就會發生，聖靈就會來到，我們必須改
> 變，傳統必須結束。」……其他的人，他們並不知道。他們
> 極可能有不同的想法。之後我們做祈禱工作，我們使他們昏
> 沉，讓他們在聖靈之中休息。且他們同樣也收到了「聖神內
> 休息」與說神語的能力。

在1997年的8月Jacob Sangimbi Kamak（天堂鳥氏族）告訴我關於
這個靈恩運動的開端：

> 那尊雕像擁有聖靈的大能。我確認過年輕人的想法。它以不
> 同的方式提供給他們。它給了他們聖靈，而他們也用了。被
> 聖靈充滿的他們開始講神語。當中有八位年輕男性與四位女
> 性。在Imanmeri村，我們之前曾經目睹過。我想：「我們要
> 怎麼去組織我們自己？」我要求Imanmeri村人在這件事情上

圖三

教堂前方的十字架；位於巴布亞新幾內亞East Sepik省中的
Ambonwari村（2005年2月到3月）。攝影：Daniela Vávrová。

圖四

Joseph；位於巴布亞新幾內亞East Sepik省中的Ambonwari村
（2005年2月到3月）。攝影：Daniela Vávrová。

引導我們。他們來並且與我們待了一夜。他們告訴我們：
「精靈只給了你們他一半的威能。聖神還沒給你們祂的所
有。」所以我們祈禱。我們坐下，講話，祈禱三天或四天，
接著我們得到了所有。我們組織我們自己成為一個靈恩運動
團體。聖靈掌握著男人與女人，有時他們倒下或是短暫地倒
在地上。接著他們起來且說著他們特別的語言（如：言語不
清）。其他人來了且說：「我也一樣，我也一樣！」於是我
們決定下一次我們要讓他們在聖靈裡面休息並且讓他們體驗
到聖靈的威能。我說：「這就由如此聲稱與或沒這樣聲稱的
他或她來決定。」

Konmei溪流域的村子們在他們天主教的「道路」（path）上已經
接受了這些轉變（比在Karawari河與Arafundi河上的Yimas與Kundiman
村較少）。人們強大的宗教經驗被歸因到聖靈上。Nancy Kundugumbi
Yambar，一位積極的靈恩運動者負責Rosary Corona，告訴我在1996
年，當Steven的妻子已經一週痛苦地無法順利生產，聖靈第一次進入
了她的身體。Steven，一位在Ambonin區醫護站的護理員，決定把他
的妻子送到Timbinke的醫院。然而Robin建議他們應該為了她祈禱。
那晚，Nancy醒了過來且感受到聖靈握住了她。她告訴Steven多等待
一天，同時她為了Steven的妻子祈禱。她確信每一件事都會變好。她
請婦女們帶些水，而她祈禱後（與他人團禱）Steven的妻子也順利產下
一名健康嬰孩。[5]

5　Robin, Jacob與Nancy關於在Ambonwari靈恩運動開端的言語與解釋被記錄在
　　一卷錄影帶裡，之後被剪輯成一部電影"Charismata: From Bush Spirit to Holy
　　Spirit"（Telban and Vavrova 2005）。

　　Ambonwari村人說聖靈就像一位傳信者；祂「帶著話語」。祂進入人群，使人可以清楚地看到事情，並且啓發他們。夢也被解釋成是因爲聖靈進入了做夢的人的身體裡。對這些信徒來說(對傳統主義者來說當然不是如此)，聖靈降臨的真實性是無庸置疑的。在這特殊的時空下，這是很容易說得通的。這個學自Imanmeri村的信仰實踐本身讓這些話語有了他們的意義，或是就像Ambonwari村人會說，這是真的，這是panbi，「真的就是這樣」。Jacob說：

> 「有些男人和女人說他們只是聽到了聖靈的聲音；其他人看到了光亮且說不出話來。他們只是跳舞。聽到話語的人聽到聖靈正在向他們說話。對於那些沒有跌倒在地，沒有說神語的人，我們想：『不管是他還是她一定有一些壞的想法；他和她才會不知道如何和聖靈及神的道路合而為一。』現在，我們以這種工作幫助貧者與病者；我們為了他們祈禱。這個工作有好的一面也有壞的一面。祂的話把我們的想法搞亂，特別是女人的想法。有時神考驗我們的信仰，祂試煉我們。如果一位年輕人有聖神的靈相伴，他能把村子裡的活兒做好。如果他偷竊而且做壞事，聖神的靈就會離開他。他就無法再創造奇蹟。在過去，當你(民族學家)與我們待在一起時，我們還沒有一座教堂。現在我們，來自這個團體的男人，蓋起了這座教堂。

　　Ambonwari村開始了他們的靈恩課程，課程在每個星期三，一開始在Albert家，後來在Steven的家。這兩位男人是他們當中最有知識的，也曾爲了溫飽長年離鄉工作，且都來自第一豬氏族(Pig-1 Clan)。靈恩運動開始的口號是「聖神的大能浮出來淨化地方」(God's power surfaced to a clear place)。

一個新的千禧年

Amboin教區（特別是Ambonwari村）的靈恩運動的主席是Robin Sarmbi。在村中，副主席Jacob Kamak與祈禱的領導人Leonard Luke被傳爲「看護著這地方（look after the place）」。Jacob與Nancy爲了那些不識字但學習祈禱語言的女性們組織玫瑰經祈禱（Rosary Corona prayer），他們使用Bungim God long Prea（在祈禱中遇見神）與New Life(詩歌集)這類書。每一週的課程，當中包含三次靈恩運動式祈禱夜如下：

> 星期一—自由日（free day）
> 星期二—玫瑰經祈禱（Rosary Corona）
> 星期三—特定祈禱者向聖神請求力量在工作上幫助他們
> 星期四—自由日
> 星期五—祈禱者聚會日，歡樂時間，崇拜之夜。
> 星期六—自由日
> 星期日—教會彌撒，一般教會服務。

在星期日，知道如何朗讀的靈恩運動者朗讀聖經。一位祈禱的領導者決定要讀那些段落。焦點在三類祈禱上：爲了信眾而祈禱，爲了感謝神而祈禱，及爲了教會這大家庭的團結而祈禱。這三類祈禱依循著晃動雙手、爲教派與教會的宣道、歡迎來賓證道、歡迎團契工作與歡迎醫護站這些步驟。在服務的最終，他們會宣告在接下來的那個禮

拜靈恩聚會在哪個區域、在誰家舉辦。[6]

　　從2001年開始，該村已經經歷過更大的變化，而大部分的村人都相當願意接受。男子會所被棄置、最神聖的聖物被公開放置、而婦孺也開始可以自由進出過去那些禁忌的地方。就像Jacob說的：「我們並不希望精靈們生氣，所以我們只是移動了他們。」這也與森林裡過去被認為是聖地的地方有關，如有神祕力量的精靈小屋。在這些地方，村人們開始為了他們的房子伐木，並且收集可食的植物。[7]由於「神聖」向來是精靈、階級權力，能創生與毀滅生命的同義詞，地方上的神聖性便自然而然地被神聖的上帝這更抽象的外來概念所取代。而這個神聖性能夠透過聖靈，進入每一個人體內。耶穌基督、最後的晚餐與聖母瑪利亞的海報與聖像現在可在每一間房子裡看到，擁有者用他們佐花朵來裝飾。

　　在當地最重要的治療者Tobia過世了之後，Ambonwari人拒絕傳

6　靈恩式唱歌、舞蹈與祈禱從村頂到村底在不同的房子裡發生。村中的三個祈禱分區並沒有完全依照氏族與村子父親有關的區域：第一區（天堂鳥、第一鱷魚）、第二區（沙袋鼠、第一豬、第一老鷹）與第三區（第二鱷魚、食火雞、第二豬、第二老鷹）。那些常被用來舉辦聚會用的房子是Micheal（食火雞）、Nelson（沙袋鼠）、Joe（第一鱷魚）與Greg（天堂鳥）三人的，後面兩位是村子的父親。他們每個禮拜選擇祈禱的領導者。領導者要負責起組織傍晚聚會。

7　舉例來說，每一個人都知道，跨越Maramun溪的屋子的建立，曾經造成一條橫臥村子下方的蛇精的不悅，引起了一場毀滅性的地震。人們都說是因為蛇精突然蜷曲起來，並且物理上撼動了村子。Forge的手指著地圖表示在1959年5月，村裡原本有16間房屋（全村共有47間），包含三間男子會所，屹立著越過Maramun溪。在地震過後，村人遷回並且像之前一樣在溪的同一側蓋起房子。現在，當村人拒絕起與他們的精靈的聯繫，來自沙袋鼠氏族的Zachariah已經再次建起他跨越Maramun溪的房子。

統醫療實踐與傳統的治療者，他們說：「上帝不喜歡人們嚼檳榔跟薑。」然而，在過渡的階段中，他們自己也承認，他們不確定疾病的原因，某些人也依賴兩種宇宙觀迥異的醫療實踐。以下是三個在2001年的案例。

在2月4日，Albert的女兒Augusta生出了一個死胎（小孩的父親是Leonard，之後與Augusta結婚）。Robin，靈恩運動的領導人，常在有人生病時被召喚到各家，花了一整個晚上為Augusta祈禱。Nancy，現在能說神語且加入了祈禱團，說人們在過去常見到精靈。她補充：「現在當村人信仰了上帝，精靈們便不再出現，人們也不再害怕精靈們。」

身為妻子的Joanne染上瘧疾並且出現噁心的反應，還吐出了我給她的氯喹片（譯註：治療瘧疾藥物）。她的丈夫Jacob請Tobia收養的年輕且懂得儀式表演的男孩Felix向精靈們說話，且從她的胸膛取出兩根骨頭。就在他的治療儀式之前，他發現一束泥濘扭曲的藤蔓，且將其交給Jacob的兒子Dickson來解開。這是在2001年的2月21日。

三天後的2月14日，Johannes，他是已經過世的Bob Kanjik的兒子，為結核病所苦了一段時間，後來也蒙主寵召。人們說，Bob要把他一起帶走。在5月一個竹占被展演（見Telban 2001）。這時，在男子會所裡，竹子敲打的節奏代表精靈正在男子會所裡跳舞著，這意謂著精靈要求著成年禮儀式。Bob的哥哥Andrew說：「不！不！這已經結束了！」Andrew的兒子Andon補充說：「我們放棄這個了，我們現在是上帝的子民。」

我想要透過這些插曲表現的是，即便在新千禧年也有一段時間基督教與前基督教的宗教實踐同時並存，而人們開始接受他們其中一個，或是兩者都接受。因此Albert選擇為他女兒祈禱，而拒絕接受傳統醫療。這個改變幫助他在選舉中獲勝，打敗偏傳統的前議員Samuel

Robin。Robin當時已是靈恩運動的領袖，帶領大家禱告。在2005他說：「如果你有一個單一的信仰，接著你會坐著安穩、你將會感到自由。如果你從一個信仰轉換到另外一個，你會遇到問題。沈重的負擔會降下在你身上。」另一方面，Jacob在2001年仍在兩種宗教中搜尋，一方面承認精靈與祖先的方式，同時也積極在一個禮拜參加靈恩祈禱聚會許多次。Andrew，年長者與心懷傳統者們的其中一位（來自第一鱷魚氏族的Bob Kanjik's也是一樣）公開聲稱成年禮的終結。他的次子Anton很快地接受他的聲明。在死後占卜懷有盛名的聽竹者Andrew往生後，這項宗教實踐也被放棄了。

在接下來的幾年，Sepik河上的Kanduanam村變成靈恩運動的中心。在2003年舉辦了第一次的Kanduanam教區Sepik河訓練養成工作坊（Kanduanam Parish Sepik River Training Formation Workshop）。Eddie Nambu，一位Imanmeri靈恩運動的領導者，參加了這項活動。從此之後天主教靈恩工作坊每年便在Kanduanam舉辦。Ambonwari村民在2005年2月第一次參加了這項活動。他們各付了30基納（譯註：巴國貨幣，等同15澳幣）參加了一個禮拜的討論會。Leonard與Jimmy（第二鱷魚氏族兩位長者Luke與Rius的兒子們）與其他14位Imanmeri的男人們（他們比Ambonwari村人還要投入）參加了一場工作坊，這場工作坊是由來自Kanduanam區Wewak的一位天主教靈恩運動辦公室的主任Ken Charles Animan所主辦。他之後回到新幾內亞主持7月25日的Amboin教區靈恩大會。

當我在2005年2月中旬回到村子裡，Ambonwari村靈恩運動成員正在Konmei聚會教村民如何佈道、吟唱聖歌與祈禱。他們稱到其他村子傳「福音（good news）」為「拓展（outreach）」與「課程（course）」，且他們在Konmei停留了5天。幾個禮拜後，他們在Kansimei重複做一樣的事。每一回，在宣揚關於大國王基督（Big King Jesus）的故事後，

村人們以歡迎儀式、歌唱、舞蹈、鼓掌和甩動他們的手來迎接福音。一任教於Imanmeri的小學老師說正是靈恩運動，而非教育，團結起Amboin區的兩大村，也就是Ambonwari與Imanmeri。這些村子在大家參加工作坊後帶領了這個運動，並且將靈恩運動的影響力擴大到別的村子。現在在村莊之間少有爭執，且不論何時發生爭執也少有暴力。重點是快速解決問題，並且以祈禱確認結果。

討論會與工作坊在過去幾年中已經變得非常流行。因此，舉例來說，在來自Imanmeri的Eddie Nambu向我展示的一本小冊子上，記著位於澳洲由Disciples of Jesus Covenant Community[8]經營的亞太福音學校（Asia-Pacific School of Evangelization）號召18到35位的年輕人來參與在2005年9月19日到10月9日的韋瓦克訓練學校（Wewak Training School）（譯註：韋瓦克為巴布亞新幾內亞East Sepik省的首府）。靈恩課程包含：「豐富的集體祈禱經驗，包含聖體聖事（Eucharist）、日課經（Divine Office）、崇拜（adoration）、靈恩祈禱（charismatic praise）、代禱（intercession）與玫瑰經。」在韋瓦克的三個禮拜當中，參加者必須付420基納，這在當地物價來說是一大筆錢。這個計畫也包含了一到選擇性Bougainville傳教的選擇（為期10到14天），及參與對天主教高級中學、教區與年輕人團體的「擴大服務」（outreaches）。

Nancy是最活躍於靈恩運動的女性中的一位，同時也是一位靈媒

8　亞太福音學校（The Asia Pacific School Evangelisation）於1997年由Sydney-based Institute for Evangelisation所建立，目的是訓練年輕人來經營福音傳播工作，包含宣告（proclamation）、門徒訓練、與社區工作。基督的門徒（Disciples of Jesus）是天主教神恩盟約團體及組織協會（Catholic Fraternity of Charismatic Communities and Fellowships的成員之一。這開始於1979年的10月，現在分布在澳洲各都市、摩爾斯比港（巴國首都）、布干維爾島、與馬尼拉。現已有1100名成員。

（medium），曾體驗過魂遊象外。她向我提到，在2005年2月：「當他們正在進行治療服務時，許多村民都體驗到聖靈進入了他們的身體。這也發生在當女性在懷孕與分娩階段遇到困難時。我們說祖先的方法先是隨著Bob後來又隨著Tobia死去。」Jacob說：「我們無法離開傳統。好的方法我們維持著。我們放棄壞的方法，比方說死亡後的竹占、殺人、食人與成年禮。我們放棄我們的精靈因為他們帶給我們疾病。」他並繼續小聲地補充：「然而對於過去時光的回憶仍縈繞於我們心上。」Jacob知道，放棄帶來疾病的精靈與處理精靈的祖先方法有時並不如看起來那樣容易。

對於世界的一個新的理解的完成，不僅是在那些很明顯關於精靈與儀式中，也可以在其他的宇宙觀元素中被注意到。然而，如同村子的道路依賴著祖先的道路，精靈也是Ambonwari村每個機制裡的一部分。我想這裡是指社會組織、親屬與婚姻、土地分配與所有權、命名系統，當然還有村裡的階級關係都和神靈息息相關（同見Mosko 2001）。這似乎是在拒絕成年禮與男子會所後，下一個目標即是治療儀式與那些處理死亡與不幸的部分。靈恩伴隨著基督徒的祈禱進入了（在治療儀式中）每一個為病所苦者，靈恩也在為了未來可能的受苦者所做的祈禱中。那些聲稱經歷過聖靈洗禮的人們的治療能力，現在已經變成為在Ambonwari村大家接受靈恩的重要因素。然而，他們對於聖靈近乎狂熱的著迷，同樣開始影響了Amboneari村人的宇宙觀。舉例來說，基於村莊階級結構上與提供「傳統」的領導人的社會結構開始動搖；一些是過去傳統親屬義務一部分的禮俗也開始被質疑（例如，母系宗族在喪禮結束時落髮儀式中的角色）；這幾年來，從前選擇婚姻的價值觀式微，所謂憑個人意志，「兩情相悅的婚嫁」（like marriage）取而代之；聖經裡的名字，過去沒有象徵意義，現在突然變得非常重要。

　　靈恩運動的領導者，現在包含Leonard與Kimmy，當時依賴著村中大多數人的支持，計畫罷免Raymond在Sunday Church集會主持人的職位。Raymond對於課程計畫相當固執獨裁。他不等村人到齊，這讓靈恩運動的領導人無法再容忍他。在2004年12月，他被停職，2005年的3月時，他們討論最後如何將他免職。另外一位男人，Clemens，同時在訓練的過程中，並且計畫要去Wewak參加爲期10週的課程。在2005年2月27日，那天是星期日，Leonard在教堂裡宣告，正統基督教在這一年結束。Kanduanam與Amboin教區會首先在較大的區域下引進天主教靈恩會（Catholic Charismatic Church）。開場時問了兩個典型的問題：「你是一個肚子嗎？（譯註：你有和諧嗎？原文Are you one belly [意即和諧]？）你快樂嗎？」而在座的回答：「有！」他說「我們的社群太沉重了。我們的想法被囚禁了。我們必須繼續討論我們社群的領導權。」他在結束他的演說時提到：「不管你有什麼樣的知識，你丟了它吧！宗教是第一，再來是由政府指派的領導人，下來是傳統習俗領導人。」有些人已經表示原本的主日彌撒太無聊，如果持續太長大家會睡著。對他們來說，要讀的東西太多了。而另一方面，靈恩式的祈禱顯得比較活潑與刺激。到了2005年的3月，當我離開Ambonwari時，靈恩運動追隨者逐漸接管平常的天主教教會彌撒，變革聲勢銳不可擋。

結論

　　自從五旬節派（Pentecostalism）在1906年創立，及其在1967年擴展到天主教靈恩主義之後，該運動——教徒將之描繪成接受聖靈的恩賜——開始快速地擴展到全世界（Robbins 2004b）。Joel Robbins最近出版了一本有深度的書，介紹巴布亞新幾內亞Sanduan省（West

Sepik)Urapmin人的文化變遷(Robbins 2004a)。就像這390位山地Ok
族人持續地被變遷創造出來，他們同樣也是這個變遷自身延續的創造
者。因為從1977年基督教復振開始，也就是在巴布亞新幾內亞剛得到
獨立後不久，Urapmin人已經開始被衝突的道德價值所衝擊。信仰復
振運動者的出現與基督教靈恩派面臨到一個奠基於男子會所、宗教儀
式、精靈與禁忌的傳統生命世界，且驅使著他們走向道德崩毀的邊緣
與對末日的恐懼。Urapmin人在很短暫的時間裡變成一個徹底的基督
教社群。

　　回顧發生在Ambonwari村過去50年來的，特別是近10年的，社會
與文化的變遷，可看見這些變遷並非是線性的，更是歷史上的錯綜複
雜。今日，Ambonwari靈恩教派者非常熟悉與這項運動相關的一切。
他們談論在聖經上提到的人物與地方。他們從聖經借來觀念、象徵與
隱喻，並且將他們運用生活之中。在「傳統」社會中沒有地位，但識
字受過教育的年輕人開始發聲，並且成為這項基督教運動蓬勃發展所
需的知識與實踐的最前鋒。在世代交替之中，年輕人取代了許多保留
給有智慧的長者的位置。當這些長者在過去被又敬又畏，新的靈恩運
動領導者宣傳著在與聖靈有關的運動與經驗中一種平等的參與。在他
們的儀式中，包含魂遊象外(trance)的歌舞，也關注在身體與精神上
的經驗。此外，女人與小孩們也可以得到與這些經驗全部有關的事
物。另一方面，不管靈恩運動者對平等主義的主張為何，他們將自己
的觀點和實踐加諸於村民。他們緩慢且持續地滲透進入村子的階級結
構，也不斷地挑戰傳統的，也是一般的羅馬天主教形式的領導。當許
多——儘管不是所有——在Ambonwari村「傳統的」信仰與宗教實踐
在許多面向上可以與羅馬天主教的指導共存時，對天主教靈恩教派中
一個偏狹的小教派來說他們反而變成不被接受。

　　如同基督教靈恩運動的焦點在個人上，我們現在必須考量是否

變遷可以從這個面向來解釋。如果一位Ambonwari人，如同我在其他地方詳細提過（Telban 1998），是一個結合kay（做事的方式、習慣與儀式）與wambung（心、「內在性」〔insideness〕、想法與情緒、理解力）的存有（being），我們可以看到他們當中都明顯地被靈恩運動所影響：kay被那些不參加過去集體儀式而是聲稱自己魂遊象外的人影響，而wambung則是被拒絕老舊知識與擁抱新的教義與感覺的人所影響。「Kay，並非是一些不被質疑的歷史教條的功能，需視wambung而定……透過心（Heart），kay被轉變了；但因為心本身是kay的一部分，心是kay自我轉變工具（Telban 1998: 229）。」換言之，某些實踐、習慣與儀式順著人們對於世界的新的認知被放棄。新的理解接著產生新的宗教實踐、習慣與儀式；並且透過新的宗教實踐、習慣儀式的引進，一種新的理解變成更加有力地被實行。這個結論之所能成立，是因為這些過去完全參與成年禮與許多傳統儀式的Ambonwari人，也改變了他們的生活方式與他們對於這個世界的看法。另一方面，年輕一代並沒有被社會化進入到他們父母親所熟知的「祖先的方式」；他們的kay與wambung已經顯著地從童年起被外在世界所影響。

當在孩童時期早期隨著沉浸在一個特別的社會與文化環境中，人們開始發展出一特別的做事方式、看世界的方式：用Bourdieu的話來講，他們體現了一種特殊的慣習（habitus）且獲得了相關的文化資產。舉例來說，對於Bob Kanjik與他這個世代的其他長者來說，他們的社會組織、階級、儀式與人們和精靈間的關係，都曾是不被質疑的（但不是不被挑戰的）機制，且社群的存在、價值、道德也都建立在這些機制之上。在這樣的狀況下，發展出第二種慣習的機率──一個與教育、全球化、交通與通訊快速發展（及其他趨勢）相關的慣習──是非常渺小的。但是對Ambonwari年輕人來說卻並非如此。首先，舉例來

說，儘管他們參與了像是徹夜舞蹈等傳統事件，年輕人們從來沒有實際地被引入宗教裡宇宙觀上的面向——既沒有透過宗教實踐也沒有透過故事來獲得。第二，他們已經在宗教實踐中與基督教知識裡被社會化，不管是在村子裡還是更大的巴布亞新幾內亞脈絡中。年輕人們相當容易且不加猶豫地拒絕了村子宇宙觀的傳統特徵，特別是那些與精靈有關的部分。

對於年輕的Ambonwari人來說，近來的發展並沒有表現出相當大的轉變，並且在許多面向上連結著生命世界與他們從出生就有的狀況。他們的未來，就像是那些長者的未來一樣，是奠基在他們的過去。這就是Bob Kanjik Anjapi所指的，在1990年代裡年輕人取代了村子裡的政治地位。看著村子正失去其宇宙觀上相關的過去的知識，及相關的連結，他想男人應該組織另外一個合適的成年禮儀式。然而，年輕人開始試圖生活在這一個「泡沫」裡。許多人離開到Lae工作。當他們自己想進入了這個大世界，其他人也把這個大世界帶入這個村子。

基督教靈恩教派不僅僅在修正美拉尼西亞於當代世界中的邊緣性上扮演了重要的角色（Eves 2000, Jorgensen出版年不詳，Robbins 1998, Stritecky 2001），這也修正了女性、年輕人的邊緣性，更提升了村裡原本沒有特權的氏族。村子的階級開始改變。Ambonwari靈恩運動除了罷免過分狂熱的傳統主義者如巫師，更忽略無神論者。他們開始找尋方法來取代教會協助者的話語（僅是故事），用一種更積極的話語與更細緻的儀式。伴隨著歌舞、魂遊象外、說神語、聖靈附體、預言等，也伴隨著引入的觀念，像是「重生」、「復活」與「新生」等，他們的目標直接放在他們文化的起點上，以及村子的宇宙演化觀（cosmogony）上。如果成年禮與初經儀式是關注在Ambonwari人如何從沒生命的存有與在Ambonwari人生命世界的重新創造中形成，靈恩

儀式也是強調萬物在這大世界的形成和天主教靈恩世界的再造。這些在世的存有因此不僅僅是任何世間萬物（These beings of the World are therefore not just any beings of the World）。透過聖靈的行動，每一位女人被視爲等同於聖母瑪利亞，每一個男人等同於他的兒子耶穌。這樣一個身分識別可以使每一個Ambonwari男人不僅生活在耶穌的生命中，也同樣活在祂的死亡與復活裡。這樣的一種觀念其實離他們本身的宇宙觀並不遙遠。然而，耶穌既非Kapi也非任何氏族神話裡的祖先；耶穌的生命（特別是受過的苦難）帶著一種不同的人類存在與一種不同於Kapi生命的道德。無怪乎傳統主義者不斷表示懷念以往那種曾經是他們生命世界中心，也是他們宇宙觀的再生產不可或缺的男子氣概（masculinity）（同見 Tuzin 1997）。

參考書目

Copley, B.T.

　　1954　Village Population Register. Patrol Report No. 6/54-5. District of Sepik.

Eves, Richard

　　2000　Sorcery's the Curse: Modernity, Envy and the Flow of Sociality in a Melanesian Society. Journal of the Royal Anthropological Institute 6: 453-468.

Flyvbjerg, Bent

　　2001　Making Social Science Matter: Why Social Inquiry Fails and How It can Succeed Again. Cambridge: Cambridge University Press.

Harrison, Simon

1990 Stealing People's Names: History and Politics in a Sepik River Cosmology. Cambridge: Cambridge University Press.

Jorgensen, Dan

n.d. Third Wave Evangelism, Uranium Gas, and the Politics of Global Christianity in Papua New Guinea: Operation Joshua in Telefolmin. Paper resented at the conference of the European Society for Oceanists, Marseille, July 7, 2005.

Mosko, Mark

2001 Syncretic Persons: Sociality, Agency and Personhood in Recent Charismatic Ritual Practices among North Mekeo, Papua New Guinea. The Australian Journal of Anthropology 12(3): 250-274.

Newland, Linda

2004 Turning the Spirits into Witchcraft: Pentecostalism in Fijian Villages. Oceania 75(1): 1-18.

Robbins, Joel

1998 On Reading "World News": Apocalyptic Narrative, Negative Nationalism, and Transnational Christianity in Papua New Guinea Society. Social Analysis 42(2): 103-130.

2004a Becoming Sinners: Christianity and Moral Torment in a Papua New Guinea Society. Berkeley: University of California Press.

2004b The Globalization of Pentecostal and Charismatic Christianity. Annual Review in Anthropology 33: 117-143.

Roscoe, Paul and Borut Telban

2004 The People of the Lower Arafundi: Tropical Foragers of the New Guinea Rainforest. Ethnology 43(2): 93-115.

Stritecky, Jolene

 2001 Israel, America, and the Ancestors: Narratives of Spiritual Warfare in a Pentecostal Denomination in the Solomon Islands. Journal of Ritual Studies [Special Issue "Charismatic and Pentecostal Christianity in Oceania"] J. Robbins, P.J. Stewart and A. Strathern, eds. 15(2): 62-78.

Telban, Borut

 1997a Being and "Non-being" in Ambonwari (Papua New Guinea) Ritual. Oceania 67(4): 308-325.

 1997b Mutual Understanding: Participant Observation and the Transmission of Information in Ambonwari. Canberra Anthropology 20(1&2): 1-39.

 1998 Dancing through Time: A Sepik Cosmology. Oxford: Clarendon Press.

 2001 Temporality of Post-mortem Divination and Divination of Post-mortem Temporality. The Australian Journal of Anthropology 12(1): 67-79.

 2002 The Role of Personal Character in a New Guinea Ritual. Suomen Antropologi: Journal of the Finnish Anthropological Society 27(4): 2-18.

 2004 Fear, Shame and the Power of the Gaze in Ambonwari, Papua New Guinea. Anthropological Notebooks 10(1): 5-25.

Telban, Borut and Vávrová, Daniela

 2005 Charismata: From Bush Spirit to Holy Spirit. Ljubljana: Institute of Anthropological and Spatial Studies (Film, 27' 54").

Tuzin, Donald F.

    1997 The Cassowary's Revenge: The Life and Death of Masculinity in a New Guinea Society. Chicago: The University of Chicago Press.

第五章

靈恩醫療與地方性基督教：

以一個台灣南島民族聚落為例的研究*

譚昌國

國立台東大學南島文化研究所助理教授

導論

　　本論文關心的主題，是透過對一個台灣南島民族聚落所實行的靈恩醫療，探討其地方性基督教的特殊彰顯。作者在其中進行田野調查的排灣族，和基督宗教接觸已有60年的歷史。他們擁有祖傳的巫師醫療，而作者感興趣的是基督教的靈恩醫療和巫師醫療傳統的關聯究竟到何種程度。表面上看來，這兩種宗教醫療型式差異很大：前者是由靈恩醫療者來執行，而後者是由巫師來執行。但是作者對於這兩種宗教醫療形式是否存在著深層的相似性感到好奇。這個議題對於了解當地改信的歷史，以及了解傳統文化如何影響地方性基督教的彰顯，是相當重要的。

＊　本論文曾在「權力與階序：亞洲與印度太平洋地區的改信、儀式建構與宇宙觀信仰體系」國際工作坊發表，原標題是"Christian Conversion and Charismatic Healing in an Austronesian Settlement of the Paiwan, Taiwan"。作者要感謝工作坊的主辦人：Pamela J. Stewart博士和Andrew Strathern教授，對作者的鼓勵和對本文的寶貴意見。參與工作坊的多位學者們也給予許多建設性的評論和建議，在此一併致謝。

　　本論文也嘗試和其他靈恩醫療的研究者進行理論和觀念的對話，特別是曾嚴肅並系統性地研究靈恩醫療的學者Thomas Csordas。他對美國天主教的靈恩醫療實踐提供了豐富的研究文獻(Csordas 1994, 1997)，並且對一般性的宗教醫療研究提出了幾個基本的議題，例如：「宗教醫療如何運作？治療效力的本質是什麼？藉由醫療者的展演，到底什麼實際被醫治了？」(Csordas 1994: 1)為了處理這些問題，他發展出一套具有跨文化適用性的，關於自我的現象學理論以及醫療的文化現象學(同上: 276)。他所界定的「自我」，並不是指涉實質的實體或物體，而是「一種不被限定的能力，能夠涉入世界或在世界找到定位，其特徵是努力和反思性」(同上: 5)Csordas吸取了來自Merleau-Ponty(1962)和Bourdieu(1977)的理論洞視，認為這種自我的觀念「具有跨文化的有效性，只要假設習慣(habitus)、體現(embodiment)的存在條件可以普遍化，作為文化、自我和神聖的根基」(Csordas 1994: 277)。他對靈恩醫療的研究結論是：靈恩醫療是將「一個受苦的自我轉化為神聖的自我」(同上: 281)，而且「被醫治好了，就是表示能夠以一個神聖自我的方式居住於靈恩的世界中」(同上: 24)。

　　依筆者之見，Csordas的著作在探討醫療的經驗特殊性方面確實提供了一個有效的途徑；但是筆者認為他所主張：「醫療就是創造一個神聖的自我」(同上: 276)這個論點未必具有跨文化的有效性。如同我們將會看見的，這個論點對筆者所研究的排灣族長老教會信徒並不成立。藉由詳細描述他們當中一個靈恩醫療的個案，筆者主張被醫治並不是轉化為一個「神聖的自我」，而是被恢復為一個「奉獻的人」，也就是一個具有和神聖領域溝通的能力，而同時又能關懷照顧社會中的他者的人。

　　在下文中，筆者先陳述排灣族的民族誌背景，並簡要回顧改信的

歷史。接下來將呈現和本文有關的宗教背景，特別將焦點放在傳統儀式語言和基督教禱告的比較，並且澄清關於奇力斯瑪（charisma）的概念。其後是禱告醫療民族誌的部分，將詳細描述一位排灣族婦女，一系列和她的屬靈疾病以及爲她進行禱告醫療的事件，以做爲接下來章節分析的基本材料。筆者將探討幾個相關議題，包括醫治的奇力斯瑪如何被媒介？禱告醫療如何作用在病人身上？以及到底什麼被醫治了？在結論中筆者將提出的論點是，一個基督教的靈恩醫療者很可能是傳統巫醫在基督新教脈絡中的替代；而當地的新教徒相當依賴靈恩醫療者，以幫助他（她）們被醫治，以及去經驗看不見的世界的力量。

民族誌與歷史背景

民族誌場景

　　排灣族所使用的語言屬於南島語中的排灣語，他們是台灣原住民中第三大的族群，人口大約有7萬人，分布在台灣島的南端，屏東和台東兩縣境內。他們的周圍居住著漢人和其他的原住民，包括魯凱族和卑南族。排灣族的社會組織可以簡單地描述爲「以家屋爲基礎」的社會，這是一種在東南亞廣泛被報導的社會組織型態（Levi-Strauss 1983,1987, Errington 1987, Carsten and Hugh-Jones 1995）。排灣語的家屋稱爲*umaq*，同時指涉物質性的建築物以及居住在屋內的家人；在排灣族社會中，沒有像氏族或世系群的親屬團體，而家屋構成了基本與持久的社會單位（Chiang 1993, Tan 2001a, 蔣斌 1995）。家屋做爲財產，是由長嗣（*vusam*）來繼承，不拘男性或女性；其餘較年幼的兄弟姐妹，結婚後必須離開原家，嫁入或贅入配偶家，或是成立新家。出生於同一個家屋的兄弟姐妹，即使在婚出後仍共享強烈的連帶關係。在一個村莊或部落裡，家屋之間是以兄弟姐妹關係的重複、擴展與延伸，

不管是真實的或象徵的，而連結起整個社區（請比較Carsten 1997）。

筆者進行田野工作的地點是台坂村，坐落於台灣東南海岸的山丘上，隸屬於台東縣達仁鄉。當筆者於1998年進行研究時，這個村莊包含兩個聚落：台坂（Tjauqau），約有49戶、249位居民；以及拉里巴（Laliba），約有116戶、420位居民。兩個聚落之間由一個河谷所分開，同時也標示出兩者的宗教差異。台坂聚落的大部分居民仍依照祖先所傳下來的規矩而生活，包括kakudan（律法和習慣），以及palisi（禁忌與祭儀）。他們對頭目和巫師的傳統領導地位保持高度的尊重，因爲頭目和巫師們詮釋並且執行kakudan和palisi。相對地在拉里巴聚落，「頭目」空有頭銜而無實權，而所有的巫師不是過世就是改信基督宗教了。拉里巴大部分的居民轉離祖傳的宗教而接受基督宗教。目前長老教會是信仰與社會生活的中心，而牧師與長老成爲社區的領導者。[1]

從拉里巴新教徒的觀點來看，過去他們的先祖爲死者舉行動物犧牲儀式，是一段暗昧無知的時代。他們嘲諷當代台坂聚落巫師們舉行的醫療儀式和降靈會，認爲那是爲了獲得豬肉與金錢而欺騙人民的伎倆。他們經常說：「我們不殺豬也不做*palisi*；我們是去教會和禱告的人。」他們稱自己是「不拜偶像的人」，以和台坂聚落跟隨*palisi*習俗的人分別。他們也認定自己和拉里巴聚落內的少數天主教徒，以及漢人民間宗教的實行者有區別，因爲天主教徒和漢人民間宗教信仰者都是「拜偶像的」，而他們自己則是「不拜偶像的」，他們的信仰也是較優越的。

1　筆者在另一篇論文中，已陳述了台坂傳統主義者和拉里巴長老教會信徒之間的對立，並且透過兩者喪葬儀式和背後所蘊含的人觀的差異進行深入討論。請參考Tan(2003)。

　　爲了界定他們自己的信仰，拉里巴聚落的長老教會信徒經常引用
這句話：「基督徒不是用形象和物體來敬拜神」，並且堅持唯有禱告
才是敬拜神的正確方法。

　　拉里巴聚落長老教會信徒的處境，可以和Keane(1997)所研究松
巴(Sumba)的卡爾文宗新教徒進行比較。後者批評祖傳宗教的跟隨
者(marapu)，將能動性(agency)錯誤地賦予精靈和物體爲拜物教。
而同樣地，天主教徒崇拜聖母瑪利亞像的的實行也接近偶像崇拜。
松巴島的新教徒更進一步批評marapu跟隨者和天主教徒，當他們和
神聖者溝通說話時，並不真誠。例如，marapu跟隨者使用形式化的
儀式語言，是外在於說話者的意圖；而當天主教徒說他們的禱告詞
時，眼睛是張開的，因爲他們是在唸禱詞書。相對地，卡爾文宗新教
徒堅持閉上眼睛禱告的重要性，因爲禱告必須心靈誠實(Keane 1997:
677-683)。同樣地，拉里巴聚落長老教會信徒和松巴的卡爾文宗新教
徒共享同樣對如何正確禱告的堅持。然而兩者也有差別，因爲前者傾
向於將禱告視爲經驗聖靈同在以及醫療的方法，而在後者中並沒有發
現這種傾向。

　　對拉里巴聚落長老教會信徒而言，他們相信聖靈(排灣語稱爲
Vavak nua Tsemas)並不是知性的建構，而是神聖能力的彰顯，可以被
具體地經驗和證實。這些經驗包括身體突然間像被電到、強烈情感爆
發的反應(如大哭或大笑)、以及禱告時倒在地上等。以上這些經驗都
很珍貴，但他們最珍賞的是被聖靈醫治的經驗。特別是一些現代醫藥
無法治癒的疾病，他們會爲自己或他人禱告尋求醫治。

　　少數具有禱告醫治能力的基督徒，被信徒們相信是經常處於「聖
靈充滿」(tjala-paravastan a Vavak)。這種「聖靈充滿」的狀態是他
們屬靈生活追求的目標。根據筆者的了解，對聖靈的信仰以及「聖靈

充滿」的觀念在東部排灣族[2]的長老教會信徒之間相當普遍。

歷史脈絡

　　隨著日本殖民統治台灣(1895-1945)於第二次世界大戰結束後終止，基督新教團體在原住民當中的宣教活動也重新活躍起來。於1947年，有位漢人長老教會牧師到鄰近的東排灣部落宣教，並且吸引了一些年輕人；這些年輕人後來被這位牧師說服去接受傳道訓練(Chang 1997: 311-314)。於1952年，有另一位漢人長老牧師來到拉里巴聚落，藉由受過訓練的排灣人的協助在聚落中傳福音。當時有兩個家戶敞開門接待他們，並且成為初期聚會和講道的基地。但是他們很快地遭遇到來自頭目和巫師的反對，因為傳道人們批評當地原住民的祭儀是欺騙百姓的，而且禁忌是沒有必要的。傳統領袖和他們的跟隨者，不僅干擾長老教會聚會的進行，還在部落入口處設立路障阻擋傳教士進入。這些作為暫時停止了宣教士的活動一段時間。宣教士們為了更有效地傳福音，就改變了策略，從直接挑戰傳統權威改為帶來當地人所需要的民生物資。這個策略同時也是對天主教宣教方式的回應，因為天主教自1955年開始在當地發放救濟品，而成功地吸引了一些人入教。有數年之久，長老教會宣教士藉由從北美洲長老教會募集來的物資，和天主教宣教士相互競爭發放救濟品。於1959年，第一間長老教會教堂建造起來了，是以茅草和木頭為材料，位置在部落上緣一塊因有婦女難產而成為禁忌的土地上，擁有46戶信徒。但是當今天的長老教會信徒回想這段過去的歷史時，會指出當時去教會的人大部分是「救濟品信徒」，而非「真正的信徒」。

2　排灣族的聚落沿著大武山(Tjagaraus)而分布，大武山是排灣族起源神話和口傳中的祖居地。以大武山作為參考點，排灣族人將自己區分為幾個亞群，包括北部排灣、中部排灣、南部排灣和東部排灣。根據口傳，東部排灣的祖先是從北部和中部排灣遷移而來的。

　　Taro是一位排灣族的傳道人，也是第一位定居在拉里巴的宣教士。他的工作對拉里巴長老教會的靈恩傾向有重要的影響。他在一個培養原住民青年傳道人的神學院受訓數年之後，於1962年被差派到拉里巴來，並且和當地婦女結婚。他的岳父捐贈了一塊建地，成爲建造第二個教堂的地點。新教堂於1964年底完工，是一間一層樓的水泥建築，擁有50至60位信徒。

　　自從1964年開始，拉里巴長老教會的成長和東排灣教會的靈恩運動有密切的聯結。當時在鄰近的森永部落（Tjalilik），出現了一對具有禱告醫治恩賜的中年夫婦，被當地人視爲先知。他們周遊東排灣部落，宣稱自己是上帝的使者，並藉著看異象、預言未來、趕鬼和禱告醫療，來展示神的大能。約在同時，有三位拉里巴教會的中年婦女「被聖靈充滿」。有一天當她們在教會旁的樹下禱告時，突然往後跌倒在地上，尖叫並且大哭，然後逐漸像死了一樣沒有聲音也沒有動作。三位中的其中一位Vais，告訴作者她當時所經歷的：「當我在唱詩和禱告時被聖靈充滿。我倒下來並且睡著了。神引導我們三個人去看天堂和地獄的景象。」第一次被聖靈充滿之後，Vais有時候還會有相似的經歷。這三位婦女立刻被先知夫婦召募成爲他們的助手。當三位婦女在醫療趕鬼上更有經驗之後，她們自己組成了一個醫療小組，應東排灣各部落病人的要求，周遊各地實行禱告醫療。

　　筆者發現在相當大的程度上，當地新教徒將改信的歷史表徵爲基督徒的禱告戰勝了巫師的*palisi*。這是在宣教文獻中經常提到的「能力的對遇」（比較Scott 1986: 236），也就是基督教的上帝面對傳統宗教的神靈，而彼此在靈界爭戰。這種「能力的對遇」不僅發生在基督宗教和排灣族傳統宗教之間，也發生在基督宗教和其他族群的宗教之間，例如卑南族、魯凱族和漢人的宗教。

　　Lemeleman的改信就是一個例子。她於1942年23歲時成爲一位排

灣族的女巫師。除了執行生命儀禮和醫療儀式之外，她還學會了許多
黑巫術(排灣語稱爲*gemuyats*)，是使用檳榔和珠子詛咒人，使人生病
甚至死亡的儀式。[3] 她透過她的丈夫Piya認識了基督教，而Piya就是
前述捐贈第二個教堂建地的虔誠信徒。談到Piya的改信，起初他參加
教會活動的動機是因爲想要醫治自小時候就有的疾病。Piya的父母想
要用漢人的方法醫治他，但失敗了；他們嘗試用基督教禱告的方法，
結果比較有效。Lemeleman受到Piya的見證的影響，開始去思考palisi
和基督教禱告的差異。她的結論是執行palisi 的目的是賺錢，而巫師
的技術不過是詐術和謊言；相對地，禱告的力量是真實的，而且禱告
的能力大過palisi 的能力。於1964年，她決定丟棄她的巫師箱。次年
她在田間工作時跌倒，頭部被重物壓傷。有10天之久她無法移動，而
現代醫藥完全沒有效果。但是透過全家的禱告，她得了醫治。

目前很難在拉里巴聚落找到巫師傳統的痕跡。許多巫師像
Lemeleman一樣放棄了她們的巫術而改信成爲新教徒。這和筆者所研
究的其他聚落形成強烈的對比；例如在台坂和土坂，巫師的傳統受
到尊重，或是和天主教形成融合的關係(Tan 2002)。但是在拉里巴
聚落，新教徒對傳統宗教的態度較不寬容，因此巫師們只能選擇一
種宗教歸屬。到今天所有的巫師除了Lemeleman之外都過世了，而且
Lemeleman也直到筆者的田野調查將結束時，才透露她曾經是巫師的
往事。這段過去是拉里巴人努力想要忘掉的吧！筆者發現許多新教徒
不敢承認她們的母親或祖母曾經是巫師，因爲他們曾被教導，實行
palisi等同於崇拜偶像，是嚴重的罪，而後代子孫們會因祖先的過犯

---

3 排灣族會區辨palisi和gemuyats的差異。前者指涉的是有使用動物犧牲的不
   同階段的生命儀禮，也包括歲時祭儀中的農業和狩獵儀式。相對地，後者
   指涉的是詛咒人的儀式，被當地人認爲是害人的「黑巫術」。

受到懲罰。新教徒們也經常將患病的原因歸咎於祖先曾經實行詛咒人的巫術，如同我們將在以下的個案中所看到的。

　　近年來，有越來越多「發瘋的婦女」從都市回到部落，擾亂了村民正常平靜的生活。她們在家中尖叫，在路上跳舞，所發出的噪音讓鄰居半夜睡不著覺，古怪的身體動作也吸引了村民好奇注視的眼光。這些婦女回家鄉之前，吃過各種藥，也嘗試各種醫療的技術和方法，但都沒有效。長老教會信徒對這些狀況有各式各樣的反應：有的擔憂這些婦女會將惡靈帶回部落，有的懷疑禱告是否真能醫好他們。但我們將會看見，有些信徒將這種情況視爲展現集體禱告醫療效能的機會，並且透過親眼見證全能上帝的神蹟奇事，能帶領病人和觀眾改信的機會。在陳述這樣一個例子之前，筆者想先簡要討論基督教禱告的特色，以及釐清關於奇力斯瑪(charisma)的觀念，好方便讀者在了解靈恩醫療的複雜現象時，提供一些基本的導向。

禱告與奇力斯瑪

　　拉里巴基督徒經常用源自日語的"*inuli*"來指涉基督教的「禱告」。排灣語的ki-aling接近禱告的意義，但因爲和傳統宗教中巫師和祭司的儀式語言有關聯，當地基督徒避免使用這個詞，因爲想標明他們的禱告是源自外國，必須和傳統儀式語言分別開來。

　　Keane(1998)的研究曾經對印尼松巴的基督教言說和傳統儀式言說做了比較。在松巴的儀式言說中有三個界定特徵：首先，說話的作者並不是說話者本人而是祖先；其次，說話具有嚴格和固定的形式；第三，說話者並不是爲自己說話，而是代表他人(贊助者或代求者)說話。這些特徵使說話者只是話語的「出口」，因爲話語並非出於他們自己或是表達他們自己的意願；也就是說，話語是外在於並且遠離於

說話者(Keane 1998: 23-8)。相對而言，對松巴基督徒來說，禱告應該體現個人的意向，因此必須真誠。如同Keane所說：「……話語是人內在意圖的外在發表。如果這些意圖真正是說話者自己的，而且說話真正來自於說話者的內在，那麼說話應該是真誠的……禱告的真誠性是與神真實溝通的必要條件」(同上: 24)。

Keane所說關於松巴儀式言說的特徵，也可見於排灣族的儀式言說。同樣地，排灣族基督徒也很堅持禱告的真誠性，他們認為禱告的話應該出自於「裡面的人」，也就是從「心」(varung)或「靈魂」(vavak)出來。但是，使用上述特徵將儀式言說和禱告做截然的區分可能是有些問題的，我們可以試著檢查看看是否在拉里巴基督徒的禱告中全然缺乏這些特徵。首先是禱告的神聖起源的議題。當然禱告的話語並非從祖先而來，而是從耶穌基督的權柄而來，祂是在天上的大祭司和審判者，決定信徒的禱告是否能被接受；此外，基督還差遣聖靈來幫助基督徒禱告。其次是禱告的形式問題。雖然信徒可以自由編作他們的禱告詞，但這個自由受限於耶穌所設下的範例，祂以「主禱文」教導祂的門徒如何禱告，而信徒們應當將「主禱文」當作典範來遵循。因此每一個禱告者必須以「奉耶穌的名」來結束禱告，宣告他們是耶穌的跟隨者。此外信徒們也被鼓勵背誦聖經經文，並在禱告儘量使用經文來禱告。最後是代禱的問題。在當地基督徒中間，為別人代禱是很常見的；雖然原則上每一個人都可以為他人代禱，但有少數基督徒被大家認定是在代禱上特別有恩賜。

將以上三點綜合起來，我們可以看出儀式言說和禱告其實有些相同點。確實，禱告很容易因為缺乏自發性而變成重複的例常行事，而禱告的話語也因缺乏真誠性而變成冗贅的公式。如果遇到這種情況，當地基督徒會說：「我的禱告缺乏力量」或「聖靈已經遠離了我」。這樣的光景會被當作信心和屬靈成長的負面信號，因此他們有時候會

尋求更新他們自己，藉著諸如禁食禱告和靈恩聚會的方式。

接下來筆者要對「奇力斯瑪」（charisma)的觀念稍做釐清。依照 Weber的觀點，奇力斯瑪是「個體人格的某些性質，藉由此性質一個人從一般人中被分別出來，被當作擁有超自然的、超人的、或至少是超乎尋常的能力或性質。這些能力或性質是一般人無法獲得的，被視為具有神聖的起源，或具有典範性，而且在這些能力和性質的基礎上，使一個這樣的人被當成領導者」（Weber 1947: 358-9）。

另一方面，Weber強調一個領導者的奇力斯瑪必須依靠他／她的追隨者的承認(同上: 359)。奇力斯瑪權威的合法性奠基於追隨者相信領導人擁有超凡的能力。而且奇力斯瑪的性質不能視為理所當然，它們需要被證實。就此意義而言，靈恩醫療者就是奇力斯瑪領導者，因為他們的追隨者相信他們擁有超凡的能力，而且靈恩醫療者可以藉由成功的醫治證實他們的能力。

將Weber奇力斯瑪的觀念應用於靈恩醫療的案例時，Csordas (1997)強調了奇力斯瑪關係性和互動性的面向。Csordas指出奇力斯瑪「存在於個體間的互動中」。奇力斯瑪是「一種人際間效能的特殊模式：並非是一種性質，而是一種集體的、展演的、互為主體的自我過程」（Csordas 1997: 139-140）。藉由描繪下列的個案，筆者會將Csordas所說奇力斯瑪的展演面向作更細緻的陳述。

從患病到醫治

一個屬靈疾病的檔案

Lerem[4]於1997年10月19日和她的家人回到故鄉拉里巴。她年約

4　為保護當事人的隱私，此名字是假名。基於相同的理由，本文中大多數的

三十出頭，原本住在台中市的郊區。她的丈夫比他大幾歲，在台中縣的一個羽毛球拍工廠上班。Lerem的妹婿在台中時和他們住在一起，描述這對夫妻的生活型態是「勤勉而有規律」，並且稱讚Lerem是一個賢妻良母，但是這些好性格都因爲她患病而改變了。起初Lerem的症狀是劇烈頭痛，好像有人將釘子敲進她的腦袋。她先生帶她去診所，醫生說是因爲長期勞累的結果，建議她服些止痛藥並且多休息。但是她的情況越來越糟，而且逐漸有妄想的症狀顯示出來。更奇怪的是，她經常半夜時揮舞著雙手，在家裡聖母瑪利亞的神壇前跳舞。

　　Lerem和他的丈夫都是天主教徒，所以他們去看了在台中天主堂的神父，但是他們並不認爲是嚴重的問題。她的妹妹帶了幾件她的衣服去找漢人道教的法師，爲她進行驅魔儀式，但也沒有效果。她的丈夫是台東魯凱族原住民，就決定帶她回到自己家鄉的部落；她的婆婆請了一位卑南族的男巫師來醫治她，但病情仍然沒有改善。在歷經這些無效的嘗試之後，Lerem本人堅持要回故鄉看看自己的父親和出生的家屋。她回到拉里巴後症狀就突然爆發出來，她的妹妹就趕緊向Maukai求救。Maukai年約55歲，被當地長老教會信徒認爲是一個有能力的女先知和醫療者，人們經常請求她爲他們的健康和財務問題代禱。Maukai後來向我描述當時的情形：

> ……我跑到她家，她（Lerem）正在院子裡抱住她的頭尖叫，滿頭亂髮、眼睛睜的大大的像鬼一樣。我做了保護自己的禱告後靠近她，她說她的頭很痛，受不了。她在極大的痛苦中，所以我和幾個同伴拉著她去教堂。我們站在十字架前大聲地禱告，要趕走魔鬼。突然她大叫說頭裡有三根釘子。那

（續）————————————————
　　排灣族人名都是假名。

　　是真的！我在異象中看見三根釘子。第一根來自她的祖父，
　　他曾經行使黑巫術害死了幾個村民；第二根來自一個平地人
　　（漢人）乩童，他透過她的衣服行法術詛咒她；第三根來自一
　　個卑南族巫師，他假裝要醫治她，其實是在詛咒她。我請求
　　基督移開這三根釘子，她就立刻平靜下來。聖靈給我一些啟
　　示，我就從頭到腳檢查她的身體。哈利路亞！果然在她的衣
　　服口袋裡發現一顆檳榔！〔這證明她果然被卑南族巫師下了
　　咒詛〕我拿掉檳榔，她就好多了。我把檳榔丟到水溝裡讓它
　　流走。

　　這件事發生在下午，我錯失了親眼目擊的機會，但當天晚上我
看到了Lerem。她衝進她的表哥家，熱情地高聲向他打招呼。她的
外表瘦長高挑，穿著時髦，當地大部分的居民都說她漂亮。她說她
很興奮，也很輕鬆，覺得自己就像是「古家的hana」（hana是日語的
「花」，「古」是她和她表哥共同祖父的漢式家名）。她瞥見我在一
旁，就搖動雙手、擺動身體問我說：「我像不像一朵花，帥哥？」
　　在她的症狀中，最讓她的基督徒親戚驚訝的是她的身體姿勢和動
作，他們戲稱之為「跳舞」。隔天早晨，我在拉里巴鄰近小鎮大溪的
天主堂看到了類似的「表演」。她和家人前往那裏要去找神父諮商，
但當她們抵達時神父不在。她一看見教堂外聖母瑪利亞的塑像，立刻
用一種非常奇特的方式來敬拜聖母。她口裡唸著玫瑰經，雙掌合併，
左右前後移動，好像一隻蛇在空中爬行；同時她踮起腳尖，身體前前
後後移動。她跳了一陣之後，說：「耶穌在哪裡？我要敬拜耶穌。」
她妹妹領她到禮拜堂的入口，那兒有十字架。她用迅速而輕巧的步伐
直接走到十字架前，向耶穌（的像）打招呼然後敬拜祂。她將雙掌貼在
耶穌雕像上，又將雙掌打開模仿花開的樣子，大叫：「耶穌是道路、

生命、真理。」重複說了幾遍之後，她問：「爲什麼沒有光？必須要有光」。然後她熱切地打開了所有的窗戶，在祭壇上點亮兩支蠟燭。她站在蠟燭前唸玫瑰經，變換雙腳，將自己的身體舉高，又將雙手伸向基督，然後將雙手縮回放在胸前，以一種穩定而有節奏的姿勢進行了十分鐘左右。然後她在椅子間移動，要尋找一本詩歌集；她找到後唱了幾行就丟掉了，叫著說不對，然後開始唱自己創作的歌。

　　如此又唱又跳一小時後，神父終於來了。神父披上紫色的外袍，將一隻手放在Lerem頭上，說了些話，嘗試讓她安靜下來。Lerem猛烈地抗拒並且移開她的頭好幾次，但最後神父終於成功地讓她不動也不發聲地安靜下來。接著神父的助理將Lerem的家人和我都趕出了教堂，所以我們都看不到接下來發生什麼事。終於神父走了出來，招呼我們集合，說：

> 我問她：「妳想讓耶穌進入妳的心嗎？」她回答：「我想，但是我做不到。」我感覺到她內心某些部分是封閉的，而且她現在不願意對任何人打開。你們是她的家人，回去嘗試勸她說出來。

　　去過大溪天主堂之後，Lerem的狀況比較穩定了，但仍然會在半夜的時候在聖母的祭壇前跳舞。同時信徒之間有消息傳來，之前的傳道人Taro要回來看Lerem；當時他在另一個教會服事，但仍和一些拉里巴長老教會信徒保持聯繫。Taro後來確實回來爲Lerem舉行禱告醫療會，筆者將留在後面說明細節。目前能說的是，那是一個有效的治療，而Lerem答應要放棄天主教改信新教。那天晚上她有一個平靜的安眠。次日早晨，她的丈夫堅持基督教會的作法必須以現代醫療輔助，所以帶她到台東市天主教聖母醫院去看醫生。表面上看來，Lerem已恢復正常，因爲她不再彎曲身體搖擺雙手了，也不會歇斯底

里或過度興奮，而是顯得羞怯和安靜。另一個明顯的改變是她開始勤讀聖經，不再背誦玫瑰經了。接下來的星期天早晨，她在家人的陪伴下去參加主日禮拜，包括原來信天主教的父親和丈夫。她們牽著手坐在一起，坐在教堂最前排的椅子上。禮拜結束後，會眾一起為她禱告，牧師按手在她頭上，引導她說：「我愛耶穌、耶穌愛我。」她清楚而堅定地重複每一個字。會眾一起喜樂地流淚鼓掌，並且歡呼：「耶穌全勝利！」

基督徒患病與醫治的觀念

在什麼意義上我們說Lerem是病了？是什麼原因造成她的生病？又如何能得到醫治？根據不同的醫學傳統，對這些問題會有不同的答案。但為了本論文的目的，筆者將焦點放在當地基督徒的觀點上。首先，如前所述，Lerem的身體姿勢與動作客觀地標示出她不是處於正常的狀態。雖然她經常引用玫瑰經或聖經經文，但她的「跳舞」姿勢看起來是台灣漢人和日本民俗舞蹈的混合，對當地基督徒來說既古怪又刺眼。還有她在教堂裡或十字架前跳舞，信徒們認為她是在進行偶像崇拜，而不是正常的基督徒敬拜方式。雖然信徒們不能否認她的舞蹈和歌唱有自發性又有創意，但是他們認為這是「撒旦的工作」。她本人是絕對不會讓自己的行為表現如此奇怪，因此一定是另有「他者」引誘她或強迫她如此做。換句話說，她是受到某些魔鬼（aquma）的控制，魔鬼利用她的身體來擾亂基督徒團體。[5]

那麼這些魔鬼是從哪裡來的？前引Maukai的話反映了一種當地

---

5 *Aquma*是日語的名詞，排灣人用這個詞指涉「惡靈」或「魔鬼」。*Aquma*和排灣語的*tsemas*意義相當不同，*tsemas*指涉所有不同種類的超自然神靈，同時包括了善靈和惡靈。

基督徒典型的思考模式。人們記得Lerem的祖父是一個行黑巫術的巫師，所以讓她患病的靈，最有可能是她祖父的靈，或是那些因他祖父的咒詛而死去的亡者之靈。還有她曾經住在「白浪」（台灣漢人）聚居的城市，「白浪」也就是「壞人」的意思，據說他們經常實行黑巫術來傷害原住民，特別是像Lerem和她的丈夫那樣較成功的夫妻。此外，Lerem的丈夫來自另一個族群，而他的家人因為強迫Lerem接受「異族」（卑南族）的醫療儀式，雖然不是故意的，但可能因此讓她患病。如同Maukai所辨認出來的，由三根釘子所具體化的魔鬼，就來自於上述三個來源。

將患病歸咎於祖靈或亡者之靈的思考模式，觸及到正統和實踐的差距的議題。長老教會的正統教義排除亡者之靈會在居人之所逗留不去的想法，也將任何和亡者之靈互動的行為視為異端。但是按照信徒的經驗，他們和亡者之靈無法完全切斷關係，特別是家中的亡者，以及那些經歷「惡死」的亡者。大部分（當地的）靈恩醫療者在處理此議題時採取務實的態度，他們接受這些亡者之靈的存在，而使用特殊的禱告來「切斷祖先連帶」，也就是打破病人和祖先的關係，使病人不必再為祖先的過犯負責。在Maukai的禱告中，切斷祖先連帶是藉由拔除釘子的隱喻來執行。

在這裡我們可以看見，新教基督徒將祖先當作是患病和受苦的來源，而非祝福的來源。切斷和祖先的連結也表徵出祖靈是有害的「他者」，而打破和祖先過去的關連目的是為了維持現在的平安和幸福。相對而言，傳統主義者將和祖靈的關係視為「互惠的承諾」，雙邊關係中的任一方都不能斷絕此關係。傳統主義者如果發生像Lerem患病這樣的情況，他們會執行占卜並且嘗試滿足被冒犯的祖靈的需求，去重建和祖靈的關係而非切斷它（比較Csordas 1994: 43-5）。

當地基督徒魔鬼的觀念，也和異族及異文化的意象關聯。或許這

是根植於族群接觸歷史的族群刻板印象的彰顯。在此案例中台灣漢人和卑南族是在政治經濟上的支配團體，而較弱勢的排灣人將他們的優越性歸因於巫術厲害，而且覺得自己很容易受害。在Lerem的例子中，她並沒有罹患過精神疾病，最近也沒有心理問題的徵兆。這樣突然出現的異常心智狀態，可以用外力的作用來解釋，也就是有其他族群差遣的神靈侵入了她的內在。這些靈被當地基督徒界定為「魔鬼」，而且他們有信心他們的上帝大過這些魔鬼。因此他們對類似Lerem案例的即刻反應是興起「能力的對遇」的戰爭，如同Maukai的敘述中所呈現出來的。

此外，「能力的對遇」還發生在親屬的脈絡中。患病通常歸因於已過世的家人之靈，或是由於家人和親戚的善意，卻不知不覺仲介來的不好的靈。在此例中，來自台灣漢人的「釘子」是由Lerem好心的妹妹仲介來的，而來自卑南族的「釘子」是由Lerem體貼的丈夫仲介來的。這些家人和親戚不會被指責，因為他們也在受苦而且需要被醫治。靈恩醫療者經常說除非全家人都得醫治，否則病人的醫治就不完全。另一方面，為了專注醫療一位病人，她／他和家人的連帶必須暫時切斷，好讓醫療者和他們的助手能接近病患，並且毫無阻礙地工作。如醫療者所指出的，贏得病人家屬的信任是醫療成功的重要因素，而家屬的支持也是醫療過程的關鍵部分。我們在下述的案例中將會看到，勸說是醫治的一個核心部分。

但是，並非所有的基督徒都同意上患病是由惡意的靈界「他者」所造成，或是由病患的家屬所仲介來的惡靈，而病人則是完全無辜的被害者這套說法。有些信徒認為病人本身也要付部分的責任。在此例中，有些信徒認為Lerem可以不同意妹妹去和漢人法師接觸，也可以迴避卑南族巫師的治療。她的光景是她自願參與、或至少沒有拒絕這些異教的行為。就此意義而言，她犯了罪而受到懲罰，是她自己造成

自己患病。如果要回復健康，她必須承認這個事實並且悔改，公開放棄邪惡的異教行爲，並且放棄和她天主教背景不可分割的「偶像崇拜的罪」。另一方面，如果她自己不尋求醫治，也不願意參與醫療聚會，醫治是不會有效的。從此角度來看，病人本身也是自己的醫治者。

小結上文討論，從拉里巴長老教會基督徒觀點來看，患病是一個人受惡意的靈界「他者」所控制，因而有異常的行爲表現。禱告醫療是一種「能力的對遇」，其他宗教的儀式專家會使用一些物質媒介來當作武器(例如卑南族的檳榔)，而基督徒僅使用禱告當作武器。那麼禱告醫療如何有效呢？從患病到健康發生了什麼轉變呢？醫療者和有經驗的信徒們早就有答案了。他們說禱告醫療的效能源自於聖靈在人內在深處的工作。聖靈存於人的內在深處，所以一個人從患病到健康的轉變，就是他的身體從魔鬼之家轉變爲上帝的殿。病人得到醫治是因爲他們從一個「舊人」轉變爲一個「新人」。以Lerem的例子而言，這種轉變是由她從天主教改信新教所標示出來。

這種「土著的解釋」對研究者了解(宗教性)醫療提供有價值的線索。人類學家所能夠做的，是去檢視在醫療的過程中「屬人」的元素，就如Csordas(1994: xv)所建議的。那麼在上述信徒所說的「聖靈的工作」中，「屬人」的元素是什麼呢？要知道這個問題的答案，首先我們可以觀察醫療者在靈恩醫療聚會中的展演。其次，可以檢視病人和醫療聚會的參與者所經驗到的內容，因爲醫療的效力是以對病人的影響來判定的。此外，我們還可以注意病人在醫治前和醫治後實際的改變。

靈恩展演與經驗

Csordas(1997)提出了一個關於奇力斯瑪的措辭理論，認爲奇力

斯瑪的所在是在於措辭，也就是存在於口語勸說的方法，這種勸說會連結於一個異象。一些特殊的人物可能擁有不同程度的措辭技巧，使他們看起來擁有神秘的特質；或是某些人被認為擁有奇力斯瑪，是因為他們可以透過措辭技巧影響別人。所以奇力斯瑪是措辭工具的產物，能夠使領導者和追隨者相信世界是以某種特定的方式構成的。只要領導者必須運用措辭展演技巧，而追隨者必須有能力成為專注的聽眾，那麼奇力斯瑪領袖的人格特質以及追隨者的氣質傾向在這個理論中都是相關的(Csordas 1997: 139-153)。

對Csordas的理論做一些批判性的考慮之後，筆者認為這個理論可以應用於探討下述禱告醫療展演的例子。筆者提出三個點來考慮：措辭在基督教中的重要性、措辭作為展演行為、以及說話的體現面向。首先，措辭技巧應被理解為一種勸說的藝術。哲學家和文學理論家Kenneth Burke描述神學是「首要是口語的」以及是「關於上帝的話語」(Burke 1961: vi)。他並且提議去研究「宗教的本質作為措辭、作為勸說」(同上)。確實，基督宗教是一個話語的宗教，而勸說的措辭展演，例如傳福音和做見證，是感動聽眾改信的主要方法(參考Harding 1986)。如同我們將會看到的，禱告醫療就是由一連串的勸說所構成的，而且勸說提供了禱告醫療的動力。

這個觀點引導我們去將Austin(1962)所原創的說話行為理論與展演性說話觀念帶進來討論。他指出一些說話不只是描述性的，而是展演性的，而且實際上是一種做事的方式。所以在某些例子中，說某些話其實是做某些事。他也進一步對說話行為做了illocutionary面向和perlocutionary面向的區辨。前者是所說的話的表面意義，後者則是「對聽者、說話者或其他人的感覺、思想或行動產生因果的效應」(Austin 1962: 101)。例如這個問句：「你願意放棄天主教嗎？」，illocutionary面向就是語意表面的部分，而perlocutionary面向就是這句

話對聽者的心思意念所造成的影響，例如聽者心裡可能同意或拒絕這個問題，而旁邊的聽眾心裡可能感到興奮，也可能覺得不舒服。Austin這個理論已被許多學者應用在儀式語言的研究上（例如Bloch 1974, Tambiah 1979, Boyer 1990, Coleman 1996, Keane 1997, Csordas 1997），筆者稍後將會引用其中幾個相關的研究。

此外，我們也必須注意到說話有體現的面向。如同Merleau-Ponty指出的，說話是一種透過身體表達和溝通的模式（Merleau-Ponty 1962: 174-199）。首先我們要注意到，說話並不是思想的「符號」或表徵，而是一種「口語的姿勢」，在其中一個人在世界上占據了一個存在的位置去向觀眾表達他（她）的意圖。因而，觀眾「了解」口語的姿勢並不是透過智性的詮釋，而是透過他們自己和說話者並存於一個世界中的身體，以及透過對說話的姿勢調整自己或重新定位。這個點提醒我們措辭的技術是結合身體姿勢與口語姿勢的溝通。

現在我們已有充分地準備來看導致Lerem恢復和改信的關鍵事件。1998年10月21日黃昏，約30位信徒，大部分是婦女，聚集在Lerem的家中。筆者感受到一股奇特的氛圍，聽到人們交頭接耳，興奮地期待著什麼神蹟奇事會發生。

Taro對年輕的信徒來說已經成為傳奇人物，而年長信徒則懷念他在拉里巴教會服事時是「教會被聖靈充滿」的年代；有些人好奇他的長相，有些人則在猜測他為了這次醫療聚會禁食了幾天。終於他和幾個男性同工一起來到。他在屋內中央站好，其他信徒環繞而坐；他先對大家說「平安」，一一介紹和他一起來的各教會長老，然後說：

> 我希望你們不要看我們好像外星人或超人，就像你們大家一樣，我們是上帝的僕人。今天的醫治不是靠我們的能力，而是靠神的憐憫。在場的大家應該同心合意地禱告，那麼

Lerem就會好。我們將要使用長老教會的禱告方法，但是我
知道你們（指Lerem的父親和丈夫）是天主教徒，有你們自己
的方法。如果你們不同意我們的方法，我們什麼也不能做。

Lerem的父親和丈夫坐在信徒們的圈子以外，點了點頭表示答應。
Taro請有些緊張的Lerem坐在人群中央，並安排她親近的表姐妹坐在
她旁邊，這樣她們可以一起看詩歌本和聖經。

　　Taro邀請大家一起參加敬拜和醫療聚會。首先，他帶領大家（以
國語）唱歌讚美主：

> 當聖靈在我心，我要歌頌主，像當年的大衛王。
> 當聖靈在我心，我要歌頌主，像當年的大衛王。
> 我要唱（跳、讚美），我要唱（跳、讚美），像當年的大衛王。
> 我要唱（跳、讚美），我要唱（跳、讚美），像當年的大衛王。

這首詩歌大部分參加者都很熟悉，大家拍著手搖擺身體，以歡樂的旋
律和跳舞的節奏唱出來。我們的喉嚨漸漸暖和起來，大家反覆唱這首
歌並且逐漸提高音量。幾乎沒什麼暫停的時間，Taro開始連續唱兩首
讚美詩（以國語），是以緩慢和延展的旋律來唱。很多參加者記得這些
歌詞，她們邊唱邊閉起眼睛。

> 感謝耶穌，祢的愛極深；
> 感謝耶穌，祢恩典廣大。
> 揚聲歌頌主祢聖名，讚美又讚美不停。
> 祢是我的一切，祢是我主。
> 耶穌我愛你，俯伏在祢面前。

讚美敬拜祢，我主我王。

哈利路亞、哈利路亞、哈利路亞、哈利路亞。

當會眾持續歌唱時，Taro以柔和的聲音說(以排灣語)：「當大家唱這首歌時，讓我們默想耶穌為我們和我們的家人所做過的。讓我們表達出對耶穌的愛。從心裡面對祂說話。」一些參加者以很微小的聲音回應：「是的，耶穌，我愛祢。」有些參加者自由改變歌唱的速度和力量，以找到最好的表達情感的方式。大家持續地唱直到每一個人都滿足了，就一個一個停了下來。筆者身旁的幾個婦女流下了眼淚。大家抬起頭來看著Taro，他說(以國語)：

> 今天我要來談這個主題：「在基督裡凡事都能」。對基督有什麼事是不可能的嗎？〔停頓〕你們記得祂行了多少神蹟嗎？……祂曾經行走在海上，彼得想要跟隨祂。起初彼得像耶穌一樣行走在海上，但是接下來他往下看，看到海浪。彼得喪失了對耶穌的信心就立刻往下沉。〔停頓〕我們不是像彼得一樣嗎？小信的人？〔停頓〕如果我們不想變成彼得，我們就要將目光轉到耶穌身上……背起我們的重擔到祂那裡去。沒有什麼事是不可能的。〔停頓〕現在Lerem是我們大家的重擔，讓我們一起為她禱告。但是你可能會問，應當怎樣禱告？嗯，我們是人，不知道如何向上帝說話。這有點像你請美國總統幫忙，但你不知道如何開口，因為你不會講英語。你需要一位總統的朋友來幫助你，他可以代表你來向美國總統求情。聖靈就像是上帝的朋友，而且祂是我們最好的朋友。祂幫助我們禱告，所以我們能夠說出心裡真正所想要的……

　　在禱告之前，Taro先領導大家唱一首認罪悔改的歌，然後唱另一首歌請求耶穌寶血的大能和聖靈的大能，以輕快的節奏和凱旋的情緒唱出來：

　　　耶穌的寶血，耶穌的寶血，喝耶穌寶血的杯。
　　　像君尊祭司，像君尊祭司，神聖君尊的祭司。
　　　一直在湧流，一直在湧流，我主的血是至寶。
　　　以喜樂的心，唱讚美和榮耀，要永遠喝這杯。
　　　藉聖靈能力，藉聖靈能力，在生命中得勝。
　　　如馬可樓上，如馬可樓上，像主的使徒一樣。
　　　裡面被充滿，裡面被充滿，聖靈像大瀑布。
　　　在基督裡，在基督裡，勝利永遠是我們的。

然後Taro作勢邀請大家都站起來，手牽著手圍成一圈。Lerem還是坐在中央，Taro教她把雙手放在胸前。接著Taro帶大家連續唱了兩首和聖靈交通的歌，帶著默想的情緒。唱了兩遍之後會眾被鼓勵以自由的方式禱告或唱歌。Taro領頭作按手禱告(以排灣語)，將手放在Lerem的頭上，而他的助手們將手按在Lerem胸前的手上。當禱告的聲音響起時，突然有一個婦女(Izen)開始嘔吐，而她旁邊的兩個婦女顫抖了起來。另一位年輕婦女(Lalui)站在圓圈的另一邊，將她的禱告轉變成趕鬼的命令語句。她生氣起來，做出指著某些不歡迎的客人(魔鬼)的姿勢，命令牠離開：「你這個撒旦沒有權力留在這裡！你這狡猾的惡魔！你這毒蛇！離開！我奉耶穌的名綑綁你。」Lalui大聲的禱告，連同其他會眾的支持性回應或簡單地「阿門」，讓顫抖的婦女平靜下來。Izen也停止嘔吐開始唱歌，但她的歌聲逐漸轉變成嚎啕大哭，邊哭邊說：「耶穌，幫助我，幫助我的家人！我的信心不

夠！」這樣強烈的情感表現立刻沿著圓圈傳染開來，許多婦女大哭大叫。Taro察覺到了這個情況，就引導Izen將她的手放在Lerem的肩膀上。當Izen的手一碰到Lerem，Lerem就開始顫抖和嘔吐。Taro邊禱告邊將他的手按在Lerem的頸部，Lerem就吐的更厲害，也觸發附近的Maukai開始嘔吐。Taro和他的助手持續禱告，Lerem和Maukai就逐漸平靜下來。在角落裡有一位婦女的禱告聽起來很奇怪，說話速度非常快，到最後聽不懂她在說什麼語言了。在另一個角落，一位中年婦女（Homiku）大叫：「我的手臂！我的手臂！」然後全人被歡呼和眼淚充滿，向天仰望並伸開雙臂，大聲叫出來：「讚美祢！讚美祢！喔主！主啊！哈利路亞！哈利路亞！……」同樣地，Taro也引導這兩位婦女將她們的手放在Lerem身上。

然而並非所有的參加者都表現出如此強烈的情緒和行為。有些人只做了簡短的禱告，就停下來驚奇地東張西望。Lerem的父親和丈夫看起來很不自在，一些小孩好奇的在窗邊看，小聲說：「好恐怖喔！小明和小王的媽媽瘋了嗎？」當大家都逐漸安靜下來，Taro開始說話（以國語）：

> 讚美主！剛才我們已經看見聖靈的大能〔會眾：阿門〕。我剛才看到幾個黑影離開Lerem的身體，跳出窗外了。不要懷疑。這個屋子裡充滿了聖靈，所以我們聽到有人說方言，有人以喜樂的眼淚讚美主。這都是從聖靈來的〔會眾：阿門〕。
>
> 〔Taro轉向Lerem〕我知道你已經被（聖靈）觸摸了。妳流眼淚並且身體發熱，這是聖靈的工作〔會眾：阿門〕。但是妳必須放棄天主教。天主教就像平地的漢人一樣，是拜偶像的。他們拜神像並且拿香。這是不對的，因為上帝厭惡拜偶

像。如果妳放棄天主教，很快就會康復的。妳願意嗎？

Lerem點頭表示同意。Taro很高興並且邀請會眾爲她的改信禱告。當他們一起爲她禱告時，她跳起來大叫：「耶穌是道路、真理、生命。」聽到這句話，會眾鼓掌叫好；但是，她又以習慣的舞步，搖擺身體和雙手，走向十字架和牆上的祭壇。一些與會者以擔憂和害怕的表情看著她。但Taro並不擔心，輕鬆地微笑著，並且向會眾保證沒有關係，她的姿勢是來自聖靈，而不是來自撒旦；她已經幾乎康復了。

討論

勸說的分析

在以上的醫療聚會中，我們可以清楚地看到醫療者Taro自始至終都施展勸說的藝術。打從一開始，他站在會眾中央說他不是魔術師，醫療並不是他個人的能力秀。這句說話：「在場的大家應該同心合意地禱告，那麼Lerem就會好。」既是請求大家的支持、命令大家的投入、也是一個承諾。他對主人家庭的信仰表示尊重：「如果你們不同意我們的方法，我們什麼也不能做。」這是一個要求同意的illocutionary語言行爲，同時也帶點威脅的味道。然後他藉著身體的姿勢語言安排空間和會眾的身體，組織Lerem和一些與會者坐的位置，而其餘的與會者也調整她們的身體將自己放在正確的地方。病人被放在中心，周圍是她的姐妹們，再來是她的親戚們，而使病人成爲全場注意的焦點。Taro藉此動作要求病人要專注，同時也讓自己能專注在接下來的信仰行動中。

我們可以辨識出，勸說的主要目標是讓會眾確信聖靈的實際，並且帶領她們進入與聖靈有意義的交通關係之中，而此交通被相信是

有效治療的來源。我們也可以注意到Taro選了幾首歌並且發表兩篇短講，其中「聖靈」這個詞不斷地被說到。起初，與會者被引導唱「當聖靈在我心，我要歌頌主，像當年的大衛王。」

這句歌詞激勵會眾去像大衛王一樣討主的喜悅，並且暗示出當她們讚美時，聖靈已經在她們的心裡了。在第一篇短講中，Taro嘗試建立聽眾對耶穌應許的信心，並且藉著將聖靈比喻為親切慈善的人，好貼近聽眾的生活經驗。在認罪悔改之後，會眾被教導唱：「裡面被充滿，裡面被充滿，聖靈像大瀑布。」聖靈被比喻為大瀑布，而唱這句歌詞是去激發會眾期待的心，被洪水般的力量所淹沒。此外，Taro對各種現象例如說方言和狂喜讚美的詮釋，都是要說服聽眾去相信聖靈能力的實際。如同我們已經看到的，這些經驗都被證實是聖靈作用的彰顯，甚至連Lerem的敬拜舞蹈，Taro都要大家確信是聖靈的工作，而且是治癒的盼望的指標。

文化媒體與靈恩經驗

另一方面，我們也應該考慮像詩歌和音樂這些文化媒體所產生的效果。對當地長老教會信徒來說，或許基督教更接近詩歌的宗教而非話語的宗教。這個特徵在長老教會的《排灣聖詩》中被強調，其編者在序言第一句就說：「基督教是一個歌唱的宗教，教會是一個頌讚的團契。」[6] 在任何排灣族基督徒的聚會中，聖經解說或講道可以不要，但詩歌是必不可少的；而在靈恩聚會中，音樂和唱歌的品質對禱告的效力是重要的。Kapferer在其斯里蘭卡Sinhalese驅魔和治療儀式的研究中，論證在儀式中參與者意義和經驗的轉移與轉化，是透過音樂舞蹈的感官和藝術形式的動力性質，而被溝通、吸收、和促進

6　台灣基督長老教會排灣中會聖詩編譯委員會1996: 3。

(Kapferer 1983: 245)。音樂的特殊性存在於其內在時間結構，當專注於音樂的時候，聽者從世俗解離出來，而創造了一個「音樂時間」，在其中安排世俗生活的客觀時間被懸置起來，而時間被經驗為一股當下的持續之流，或「現在」的持續之流。這形成了一個「持續的現在」的統一，一個既是「過去」也是「未來」的現在，或說既沒有「過去」也沒有「未來」的現在(同上: 256-7)。Kapferer並沒有放很多注意力在歌曲和唱歌的行動。如同我們已見到的，唱詩歌的人藉著控制發聲器官，產生了音樂品質諸如節奏和旋律；同時藉著注意詩歌本和他人的歌唱而產生話語和歌詞。當專注於歌時，歌唱者不僅經驗到時間是「現在」的持續之流，也經驗到空間是「這裡」。這是懸置了客觀空間(或以自然科學量度的物理空間)的結果，而恢復了對「屬人空間」的察覺，是透過她們自己的身體所經驗到的。透過唱歌的行動，歌唱者創造了一個時空，立基於她們的身體，以加強的「這裡」、「現在」的感覺為特徵。

　　此外，靈恩聚會中歌唱的風格和一般禮拜中所使用的有顯著的不同。在後者的情況，崇拜者跟從帶唱者的指示，何時開始何時結束，並且跟著彈樂器者的節奏。換句話說，唱歌受到較緊的控制，而集體的和諧是重點。相對而言，靈恩聚會較強調個人表達的自由。所以一首簡單的歌會重複唱好幾遍，在這拉長的時間中每一位歌唱者被鼓勵去探索創新的表達方式。藉此方法，歌唱者被期待能趨近真誠和自發的理想(請參考Keane 1998)。更進一步說，我們可以注意到Taro經常要求與會者要「從心裡」唱歌和禱告。「心」排灣語稱為*varung*，對當地基督徒來說有特殊的意義，因為那是他們和聖靈相遇的地方。*Varung*是感覺、情感和欲望的中心，也是聖靈的座位，就如第一首歌所說的：「當聖靈在我心。」在靈恩聚會中，透過唱歌來「打開」參與者的過程，首要地就是打開參與者的「心」，好讓她們能對詩歌的

意義和美感敏銳，也對其他參與者的感覺和病人的受苦敏銳。而同樣重要的是對聖靈的效應敏銳，這些效應經常以即興的感覺和情緒的方式湧現出來。從領會者的觀點來看，真誠的唱歌是創造一個參與者容易被說服的氛圍的關鍵步驟，不管此說服是來自領會者本人或是來自神聖的力量。

　　禱告理想上是這個過程的持續，這樣和上帝的溝通才會真誠，或依當地基督徒的說法：「是來自心底。」在本文禱告醫療聚會的例子中，禱告段落開始之前唱了兩首靈交的詩歌，可以提供一些必要的動能，將使用較形式化的語言的唱歌，轉換成使用日常語言和神溝通的禱告。更詳細地檢視這些詩歌，並且了解它們對與會者的影響，將有助於了解其後所發生一連串的事。這兩首歌的形式，是和神的對話，歌詞如下：

> 神啊我的心切慕祢，如鹿切慕溪水。
> 唯有祢是我心所愛，我渴慕來敬拜祢。
> 祢是我的力量盾牌，我靈單單降伏於祢。
> 唯有祢是我心所愛，我渴慕來敬拜祢。
>
> 我的靈真渴慕，聖靈再膏抹我，
> 我的靈切切懇求祢。
> 我的靈真渴慕，聖靈再膏抹我，
> 我的靈切切懇求祢。

Izen 30歲出頭，是四個孩子的母親，在部落中以很會唱歌而出名。在禱告段落剛開始的時候，她出現了很強的嘔吐的衝動。聚會後的隔天我訪問她(以國語)，談到在聚會中的經驗：

〔Izen〕：我很喜歡這兩首歌，但我們不能隨隨便便唱。唱
　　　　　這些歌需要敞開自己，讓聖靈進來，所以你必需
　　　　　預備，有點像預備「一顆清潔的心」。

〔譚〕：在唱的時候妳有什麼感覺呢？

〔Izen〕：第一次唱的時候，實際上沒什麼感覺，只是覺得
　　　　　很優美，還想再繼續唱。然後我想到我就像一隻
　　　　　口渴的鹿，尋找溪水，而神就是我的力量盾牌。
　　　　　我對自己說，阿門，這正是我曾經經歷的。再跟
　　　　　著這些歌詞我了解到必須在神面前有正確的態
　　　　　度，大概是謙卑和愛慕吧！第二首歌剛好幫助我
　　　　　這麼做。我求聖靈來膏抹我，我一直唱一直唱，
　　　　　然後我的心好像被什麼東西打到，很強，很溫
　　　　　暖，有點像是一道流流經我的胸、胃……

從這段談話我們可以了解第一首歌幫助Izen去察覺她和神的關係，在
此關係的意象中她是一頭口渴的鹿而神是她的盾牌。這個意象告訴她
她是軟弱而匱乏的，而神是堅強的能夠保護她。這首歌還提醒她過去
的經驗，神幫助她並且愛她；並且還提醒她要留心對神的態度，必須
是正確的，因為神就在她的面前。

　　從這些資料，筆者認為靈恩聚會中的唱歌是一種行動，讓唱歌者
意識到和神聖的他者的關係，也讓唱歌者強烈地注意到神聖者的性
格。唱歌也是一種定向的行動，讓唱歌者調整她(他)關連於神聖者的
存在位置。筆者先前曾主張唱歌能夠創造出立基於唱歌者身體的主體
的時空，並且創造出強化的「這裡」和「現在」的感覺。更進一步並
且更重要地，筆者認為唱歌能夠創造出一個互為主體的時空，在其中
唱歌者和神聖者是在相互的並且同時性的關係中。除此之外，兩者也

處於空間的親密關係中，就像「當聖靈在我心」和「聖靈再膏抹我」這些歌詞中所表達出來的。

　　這種和神聖者的時空關係是否只是想像的或比喻的呢？在其關於瑞典新教徒「話語／信心」運動的研究中，Coleman(1996)指出從旁觀者的觀點來看，信仰者實際所表達的可能被當作描述和神聖者關係的比喻。但是他認為：「語言被相信不只是能描述經驗，還能構成經驗，並且產生經驗。」(同上: 113)筆者認為這個論點可以支持拉里巴長老教會信徒的唱歌與禱告的實踐。例如，當Izen在唱「聖靈再膏抹我」時，她覺得身體內有一股暖流。這就是許多「膏抹」經驗中的一種。確實在許多當地基督徒的經驗中，當她們為求膏抹唱歌或禱告時，她們就會實際被膏抹。也就是說，當地信徒相信，膏抹就是敬拜者和神的關係在存在層次上的轉變，而不僅僅是象徵層次上的。

　　因此，「膏抹」被認為是有效禱告，也就是在聖靈中禱告的條件。「膏抹」標示出聖靈在信徒身上運作或是充滿在她們的身體內。當地排灣語稱「膏抹」為peluqan，是「充滿」的意思。在此意義下，身體是一個容器，被膏抹就是被聖靈充滿。雖然「受膏者」有「被揀選」的含義，但原則上「膏抹」並不限於醫療者，在靈恩聚會中每一個人都能被膏抹。那麼到底膏抹的經驗是什麼呢？它和醫療有什麼關係呢？要回答這些問題，我們先聽聽醫療者的解釋，而其中Taro的說法算是典型的：

　　　〔Taro〕：當我為病人禱告時，會覺得手掌變得沉重，手指
　　　　　　　　有發熱的感覺。就好像有些能量充滿在手上，並
　　　　　　　　且也充滿在我的全身。那麼我就知道神按手在我
　　　　　　　　身上，聖靈即將透過我來工作。所以我會靠近病
　　　　　　　　人，將手放在他有病的部位。我會立刻感覺到他

　　的痛苦，這讓我的心很沉重。我可以感受到他的
　　心思，期待我去幫助他。我向神禱告有憐憫在他
　　身上，拯救他，然後就有能量從我的手流向他的
　　身體。如果他的身體發熱，或流出眼淚，我就知
　　道聖靈正在工作。

〔譚〕：當你為Lerem禱告時發生什麼事呢？

〔Taro〕：一開始並沒有什麼效果，她的身體像石頭一樣冷
　　冷的。我的助手有同樣的感覺。我向神禱告，祂
　　告訴我今天晚上祂要使用其他人。我等待並且
　　看看周圍，發現Izen在哭，我知道她已經被膏抹
　　了，所以我引導她把手放在Lerem身上。立刻就
　　有效果，Lerem嘔吐，我知道聖靈正在潔淨她。
　　我禱告她的罪被耶穌的寶血帶走，但我就是覺得
　　我們只是走到半路。然後Lalui和Homiku被聖靈
　　充滿，我說，阿門，然後帶她們去按手在Lerem
　　身上。她終於打開她的心接受聖靈。

在此例中的膏抹是被感覺為一股能量，使Taro的身體，特別是手發
熱。膏抹和按手的行動是息息相關的，因此Taro因為被神按手而被膏
抹，然後他再按手在病人身上使他們被聖靈膏抹。因此Taro的身體就
是神聖能量的傳導體。此外，就像上述的例子所顯示的，靈恩醫療者
本身未必在醫療聚會中被膏抹；在這種情況下，醫療者的工作不過是
去找出被膏抹的人，像Izen和Lalui，然後引導她們去將被膏抹的狀態
做最好的運用，因為膏抹的狀態只維持一段短暫的時間。

　　現在我們可以轉向病人的解釋了。醫療禱告聚會三天後我試著訪
問Lerem，那時她已經比較有自信能和人說話了：

〔譚〕：妳還記得那一天晚上發生的事嗎？

〔Lerem〕：喔，我怎麼會忘記？當我聽到唱歌的時候很興奮，想站起來跳舞，但Taro叫我安靜坐著聽就好。然後就有很多手在我身上。我突然想吐，我停不下來，吐到沒有力氣。

〔譚〕：那一定很不舒服。然後呢？

〔Lerem〕：就是很吵，你也知道。我很害怕。Taro小聲對我說：「不要怕」，叫我閉上眼睛，把雙手放在胸前，然後他按手在我身上。我覺得越來越熱。Taro小聲說：「上帝甚至照顧在野地的百合花，祂難道不會照顧妳更多嗎？Lerem」我說：「阿門」，開始流眼淚。我裡面有些硬硬的東西好像融化了，裡面有暖流升起，好像泉水……

〔譚〕：之後有覺得比較好嗎？

〔Lerem〕：是啊，當然。之前我像在作夢，你知道的。Maukai幫我禱告之後，我經常在房子周圍，看到有人穿著白衣，像耶穌一樣。晚上我會看到神壇和十字架發光，所以我會站起來拜它們，直到沒有光。我在天主堂看到同樣的光。你在那裡，不是嗎？醫治禱告之後，我好像從夢裡醒過來。十字架不會再發光了，我發現耶穌在心裡……Lalui說我是一個「新人」，因為我重生了。她是對的，我想。

很明顯地，Lerem也經驗到膏抹像一道暖流，如Taro所說的，被當地基督徒了解為潔淨的證據。此外，膏抹的狀態不僅是藉由按手而達

成，也是藉由說話行為：「上帝甚至照顧在野地的百合花，祂難道不會照顧妳更多嗎？Lerem。」這些話對Lerem有什麼特殊意義呢？

　　請記得，Lerem經常稱自己為一朵「花」，而且在十字架前跳舞的動作就像花開。筆者想提出花是她的自我意象，而她努力向神聖者打開自己，像開花一樣。但是如天主教神父所指出的，她的「心」並沒有向耶穌開放，即使她已經跳得精疲力竭。如前面所述，「心」是一個人的內在，是人和聖靈相遇並且有交通的位置。對當地基督徒來說，Lerem走錯了方向，因為她只是外顯地向神開放，而不是在內心裡向神開放。在醫療的段落中Taro限制她舞動的傾向，命令她安靜地坐著，這使她成為一個被動的神聖恩典的接受者。藉著閉上眼睛和雙手放在胸前，Taro將她的注意力轉向內在。以此方式，並經由會眾的唱詩和禱告，她能注意到神聖者正摸著她的心。在語意的層次上，Taro藉由「野地裡的百合花」的比喻，將她帶到和神親密的關係裡，因為這個比喻和她的自我意象密不可分，而且帶著一種保證「上帝照顧……」。但是另一方面，Taro說的那句話也嘗試將Lerem和花的自我意象分離開來，讓她察覺自己是人的特殊存在地位，上帝會「照顧更多」。Lerem的反應告訴我們，這句話碰觸到她的內在部分，而導致她經驗到聖靈的膏抹。這又是另一個可以支持上述Coleman論點的例子。

什麼被醫治了？

　　現在我們可以回到這個問題，在Lerem的案例中，到底什麼被醫治了？從她的話中我們可以知道，在禱告醫療聚會之前她被（她認為是）神聖者的奇怪跡象所吸引，而她以無法控制的強迫行為表達她的虔誠。她想透過敞開自己和神聖者建立親密的關係，但結果卻是和神聖者越來越疏離。醫治的焦點是潔淨她的內在部分，除去她和神聖者關係的障礙，並且讓她發覺神聖者可以進入她最內在的部分，而且她

可以在心裡和神聖者相遇並有交通，只要她停下自己的努力，而向神的能力敞開。Lerem被醫治的，首先是恢復了一種知覺：就是她是一個人，她的心有能力去和神聖者結交親密的關係，並且以正確的取向和態度。

其次，對當地基督徒來說，被醫治是一種從「舊人」轉化成「新人」的過程。他們所強調的是不管患病和得到醫治，都不能單純地看作是「宗教的」。患病不僅是屬靈的危機，也是社會的危機。因此醫療的目標，不僅是和「神聖的他者」建立正確的關係，也是將一個病人從和她(他)重要的「社會他者」疏離的狀態，轉化成有關係有交通的狀態。就此意義而言，筆者論證在拉里巴聚落所彰顯的東部排灣族文化中，被醫治不是像Csordas所提出的轉化成「神聖的自我」(sacred self)，而是恢復到一個「奉獻的人」(devoted person)的狀態，就是一個人不僅有能力和神聖界結交親密的關係，也能夠關懷照顧社會他者的需要。

人們判斷Lerem已經得了醫治，並非只是從她虔誠研讀聖經和上教堂，也是從她很快地做起家事，恢復了賢妻良母的角色。更有意義的是，她發覺到家屋的狀況。這個家屋是一棟一層樓的水泥建築，屋前有兩根柱子，前院是泥土的。和村中其他的房子比起來是有點寒酸。雖然她已經嫁出去了，二妹繼承了房子，但她名義上還是家中的老大，應該照顧家屋和離了婚的父親。因此她要求她的丈夫在前院鋪上水泥地，並且重新做室內裝潢。在和家人回到台中市之前，Lerem向Maukai道別，送她一條項鍊做為禮物，以感謝她的救命之愛。

結論

綜合上述，本文可以推論出的第一個結論是奇力斯瑪的所在，並

非僅僅是在領導者的特質或人格。如前所述,在Taro的開場白中強調他不是超人,而是像其他基督徒一樣的平凡人。醫治是集體而非個人工作的結果,而每一位參與醫療聚會者的貢獻對醫療的功效都是重要的。如同我們已看到的,醫治的能力不只是由Taro的措辭展演所媒介,也透過詩歌和音樂等文化媒體,語言和比喻的象徵資源,領會者說服能力和參與者虔誠的互動,以及充滿情感能量、人性溫暖、神聖能力的身體。筆者已經清楚地呈現出,領會醫療者未必是被膏抹的那一位,而奇力斯瑪是由和神聖者的互動所產生,並且分布在參與者當中。

筆者提出,這項分析的結果符合當地人對奇力斯瑪(或靈恩)的觀點。對當地長老信徒來說,醫治能力並不是來自醫療者本身的能力,或是領會者的特質;奇力斯瑪(靈恩)是從神而來,特別是從耶穌的聖名和寶血而來。靈恩醫治本質上是一種信心醫治,也就是說,本於信心和透過信心來醫治。一些病人得到醫治而另一些病人沒有,其中最重要的因素就是信心,包括病人的信心,也包括醫療者和參與者的信心。就此意義而言,奇力斯瑪(靈恩)確實是從神而來的禮物,而非醫療者的特質或人格。

更進一步而言,筆者已經強調奇力斯瑪(靈恩)是透過膏抹的過程,體現出來的神聖醫治能力。身體是一個容器,而要盛裝聖靈,身體內在首先必須得著潔淨,藉由像嘔吐的行為來達成。排灣人認為嘔吐(*mutjaq*)是不健康狀態的標誌,例如醉酒的人會吐出污物,病人會吐血。但另一方面,嘔吐可能是正面的標誌,因為把髒東西從一個人裡面吐出來之後,人就變得乾淨和健康了。所以對拉里巴長老教會信徒而言,嘔吐是獲得醫治的必要階段。讚美、唱詩和認罪悔改的行動,也具有潔淨的功能。正如Izen和其他與會者所認知到的,這些敬拜的行為是為著預備「一顆清潔的心」。如前面討論過的,禱告醫療

的程序必須有打開的過程，也就是讓會眾的知覺和感性敞開，以達到真誠的理想，而這是和神聖者有真實交通的先決條件。筆者想論證，從信徒的觀點來看，敞開的過程也就是一連串將他們自己獻給神聖者的行動。這個過程開始於參與信徒將聲音和身體獻上成爲讚美的器皿，接著獻上他們的心思默想耶穌，獻上他們的心靈表達對神的愛。當他們聽講道時，受到激勵要去同情病人，然後在神面前認罪悔改，在神面前降伏並尋求神的供應。從互惠的觀點來看，這個過程也是一連串從神聖者領受禮物的行動：當讚美和唱歌時，他們領受喜樂；聽道時，領受信心；禱告時，領受聖靈充滿，具體地彰顯在流下眼淚和暖流在身體內湧流的經驗。

這裡有一個有趣的語言與文化的點，因爲對排灣人來說，「溫暖」（*nazmalangzang*）的感受和「被祝福」、「豐盛」的感受是緊密關聯的。「溫暖」也和「努力」（*zangalan*）、「珍賞」（*pazangal*）、「熱心」（*kisazangal*）等詞彙相關聯。在此特定的脈絡中，雖然參與信徒可能會主張他們所領受的比他們所付出的多得多，但筆者認爲說他們所領受的神聖的溫暖是對他們熱心奉獻的回禮，也並不爲過。

除此之外，我們可以注意到在整個靈恩醫療的過程中沒有使用外在的物作爲奇力斯瑪（靈恩）的媒介物。惟一被使用的可見和穩定的物，大概就是身體了。如前所述，使禱告和按手有功效的是身體的膏抹。這是爲什麼當地基督徒強調禁食作爲禱告的預備的重要性，因爲禁食的宗教意義是：「將身體獻上當作活祭，對神是聖潔和可喜悅的」。在禁食期間，他們限制自己吃的欲望，擱置和物質世界的牽涉，而將注意力轉向栽培屬靈的世界及加強和神聖者的關係。藉此方法，他們想達成將全人獻給神的理想，也就是「屬靈犧牲」的理想。如同我曾觀察到也親身體驗到的，在禁食期間和禁食剛結束時，膏抹的經驗更容易發生。

　　相對而言，在傳統醫療儀式中醫治的能力是透過物質媒介傳遞到病人身上。即使一個巫師被祖靈附身並且為祖靈代言，但光有巫師的身體不能有醫療的效果。醫治的能力是附載於聖化後的犧牲祭肉上。在這裡，或許我們能找到一個基督教靈恩醫療和傳統醫療關鍵的相同點，也就是，醫治的能力是包含在犧牲中。在傳統醫療的情況，犧牲是由動物來完成；而在靈恩醫療中，犧牲就是參與者的身體。這個相同點有另一件事實來支持，因為部分長老教會信徒使用"*papu luqem*"作為「膏抹」的同義詞；"*papu luqem*"的本義是「增強能力」，並且是傳統儀式中聖化犧牲品的關鍵程序。那麼在靈恩醫療中，參與信徒是不是也被"*papu luqem*"之後，被聖化為醫治能力的承載體呢？筆者認為，部分受傳統文化影響較深的長老教會信徒，確實會有這樣的想法。

　　當然以上兩種犧牲的存在形式是不同的，一個是動物，一個是人，而動物和人的主要差異在於，人會說話而動物不能。Keane提出，在許多基督宗教派別的傳統中，說話都是「物質與非物質、可見的與不可見的、內在與外在的主要媒介者」（Keane 1998: 24）。如同前述，靈恩醫療是經由各種各樣的說話行為來進行的，包括讚美、講道、禱告和歌唱（可被視為禱告的音樂形式）。筆者曾經應用Coleman（1996）的論點，來論證在這些說話行為中語言的使用不僅是描述經驗的比喻，也是構成經驗和產生經驗的媒介。這些說話行為不只是溝通的工具，也是轉化參與信徒與神的存在關係的工具。

　　在這樣的光照下，我們是否能推論，在排灣族的歷史與宗教脈絡中，基督教靈恩醫療者是傳統女巫師角色的延續呢？在醫療者為女性的情形裡，兩者確實有許多相似性，甚至有部分基督徒醫療者本身也承認和女巫師有共通之處。但是如筆者在歷史脈絡那一段所說明的，在拉里巴長老教會信徒社群中，沒有任何一個女巫師改信後成為靈恩

醫療者的例子，而且靈恩醫療者是在巫師傳統斷裂的歷史脈絡中才興起的。筆者嘗試提出來的論點是，靈恩醫療者或許是在新教脈絡中女巫師的代替者。在傳統宗教中女巫師是人類和神靈之間的中介者，也是傳統規範的護衛者。而在基督新教中，靈恩醫療者也被認為是人和神之間的中介者，同時是信徒們如何過敬虔生活的模範。雖然當地的基督新教，和其他世界各地的新教一樣，鼓勵每一位信徒尋求和神的直接溝通，而不像天主教需要神父和教士的中介。但實際上不是每一位信徒都願意如此做，也不是每一位信徒都能靠自己享受和神的親密關係。因此有許多新教徒（在本例為長老教會信徒）相當依賴靈恩醫療者幫助他們去經驗不可見的世界的能力，以及或許是最重要的，經驗得到醫治。

參考書目

台灣基督長老教會排灣中會聖詩編譯委員會

    1996 排灣聖詩。屏東：排灣中會。

張金生

    1997 台東縣達仁鄉鄉誌。達仁鄉公所委託。（作者自印）

蔣斌、李靜怡

    1995 北部排灣族家屋空間與意義。刊於空間、力與社會，黃應貴主編，頁167-212。臺北：中央研究院民族學研究所。

Austin, J. L.

    1962 How to do Things with Words, Oxford: Clarendon Press.

Bloch, M.

    1974/1989 Symbols, Songs, Dance, and Features of Articulation: Is Religion an Extreme Form of Traditional Authority? European

Journal of Sociology 15（1）: 55-84.（Reprinted in Ritual, History, and Power. pp. 19-45. London: Athlone Press. 1989）

Bourdieu, P.

　　1977 Outline of a Theory of Practice. Cambridge: Cambridge University Press.

Boyer, P.

　　1990 Tradition as Truth and Communication, Cambridge: Cambridge University Press.

Burke, K.

　　1961 The Rhetoric of Religion: Studies in Logology, Boston: Beacon Press.

Carsten, J.

　　1995 The Substance of Kinship and the Heat of Hearth: Feeding, Personhood, and Relatedness among Malays in Pulau Langkawi. American Ethnologist 22(2): 223-241.

　　1997 The Heat of Hearth: The Process of Kinship in a Malay Fishing Community. Oxford: Oxford University Press.

Carsten, J. and S. Hugh-Jones, eds.

　　1995 About the House: Levi-Strauss and Beyond. Cambridge: Cambridge University Press.

Chiang, Bien

　　1993 House and Social Hierarchy of the Paiwan. Ph. D. thesis, University of Pennsylvania Coleman, S.

　　1996 Words as Things: Language, Aesthetics and the Objectification of Protestant Evangelicalism. Journal of Material Cultural 1 (1): 107-128.

Csordas, T.

　　1994 The Sacred Self: A Cultural Phenomenology of Charismatic Healing, Berkeley: University of California Press.

　　1997 Language, Charisma, and Creativity: The Ritual Life of a Religious Movement. Berkeley: University of California Press.

Errington, S.

　　1987 Incestuous Twins and the House Societies of Southeast Asia. Cultural Anthropology 2: 403-44.

Harding, S. F.

　　1987 Convinced by the Holy Spirit; the Rhetoric of Fundamental Baptist Conversion. American Ethnologist 14 (1) 167-181.

Kapferer, B.

　　1983 A Celebration of Demons. Oxford: Berg.

Keane, W.

　　1997 Religious Language. Annual Review of Anthropology 26: 47-71.

　　1998 Calvin in the Tropics: Objects and Subjects at the Religious Frontier. In Border Fetishisms: Material Objects in Unstable Spaces. Patricia Spyer, ed. New York: Routledge.

Levi-Strauss, C.

　　1983 The Way of the Masks. Trans. S. Modelski. London: Jonathan Cape.

　　1987 Anthropology and Myth. Oxford: Blackwell.

Merleau-Ponty, M.

　　1962 Phenomenology of Perception. Trans. J. Edie. London: Routledge & Kegan Paul.

Stott, J.

    1986　The Cross of Christ. VIP Press.

Tambiah, S.

    1969　The Magical Power of Words. Man 3: 178-208.

    1979/1985　A Performative Approach to Ritual. Proceedings of the British Academy 65: 113-169. (Reprinted in Culture, Thought, and Social Action. pp. 123-166. Cambridge: Harvard University Press. 1985)

Tan, Chang-Kwo 譚昌國

    2001a　Mediated Devotion: Tradition and Christianity among the Paiwan of Taiwan. Ph.D. diss., University of London.

    2001b　Building Conjugal Relations: the Devotion to Houses amongst the Paiwan of Taiwan. In Home Possessions: Material Culture behind Closed Doors. D. Miller, ed. pp. 149-172. Oxford: Berg.

    2002　Syncretic Objects: Material Culture of Syncretism among the Paiwan Catholics. Taiwan. Journal of Material Culture 7(2): 167-187.

    2003　Tradition and Christianity: Controversial Funerals and Concepts of the Person among the Paiwan, Taiwan. Oceania 73(3): 189-207.

Weber, M.

    1947　The Theory of Social and Economic Organization. Trans. A. M. Henderson and T. Parsons. New York: Free Press.

第六章
噶瑪蘭人Saliman(獸靈)的社會想像：
流動的男性氣概與男性權力

劉璧榛
中央研究院民族學研究所助研究員

　　男女區辨是大部分台灣原住民社會互動中隱喻象徵的來源，因此性別是了解台灣原住民宗教與儀式變遷非常重要的面向。本章將聚焦分析噶瑪蘭人Saliman大型獵物的靈魂信仰，及其相關獵頭、打獵活動的象徵再現，看噶瑪蘭男人的男性氣概與權力，如何透過此信仰實踐主動地在動態中建構起來。換句話說，本章將藉由分析噶瑪蘭人對Saliman(獸靈)的多元想像，看這個獸靈意象如何捲入一連串相關連的政治經濟與性別化的實踐，被作爲建構男人與女人、男人彼此之間社會關係的政治策略。

　　早期Margaret Mead(1935)從一個人的生命週期切入研究男性氣質，她以巴布亞新幾內亞不同社會中的民族誌，探討文化結構如何制約男性的社會人格。經過四十多年，女性主義崛起後，性別的議題更廣泛在人文社會學科研究中燃燒蔓延。比起先前Mead的研究，Gilbert Herdt(1981, 1982)則更聚焦在男性集體的成年禮儀式，看男性氣概如何在扮演社會化的儀式實踐中被建構起來。Maurice Godelier(1982)也用這種男性中心的身體、符號的象徵實踐，更進一步理解男性支配的社會運作邏輯。Pierre Bourdieu(1998)以去歷史化阿爾及利

亞Kabyle人的民族誌資料，也思考哪些機制及機構再生產這些無意識的男性支配象徵結構。換句話說，(再)生產男性支配的男權制，有其相對應的男性氣質，而形成這種相關的男性氣概必須通過儀式、競爭的機構體系與經濟結構的歷史等，及背後有一套象徵體系在運作，並非偶然發生，或僅是單純腦中的一個概念或是人格身分。這些理論都相當注重男女或男人間的權力關係，不過較忽略變遷的問題和殖民者帶來的影響，以及男性社會化的研究中，多半假定行動者是被動的學習。

1990年代之後的男性研究接受後現代及全球化帶來的挑戰，Andrea Cornwall及Nancy Lindisfarne(1994)企圖從女性觀點及後現代的詮釋方式，將焦點放在性別形成過程的流動性上，強調定位及描述男性認同的多樣性，以拆解(dislocate)男性氣概的種種支配形式。R.W. Connell(1995)則關心西方社會如何形成男性氣概，及不同類型的男性氣概之間的聯盟、支配與從屬關係，如何通過排斥、包容、親近與剝削等實踐活動，使這些關係得以建構。本章節將研究女性擁有較高社會地位及權力的台灣原住民噶瑪蘭社會，從其對Saliman獸靈的社會想像及男性較個人性的相關信仰儀式切入，看男人如何透過日常生活中的實踐確證自己，並且與其他女人及男人建立關係，成為一個社會主體，以提供結合宗教、儀式變遷、男性氣概與男性權力研究的新框架。

男性氣概的定義是人與特定的歷史環境辯證而來，不是一成不變，因此我們將從19世紀初噶瑪蘭人受到漢移民衝擊、及後來日本殖民、1950年代基督宗教進入，到近年來族群關係改變的脈絡下，來探討Saliman(獸靈)中具流動性的男性實踐、重構與替換。另外，我們也從情感表達面切入，看這個Saliman(獸靈)的社會想像如何成為男性面對變遷的社會壓力下，一種情感抒發的方式。如此，讓我們在社

會外部力量與內部動態變遷的交互影響脈絡下，理解男性氣概非穩定性的養成及男性權力產生的社會邏輯，及性別多元權力形成的社會過程。

一、噶瑪蘭社會的背景

噶瑪蘭社會屬於鄰近區域大洋洲研究中的gender-inflected society (Lindenbaum 1987: 222; Gregor and Tuzin 2001: 8)，其社會組織、內部親屬範疇的界定、群體認同、人觀(notion of person)到自我認同(self-identity)都建立在男女性別二元分立上(sexual dichotomy)。如同此區域內的社會，噶瑪蘭社會內男女之間有明顯的經濟或儀式上的差異化，不過男性在噶瑪蘭社會中所占的位置及權力性質，與這些big man或great man男性支配社會中的男人差異甚大(A. Strathern 1971, 1993; M. Godelier 1982; M. Godelier and M. Strathern 1991)。在19世紀初漢人大量進入噶瑪蘭人祖居地宜蘭平原之前，其物質與非物質的財產繼承沿襲母系制度，婚姻方式以男性入妻家為理想狀態，能入妻家者是對男人的肯定，表示男人很有能力及勤勞的美德等，公雞是其對已婚男性的理想意象(劉璧榛 2007)；婚後是從母居型態，男性為妻家耕種及創造財富。這種社會組織方式逐漸受漢人父權生活形態的衝擊，打亂了噶瑪蘭人的性別關係並代之以新的性別關係，大部分的噶瑪蘭人同化於漢人文化。而喪失土地、不願意留在宜蘭與漢人共居者，被迫南下進入奇萊平原。隨後在1878年加禮宛事件之後(康培德 2003)，再被迫散居於花東縱谷與東海岸區，與同是母系社會、但仍為旱田耕種的阿美族比鄰而居，或是混居於多數阿美族人間。於19世紀末形成的PatoRogan(花蓮豐濱鄉新社聚落)，也是筆者本章的主要田野地，就是一例。

　　1920年代左右，日本殖民政府以武力禁止區域間的獵頭，大力推廣水稻耕種，阿美族男性人口移入，部落內開始跨越族內婚界線逐漸與阿美族通婚。現今該聚落的噶瑪蘭人口約有80戶、共300人左右，並且與ToRbuwan（哆囉美遠人）融合在一起，是唯一沿襲部分傳統與不斷創新聚落生活型態的聚落。然而，「噶瑪蘭族」一詞，逐漸成為一個族群含噶瑪蘭人、哆囉美遠人及少數阿美族人跨地域的整體性自稱，也就是當代噶瑪蘭人之族群意識的凝聚與族群性（ethnicity）的形成，是在1987年後以儀式歌舞展演活動做為一種認同運動，而逐漸發展起來。政府於2002年底正式公開承認噶瑪蘭族為原住民族中的一員。到今年散居在台北、宜蘭、花蓮、台東的噶瑪蘭人完成政府身分認定者共有1092人。

　　噶瑪蘭人特殊的母系社會組織與文化，在19世紀初首先受到漢人男性中心文化與挾帶政經優勢的巨大衝擊。接著20世紀初受日本同是男權中心社會殖民文化的影響，其母系文化樣貌已逐漸式微變成廢墟。到了1960年代僅剩PatoRogan（新社），仍實行男性到女方家的交換婚與母系財產繼承制。在此時期之前，稻米生產是新社部落主要的生計經濟與財富。稻米透過*kisaiz*成巫禮及巫師年度的治病儀式*pakelabi*在跨家族及區域團體間被象徵性再分配，此活動在1970年代現代化、資本化之前曾經是部落主要的社會性再生產模式。過去噶瑪蘭人的社會中，女性擁有財產權（如土地、家屋）、稻米生產分配權及重要的巫師祭儀主導權。此社會中，物質／非物質財富與權力連結在一起，財富賦予人某些特殊的權力，權力也會為人帶來某些物質上的利益。

　　但是另一方面，跟財富無關反而也能獲取某些權力，如男性在累積財富上位於相當邊緣的位置，所以被認定不會捲入複雜的物質衝突中，因此獲取某個程度的相對權力（counter-power），被期待成為中立

的裁判者，以維護部落內的和諧與致力公共事務的推展。但是並非每個男人都能獲取此種權力，它必須經由男性之間彼此競爭的方式取得。然而，競爭作為測試男性氣概的示範地位決非自然產生，而是作為一種政治策略而營造的，如男性在身體上必須表現出超強的本領，及在男性年齡組織中得表現出領導的能力，還有在其他男性專屬的活動中也要表現傑出，如過去的獵頭[1]或直到今天仍持續的打獵。通過這些機制與活動的競爭，男人與女人之間及男人之間的社會關係得以建立。

「頭目」、「勇士」及「獵人」是三種透過競爭在傳統社會中男人可獲取具極高社會威望的位置，套用R. Connell(1995)支配型的男性氣概概念，這三種是噶瑪蘭人典型的支配型男性氣概。頭目是部落之首，擁有最高的公共仲裁權力與領導權，勇士與獵人比較是在戰爭與打獵領域內掌控死亡之權，與靈魂信仰息息相關，其權力位階較低，不過有時候藉由超自然力其盛氣會凌駕頭目之上，讓人有畏懼感。然而，這三種並非僅是特定的男性氣概類型，而是男人透過日常生活實踐，尋找認同確認自己作為男人的多種方式。本章接下來將重心放在與獵人相關的Saliman象徵再現上，藉由分析其動態的變遷實踐過程，來理解噶瑪蘭人的男性氣概、男性權力之生成及其性質。

日本從1895年開始殖民台灣，以武力嚴格禁止獵頭，一方面也以文化政策貶低、污名化獵頭，改由總督府維持區域間的秩序，在如此殖民勢力文攻武嚇下獵頭於1930年代逐漸消失。但是噶瑪蘭人與獵頭相關，「居住」於人頭或大型動物頭骨內的*tazusa*(指第二個人／動

1　關於獵頭的研究可參考劉璧榛2004: 151-181。獵頭被禁止後，一個男人無法再藉由拿取人頭獲取／累積功勳與相對的權力，改由參加日本兵或義勇兵，及後來的國民政府兵的成就取代。

物：靈魂)之信仰，仍然在多種的想像形式下被實踐。今日還有少部
分的人仍繼續收集獵到的水鹿、山豬及山羌的下巴或頭骨。早期與漢
移民的密切接觸，接著受日殖民時期推展神道教影響，及1950年代部
落內逐漸改信基督宗教，在新社的噶瑪蘭人混和了幾種不同的信仰
象徵系統，如部分接受漢人的土地公信仰，祖先牌位祭祀或者是轉
到天主教的系統。基督宗教的進入，對Saliman的相關儀式及神靈世
界的階序關係也有很深的影響。神父認爲Saliman是一種泛靈信仰，
與天主教的一神論衝突，於是禁止教徒繼續收集獵物頭及對Saliman
舉行祭儀。然而，在筆者1993-2000年及2004-2006年田野期間，甚至
一直到今天，仍有不少人跟筆者抱怨被Saliman獸靈「qaRat」（咬）；
新社部落內大部分的人其實都有被Saliman「咬」過的經驗。換句話
說，雖然動物的頭骨已經在村子裡消失了，但人們仍相信Saliman的
存在及其力量。在缺乏物質具象實體的支撐及天主教的盛行之下，與
Saliman相關的意識型態和象徵再現仍然很活躍。

　　另外，從較廣的政治情境來看，從日本殖民時期起，噶瑪蘭人已
被官方認爲是漢化的族群，或者是阿美族的一部分，到2002年之前噶
瑪蘭人未有國家正式的原住民身分。1980年代末政治氣候的轉變：如
解嚴、近年來的民主化與台灣民族主義的興起、多元族群文化的發展
及與中國政治關係的轉變等，與台灣內部族群關係的重組有很大的關
連性。噶瑪蘭人面對台灣大社會情境的改變，逐漸將打獵及Saliman
信仰當成是表達其族群自我認同的傳統文化，以尋求大社會對其原住
民身分的認同，這又給Saliman信仰新的舞台。

二、打獵與男性認同及男性特質

　　爲了了解噶瑪蘭人對於Saliman各種不同的社會想像，我們必須

對男性專屬的打獵有初步的認識。從日據時代開始（1895-1945）總督府控管武器、林地以及推廣稻米生產作爲殖民經濟的發展，禁止原住民狩獵。官方禁獵對男性的自我實踐有多層次的衝擊與轉變，如一直面對外來政治勢力的強力介入，到今天新社噶瑪蘭雖然仍有打獵活動，但都轉爲私密性，男性無法像過去張揚及分享豐富的獵物進而獲取眾人忌羨的功勳。

噶瑪蘭人打獵的方式有兩種，一種是*temikas*用陷阱[2]捉獵物的脖子或腳，通常對象是*babuy*（山豬）、*qeruburan*（山羊）、*mulimun*（大的山鹿／*siRmuq*小的）、*palizbe*（山羌）。另外還有旱田[3]或山裡放鐵籠子的陷阱，捉田鼠、松鼠類。通常這些動物入陷阱後都仍活著，因此男人還要用*sado*（鐵尖頭）的*doqei*來刺，或用*dansui*鏢，以這些近距離的身體搏鬥來結束動物的生命。另外一種打獵的方式是群獵，需用槍與長矛還有狗，此方式叫*semaraw*。這個共獵群體的組成，通常當一個男人年輕時是跟父親、爺爺還有鄰居一起打獵，結婚以後就跟太太的親屬一起去，全體人數約五、六人，狗約十來隻。這種動員的方式比較不隱密，容易被警察發現，而且有時需與凶猛動物搏鬥比較危險，再者現在會的人也不多，所以群獵幾乎絕跡。今日新社部落裡約有6到10位持續打獵的獵人，每人每年約可獵到2-3隻山豬或山羌。

1980年代隨著區域內花東海岸公路的開拓，以及新的農耕技術如農藥、肥料等引進，許多年輕人開始到北部都會從事工地建築業。1990年代中台灣勞動市場更全球化，引進東南亞外勞，不少人失業後回到部落重拾農耕工作或地方建築工程零工。農耕稻作維持是部落的第二經濟生產活動，而打獵已經是相當邊緣化的活動。新的資本主義

2　*temikas*是陷阱之意。

3　新社的田有兩種bawbi（旱田）和zena（水田）。

販賣勞動力的經濟形式，給部落男性帶來了「現金」男性氣概的出現，打獵雖然很早就不再是其生計經濟，但是在建構男性象徵性認同上仍然是重要的元素，與之連結的象徵再現仍起著作為男性建構其社會關係的策略作用。打獵一直都以男性為中心，不像稻作，雖然男性投入許多勞力，但仍被視為是女性的範疇，女性仍掌控稻米的播種與收割分配。

男性的認同根植在許多與打獵相關的實踐上，如不僅建立在男性群體的組織方式、離開家在山上短暫獨立生活方式、狗的飼養或使用特殊專有的工具(槍、刀、長矛、鐵具陷阱)外，還包括他可以帶回來不同於女人所可以生產的獵物等。獵物是噶瑪蘭男性認同的標誌及符號，牠無法被女人家居飼養或帶回。另外大型獵物與男人之間還有象徵性的類比關係，如在神話故事中，年輕的男子被描述成在森林中自由奔跑的野鹿，具年輕貌美、野性奔放的特質，是女子愛戀的對象。另外，在過去歡慶獵頭勝利的*qataban*儀式中，鹿血可以象徵性的替代一個男子的生命；換句話說，野生的動物跟未婚男子在象徵上有等同可替換的價值。另一方面，已婚男子主體則被再現類比成是家居飼養的動物：公雞，以轉喻理想已婚的男性要有挺拔的外型(漂亮的羽毛)、早起勤勞(報曉)與善發言(啼叫)的特質。另外，公雞是由女人飼養、選擇到宰殺用來在每年年終*paliling*祭祖儀式中的牲品，儀式過程充滿女性透過公雞／男性(*tuku/runana*)類比的象徵實踐(symbolic practice, M. Godelier 1982)，透過對這個公雞男性象徵的實踐過程，實踐了女人將丈夫(*napawan*)馴化(domestication)、居家化的目的，並展現女人對男人生命／身體的掌控與運用，同時隨著每年儀式的重複舉行，也展現對男性宰制的再生產(劉璧榛 2006, 2007)。藉由這個神話化、儀式化、獵物／家禽化男性意象形構，逐漸建立男性在家範疇內的兩性關係，也同時形塑出對男性特質的想像。

男人與女人的雙手給家帶回不同的「產品」，男性帶回獵物或魚獲，女人則帶回耕種收穫的稻米、球莖類及採集到的海菜貝殼類等。到1970年代屬女人範疇的稻米一直是主要代表財富的生產。另一方面，男人累積的動物頭骨或下巴掛於廚房內、家屋果樹旁或山上的獵場中，都是在展示一個男人的能力、多產、功動及社會位階，換句話說，檢驗他實踐男性氣概的成果。而這個被想像居住於獸骨內的靈魂Saliman僅屬於男性獨有，並且女人根本無法靠近。總之，打獵活動被稻作耕種、資本化、工業化取代，現在男人與女人雙手都給家帶回長相一樣的現金貨幣，然而與打獵相關的想法、行動實踐、泛靈信仰型態、象徵再現仍不斷出現在日常生活的各種活動及各層面的機制中，形成網路般的話語形構(discursive formation, Foucault 1969)，變成噶瑪蘭人認知事物的一組陳述，建構其觀看世界的方式，規範男女性別的定義，塑造噶瑪蘭人的性別關係與男性氣質。

三、男性慾望與企圖心的客體化

每個男人都可以去打獵，但是並非每個人每次都能獲取獵物；可確定的是所有男人都覬覦獵物，因為這不僅是單純食物生產的問題，還含括了男性尋找認同及獲取社會認同的手段。但是如何才能確保捕獲獵物？在新社筆者常聽到男人抱怨：「沒運拿不到獵物」，「手比較骯髒所以不常拿到獵物」。這論述的背後是什麼邏輯？對噶瑪蘭人而言，靠個人努力或好的工具並不能保證打獵成功，想要有獵物得透過象徵意義上「乾淨的手」所帶來的運氣。人們相信超自然靈力Saliman正可提供他們所需的運氣。對一般人而言，這個超自然的力量是一種實質卻又看不見的力量，既然這力量超出一般人的視野觀察，因此他們創造出一系列的象徵符號來跟牠們取得聯繫，同時也為

自己描繪出牠們以及了解牠們的意志與行動。換言之，象徵再現是種無言之語的工具，用Godelier(1982)的話形容就是一種腹語術，既使這個超自然力量自己不現身說話，但透過共同分享的再現，讓每個人領會到這個不以言語存在的意旨，並且透過事件的過程及個人經驗呈現出來。接下來我們來看噶瑪蘭這個超自然力量Saliman如何表現出來及其社會形成的過程。

當一個年輕人開始學習打獵，通常他的父親或爺爺會教他如何 *paspaw do* Saliman祭拜獸靈，也就是「做」（「製造」或「生產」）帶來獵物的Saliman獸靈。當他獲取第一次大型獵物（鹿、羌或山豬）時，得活生生的帶回到村子，在殺入第一刀出血時，請*mtiu*女巫師用*subli*占卜專用的藤枝或竹枝沾血，然後再請有經驗的獵人將頭砍下與身體其他部位分開煮熟，接著把頭上的肉與皮剝下，僅留光溜溜的頭骨。隔日，再將頭骨放進竹籃子裡，掛到原已有累積父親的獸骨的廚房牆角邊。現在人們較簡化，覺得頭骨太大占地方，也不再做竹籃，僅留下顎骨掛起來（如圖一）。然而要有Saliman光有獸骨還不夠，父親必須接著舉行簡單的*paspaw*祭拜儀式，將打到獵物的心、肝切成一小塊一小塊加上酒來餵養／祭獻Saliman，如此一來相信牠的*tazusa*靈魂會漸漸住進頭裡。接下來我們分析一段*paspaw do* Saliman的禱詞，以了解牠跟獵人、獵物之間建立起來的關係。（第一行是噶瑪蘭語禱詞文本，第二行是逐字翻譯，第三行是整句語意。）

Yau aisu niyana ku dangi temikas sanui qa ya kabu su
你　　獲取　我　現在　陷阱　　說話　跟　你的朋友們
我在陷阱裡捉到你，現在你在這裡，你必須告訴你的朋友們

gaizi tazian galisinbu takawasan ku,
住　　這裡　　一起　　在我的籃子裡
所以你們可以都一起住到我的籃子裡

yau benanuma ku tatai ka isu qaRat ka Saliman ku.
有　作物　　我　看守　你　咬　　獸靈　　我
我的獸靈Saliman看守好我的果樹（如果小偷來了）咬他！

圖一　廚房裡的*Saliman*獸骨。噶瑪蘭，台灣。

　　禱詞中我們可以看出獵人、獸靈與未來的獵物間建立了互相連結的關係。獵人藉由儀式行動將獸靈關／畜養（domesticated）在廚房家裡，且希望牠的*tazusa*靈魂會回去找其他朋友及親戚的靈魂一起過來。對噶瑪蘭人而言，如果靈魂被召喚過來，就表示一個人的肉體也會跟隨著來。但如何確定這個看不見的力量在作用？此力量是透過獵人下次獵物豐收展現出來。Saliman獸靈不像月亮或太陽客觀性的存在，牠必須藉由獵人的行動實踐才會出現。獵人在打獵活動中將牠從自然界帶回，並且透過持續性地儀式「飼養」，在這過程中將牠創造出來，其實牠是獵人的慾望與意向的客體化。

四、Saliman作為男性個人權力的能動性（agency）

噶瑪蘭人賦予Saliman雙重的性格想像：半狂野半馴化。狂野部分的想像是從獵物而來，家居馴化的部分則像是獵狗。Saliman被認為既像獵物又像狗，所以牠就被賦予具生命的特質及自由意志，獵人得依照其意旨的再現來回應與行動。獵人與獸靈之間的關係就像是主人和他的狗，並且希望Saliman留在他身邊作為個人運作權力的工具。

從噶瑪蘭人的觀點來看，Saliman野性的特質在象徵功能上不僅是被用來召喚獲取獵物，同時這個攻擊性也被想像用來主動襲擊人。噶瑪蘭人常說Saliman愈會qaRat（「咬」）人，牠就愈會幫主人在陷阱中咬到獵物，也就是說其效率是透過咬人的數量來衡量。這裡很明顯可看出Saliman不僅是與打獵或泛靈信仰相關，其實在社會關係網絡的建構中，也扮演很重要的角色。透過Saliman「咬傷」人的能力正展現出獵人建構其社會關係的能動性。一個男人的權力可建立在Saliman具攻擊性與暴力的社會想像特性上，因為每個人都懼怕被「咬」而引起*tagau*（生病）。

在筆者訪談30位被獸靈「咬」的病例中，被「咬」的部位通常都是跟接觸獵人的東西相關：如牙痛（偷吃獵人種的水果）、腰痛（偷拿獵人的掛刀）、手腫脹（摸獵人的工具）或男性的性器官腫大（獵場競爭）等，這些*tagau*被認為是一種開玩笑似的懲罰。這種*tagau*（病痛）必需藉由*mtiu*巫師占卜診斷後，確定是被哪位獵人的Saliman所咬，接著病人買酒到此獵人家，請他在痛的地方呼氣（*pasniw*）後，告知Saliman「放開」這個人，病人被認為就會漸漸痊癒。整個過程中，男人的權力藉由這個想像的暴力造成對身體的病痛，與心理的恐懼威

脅展現出來。

　　更進一步分析，這種屬於男性範疇的權力具有什麼樣的特質？這些特質又替男性的權力說了些什麼話？一個比較的觀點有助於我們釐清這些問題。噶瑪蘭人並非是唯一有這種政治宗教獸靈信仰的族群，在台灣其他的南島語族中也常見。值得注意的是在某些父系群體中如鄒族，這些獸骨或下巴都放在*monopesia*共同祖先的家屋中，由不同家但相同父系家族所共享。相對地，在過去傳統上的母系社會中，如噶瑪蘭或是其鄰居阿美族，這些獸骨則擺放在個人家中的廚房，禁止任何人接近，形成一個禁區。易言之，在噶瑪蘭社會中獸靈屬於私人的範疇，非進入共享的公共領域，如放入*siRodan*(男人聚會所)裡。很明顯，獸靈是獵人個人私人所有，不與家中或部落裡的其他男人共同擁有。

　　另外，在前面所述獵人對Saliman的禱詞中也可以很清楚看到，Saliman僅屬於一個獵人，獵人也僅能命令他自己的獸靈，因此想像的獸靈只是男性個人的權力工具。然而，一個男人無法運用Saliman當作手段來建立其控制與使用森林資源的權力與權威，這種權力其實非常有限。部落周圍獵場的分配及打獵活動主要是透過男性間的共識，而非立基於個人權力。再者，並非每位男人都有自己的獸靈。當一個年輕人未成年仍與其父母居住，獸靈屬於他的父親，只有他才擁有paspaw do Saliman祭祀的權力與義務。等到男孩成年結婚後，起初於妻家居住，則是由妻父擁有家中的Saliman，要到生小孩分家建立新屋時他才會擁有屬於自己的Saliman。易言之，一個男人直到生產小孩前並沒什麼社會地位，到了生育後才被允許有權擁有自己的Saliman，擁有獸靈表示一個男人社會角色的改變，邁向理想型成家的男人。

　　雖然Saliman是個人性的，但是其象徵再現卻是建構實質父／

子、岳父／女婿關係的起點。Saliman的社會想像，規避了家庭內年輕有體力的獵人與年老有經驗獵人之間的競爭關係，而以遵從的階序秩序來取代，也就是Saliman的再現論述建構了一部分家內男性間的階序關係，並且與這關係的再生產連結在一起。進一步，父／子、岳父／女婿兩者之間，必需以行為不斷地去調節只能有一個Saliman的緊張矛盾關係，但男人間又被要求必需維持家中的和諧，這個和諧的要求關連到噶瑪蘭社會對一個男性自我的形成，與其社會位置與觀感的評價。田野期間筆者常聽到婦女抱怨其夫與其父不合的問題，如果進一步詢問父親，原因多是抱怨女婿跟他生活習慣相差太多，不願意跟他到山上打獵。問其女婿的結果則是他比較喜歡捉魚或是工地做工，因為較可以自由發揮所長。這個壓力是基於父、妻父與女婿之間的不平衡，前者可以透過Saliman獲取功勳美譽或成就，後者必須自尋出路及避免衝突。如現在大部分年輕人不願意留在家鄉耕種打獵，而到都市發展賺取現金創造出經濟成功，這是一種新形式的社會男性成就感，他們自擬為「鷹架上的獵人」。整體而言，Saliman無法創造同一屋簷下或是部落內男人之間的團結。

再者，一個人的Saliman無法藉由父子關係傳承，每個男人必須盡其可能透過自己的Saliman為中介助力的工具獲取社會正面的評價。獵人的權力力量與個人能力及Saliman相關連的運氣或超自然力息息相關；而多元變化的Saliman社會想像把每位獵人推進一個競爭的網絡中，這正點出噶瑪蘭社會中，男性的權力建構邏輯並非建立在物質／非物質財產的世襲或積累上，而是透過男性個人間不斷的競爭與功勳的累積上。這與父系傳承系統的西伯利亞原住民社會中的情況差異甚大，他們的獵人代表整個群體與森林之神，以及他被想像成獸靈的女兒維持一種集體性的關係，所有的群體成員與所有的獵人皆共同分享這種關係。另外，獵人必須是巫師同時也一定要是男性，此男

性巫師最重要的工作便是為群體獵物豐收而進行集體儀式。回過來看，噶瑪蘭社會中，沒有集體祈求獵物豐收的儀式，也並非每個人都被允許可以成為傑出的獵人。獵人、獵物與大自然建立起來的關係停留在個人、私領域的一種競爭邏輯下。

五、Saliman作為男性自我防衛的機制

　　在前面第二段所描述獵人祭拜Saliman的禱詞中，獵人直接命令獸靈去咬更多的獵物及小偷，但是實際上Saliman真的僅遵從主人的命令「咬」小偷？被「咬的」人與獵人之間的社會關係又為何？在筆者的田野訪談中發現，獸靈只「攻擊」偷特定型態東西的人，如偷採水果、檳榔樹、荖葉或工具等，而且這些作物或物品都是屬於男性所有，也就是說並非部落內所有的小偷都會自動地被獸靈「咬」，反而人們最煩惱也是最盛行的偷稻穀小偷就從不會被攻擊，因為稻米是屬於女性的財產範疇。另外，筆者訪談到被最強的獵人之Saliman「咬到」的20個病人中，其共通性是跟獵人在日常生活中有相當密切互動關係的人，而且並非跟他關係不好的人，反而都是跟他很親近的人，清水純（2003）1980年代的田野調查中，也有相同的情況。如以其妻方親屬（含妻）與鄰居為主，從來不會是其他部落、或是漢人，[4]更不會是敵人，雖然噶瑪蘭人自己並沒有意識到被獸靈「攻擊」的人與獵人之間的選擇性社會關係。獸靈的再現凸顯出男性在家中面對妻方親屬，或部落中其他男人群體的緊張壓力、衝突與競爭位置，同時也是男性對其生存空間領域與財產的主權宣示、示威與保護，讓他贏得一些因畏懼而來的尊重，也可視為是一種男性人際關係衝突的協商機

4　唯一特例是一為入贅的漢人。

制。

　　當獸靈「攻擊」獵人周遭有密切往來的人時，也可能是引發壓力造成衝突的起因。但在噶瑪蘭人獸靈的想像中，牠會「咬傷人」但從來不會致命，不會出現像新幾內亞Baruya人的靈魂會攻擊人致死的情況（Descola & Lory 1982），所以在新社部落中很少有人因被獸靈「咬」而採取報復行動。另外，獸靈被賦予半野性半馴化的特性，連最強的獵人也無法完全控制或指使其獸靈，所以他無法對牠造成的傷害負責，因此被咬生病的人或家人並不會心生怨恨。相反地，透過這個超自然力，男性可以達到嚇阻他人合法自我防衛的目的。

　　面對家庭內的壓力，噶瑪蘭文化結構中一個男人可以經由獸靈的方式找到出口，但是他仍然被要求必須與妻子及其親屬保持和諧的關係。這裡我們又看到社會中要求男性必須有處理壓力及避免製造衝突的能力，這是部落內評價男人的方式，最高權力者頭目就是實踐此價值最傑出者。進一步我們不禁要思考，是什麼樣的社會邏輯，讓噶瑪蘭社會中的男人要策略性的極力保護自己？

六、男人之間的競爭邏輯與漢人的土地公信仰

　　在家的範疇外，Saliman的想像還捲入部落內男性間的雙重競爭邏輯：一是森林中獵物的競爭，二是與之相關連的聚落生活範圍內社會地位的競爭。噶瑪蘭人相信Saliman幫助獵人與其他人在山上獵場中競爭獵物，藉由tazusa靈魂「呼朋引伴」獵人們希望牠會「咬」取更多的獵物。透過象徵實踐，獵人之間的競爭遊戲規則也是一種理性地計算，如：獵人們會把獸骨掛在廚房天花板三面牆交接的牆角上，如此一來獸靈可以從制高點監控所有面向，並且象徵打獵場的領域面積盡可能極大化。除了擴大獵場範圍，Saliman還被想像用在獲取獵

物的數量計算上。為了準備下次有豐富的獵物，獵人會不斷地將獸骨放進竹籃裡，意義上希望能透過積累獸骨來增加獵取動物的數量。

另外，在獵場的選擇也可看出另一種理性競爭的形式。沒有人擁有固定的獵場，獵場是公共的，需透過男性間的集體共識決定。每年每個人可選擇不固定的領域，並沒有像農耕地固定用田埂或籬笆區分。通常每年打獵季前獵人會先選定，確定後獵人便會掛獸骨在樹上或放石頭上，以昭告附近區域為某人的獵場，並且有他的Saliman看管。在象徵層次上，Saliman就像是獵人的示威武器。如果鄰近有某些場域重疊的獵場，可能會掛有不同主人的獸骨，噶瑪蘭人認為這些Saliman處在一個公平競爭的場域，希望牠們各憑本事能主動招獵物進入主人的陷阱，但當獵人闖入他人領域時，也可能會被他人的Saliman「咬」，這展現出男人之間透過Saliman彼此較勁示威。

Saliman的再現想像並非固定不變。隨著漢人大量進入後與噶瑪蘭人間產生土地（農耕／森林）的競爭，更擠壓原有男人間的衝突。新社噶瑪蘭人的祖先在19世紀就接觸漢人，其開墾農耕方式大量侵占噶瑪蘭人的獵場土地，使獵物減少；相對地男人變得不易獲取獵物，彼此之間的競爭加劇。噶瑪蘭人接受漢人的土地公信仰且被男人用來處理獵物競爭的問題。跟漢人不一樣，噶瑪蘭人把土地公當成是管獵場的山神，並且用來與其他男人的Saliman互相競爭較勁。噶瑪蘭人認為漢人勢力較強，所以其信仰的神靈力也較強。有野心的獵人，為了獲取更多的獵物，會花錢請漢人的道士來祭拜土地公。當獵人決定好當年的獵場時，會在山的入口處找一顆活的、大的茄苳樹，在樹幹上纏繞蔓籐，以酒、檳榔、香菸祭拜，擲筊以得到神靈的同意，接著認為土地公便會漸漸進入這顆樹裡。跟Saliman必須拿第一次捉到的獸頭不同，噶瑪蘭人土地公的象徵再現是不殺第一次入陷阱的獵物，獵人只割下耳朵然後放走，如果再捕到沒有耳朵的獵物時，表示山裡的

獵物已盡，獵人跟土地公的契約就算終止，土地公不會再給獵人獵物，獵人必需請道士再來把土地公放走。

但是筆者在田野中發現，有些報導人並未完全遵守這種「契約關係」，貪求獵物者仍然會持續設陷阱未放走土地公。在這種情況下，人們認為土地公會復仇，跟獵人「要回一條命」。部落裡吐血而死的獵人會被解釋成生「土地公的病」，因為他們多取了獵物就必須一命還一命，把自己的生命歸還給土地公（大自然），在這種話語形構中，我們仍然可看到男人生命與獵物之間對等交換的象徵實踐。另外，有的人如果拜土地公卻沒有捉到獵物，會在蔓籐圈裡放進木片用力打或勒緊蔓籐，目的是用來折磨土地公，獵人相信如此一來下次一定會捕到獵物。漢人的土地公被噶瑪蘭人借用來作為調節自然環境與人類之間的平衡機制，首先他會給獵人關於山上有多少可得獵物的訊息，接著他有權力懲罰拿光獵物的人。噶瑪蘭人將土地公當成是具有較高權力的神靈，也顯示出他們接受土地公信仰的策略性，特別是在獵場與獵物資源被擠壓的衝擊下。這種宗教政治性是基於獸靈與外來神靈競爭的理性計算，他們共同存「活」在競爭獵物的邏輯下。

從比較的觀點，土地公的象徵實踐與噶瑪蘭男性與Saliman之間的關係相當不同。在噶瑪蘭人原本Saliman的象徵實踐中，人跟自然生態保持對等交換、互相依賴的和諧關係，沒有獵物時不會去怪罪或折磨進而「控制」想像的超自然力Saliman，另一方面牠也是被想像成無法被操控，而晚近獵人卻會逼迫土地公。土地公儀式的採用，則展現出大的政經環境變遷下，主體面對資源緊縮的競爭對策。儀式的混和共存仍是調節緊張競爭的機制，而儀式背後我們可以發現的，是一種男性個人的策略運用。

男性間除了獵物與獵場競爭外，另外還有社會生活領域的競爭，特別是美譽與身分地位。Saliman的象徵再現捲入一連串相關連的性

別化實踐，作爲男人建構其社會身分與關係的政治策略。在其再現中，村子裡並不是每個獵人都會有Saliman，競爭下僅有屬害的獵人才會有，現有兩個獵人的獸靈Saliman被認爲最屬害，其中又以某人的最會「攻擊」人而讓人生病，算是勢力最強大。此位才被稱爲是真正的「獵人」，贏得大家的讚賞與尊敬，擁有崇高的社會地位，是英雄、男性的典範，被認爲是強而有力的人，也可以幫人治Saliman的病，不過同時大家也畏懼他三分。在過去最強的獵人之社會地位，直接威脅到獵頭勇士或頭目的社會功勳與權力。Saliman是獵人的一種權力競爭工具，同時競爭成爲男性間建立階序關係的手段。在過去獵人跟獵頭勇士一樣受到眾人的敬畏，兩者的權力都來自使用暴力奪取生命，這種暴力權力是男性晉升社會位階的方法與手段。

七、Saliman再現的再生產與基督宗教的影響

Saliman另外還有兩個重要的社會想像特質：一是被看成是生命體，所以會尋找食物，這個特性賦予牠主動性的一面，再者牠需要獵人透過儀式餵養，這又給牠被動依賴的特性。另外，第二個想像是既然爲生命體就會隨著時間而變老，所以牠咬獵物的能力也被認爲會減弱。這些跟Saliman相關的再現概念與獵人及其Saliman間必須有持續性的交換連結息息相關。我們首先來看獵人必須把Saliman當成是「飼養」的動物，以維持這些必要性交換的理由。

獵人需要不斷地重複與Saliman維持交換關係的主因，是將牠想像成具短暫生命的個體。獸靈非永恆不會老死，獵人也無法因一次打獵就永久擁有牠，爲了保證每次都獵物豐收，如果沒有持續性的打獵付出，主人是無法保住他的獸靈；同時也不能將牠傳承或轉讓給別人，因此每個獵人自己必須努力不懈。當Saliman變老失去牠的力量

時，主人會將牠替換掉，在廚房中改加入從新的獵物所獲之獸骨，而將力量較弱的獸靈拿到室外掛在果樹上。一旦獸骨被拿出廚房，表示牠的攻擊性變弱就不會再放回。在這個象徵實踐中，我們可以發現要確保獵物豐收，必須不斷的更新獸靈的生命力及其力量。除非掛在廚房裡的獸骨帶來很多獵物，否則獵人幾乎每年都會例行性的更換；不過也有某些獸骨「咬」獵物毫無「效率」，獵人也會隨時更換。筆者認為可藉由噶瑪蘭人使用獵狗的方式，來進一步了解這種生命力更新的象徵實踐。Saliman的特質想像建構與獵人養獵狗經驗相關，Saliman被期待就像獵狗必須咬回獵物、看管獵人的物品及攻擊小偷等，這些關於獸靈的再現想像迫使獵人必須繼續打獵，以獲取新的Saliman力量。因此，男人去打獵並不只是單純的一種覓食行為，他關連著整個跟男性相關再現系統的再生產與實踐問題。

接著我們從跟打獵相關的儀式中來理解，男性與獸靈間建立起來的交換概念與「飼養」Saliman的類比性。每年開始到山上打獵前，獵人必須準備酒先在廚房舉行*paspaw*祭祀Saliman的儀式，這個儀式一年只要在獵季開始前做一次即可。當他每次打到獵物時必須將其帶血的內臟切成小碎片，用來餵養(祭祀)Saliman。意義上代表獵人將最珍貴的部分獻給Saliman，同時也將牠塑造成肉食性的動物。如果獵人破壞這種義務，噶瑪蘭人認為獸靈會因為「餓」或「口渴」而「咬」獵人，以*tagau*(生病)的方式表現出來，或是讓獵人毫無所獲甚至意外受傷。同樣的運作邏輯，如果獵人很長的時間沒去山上打獵，獸靈也會「咬」自己的主人，使他tagau(生病)。易言之，獵人與其獸靈間有一個想像的「契約」協定，彼此互賴。契約中獵人必須盡到提供獵物內臟及酒等食物給獸靈的義務，同時另一方面，獸靈必須提供獵物給主人。就是透過這種象徵實踐，獵人與動物間建立一種特殊屬於男性的關係，而男人無法打破這種循環關係，一旦他開始

「作」自己的Saliman，他一生都得捲入這種循環關係裡，他必須持續打獵以避免遭受「懲罰」。這種必須被重複進行的交換，使得噶瑪蘭人關於男性的象徵再現系統得以再生產或修補。

當1950年代基督宗教進入到部落時，雖然不少人仍持續狩獵，但這種想像的男人與動物間的「契約」關係逐漸改變。部落裡大部分的人到1960年代紛紛改信天主教，神父堅持一神論，拒斥Saliman泛靈信仰，男人與獸靈之間的互相依賴關係逐漸面臨中斷。我們進一步分析改信的背景歷史，及其對獸靈象徵實踐、相關連的男性權力與男性間的社會階序之衝擊。中國內戰後，許多基督宗教的組織遭到驅逐，進而轉來台灣傳教，並藉由本地的政治勢力進入。國民黨的領導蔣中正撤退到台灣，為了與基督教徒宋美齡結婚，他自己於1929年也受洗為教徒。因為如此，他與國民黨在政治上便非常受到美國基督宗教團體的支持，他則對傳福音活動態度非常開放。但在當時的社會環境中，基督宗教並不受到占80-85%人口比例的客家人與河洛人歡迎。基督宗教被認為是「外省入侵者與原住民野蠻人」的宗教（Zheng 2006: 113），也就是在少數人口外省人跟原住民間流傳，並沒有很多人改信，在台灣社會也並非是主流的宗教。不過原住民有2/3的人口在短時間內改信，西方的傳教士自己述說到這現象「幾乎是奇蹟」，筆者田野的村落新社也不例外。

噶瑪蘭人改信的動機為何？筆者在訪問居住於當地超過30年的巴黎外方傳教會士時，他認為是由於二次大戰後民生匱乏，天主教中心提供食物與衣物援助才會有這個奇蹟產生。[5] 另一方面，在噶瑪蘭人的自述中也提到同樣的理由。筆者另外整理了四個噶瑪蘭訪談中提到

5　這種說法在教會刊物Fidès中也討論到（11/04/1964），及Chantal Zheng（2006）的研究中也是一樣的看法。

的觀點，首先是傳教人員學會說噶瑪蘭語，易於溝通與傳福音。其次，1965年前在教會儀式中大部分仍使用拉丁語，噶瑪蘭人聽不懂，但是就如同傳統巫師的語言，一般人無法懂，因此反而給人一種神聖的宗教氣氛。再者，部落裡的人第一次接觸到傳教士時，有很好的印象，因此將他們的行為視為跟噶瑪蘭的女神Mutumazu雷同，她在過去很窮什麼都沒有的時代裡，發（創造）食物解救人們於飢荒，進而將傳統女神比擬為瑪利亞。還有天主教會的儀式主要圍繞在生命儀禮上，如出生、結婚與死亡，這些對噶瑪蘭人很重要，他們相當注重。這種與地方的整合，以及與噶瑪蘭人傳統的宗教儀式相似性，使得人們不懼怕去教堂。

　　另一方面，在歐洲的天主教中心中有不少人質疑這種迅速的改信是否真正理解教理及在日常生活中是否遵守一神信仰。於是1960到1970年代神父對傳統的Saliman信仰持較嚴格的態度，其中導致少部分人離去，但是整體而言教會的勢力很穩固地在部落扎根。神父公開禁止教徒繼續收集獸骨以及對Saliman舉行儀式。教徒間開始有人認為可以將獸靈「殺死」，於是將獸骨丟到海裡，希望將牠淹死。這裡可以看出因接受天主教後，噶瑪蘭人創造出對Saliman新的想像：牠本是生活在陸地，要將牠消滅必須將牠帶到另一個領地：海裡，只有在那裡牠才變得是可摧毀的。不過在這個想法出現的同時，噶瑪蘭人也陷入一個矛盾中。雖然他們改信天主教但是仍然堅信獸靈的存在，否則不會仍陷入原先的象徵再現中去尋找出路，要致獸靈於死路。雖然「淹死」獸骨，部落裡的人包括「殺手」獵人自己，還持續深信會被Saliman「咬」到。在神父的禁止下，不少人仍抱怨被獸靈「咬」，而請求Saliman已改信的主人，幫忙進行治療儀式。雖然宗教信仰改變，但是先前以男性為中心的獸靈信仰仍然不斷的起作用，扮演著建構男性社會關係與宇宙觀的角色。

　　改信除了有物質上的利益，另外也可跟當時獨攬大權的國民黨較易建立關係。的確大部分的天主教徒支持國民黨，而當時國民黨也較支持天主教。有些男性教徒被國民黨徵召負責地方事務，透過教會人脈網絡，這些人較易在選舉政治中獲取新形式的社會地位與威望。同時，國民黨的政治與行政結構取代了原先部落運作以頭目爲首及男性年齡階級的政治階序體系。在這種轉變中Saliman的男性權力工具性逐漸失去舞台被邊緣化，藉由國家政黨政治與天主教的結合，提供了男性獲取權力與社會位階的新入口。易言之，在變遷中大部分的男性轉入較優勢的宗教，而逐漸放棄獸靈信仰，新舊男性氣質再轉變重構。

　　基督長老教會系統稍晚也藉由周遭阿美族的影響進入新社部落。1970年左右教會提供免費的職業訓練課程並幫助教友就業，這個策略吸引了不少原先是傳統信仰或是天主教的成員。憂心小孩未來前途的家長，爲了能有較好的教育資源而改信。長老教會的政治立場則異於較保守的天主教，較支持民主化與本土化，這種態度也逐漸影響教友的政治取向。從噶瑪蘭人的宗教行爲中可以看出，宗教改信某個程度是爲了某些機會(如：物質生活的改善、教育或社會性的升遷)所做的理性策略選擇，而在這些選擇中，相較於在傳統信仰中女性較占優勢，掌有儀式權與象徵權力，新宗教中反而以男性爲中心占領導的位置。

　　雖然以男性爲中心的獸靈信仰受到基督教的衝擊而邊緣化，但是與獸靈相關的象徵再現並未消失，人們還是怕會被Saliman「咬」而*tagau*(生病)，這種「獸靈病」在部落中仍興盛，並且捲入巫師*mtiu*與獵人的治病過程。基督宗教進入至今並沒有完全取代先前的泛靈意識型態或相關的社會組織模式，直到今日這兩種再現系統共同存在部落中，而基督宗教位於較占優勢的位置。

八、Saliman再現中男女權力的不對稱

　　最後，我們在地方社會互動運作整體的相對位置下，來看男人透過Saliman運作可獲取的權力，與女性藉由*mtiu*巫師掌握的權力範疇相較之下幾個不對稱的現象；並且藉由這個不對稱的現象，進一步解構噶瑪蘭社會的性別政治，以凸顯男性權力在社會中的位置，與其相關的男性氣概扮演的社會角色。筆者歸納出四個權力的不對稱。首先，男性經由獸靈獲取的權力非常有限，因為他無法也不能直接與Saliman這個超自然力溝通，這背後蘊含男人被排除在掌握超自然知識、語言與操作符號的象徵權力（Bourdieu 1998）之外。噶瑪蘭社會中男性不能透過與獸靈建立的關係而成為巫師，雖然女性參與打獵活動是禁忌，但是僅有女人才能成為巫師。這種運作方式與大部分巫師信仰的社會大相逕庭，噶瑪蘭人的打獵與巫師並沒有直接連結關係，巫師也不捲入任何跟打獵相關的儀式以幫忙獲取獵物，她們僅負責透過sbuli占卜幫人找尋遺失的水牛。在處理部落公共事務或共同利益上，男人、巫師與獸靈間沒有直接的關連性，反而獸靈的想像參與建構了男女權力的不對稱關係。在這個特殊的社會中，男性被完全排除在巫師的角色之外，及其擁有的宗教權與文化資本，這種性別範疇的區別分化與男女之間的階序關係相連結，這也是噶瑪蘭社會中的主要階序關係，這種關係的建構與延續和獸靈的社會想像息息相關。

　　第二個不對稱在於男性獵人必須依賴女性巫師與其獸靈溝通，她是唯一壟斷解讀Saliman意旨的人，如當某人的獸靈「攻擊」人時，得透過巫師的占卜儀式才能確定是誰的Saliman「咬」人，換句話說某個程度由她指出或詮釋誰的獸靈靈力較強，這連帶地也影響獵人的威望與威嚇力的社會判斷。男人除了不能了解自己獸靈的意旨之外，

還無法控制牠的行動，更甭說指使牠攻擊誰。另外，與漢人民間信仰接觸時，獵人還是得依賴乩童這類專職人員為中介才能請來或請走土地公山神靈，面對這波變遷，男人仍被排除在象徵權力之外。

　　同時我們也可以從與血相關的象徵實踐中看出獵人與巫師之間的依賴與階序關係。當獵人從山上帶回大型獵物要宰殺時，會先請家系中的*mtiu*巫師來參加，並用她占卜用的工具沾獵人刺入第一刀湧出的血，巫師會用她占卜用的工具去沾，意義上是要增加女巫師占卜的靈力。噶瑪蘭人也常說：「不斷沾血的占卜工具才會靈。」這種加強神力說也出現在其日常生活的話語形構中，血象徵著生命力與好運，將藉由巫師幫族人舉行的占卜及治病儀式的接觸使用，象徵性地再分享給村子裡的每個人。這整個過程中我們看到獵人與Saliman的關係留在私人的領域內，他必需依賴不去打獵的女人*mtiu*巫師為中介，才轉換進入公眾的領域，把象徵生命力、靈力或好運氣給他人受惠。部落裡每個人都渴望有好運，在這個慾望作祟下，巫師把每個人推進一個共同分享的再現系統裡。另外，除了讓*mtiu*巫師接觸血外，傳統上獵人的獵物前腿也必需分給巫師，以表示對她的尊敬，同時也顯現出她的權力與社會地位高於獵人。

　　其次，從一個比較廣泛社會全觀的角度切入，還有兩個從獸靈的想像中浮出的男女權力之不對稱。女人的權力建基在有形與無形財富及巫師信仰中，這兩者都直接跟生產與分配相關連，男性獨攬的打獵並非是生計或財富生產，女性掌控的稻米生產才是。進一步在男獵女耕的分工活動，男人與女人與另一個世界間建立了不同的關係，女巫們與帶給噶瑪蘭人生命與米食的女神Mutumazu建立母女傳承關係，並成為她在世界上的代理人，而相對地噶瑪蘭人受其約束支配。另一方面，男人可與獸靈建立個人關係，不過牠雖然跟神或人一樣有意旨性，但畢竟沒有被人形化，位階低於人而被想像成獵狗與獵物綜

合體的意象，在超自然界中，獸靈的階序關係與影響力遠低於女神 Mutumazu。進一步 mtiu 女性巫師們就是透過女神合法化其社會地位及權力，以作為其在世界上的集體代理人，而男人與獸靈建立關係，並且需與其他男性競爭後，並不保證能獲取高的「獵人」頭銜之社會地位。易言之，噶瑪蘭社會中不同的性別與超自然界建立不同的關係，這關係與男女之間階序關係的建構息息相關。

傳統的噶瑪蘭社會內部原已存在兩性壓力的拉扯，這已形成變遷的張力，加上外部特殊歷史情境脈絡的衝擊，如漢人與日本人的父系組織與價值、國家化、基督教化與捲入資本主義市場等，在這些劇烈的變化中，男性逐漸站到舞台的中心，取得較優勢的權力位置；而女人反而不斷地被邊緣化，無法進入到新的領域中心。新的社會情境形成新的結構逐漸合理化男性權力，與塑造出新的男性實踐和男性氣概，如整個噶瑪蘭社會轉向雙系或父系組織；同時女性逐漸失去她原本在家中及部落中的位置，有三分之一的女巫師改信轉向新來的基督宗教，喪失她們原有的權力位置，但是在天主教或長老教會中，她們並沒有獲取對等的權力或位階。而男人改信「淹死」Saliman 後，在新宗教組織中擁有較重要的位置，特別是較貼近天主教男性化中心，如當傳教士的助手、傳道及主持教會活動等。這些多方面的變遷又與政治轉變相連結，逐漸侵蝕女性原本在宗教範疇（巫師信仰、儀式權）、經濟範疇（稻米生產及分配）與政治範疇（影響公共意見）的優勢位置與資本。不過，1987 年興起噶瑪蘭族正名運動中，唯有跟巫師相關的儀式有歌舞，雖然被邊緣化仍持續在部落被舉行，而被認為是足以搬上舞台作為「活」傳統文化的代表，易言之，在當代重構族群認同運動中，巫師扮演重要的文化發言角色，在這個新的社會脈絡下，改信後的部落較不拒斥巫師信仰，而有振興的情況；女人們因此變成噶瑪蘭人過去歷史及知識的寶庫，擁有另一種形式的文化權。

九、結論

　　本章聚焦研究1950至1960年代相當盛行，直到今日仍困擾新社部落噶瑪蘭人的Saliman獸靈之象徵再現，讓宗教信仰、儀式變遷、社會階序與男性氣質及權力之間的相互關連性逐漸浮出，同時也凸顯男性的社會關係與相應的男性氣概之養成，是如何透過這個獸靈的社會想像與象徵實踐運作與再生產。男人在獨有的打獵活動中，藉由不斷地收集累積獸骨，而逐漸創造出動物的靈魂Saliman，並給予生命體的想像，而與之維持密切互利的個人關係。牠是男性的慾望與企圖心的客體化或具體化，同時變成是一種男性可動員的權力工具，與其物質及壓力的自我防衛機制，過程展現出其做為社會主體的能動性；雖然男人藉由獸靈可獲取的個人權力不大，無法建立正式的權威來控制或管理森林資源。相對地，整體社會中有一半的女人與稻作及生命女神Mutumazu建立傳承關係而成為*mtiu*巫師，這個關係與女性掌控生計生產的稻米生產與分配，及獨攬與超自然溝通的權力息息相關。噶瑪蘭人再現系統中男人與獸靈的關係模式、女神和女人的關係模式並非是自然產生的，而是男女權力不對稱的政治策略營造。

　　Saliman的多元社會想像除了與男人／女人之間的權力關係建構相連結，還與男人之間的社會從屬關係有關，或說是做為男人面對社會與自然環境壓力與衝突的調節機制。噶瑪蘭社會中男性使用身體暴力奪取動物的生命，接著透過獲取的動物靈魂之想像實踐，如具「攻擊性」會咬人與半野半馴之想像特性，形成一種想像的暴力，藉由引起一般人的心理恐懼與威脅的方式展現出其男性權力的特質，以宣示其個人的主體性，同時也作為其晉升獵人社會位階的方法與手段。接著通過與男性間的競爭，建立了獵人頭銜與威望而與其他男性之間產

生社會關係，包括在家中與部落內男人間的階序關係。不過社會對這種暴力權力有其限制的，它停留在個人的層次，無法被運用來控制人力或自然資源的分配，並且也沒有以奪取人的生命方式展現出來（獸靈不會咬死人），規則上反而是以維持家內及部落內和諧爲前提。

噶瑪蘭人在歷史過程中不斷地被邊緣化，與外在社會的接觸對其社會關係與組織產生了不同的衝擊，這些壓力的累積促使與性別相關的象徵再現系統也不斷地重構，同時產生不同社會關係轉變的狀況。其一如外在社會的秩序或階序取代或替換了原先存在的關係。像外部強勢政治強制性的禁獵與基督宗教拒斥獸靈信仰，促使原先男性透過打獵實踐到擁有Saliman的過程，追求其作爲家的成員與部落的社會地位與認同管道的瓦解，獸靈的社會想像轉變到更個人化與私密性，男人也喪失了一種權力工具；隨著1990年代台灣逐漸民主化，發展多元族群文化，強調文化差異，打獵與獸靈信仰的文化形式展演，又搖身變成男性追求新國家認同的方式之一。改信、加入國家軍警體系、接受教育、參選從政或到都市工作等，是爲男性敞開社會晉升的新大門，不過在新的男性權力與氣概養成中，競爭的對象擴大了，不再是以原先部落爲單位，而是在與台灣的其他族群、東南亞勞工競爭下及全球化的流動中。

其次，還有一種不同的流動變遷方向，是新的再現系統與原來的結合並且加強了原先的結構。如漢人帶來了土地公的信仰，噶瑪蘭人開始將之視爲是山神，並且做爲男性獲取更多獵物競爭的策略手段，而與獸靈競爭，整個運作過程強化了原先男人間競爭的社會邏輯結構。另外第三種模式是加疊的情況，如基督宗教帶來的系統雖然拒斥原先噶瑪蘭人的巫師與泛靈信仰，但是卻沒有完全取代之，這兩種系統互斥但並存，雖然有些宗教實踐或象徵再現中有融合的情況，獸靈系統仍與男性的社會關係建構息息相關。面對這些不同的外部壓力，

從獸靈的不同想像與實踐，我們可以看出男性氣概與權力形成過程的流動性。

參考書目

康培德

2003　原住民重大歷史事件: 加禮宛事件。台北市：行政院原住民族委員會。

清水 純 Shimizu, Jun

2004　獵人與精靈：保佑能捕獲獵物的一種雙方關係。鄭家瑜 翻譯。台灣文獻 55(2): 85-109。

劉璧榛Liu, Pi-chen

2004　Les Mtiu, femmes chamanes : genre, parenté, chamanisme et pouvoir des femmes chez les Kavalan de Taiwan（1895-2000）. Paris : Ecole deshautes études en sciences sociales（EHESS）.（Dissertation）

2006　獵鹿；殺祭公雞／豬──台灣三個南島母系族群的性別政治。In Dynamiques identitaires en Asie et dans le Pacifique. Françoise Marsaudon. Chantal Zheng et Bernard Sellato éds. pp. 191-205.

Aix-en-Provence : Université de Provence.

2007　稻米、野鹿與公雞──噶瑪蘭人的食物、權力與性別象徵。台大考古人類學刊67: 43-70。

Bourdieu, Pierre

1998　La domination masculine. Paris: Seuil.

Connell, R. W.

1995 Masculinities. Berkeley: University of California Press.

Cornwall, Andrea & Nancy Lindisfarne, eds.

1994 Dislocating Masculinity: Comparative Ethnographies. London: Routledge.

Descola, Philippe & Jean-Louis Lory

1982 Les guerriers de l'invisible: sociologie comparative de l'agression chamanique en Papouasie Nouvelle-Guinée (Baruya) et en Haute-Amazonie (Achuar). L'ethnographie 87-88: 85-111.

Foucault, Michel

1969 L'Archéologie du savoir. Paris : Gallimard.

Godelier, Maurice

1996(1982) La production des Grands Homme. Paris : Fayard.

Godelier, Maurice & Marilyn Strathern, eds.

1991 Big Men and Great Men: Personifications of Power in Melanesia. Cambridge: Cambridge University Press.(Paris: Editions de la Maison des Sciences de l'Homme.)

Gregor, Thomas A. & Donald Tuzin, eds.

2001 Gender in Amazonia and Melanesia: An Exploration of the Comparative Method. Berkeley: University of California Press.

Hamayon, Roberte

1990 La chasse à l'âme: esquisse d' une théorie du chamanisme sibérien.

Nanterre: Société d' ethnologie.

1996 Shamanism in Siberia: From Partnership in Supernatural to Counter-power in Society. In Shamanism, History and the

State. Nicholas Thomas and Caroline Humphrey, eds. pp. 76-89. Ann Arbor: University of Michigan Press.

Herdt, Gilbert H.

1981 Guardians of the Flutes: Idioms of Masculinity. New York: McGraw-Hill.

1982 Rituals of Manhood: Male Initiation in Papua New Guinea. Berkeley: University of California Press.

Lindenbaum, Shirley

1987 The Mystification of Female Labors. In Gender and Kinship: Essays Toward a Unified Analysis. Jane Fishburne Collier and Sylvia Junko Yanagisako, eds. Stanford: Stanford University Press.

Mead, Margaret

1935 Sex and Temperament in Three Primitive Societies. London: George Routledge & Sons Ltd.

Schlegel, Alice

1977 Male et Female in Hopi Thought and Action. In Sexual Stratification: A Cross-cultural View. Alice Schlegel, ed. pp. 245-269. New York : Columbia University Press.

Slapsak, Svetlana

2000 Hunting, Ruling, Sacrificing: Traditional Male Practices in Contemporary Balkan Culture. In Male Roles, Masculinities and Violence: A Culture of Peace Perspective. I. Breines, R.W. Connell and Ingrid Eide, eds. pp. 131- 142. Paris: Unesco.

Stewart, Pamela J. & Andrew Strathern

2005 Introduction: Ritual Practices, Cultural Revival Movements, and Historical Change. Journal of Ritual Studies 19(1): i-xiv.

Strathern, Andrew

1971 The Rope of Moka: Big-men and Ceremonial Exchange in Mount Hagen, New Guinea. Cambridge: Cambridge University Press.

Zheng, Chantal

2006 L'Eglise catholique à Taiwan — Nouvelles approches culturelle et politique de la construction nationale. In Françoise Douaire-Marsaudon, Bernard Sellato and Chantal Zheng, eds. Dynamiques identitaires en Asie et dans le Pacifique II. Pratiques symbliques en transition, Publication de l'Université de Provence. pp.109-120.

第七章
一樣的道理，一樣的神：
台灣布農人的基督宗教、認同與道德社群的建構*

楊淑媛

中央研究院民族學研究所助研究員

　　1998年2月一個星期五的夜晚，我們在晚餐後聚集在Batu家舉行家庭禮拜。座落於台灣中部山區的布農人古古安聚落，其長老教會共有5個家庭禮拜小組，每一組由6到8個家庭所組成。每星期一次的家庭禮拜是比較非正式的聚會，輪流在各家舉行。家庭禮拜一開始先唱兩首聖詩，接著是讀經，由當天的主領簡短地講道後，大家一起討論、分享。通常討論的重點並不是對於聖經經文的解釋，而是對參與者而言更切身的聚落中的日常事務。討論、分享後大家一起同心為共同的主題禱告，再合唱一首聖詩。禮拜的最後是為個人需要禱告的時間，並以奉獻作結。聚會結束後，該家的主人會提供飲料和點

---

*　本研究的田野工作，感謝中央研究院民族學研究所碩士論文寫作獎助
　（1991-1992）及中央研究院人文社會科學博士候選人培育計畫（1997-1999）
　的經費支持。本文初稿曾在2005年5月30日至6月1日，在中央研究院民族
　學研究所舉行的「權力與階序：亞洲與印度太平洋地區的改信、儀式建構
　與宇宙觀信仰體系」國際工作坊報告過。感謝當時的參與者，特別是Joel
　Robbins、Pamela J. Steward和Andrew Strathern所提出的評論和建議。筆者最
　感謝的是對我開放他們的生活的古古安與霧鹿居民。

心，大多數的小組成員會留下來分享食物，並享受互相陪伴的團契時光。布農人認為分享食物代表參與者之間的和諧與彼此互相祝福（pinaskal），這也對舉行家庭禮拜的主人家是一種祝福。聚會的氣氛通常是輕鬆、親密的，雖然各家對所提供的食物之質與量也隱約有些相互比較、競爭之意。[1]

這個晚上只有三個家庭來參加這一組的家庭禮拜，這促使當天的主領Balan告誡大家不要拋棄自己的宗教信仰：

> 我們面對誘惑時要堅定。當我看到我們村子裡有些人開始學平地人拜偶像時，心裡真的很難過。這樣做的人大部分是天主教的，但是也有一些是基督教的。有的家庭好幾年都沒有上教會了。這樣是不對的。原住民就應該要有原住民的樣子，要有基督徒的樣子。既然我們已經有自己的教會了，我們就不應該背棄教會，去學道教佛教的拜拜。那些學平地人拜拜的人，根本不知道他們在拜什麼或為什麼要這樣拜。這樣實在很可悲、很可笑。讓我們禱告這些人會知道自己錯了、回到神這邊。

在他的訊息中，Balan指出基督宗教與原住民認同之間的密切關係。對他和許多其他人而言，原住民就是基督徒，就應該要有基督徒的樣子。拋棄教會違反了他們的真正的樣貌，是行不通的。1994年古古安聚落的外圍興建起一座很大的佛寺之後，當地的布農人很明顯地感受到漢人宗教的威脅。大多數的村民厭惡這座佛寺，批評它醜陋不堪。有關寺裡的和尚想誘拐布農男孩輟學出家的謠言，在村裡也時有

1　古古安的天主教會也有類似的家庭禮拜小組。

所聞。

　　這座佛寺蓋在原住民保留地其實是違法的。這塊土地是一個入贅到當地布農家庭的漢人非法賣給該寺廟的。村民們對此感到很憤怒，這使得該布農家庭無法繼續住在主要聚落，而搬到佛寺旁邊的工寮。即使如此，該佛寺仍然屹立在原地，並且還持續擴張，顯示其擁有雄厚的財力與政治影響力。村中有一小部分人，主要是居住在當地的漢人和他們的布農親戚，開始對這間佛寺有興趣。不過，對絕大多數的古古安布農人而言，基督宗教與他們的認同之間的關係變得前所未有地密切。

　　當我在1997年秋天初抵古古安進行博士論文的田野工作時，當地居民常建議我要將研究重點放在教會上。一位口才很好的年輕人Ulang這麼對我說：「如果妳想要了解我們，妳必須先了解教會。教會是我們社會生活的中心，它幫助我們村子團結在一起」。他接著表達他對教會破壞原住民的文化和傳統的觀點感到不滿，因爲他擔心我也是抱持著這種立場。Ulang的看法並非例外或少數。大多數的古古安居民對教會的看法是很正面的，並且以聚落中天主教會和基督教會之間沒有對立或敵意爲榮。從好幾個地方可以看出這兩個教會之間的合作與聚落的團結。例如，古古安雖然是南投縣仁愛鄉的三個布農聚落中最小、人數最少的，每次鄉民代表的選舉中他們的候選人卻都能夠當選。聖誕節時兩個教會共同舉辦聖誕晚會，以及信用合作社的建立，也是村民常提到的例子。[2] 當地的信用合作社是天主教會在1969年建立的，但它發展爲全聚落性的組織，幫助當地居民適應資本主義

2　古古安的聖誕晚會是在平安夜時舉行，全村聚集在一起慶祝耶穌的降生。村民們唱流行歌和跳新潮、「現代」的舞蹈來娛樂自己，並且交換禮物。每一家提供一個禮物，禮物上面會被編號並當眾展示，然後每一家用抽籤的方式得到一項禮物。

圖一　古古安長老教會中的聖誕慶典。攝影者：楊淑媛。

圖二　古古安天主教會慶祝復活節。攝影者：楊淑媛。

市場經濟，直到今天仍然運作得很好。

在我的另一個田野地點，位於台灣東南方的霧鹿，基督宗教並沒有被賦予像在古古安那樣的重要性。除了星期天的禮拜或彌撒之外，週間並沒有其他固定的聚會，教友出席率也很低。[3]但是，霧鹿的居民也絕大多數是天主教或基督教徒。剛開始時，我對為什麼有些二十多年沒有上教會的人仍然堅持自己是天主教徒，感到很困惑。後來我漸漸理解到這是他們表達自己是社群一分子、並且和漢人不一樣的一種方式。如同許多東南亞地區的部落社會企圖藉著改信基督教來維持與主流文化不同的認同一樣（Kammerer 1990, Keyes 1993, Kipp 1995, Tapp 1989, Tooker 1992; Hefner 1998: 95），基督宗教幫助布農人加強自己的獨特性，並維持他們與大多數信仰民間宗教與佛教的漢人社會之間的界限。[4]

雖然基督宗教目前具有標示認同的重要作用，布農人並不認為認同政治與族群界線的維持是他們改信（conversion）的最主要原因。反而，布農傳統宗教與基督宗教之間的延續性與相似性，普遍被認為是他們接受基督宗教的最重要原因。如同古古安與霧鹿居民不斷告訴我的，他們信基督宗教的原因是因為「這和布農族的傳統宗教是一樣的（maszan）。」他們強調這兩者之間沒有斷裂，並且他們是改信的過程中主動的參與者而非被動的接受者。[5]

3　彌撒的出席率低到連神父都說霧鹿的天主教會快倒了。基督長老教會因為牧師的行為有些令人非議之處，也有類似的問題。

4　根據一項統計（Barrett 1982: 235），在1970年代中期，台灣的人口中有51.4%信仰民間宗教，41.0%信仰佛教。

5　在他對改信研究的評論中，Asad（1996: 271-272）質疑能動性（agency）的概念，說道：「為什麼對我們而言堅持改信者是能動者（agents）是如此重要的？為什麼我們忽略改信者他或她是被迫成為基督徒的宣稱呢？」雖然他

　　這篇文章企圖解釋布農人如何理解與挪用（appropriate）基督宗教，以及這樣的挪用如何回應他們日常生活中所關切的問題。首先，我將描述基督宗教是如何傳入到布農人中間的，並檢視他們的反應與集體改信的理由。接下來，我將討論為什麼布農人認為基督宗教與他們的傳統宗教是一樣的，並考察基督宗教的哪些層面讓他們想到他們的傳統信仰。我也將探討布農人想在基督宗教中尋求什麼，在他們成為基督徒後他們又被傳教士要求要放棄什麼。

基督宗教的傳入

　　基督長老教會在布農地區的傳教活動比天主教來得早。1947年，基督長老教會的漢人牧師胡文池開始在台東關山對布農人傳教。他在一位漢人醫生黃應添的幫助下，以診所的一個約10坪大的房間作為禮拜堂。為了吸引布農人前來參加禮拜，黃醫生給他們醫藥費半價的優待，並提供免費的午餐。1948年2月起，胡文池牧師開始在日本時代當過警察的布農人「木下」先生的陪伴和幫忙翻譯下，巡迴關山附近的布農人聚落傳福音。在他的自傳中，胡文池牧師是這麼描述當時布農人對福音的反應的：「聽眾雖然喜歡聽講道、唱短歌，更喜歡看彩色的聖經掛圖 …… 但對信仰的決志卻保持距離，採取觀望態度。」（胡文池 1984: 113）

　　1949年2月時，長老教會的傳教士初次造訪了海端鄉的新武、下馬、霧鹿和利稻。同一年，長老教會招募8位布農人在關山接受5天的

（續）────────────
　　的提醒是合理的，但並不適用在布農人的情況。基督宗教與殖民主義在布農人與其他台灣原住民之間並沒有協力進行，他們也不是被迫成為基督徒。

聖經課程，之後派遣他們對族人傳道。1951年時，長老教會的傳教士第一次將福音傳到南投縣仁愛鄉的古古安。他們教村民們唱聖詩和提供免費的醫療服務，但並沒有人在這次造訪時改信。1950年代中期，隨著傳教活動的密集化，長老教會的信徒人數開始快速增加（胡文池1965, 1984）。霧鹿和古古安的居民也是在這個時期開始接受基督教，並在不久之後用竹子和茅草興建自己的教堂。後來，並按立自己的牧師。

在一些布農人開始接受基督教時，天主教也在1950年代中期開始傳入。1954年，瑞士白冷外方傳教會（Swiss Bethlehem Mission Society）的孫惠眾神父抵達台東向關山附近的原住民宣教（台東天主教教義中心 1995: 16）。他曾經在中國居住十多年，會說流利的國語。1956年起教會開始發放救濟品給貧民，教友大量增加。同年，興建關山天主堂，其教友包括布農人、阿美人與少數的漢人（關山天主堂1979: 4）。霧鹿的布農人也開始走好幾個小時的山路到關山天主堂參加彌撒和領取麵粉、衣服、鞋子、油、奶粉、藥品等救濟品。不過，雖然目前霧鹿的35家居民中有26家認為自己是天主教教友，他們至今尚未興建自己的教堂，而是在義務使徒家的客廳聚會。神父則一個月從關山上來主持彌撒一次。

古古安的布農人則是在1956年時因為埔里天主教會的活動而第一次接觸到天主教。1957年時，一位瑪利諾會（Maryknoll Missions）所派遣的美國傳教士抵達古古安來傳播福音。這時候古古安已經有大約三分之一的居民因為1950年代初期以來長老教會的巡迴傳道而接受基督教。天主教的傳教士在短期間內藉由發放救濟品吸引了更多的信徒（Barry 1977: 227），有些家並且由長老教會轉到天主教會。1958年時，聚落中興建了第一座以竹子為建材的教堂。古古安隸屬的教區是由三個村所構成的，神父一個星期只來一次主持彌撒，教會的日常事

務則是由義務使徒來負責。

布農人認為這兩個教會的傳教策略是「天主教用救濟品、基督教用醫療」。如同上面所述，長老教會在傳教之初就和現代醫療關係密切。運用醫療作為傳教方式是該教會的政策，因為「救贖最完整的意義包括身體和靈魂」（Wu 1978: 114）。在關山，除了黃應添醫生的診所外，芥菜種會也在1959年開辦瑪利亞產院，由胡文池牧師的太太擔任院長，提供原住民婦女免費接生的服務（胡文池 1984: 154）。在埔里，世界展望會在1950年代設立了最大的為原住民服務的醫療機構，也就是後來的埔里基督教醫院。

不過，天主教和基督教在傳教策略上的差異只是程度而非種類之別。天主教也提供醫療服務，只是規模和範圍不像基督教那樣大。1953年時，天主教會在關山興建聖十字架醫院，提供醫療服務給附近地區的居民。聖十字架醫院就是目前聖十字架療養院的前身。另一方面，雖然天主教會提供了比較多的救濟品，基督長老教會也有發放救濟品，只是數量較少、時間較短。

如同胡文池牧師所說的，布農人一開始對基督宗教採取觀望的態度。好幾位老人家告訴我他們一開始持保留的態度，是因為基督教是外來的，「它是Amelika（美國人）的宗教，和布農族沒有關係」。[6] 傳教士對他們傳統信仰的攻擊也使他們觀感不佳。不過，他們的保留或抗拒並沒有持續很久，傳教士的努力在拜訪部落數次後開始有了成果。古古安與霧鹿的居民決定信仰基督宗教的有好幾種不同的原因，有很多是實際性的。對傳教士現代的生活方式或風格的嚮往是其中很重要的一項。救濟品與免費的醫療服務，以及教會學校所提

6　雖然大部分的傳教士是漢人，布農人卻把基督宗教和美國人或西方人強烈地關聯在一起。這和他們想維持自己與漢人之間的界限的企圖是有關的。

供的免費教育機會，這些都是現代性的象徵與工具。社會關係的考量也很重要。有些人因為喜愛到他們家中拜訪和關心他們的傳教士而加入教會，或是因為家人和朋友已經先信教而加入。好幾位巫師信教的原因是因為仰慕耶穌治病的大能，想要把它納入自己的治病技藝中。讓村民們能享受聽聖經故事與唱聖詩的教會聚會，也為他們單調的日常生活提供了重要的娛樂。

布農人的例子支持Hefner（1993a: 27）所主張的，改信的基礎必定是多重原因而非單一原因的論點（參照Buckser and Glazier 2003, Peel 1977, Saunders 1988）。不過，除了形形色色的個人性原因之外，古古安與霧鹿的老人家不斷地強調他們改信的最重要、最根本性的理由，是因為他們逐漸發現基督宗教和布農傳統信仰是一樣的（maszan）。接下來我將解釋為什麼是如此。

Maszan Halinga, Maszan Kamisama （一樣的道理，一樣的神）

當我詢問為什麼基督宗教和布農傳統宗教是一樣的——這種看法明顯牴觸了教會的官方立場——布農人立即指出兩者之間有共同的道德層面。他們解釋說基督宗教的神的道理（halinga，原意是「話」）和他們祖先所教的道理是一樣的：不要做壞事、不要害人、不要殺人、不要偷東西、不要通姦。要孝順父母和老人家。要善良、謙虛，不要驕傲、自大。要有愛心並幫助那些有需要的人。當他們聽傳教士講述這些訊息時，他們覺得很熟悉、很贊同。

同時，他們也發現基督宗教的神原來和他們的dehanin的觀念是一樣的。Dehanin字面上的意義是「天」。它也同時指涉各種天空的現象，例如颱風、下雨、打雷、閃電、太陽、月亮和星星（馬

淵東一 1987[1974]；黃應貴 1988, 1992）。Dehanin並且被描述爲是
「道德上的監視者，而且是以某種程度地視之爲神靈的對象」（馬
淵東一 1987[1974]：255）。由於Dehanin是無所不在的，它被布農
人視爲是對和錯的仲裁者，依據是非對錯來獎賞或懲罰人。除了
dehanin之外，布農人並沒有更高的超自然存在的觀念（伍睢 1990）。
這種「單神論」爲傳教士把神的觀念翻譯爲布農語的Tama Dehanin
（字面的意義是「天父」）提供了基礎。不過，布農人也用日語的
kamisama（神），以及布農語的Saspinal Dehanin（意思是天上的君王）
來指涉神。

　傳福音時將主要的基督教觀念翻譯爲布農語，而不是直接引介外
來觀念的策略，對布農人如何認識與理解基督宗教有很大的影響。由
於翻譯勢必會涉及正面地整合非基督教的觀念（Meyer 1999），將基督
教的神翻譯爲dehanin的做法，創造了布農人將基督宗教視爲和他們
的傳統宗教在本質上是相似的之空間，因爲兩者有「一樣的道理、一
樣的神」（maszan halinga, maszan kamisama）。而這兩者之間的差異，
例如儀式（lus-an）與組織方面的差異，則有意地、不斷地被忽略。除
了傳教士、神父與牧師之外，很少有布農人能比較和指出布農人的
dehanin觀念與基督宗教的神之間差別何在。[7] 對布農人而言，基督宗
教的神的概念比較特定和精緻，但是和他們的dehanin觀念並沒有本
質上的差異。兩者都是道德的監督者，看顧人們並依其行爲的對錯來
給予獎懲。人類的幸或不幸主要是依據dehanin的意志來決定的。

　我曾在其他地方討論過（楊淑媛 2006），布農人對於精靈的或超

7　Tama Qancuaz，一位年長的牧師，告訴我兩者最主要的差別是：「基督教
　的神是造物主。祂創造、保護和掌管世間萬物。而布農族的*dehanin*並不是
　所有生物的創造者，它不是一個人格化的神。大部分會眾都不了解這個差
　別和*Tama Dehanin*的真正意義，所以他們的信仰是混淆和軟弱的。」

自然世界的觀念是很模糊、臆測和不確定的。*Dehanin*、*hanitu*（精靈）和is-ang（心、呼吸或靈魂）等被認爲有其意向性、欲望和意志，但布農人對其特性並不是很確定。布農人清楚區分可見的和不可見的世界。他們認爲要嚴格確認或清楚規範不可見的或精靈的世界，是不很重要或是不可能的，因爲這只能透過作夢、疾病、不幸或是巫師一年一度的降靈會來被經驗到。借用Geertz（1973: 172）對泛靈論的討論來說，布農人是以片段的方式來處理「意義的問題。」[8] 他們的宗教知識特性是個別的、活動取向的，而不是系統性的。

　　布農人這種著重實際的活動而貶抑知性臆測的傾向，提供了引介基督宗教的一種途徑。由於原住民的語言比較缺乏抽象性的語彙，傳教士被迫使用泛靈論的詞彙來翻譯主要的基督教概念（Wu 1978: 79-81）。因此，在改信的過程中系統性的教義或神學，不如可以透過禱告、唱聖詩與參與儀式和教會活動的方式來培養的敬虔（piety），那樣受到重視。[9] 在布農人之間，改信基督宗教，並不像Weber（1963）和他的追隨者（Bellah 1964, Geertz 1973）所建議的，是信仰或教義的系統性理性化（systematic rationalization），而是對他們作爲道德人（moral persons）以及他們與*dehanin*之間關係的重新確認。這清楚呈現在當過警察的Tama Taugan所編寫的古古安長老教會史中：

　　　布農族原始宗教觀，相信天上有神，稱他是*Dekanin*（天的意
　　　思）。[10] *Dekanin*日以繼夜，看顧施恩族人，因此族人的歲時

8　Geertz的觀點來自於Weber對傳統宗教與世界性宗教的區別，後者被認為有
　　較高程度的理性化（Hefner 1993: 7-10）。

9　在印尼蘇拉維西島的To Pamina地區，也可以見到這種在改信過程中系統性
　　的神學不被強調的現象（Schrauwers 2000）。

10　布農人分為五個亞群：郡社群、卡社群、巒社群、卓社群和丹社群，其語

祭儀及生命禮俗與看不見的*Dekanin*息息相關。族人深信，善有善報，惡有惡報。雖然布農族也有禁忌與迷信，但確信*Dekanin*照顧善良勤奮的族人。日據時代日本政府強制族人向日本天照大神膜拜，卻無法改變族人對*Dekanin*的信仰觀。日本政府戰敗離開台灣，此時族人從傳統生活方式進入部落群體生活，農業社會傳統生活及開墾方式瓦解，此時福音的信息由宣教師以醫療關懷進入族人生命中。因著聖靈的動工，族人從原始*Dekanin*宗教觀，與創造宇宙萬物、掌管生命、慈愛的上帝相遇，族人領悟祖先敬拜的*Dekanin*就是這群從事醫療服務外籍教師們所傳的神，此時族人從迷信的綑綁得到真自由屬天的盼望，因此群體歸主，建立教會宣揚福音領人歸主，見證神的慈愛（萬豐基督長老教會 n.d.: 5）。

　　在這個改信個故事中有幾個細節值得特別注意。首先，它清楚顯示dehanin的觀念，提供了布農人理解比較抽象和複雜的基督宗教的神的概念之基礎。從布農人的觀點來看，這兩者之間不僅不被視爲是矛盾或不相容的，而且dehanin就是基督宗教的神。其次，布農人很清楚意識到「宗教認同的改變是更大的歷史變遷中的一個要素」（Comaroff and Comaroff 1991: 250）。第三，傳教士提供醫療服務這種方式，使醫療在改信的過程中扮演很重要的角色。最後，布農人已經採用了傳教士的修辭，認爲改信基督宗教使他們從傳統宗教的禁忌和迷信的束縛中被釋放出來，許多人承認禁忌的廢除讓他們感到輕鬆、自由許多。醫療和祖先禁忌的問題值得更進一步去探討，因爲它們呈

（續）─────────────────────────────────

　　言有些發音和語彙上的差異。聖經是以人數最多的郡社群語言翻譯的。古古安的卓社群人，將dehanin唸爲dekanin。

現了布農人企圖在基督宗教中尋求什麼，以及他們被要求付出的什麼
代價。

禁忌是罪與罪是禁忌

　　早期的傳教士認爲攻擊布農傳統宗教是鞏固地方教會的一種方
法。在講道中，古古安與霧鹿居民經常被告知他們祖先傳下來的禁
忌、夢占和巫術是無知的迷信，甚至是魔鬼(hanitu)的做法。他們被
要求要放棄這些活動來標示自己的基督信仰。另一方面，傳教士也加
諸他們許多新的、禁忌似的禁令。布農人被告知基督徒不能喝酒、抽
菸和吃檳榔。他們星期天也不能工作。違反這些禁令是犯罪、死後不
能上天堂(asang dehanin，字面的意義是天上的故鄉)。

　　事實上，聖經中並沒有禁止喝酒，或是說喝酒是犯罪。但是，先
驅的傳教士們把喝酒和傳統儀式、懶惰、經濟非理性、疾病和暴力
連結在一起。而且，原住民被認爲在飲酒方面缺乏自我控制(胡文池
1984: 94-99; Wu 1978: 75-78)。因此，喝酒被認爲是一種實際上的犯
罪，而不喝酒是一種義(righteousness)的指標(Wu 1978: 77)。

　　長老教會對要求會眾力行這些對抗「邪惡習慣」的禁令嚴格執
行，對傳統宗教實踐的反對也很強烈。相較之下，天主教對布農傳統
的容忍度較高，對喝酒和抽菸的禁止也比較寬鬆。因此，在古古安和
霧鹿天主教都得到比較多的支持。在霧鹿，加入天主教會的家庭數有
長老教會的三倍之多。在古古安則是兩倍。不過，天主教徒參加聚會
的情況不像長老教會那麼踴躍，因此聚會人數的差別並沒有那麼大。

　　天主教會吸引比較多教友的事實，顯示了布農人並不是那麼樂意
放棄傳統禁忌、夢占和儀式。同時，他們是否相信遵守祖先的禁忌就
是犯罪，也是可以被質疑的。在布農人原本的理解中，禁忌(samu)

來自於dehanin的教導，或者是來自於祖先的經驗。在最重要、流傳最廣的布農神話——射太陽的故事——中，它解釋dehanin教導布農人如何舉行歲時祭儀和生命儀禮，來表達對照顧他們每天的生活之感謝，以及這麼一來布農人才不會再變成動物（小川尙義與淺井惠倫1987[1935]）。好幾個其他的神話也顯示，是dehanin制定了禁止亂倫與婚姻禁忌等社會秩序與規範。布農人作爲人而不是其他動物的地位，是透過他們和dehanin之間的關係以及遵守禁忌和社會規範，來建立的（楊淑媛 1992: 37-41）。因此，遵守禁忌帶有正面的道德涵義並賦予人價值。

　　*Dehanin*所制定的禁忌適用於全部的布農人，但是透過父系祭祀原則繼承而來的禁忌則依氏族有所不同。這一類的禁忌是過去的標記，來自於祖先實際的經驗。例如，有些父系氏族不能製作篩子、籃子和濾酒用的竹編器具，因爲他們的祖先曾在製作過程中手或眼睛受傷，而必須依賴交換來取得這些器物。布農人相信如果他們的後代違反禁忌試圖編製竹器，他們會受傷甚至在製作過程中出意外死亡。這一類的禁忌主要是爲了避免危險，而不涉及道德價值。

　　在教會的施壓下被要求放棄迷信禁忌的布農人，相對來說比較願意放棄那些由氏族祖先那邊繼承而來的禁忌。這一類的禁忌可以在現在的經驗中被測試或被挑戰。如果違反禁忌的人沒有遭遇任何不幸，禁忌就可以解除。不過，布農人對於dehanin直接教導的禁忌，例如婚姻禁忌，則很不願意放棄。現在的確有一些婚姻是違反禁婚禁忌的，但幾乎這些婚姻全都遭遇某些不幸，如孩子早夭或異常、車禍、很貧窮、或是配偶一方太早過世。當這樣的情況發生時，大部分的人私底下會抱怨教會爲什麼要要求他們放棄祖先的禁忌，而這些禁忌的有效性也被重新確認。我在其他地方記載過（楊淑媛 2007），現在古古安和霧鹿的天主教會甚至告誡信徒不要輕視祖先的禁忌。

　　從上面的討論，我們可以看到布農人並不是從基督教的誘惑與犯罪的邏輯，從個人道德的角度來看待禁忌的違反，而是從吉不吉祥的角度來看（參照Lambek 1992: 259-260）。他們也把罪（sin）看成像禁忌一樣。罪被視為是行為上的偏差，而不是從它與個人內心狀態的關係來看。例如，星期天不能工作的禁令是以巫術性的概念來解釋的：如果星期天工作的話，農作物會歉收，或是遇到很差的市場價格。不過，這些禁令也可以在實際的經驗中被測試，有些人發現星期天工作不一定會伴隨神的處罰。不同個人之間對這些禁令的遵守程度差別頗大。現在大部分的人並不認為違反這些教會的禁令，會使他們死後不能上天堂。

　　這並不表示傳教士的教導對布農人沒有影響，或是改信基督宗教是隨便布農人怎麼做都可以的。Wood（1993: 305）已經警告過研究者這種立場的危險性。雖然傳教士對傳統宗教的攻擊並沒有產生立即的效果，到1970年代時，傳統的農業祭儀與相關的禁忌已經消失，巫術也嚴重衰退。並且，教會在生命儀禮中扮演著越來越重要的角色，取代了父系氏族成為這些活動的主要組織者。更重要的是，布農人認為自己應該要聽從教會的教導和忠告。當他們做不到時，他們常會被傳教士批評不是好基督徒，或是他們的信仰不夠真誠。有些老人家說他們夾在祖先的宗教和基督宗教之間很為難地被「分成兩半」（padusa），而且他們不了解為什麼在傳教士的眼中這兩者不能融合在一起。

　　傳教士的責備和嚴厲引起了一些反彈。有些人受夠了老是被批評而退出教會，很多人選擇只有在節日或生命儀禮、或是家中有人生病或發生不幸時才上教會。在日常生活中，當地的基督徒重視的並不是個人的救贖，而是如何用神的恩惠來支持他們的健康、運氣和社群的認同（參照Schneider and Lindenbaum 1987）。

醫療、保護與力量的相遇（Power Encounter）

在改信的過程中，醫療是布農人與傳教士同樣關注的焦點。對布農人而言，現代醫療是有效的且令人渴望的，它所能治療的疾病種類比傳統巫術範圍更廣。即使那些抗拒基督宗教的人，也對傳教士所提供的免費醫療服務印象深刻，並且後來也改信基督宗教。Tama Taugan的例子很能呈現這一點。在基督宗教剛傳到古古安時，Tama Taugan是警察。他對基督宗教原本敵意很深，因為政府命令警察要監視傳教士的行動。在戒嚴時期的政治氛圍下，傳教士被認為是可能的麻煩製造者，會破壞社會與政治秩序。Tama Taugan很認真執行政府的命令，他會在教會聚會時斥責傳教士和村民。1954年時他娶了古古安當地的一位女孩，因為不想被調動到其他地方而辭掉警察的工作。1956年他的太太在她最要好的朋友邀請下加入天主教會，但Tama Taugan仍然對基督宗教不感興趣。

從1957到1961年，Tama Taugan擔任鄉民代表，到霧社開會或有政府官員到村中視察地方發展時，他都喝很多酒。平時也常常要和村民們喝酒來維持他們對他的支持。因此，他的健康變差了。1962年時，Tama Taugan因為胃出血被送到埔里基督教醫院住院一個月。一開始他病得很重，覺得自己快死了。兩個禮拜後他恢復得很好，想回家，但醫生不讓他出院。由於在醫院中沒事做很無聊，Tama Taugan每天早晚參加在醫院的教堂中舉行的聚會，並獲贈一本日文聖經。醫院的牧師到病房探視他為他禱告時，他還經歷了被聖靈充滿的獨特經驗。這些宗教經驗感動了Tama Taugan，於是他在醫院受洗成為基督徒。

受洗後不久，Tama Taugan有一次在田裡整地時，過去曾被落

石擊中過的肩膀舊傷復發，好幾天晚上都痛得沒有辦法睡覺。Tama Taugan不斷禱告求神醫治他，而他的禱告以下面這種方式得到回應：

> 有一天一個從花蓮來的牧師到我們教會講道，我拜託他為我的肩膀禱告。牧師把手按在我的肩膀為我禱告時，我覺得有一股很熱的東西進入我的身體，而被聖靈（is-ang dehanin）充滿。當天晚上我作了一個夢。我夢到我背著兩包很大的石頭，有從我的肩膀到膝蓋那麼大。石頭很重讓我的肩膀很痛，每走一步都痛苦。過了一會兒我走到一個路口。前面有兩條路，一條在左邊，一條在右邊。我不知道要走哪一條。然後一個曾經到我們村傳教過的美國牧師，出現在右邊那條路。他對我招手叫我過去。他叫我把東西放下來跟他走。我照他的話做了。第二天早上我的病就好了，肩膀不痛了。而且40年來都沒有再痛過。是禱告治好了我，Tama Dehanin完全地醫治我。

從上面的例子，我們可以看到雖然傳教士所提供的免費現代醫療服務，對負擔不起醫藥費的布農人來說是很大的幫助，但單單靠這個並不能使他們改信和長期留在教會裡面。作夢和禱告時被聖靈充滿的經驗是非常重要的。就像Tama Taugan說的，如果他的心（is-ang）沒有經驗到神和聖靈，他是不會信基督教的，因為「信仰是心的問題」。而且，禱告治病的效力完全是看信心堅不堅定。Tama Taugan被神醫治的經驗並非例外，我從天主教會和基督長老教會的信徒那邊聽到許多類似的故事。例如，我在霧鹿所住的天主教家庭的媽媽就告訴我下面這個故事：

有一次我生病，發高燒很久。我去關山看病，吃了很多藥都
沒有好。我覺得自己快死了。有一個晚上我夢到自己一個人
去墳墓那邊。我心裡很害怕。快要到墳墓時，Tama Dehanin
從天上下來。祂頭髮很長，穿一件白色的袍子，但是沒有戴
十字架。Tama Dehanin牽我的手把我從墳墓那邊拉回來，我
覺得在祂身邊很安全、很舒服。第二天早上醒過來，我的燒
已經退了。Tama Dehanin救了我的命。作了這個夢後我就有
力氣，然後病很快就好了。

傳教士重視醫療，因為這是很有效的傳教策略。現代醫療被視為
比布農人的治病巫師優越，可以用來消除迷信和傳教的障礙。布農巫
師被認為是「假先知」，傳教士可以藉著暴露他們的虛假無能來推廣
福音。胡文池牧師(1984: 142)在霧鹿就記載了這樣的故事：

在台東縣海端鄉霧鹿村，有一位女巫名叫Haido，她曾
聽過基督的福音，但未真正得救，她只想模仿救主醫病的行
為。她也自稱是月亮的朋友，能與月亮用無線電通話，她常
常為病人醫病時，假裝打電話的樣式與月亮講話，然後胡言
亂語，說是月亮的指示。她也常為病人按手禱告。因她是鄉
長及村長的妹妹，所以相信她的人不少。

有一次，她的姪子生病，她說不必看醫生，只要為他祈
禱，但是孩子的病轉逆，以致死亡。

又有一次，霧鹿村幹事的孩子生病，由她祈禱，不准就
醫而死亡。她向死者的家庭說：「不要緊，不要埋葬，我祈
禱能使孩子復活。」果然她熱心為孩子祈禱，一連六天，不
停地祈禱，但也不見效果。

　　最初派出所警察怕得罪鄉長一家，不敢阻止這位無知的巫女所作所為。雖然在高山寒冷地帶，但六天後，屍體已發臭，不得不強制命令其家長要抬出去埋葬。

　　從此以後，雖然單純的山地人也不再相信她的話。因此福音順利地在附近村莊進展。

　　傳教士除了攻擊巫師之外，也強調耶穌治病的能力高過那些假先知，藉此來吸引布農人。除了以上發生在霧鹿的例子，胡文池牧師還記錄了好幾位「巫女」和巫師的悔改，他們聽說耶穌有那麼大的能力，能醫病、趕鬼，就大為歡喜，因為他們希望自己也能得到這種能力（胡文池 1984: 138-142）。我在其他地方已經討論過（楊淑媛 2006），布農人其實像Cannell（1995）所研究的菲律賓的Bicol人一樣，將耶穌視為是巫師的典範（shamanic exemplar）。巫師們並不認為基督宗教和布農人傳統的信仰是衝突的，而是企圖吸納它成為增加其力量的另一種來源。

　　傳教士承認和耶穌基督的力量相遇（power encounter）的觀念，在基督教傳到泛靈論者或所謂傳統宗教者之間時是特別重要的（Ma 2001: 145-148; McCall 1995: 126-129）。[11] 如同Stott（1986: 236）所說的：「一個民族之所以轉向服侍又真又活的神，這通常是他們對於基督的力量勝過其他精靈的顯而易見的、令人信服之展示的回應（經驗的），而非精神上已提升到耶穌基督的真理（認知的）。」這可適用於布農人的情況。對布農人和傳教士雙方來說，醫療都是和耶穌基督的

11　除了力量的相遇，Ma還討論真理的相遇（truth encounter）和忠誠的相遇（allegiance encounter），以及這三種相遇在改信過程中的相互運作（Ma 2001: 145-161）。

力量直接相遇的場域。在現代醫藥的幫助下，傳教士似乎更能有效治療疾病。他們以耶穌基督的力量為後盾的醫療傳道，被布農人認為是比巫師更有力量的。在布農人的病因論中，生病是黑巫術和作夢或醒著時與hanitu（精靈）相遇所造成的（楊淑媛 2001; 2006）。傳教士的治病能力是耶穌的力量大於他們稱之為魔鬼的hanitu的證明。由於作夢和布農人對疾病的經驗和理解是密切相關的，夢很少像在靈恩教派那樣被解釋成是神將施行的審判或耶穌將再來的象徵（McCall 1995: 126; Robbins 2004a: 134）。

醫療、保護和祝福是布農人最想在基督宗教中尋求的，他們對基督宗教的理解與挪用也反映了這個目的。受洗似乎被視為是一種lapaspas（治病儀式），而聖水和聖體則被視為是藥物。當我到關山天主教會去抄寫霧鹿居民的受洗紀錄時，很困惑為什麼有好幾個人受洗過兩次。雖然重複受洗的動機並不是絕對確定，但生病似乎是最主要的原因。[12] 而且，幾年前一位霧鹿的年輕人Havudal車禍受重傷時，雖然他的家人不是天主教徒，他卻在醫院的病床上受洗。很多人生病時會喝聖水，並建議我也這麼做。就像Tina Mua說的：「我不舒服的時候就喝聖水，然後我常常就會比較好」。復活節時是一年一度可以從天主堂領聖水回家的日子，Tina Sokut會提醒我不要忘了帶空瓶子到教堂去裝聖水。當有教友生病不能上教會時，義務使徒會在其他教友的陪伴下送聖體給病人，並為他禱告。

雖然長老教會信徒是不喝聖水或到病人家送聖體的，他們在作惡夢、生病或遭遇不幸時會熱切地禱告。Tina Piliah說禱告也是一

---

12 有些受過兩次洗的人已經過世。在我做田野時二、三十歲的年輕人，對於他們為什麼重複受洗的理由不是很清楚，但認為可能是因為他們小時候常常生病的緣故。

種paspas（治病儀式）。有一天早上我們在聊天時，Tina Piliah對我和
Tina Puni提起她昨天晚上作了一個惡夢。她夢到她揹著孫女，有個
hanitu突然出現想要抓走小孩。她對hanitu吐口水想嚇跑它，但沒多久
自己就先嚇醒了。醒過來後她立刻對神禱告求祂保護，趕走hanitu，
否則小孩很快會生病。Tina Piliah並沒有帶孫女去給巫師看，因爲她
說「禱告也是一種paspas」。

　　大部分的家庭都有某種宗教聖像。它們被視爲是保護的來源，成
爲Morgan（1999）所說的「家庭的祈禱和儀式」（domestic devotion and
rituals）的中心。天主教會發給每個家庭十字架、耶穌像與聖母像，這
被掛在客廳牆壁中間正對著門的地方。長老教會的家庭會掛十字架，
有些家也自己買耶穌的像來掛。兩個教會的教友都很喜歡耶穌是我牧
者或最後的晚餐的掛毯，把它掛在客廳中顯眼的地方。布農人在覺得
需要Tama Dehanin給他們力量或保護、以及生病或要出遠門時，會對
著這些宗教意象禱告。當某個家庭遭遇不幸時，天主教會會送更多的
聖像給他們，來提振他們的精神。我霧鹿家的大哥在山上打獵意外死
亡時，也是布農人的神父就送了兩張很大的耶穌和聖母的海報，被家
人視爲是加添保護與祝福。

　　布農人關注並企圖運用神的恩惠來維持他們的健康，顯示他們並
不認爲基督宗教與巫師傳統的治病活動是互斥的，雖然基督宗教被認
爲是兩者中範圍更廣的。同時，不同的基督教派也不被認爲是對立
的。在天主教和長老教會之間轉換是很容易也很常見的，通常結婚後
太太會轉到先生的教派去。由於我規律地參加這兩個教會的活動，布
農人常對我說我會得到加倍的祝福。在有人生重病時，病人的家屬會
尋求這加倍的祝福與保護，要求兩個教會都爲病人禱告。下面的例子
就是這樣。

　　1998年6月時，Tama Tiang和他太太Tina Sokut一起在田裡工作

時突然生病。剛開始他覺得很冷並發燒。Tina Sokut以為這是普通的感冒，叫他先在工寮休息，但他的病況惡化並且嘔吐了。意識到情況嚴重，Tina Sokut急忙用農用的耕耘機把Tama Tiang從舊部落送回家。到家時他已經昏迷了。Tina Sokut很驚慌，請她的母親 Kulas Lagos來幫忙。Kulas Lagos看到Tama Tiang的樣子後，叫Tina Sokut趕快去請巫師Tama Avis過來。就像Tina Sokut說的，「我爸爸以前是mamumu（巫師），所以我媽媽對這種事很有經驗。」Tama Avis用他的patihaul（巫石）占卜後，診斷說Tama Tiang的病是另一位死掉的巫師Tama Avis造成的，他的墳墓就在Tina Sokut的地旁邊。有個下午Tama Tiang在樹下睡午覺時，Tama Avis的hanitu經過，叫Tama Tiang不要睡午覺免得感冒。Tama Avis的hanitu並不想傷害Tama Tiang，他反而是關心Tama Tiang的健康。但是，生者和死者的世界是不同的，不應該有交集。這兩個世界直接接觸會使生者生病，這就是Tama Tiang身上所發生的情形。死掉的Tama Avis所說的話「附在」（macup）Tama Tiang身上，造成類似詛咒的效果而使他生病。巫師Tama Avis舉行過治病儀式後，病人就被緊急送往埔里基督教醫院。

Tama Tiang在加護病房住了兩天並作脊髓檢測後，醫生診斷他得了腦膜炎。這時候醫院拒絕讓他繼續住院，而將他轉介到台中榮總，那邊有專門的醫生。醫生老實對Tina Sokut說病人有生命危險。又過了三天Tama Tiang還是昏迷不醒。這幾天Tina Sokut打電話給好幾位神父和義務使徒，還有長老教會的牧師和長老，請他們為她先生禱告。然後有一天Tina Sokut作了一個夢：

> 我和我先生從家裡正準備要出發去田裡工作，他卻突然不見了。我把家裡和外面都找過了，還是沒找到人。突然，我人已經在要去田裡的路上。我爬上山，看到我先生坐在一個平

常中途休息的地方，和一群陌生人在聊天。每個人都帶著一個袋子，有的袋子很大，幾乎跟人一樣高。他們休息過後，把袋子揹起來，開始一個接一個走了。我看到最後那一個袋子比較小的，好像是我先生。他正要走時我叫住他，問他幹嘛和那些陌生人在一起。我跟他說我們還有工作要做，叫他回來。他轉過來看著我，然後回到我身邊。

　　Tina Sokut醒了以後，她仔細想這個夢想了很久，知道這是一個好的預兆。但她沒有跟任何人說，以免夢的好效果會跑掉。第二天Tama Tiang恢復意識，開始逐漸好起來。等到他已經完全脫離危險，Tina Sokut才把這個夢告訴她的孩子和其他親戚。她評論說：「如果我先生(在夢中)沒有回到我身邊而是跟那些陌生人走，他現在一定已經死了。」

　　Tama Tiang過了好幾個禮拜才出院。在他住院的期間，古古安的天主教與長老教會持續在禱告中惦記著他。而且，兩個教會都派教友到醫院探病和為他禱告。他們也送錢過去，幫忙醫藥費。Tama Tiang回家後，Tama Tiang為天主教會殺了一隻豬，並且對兩個教會都作了感恩奉獻。她解釋說：「我對天主教會和長老教會都很感謝。雖然我家是天主教，長老教會的教友對我們很關心、很有愛心。他們來醫院探病、送錢、不斷地為我們禱告。當我們有困難的時候，我們部落真的很同情、很關心我們。我們是天主教或基督教並不重要。在我們村這兩個教會沒有分裂和對立。畢竟我們是信同一個神，我們是一個部落。」談到基督宗教時，愛、憐憫與社群和醫療、保護與祝福是同樣重要的主題。布農人很重視如何和諧相處。這對他們認為人是甚麼，或應該是怎樣，是最重要的。

基督徒的愛、人觀和「好心」

　　布農人會同意Mauss(1985: 19-20)提出的基督徒是一個「道德人」(moral person)的看法，但這並不是指他有一個理性的、個人的本質。基督教的人，也不是Dumont(1985: 94)所描述的在現代西方社會那樣，是獨立的、自主的，因此本質上是非社會性的道德存在。相反的，基督徒生活在道德社群中，他和神的關係既表現在他與其他人的關係上，也透過此來建立。傳教士與布農人雙方都強調社群的觀念。傳教士抱持著基督教給了原住民新生活與新社群的觀點(Wu 1978: 75)。而從Tama Taugan所寫的教會歷史中，我們也看到改信被描述為是集體的、而不是個人的現象——「族人……群體歸主」。

　　在前面我已經提到老人家認為基督宗教和布農人的傳統宗教是一樣的，因為兩者有共同的道德層面。這一點最清楚地顯現在他們的好心(*mashial tu is-ang*)或愛心(*madaidaz tu is-ang*)的觀念上。一個好心的人是善良、溫和、謙卑、富同情心、不記恨、並樂於助人的。布農人對一個人最高的讚美就是說他或她「很好心」。同樣的，他們批評人時常會說那個人很壞心(*makuan tu is-ang*)，或是「心很熱」(*vavakai cia is-ang*)[意思是指壞脾氣]。

　　在講道和日常的對話中，好心的重要性經常被提及。對大部分的布農人來說，好的講道並不是多方引用教義和神學概念的講道，而是內容和他們的日常生活緊密扣合的，例如丈夫和妻子應該如何相愛，父母應該怎樣照顧子女，鄰居應該如何和睦相處等。剛開始的時候，我常對神父講道的內容和當天所讀的聖經經文沒甚麼關係而感到訝異。而古古安長老教會的信徒對新來的、有神學碩士學位牧師的講道反應則頗為冷淡，這讓牧師很是挫折。他對我抱怨這些「板凳信徒」

只是坐在教堂裡，沒有真的在聽，不然就是聽也沒聽懂。另一方面，大多數的會眾則抱怨牧師的講道太困難、太抽象，暗示並不是很好。他們期望牧師要擅長關懷，並帶頭示範他在教會中所傳的道理。否則，布農人會認為他試圖抬高自己，並認為「牧師的心不在這裡，沒有真的在我們教會。」[13]

　　布農人賦予「好心」的極高價值，和他們對如何在道德社群中和諧相處的關注，具體表現在同情與互相幫助的行動上。下面就是個很好的例子。巫師Tama Tiang有一次要將高麗菜搬到小貨車上時，掉到水溝中摔斷了腿。由於他有糖尿病傷勢變得更嚴重，因為傷口很難癒合。他動了三次手術，醫生說他以後不能再工作了。當Tama Tiang的玉米快收成時，他請求天主教會幫忙收割，即使他有存款可以雇工人來收割。在收割日前兩天的彌撒後，教會宣布他需要幫忙的事，教友以同情來回應他的請求。收割日當天，包括我在內大約15個人在Tama Tiang的玉米田集合，這塊地是Tama Taugan免費借給他的。有些沒辦法來幫忙的人則送雞、送飲料到Tama Tiang家給工作的人吃。工作前我們先為工作的平安和順利禱告。男人負責砍玉米和揹下山坡，女人則負責摘下玉米穗和剝掉它外面的葉子。工作的氣氛很愉快，好幾個人評論說人多一起工作比較不會累、比較有效率。中間休息時大家一起喝飲料、吃點心，使氣氛更加親密快樂。玉米收成完後，我們再度同心禱告，表達對Tama Dekanin的感謝，並為Tama Tiang的健康祈求。每個人都表示對今天的工作感到滿意，它實踐了互相幫助及基督徒應彼此相愛的理想。

　　雖然布農人現在對「好心」的強調其實和基督宗教傳入前的過去之間是有連續性的，但傳教士和年輕的一代常會認為這歸因於基督教

13　不令人驚訝地，這牧師在1999年、只到任兩年後就離開古古安的教會。

的教導。祖先實踐的某些特定面向，例如戰爭、巫術和獵頭，則被凸顯爲布農人還是異教徒時的過去樣貌。異教徒的過往中的暴力與衝突，被視爲是壞脾氣與「壞心」所造成的結果。然而，改信基督宗教已經馴服了布農人的凶悍和暴力，將他們轉變爲充滿愛與和平的民族。[14] 古古安第一位成爲牧師的布農人Tama Qancuaz，就談論到在個人和集體層次的這種轉變。

Tama Qancuaz已經七十多歲了。在基督宗教剛傳入時他是二十幾歲。受洗兩年後他決定要去傳道。1955年時，他進入長老教會專門爲培育原住民神職人員而設立的玉山神學院就讀。Tama Qancuaz之所以想當牧師，是因爲他在禱告時經歷到被聖靈充滿的經驗。他描述被聖靈充滿時內心清楚看到光，並且很具體地感覺到神的存在。有時候他的頭髮會站起來。[15] 他的信仰因此更堅定了，並認爲這是神對他的呼召：「神想要修理我，因爲我以前脾氣很壞、很兇。」

Tama Qancuaz在玉山神學院就讀時，有一次被派到台東縣海端鄉去傳福音。在他前往霧鹿隔壁的利稻聚落之前，有人警告他那邊的人很落後、很兇，他一個人去會有危險。Tama Qancuaz回答說他不擔心，神會保護他。當他進到這個村子時，很快就被一群拿著開山刀和鋤頭的男人包圍了。Tama Qancuaz沒有驚慌，這群男人中帶頭的人問他是誰。他回答說他是Takitudu（卓社群），這些人臉色就變了。他們

---

14 從更大的歷史性脈絡來看，布農人對和諧的重視和它們被殖民的經驗是有關的。在他們和國家的互動中，布農人明顯偏好協商而非對抗（楊淑媛 2005）。就像Nader（1990）所討論的，被殖民的群體可以運用和諧的意識形態（harmony ideologies），作爲保護自己免於掌握權力者侵害的策略。

15 這種經驗可以和布農巫師的經驗作比較。我在其他地方描述過（楊淑媛 2001, 2006；參照徐韶仁 1987），在治病儀式或降靈會時，巫師在感覺到他們的靈伴出現時頭髮也會站起來。

小聲地互相說：「Takitudu sai-ia（他是卓社群）！」過了一會兒，利稻的男人放下他們的武器，有個老人家請Tama Qancuaz到他家去住。他告訴Tama Qancuaz他們Bubukun（郡社群）很怕Takitudu。有一次有25個Bubukun去Takitudu的地區。其中一個人被Qalavang（泰雅族）獵頭了，但他們以為是Takitudu幹的，而想要報復。但是，他們不但沒有獵頭成功，還受到Takitudu巫術的攻擊。在回家的路上，一個個死掉。只有兩個人回到利稻，但他們不久後也死掉。從那時候起利稻的人就很害怕Takitudu和他們的巫術。

　　Tama Qancuaz利用這個機會來傳播基督的愛。他告訴他們所有的人都是神所造的，像他們的祖先那樣殺害對方是不對的。生活在互相敵對與恐懼中一點好處都沒有。他們現在應該要認罪悔改，要相愛、生活在和平中，這樣神的恩典就會降臨在他們身上。Tama Qancuaz說利稻的人對愛與和平的訊息心裡很感動，很多人因而信主。

　　從上面的討論，我建議布農人對基督宗教的概念，可以被視為是涂爾幹式的被神聖化的社會性（sacralized social），對改信的敘事則是一種對社群性質的論述（參照Barker 1993）。對布農人而言，基督宗教主要不是關於未來個人救贖的可能性，而是和此時此地他們如何共同生活在和諧中有關。如同Stirrat（1984: 204）所指出的，這種神聖的觀念是人們在日常生活中所經驗到的：

> 在大的宗教中，可以區分兩種不同的「神聖模式」（sacred models）。第一種……可以說是與社會性無關的。它不受空間與時間的限制，被認為是絕對的。這是Eliade所說的神聖性，它對人類生活的重要性並不是作為一種社會生活的模式，而是作為個人仿效與努力的模式。它關注的是普同性，以及個人救贖的可能性……另一方面，有另一種神聖性是與

此時此地、與時間和空間的存在有關的……這是經典的涂爾
幹式的被神聖化的社會性，構成社會以及社會生活的模式。
這是人們在日常生活中所依循的，並且最適於社會學式的分
析。

雖然如此，我很清楚基督宗教在今日仍是多重的經驗。本文的焦
點是基督宗教的公共的、社會性的層面，而很少觸及個人對神聖性的
各種體驗。這並不表示布農人與基督宗教的關係僅止於此，像許多從
認同建構與界限維持的角度來研究基督宗教者所建議的那樣。雖然
一般來說布農人對研究聖經與教義並不是很感興趣，這並不表示他
們和基督信仰的關係全然是「外在的」（Tooker 1992）。「好心」的
觀念關注的包括信仰的內化與其外在的展現。這個觀念和Orta（2000；
2004）對Aymara傳道師的研究中所討論的社會存有的身體核心（the
somatic center of social being），或體現的人觀與認同，密切相關。在
布農人中，有一些人確確實實地把基督信仰視為是其生命的依歸與中
心，而且也被其他人視為是如此。Batu就是個好例子。

四十幾歲的Batu生下來就是基督徒。他的家族是Toqolang氏族，
是一個在儀式知識、巫術或獵頭方面都不特別出色，人數也不多的小
氏族。當基督教傳入時，他們父母是最早信教的一批人，因為他們認
為基督教的神和他們原有的dehanin觀念是一樣的，而且神可以保護
他們不被其他更強大的氏族的巫術所傷害。Batu生下來幾個月就受洗
了，從小在教會中長大。16歲時，他受堅信禮。當牧師叫他走到講壇
前面時，他覺得自己的腳步輕飄飄的，像走在雲端一樣。當牧師按手
在他頭上時，他感動得哭了。同一天，他被選為執事。Batu對長老教
會的服事很認真。即使他在外島當兵時，也每個月寄奉獻回教會。退
伍後他再度當選執事，後來又被選為長老。他一直擔任長老到現在。

對Batu而言基督信仰的重要性是無與倫比的。這是他生命的依歸，總是帶給他穩定性與力量，特別是當他在都市裡當建築工人時。每天早上去工作前他都先讀經和禱告。他特別有禱告的天賦，禱告時有很強的自發性，並常看到異象。他平時是個安靜的人，但禱告時變得滔滔不絕又充滿領袖氣質。這種鮮明的對比總是令我感到驚奇。大部分的時候他是爲教會、整個村子、和其他在受苦中的村民禱告。在他靈修時，有時候強烈的宗教經驗與情感會讓他徹夜禱告。

Batu是個很溫和、善良、平靜、謙卑、充滿同情心與愛心的人。在我做田野工作的期間，我對他的氣質和他如何在別人遭遇苦難時受苦，印象非常深刻。要描述他並不容易，只能說他充滿屬靈的領悟與內在的光。我從來沒有聽到任何人批評過他，而且他的家庭被視爲是其他家的模範。對古古安的人來說，他是基督徒的典範，因爲他體現了基督的愛。

結論

本文一開始，筆者指出基督宗教和原住民認同的加強、以及布農人和漢人間界限的維持之間的關連性。對基督宗教與布農傳統信仰爲什麼是一樣的之分析，呈現布農人積極主動地企圖將基督宗教由一個外來的宗教，轉變爲熟悉的、在地的、屬於他們的宗教。因此，他們有忽視系統性的教義或神學、而重視在實際的活動中培養敬虔的強烈傾向。在他們的日常生活中，當地的基督徒不是那麼關注個人的救贖，而是關注如何用神的恩惠來支持他們的健康、運氣和社群道德。醫療特別能展示神的力量，並構成布農人經驗基督宗教的一種重要方式。

雖然許多布農人試圖將基督宗教納入他們的生活中成爲另一種力

量的來源，不可避免地傳教士會將他們傳統信仰的很多層面視爲是異教的，並要求布農人如果想成爲「真正的」基督徒就必須放棄這些東西。本土的基督教，事實上總是存在於不同並相互矛盾的力量交錯的緊張場域中（參照Barker 1990; Burt 1994; Robbins 2004a）。不過，本文將重點放在布農人對他們改信的觀點上，而強調了基督宗教與布農傳統宗教之間的連續性。這也呈現了布農人如何爲了他們自己的目的而挪用基督宗教。

如果這使筆者犯了Robbins（2003; 2007）所批評的「連續性思考」的錯誤，原因有兩種。一方面，傳福音的過程中依賴本土範疇來翻譯基督宗教概念的做法，對基督宗教如何被接受有很重要的影響。和Robbins（2004a）所研究的Urapmin例子相比，那裡的人有意識地保留基督教的外來性，並拒絕將基督教的概念本土化。但在布農人之間，翻譯鼓勵並促進他們把基督宗教的概念和實踐，同化到地方性的關注和意義之中。另一方面，和強調具有強烈內在邏輯的核心教義（Dayton 1987, Robbins 2004b），或是「堅硬的文化形式」（Robbins 2003）之靈恩派的基督教相比，天主教和基督長老教會相對上採取比較「柔軟的」文化形式，讓人們比較能拆解它，片斷地接受並根本性地轉變它——就像布農人所做的那樣。

參考書目

小川尚義，淺井惠倫
    1987[1935]　台灣高砂族傳說集。余萬居譯。台北：中央研究院
        民族學研究所編譯稿。台東天主教教義中心編
    1995　白冷會在中國傳教史料。台東：台東天主教教義中心。
伍睢

1990 布農族原始宗教與基督教之比較。中央研究院民族學研究
　　　所資料彙編1: 41-66。

胡文池

1965 布農族傳道簡史。刊於臺灣基督長老教會總會歷史委員會
　　　編，臺灣基督長老教會百年史，頁402-424。台南：人光出
　　　版社。

1984 憶往事看神能。台南：人光出版社。

徐韶仁

1987 利稻村布農族的祭儀生活：治療儀禮之研究。中國文化大
　　　學民族與華僑研究所碩士論文（未出版）。

馬淵東一

1987[1974] 布農族的獸肉分配和贈與。馬淵東一著作集，卷
　　　一，頁136-265。余萬居譯。台北：中央研究院民族學研究
　　　所編譯稿。

黃應貴

1992 Dehanin與社會危機。刊於黃應貴著，東埔社布農人的社會
　　　生活，頁191-242。台北：中央研究院民族學研究所。

萬豐長老教會

nd. 萬豐長老教會簡史。

楊淑媛

1992 兩性、親屬與人的觀念：以霧鹿布農人爲例的研究。國立
　　　台灣大學 人類學研究所碩士論文（未出版）。

2006 人觀、治病儀式與社會變遷：以布農人爲例的研究。臺灣
　　　人類學刊4(2): 75-111。

2007 死亡、情緒與社會變遷：霧鹿與古古安布農人的例子。臺
　　　灣人類學刊 5(2): 31-61。

關山天主堂

    1979 神照耀關山。關山天主堂建堂二十五周年紀念集，頁2-6。

Asad, Tatal

    1996 Comments on Conversion. In Conversion to Modernity: The Globalization of Christianity. Peter van der Veer, ed. pp. 263-273. London: Routledge.

Barker, John, ed.

    1990 Christianity in Oceania: Ethnographic Perspectives. Lanham, Md.: University Press of America.

Barker, John

    1993 "We Are Ekelesia": Conversion in Uiaku, Papua New Guinea. In Conversion to Christianity: Historical and Anthropological Perspectives on a Great Transformation. Robert W. Hefner, ed. pp. 199-230. Berkeley: University of California Press.

Barrett, Davis B.

    1982 World Christian Encyclopedia: A Comparative Study of Churches and Religions in the Modern World A. D. 1900-2000. Oxford: Oxford University Press.

Barry, Peter溫順天

    1977 A Brief History of the Maryknoll Missions in China. MA Thesis, Department of History, National Taiwan University. Bellah, Robert N.

    1964 Religious Evolution. American Sociological Review 29(3): 358-374.

Buckser, Andrew and Stephen D. Glazier, eds.

    2003 The Anthropology of Religious Conversion. New York:

Rowman & Littlefield Published, INC.

Burt, Ben

1994　Tradition and Christianity: The Colonial Transformation of a Solomon Islands Society. Chur, Switzerland: Harwood Academia Press.

Cannell, Fenella

1995　The Imitation of Christ in Bicol, Philippines. Journal of Royal Anthropological Institute (N.S.) 1: 377-394.

Comaroff, Jean and John Comaroff

1991　Of Revelation and Revolution: Christianity, Colonialism, and Consciousness in South Africa. Chicago: University of Chicago Press.

Dayton, Donald W.

1987　Theological Roots of Pentecostalism. Peabody, MA: Hendrickson Publishers.

Dumont, Louis

1985　A Modified View of Our Origins: The Christian Beginnings of Modern Individualism. In The Category of the Person. Michael Carrithers, Steven Collins and Steven Lukes, eds. pp. 93-122. Cambridge: Cambridge University Press.

Geertz, Clifford

1973　'Internal Conversion' in Contemporary Bali. In The Interpretation of Cultures. pp. 170-192. London: Fontana Press.

Hefner, Robert W.

1993　Introduction: World Building and the Rationality of Conversion. In Conversion to Christianity: Historical and Anthropological

Perspectives on a Great Transformation. Robert W. Hefner, ed. pp. 3-44. Berkeley: University of California Press.

1998　Multiple Modernities: Christianity, Islam, and Hinduism in a Globalizing Age. Annual Review of Anthropology 27: 83-104.

Huang, Ying-Kuei 黃應貴

1988　Conversion and Religious Change among the Bunun of Taiwan. Ph.D. Thesis, Department of Anthropology, London School of Economics, University of London.

Kammerer, Cornelia Ann

1990　Customs and Christian Conversion among the Akha Highlanders of Burma and Thailand. American Ethnologist 17(2): 277-291.

Keyes, Charles F.

1993　Why the Thai are not Christians: Buddhist and Christian Conversion in Thailand. In Conversion to Christianity: Historical and Anthropological Perspectives on a Great Transformation. Robert W. Hefner, ed. pp. 259-284. Berkeley: University of California Press.

Kipp, Rita Smith

1995　Conversion by Affiliation: The History of the Karo Batak Protestant Church. American Ethnologist 22(4): 868-882.

Lambek, Michael

1992　Taboo as Cultural Practice among Malagasy Speakers. Man 27: 245-266.

Ma, Julia C.

2001　When the Spirit Meets the Spirits: Pentecostal Ministry among the Kankana-ey Tribe in the Philippines. 2., revised edition.

New York: Peter Lang.

Mauss, Marcel

1985 A Category of the Human Mind: The Notion of Person; the Notion of Self. In The Category of the Person. M. Carrithers, S. Collins and S. Lukes, eds. pp. 1-26. Cambridge: Cambridge University Press.

McCall, Robert Donnell

1995 Conversion, Acculturation, Revitalization: The History of Fataan Presbyterian Church in Kwangfu, Taiwan 1934-1994. Docter of Missiology Dissertation, Faculty of the School of World Mission and Institute of Church Growth, Fuller Theological Seminary.

Meyer, Birgit

1999 Translating the Devil: Religion and Modernity among the Ewe in Ghana. Africa World Press, Inc.

Morgan, David

1999 Visual Piety: A History and Theory of Popular Religious Images. Berkeley: University of California Press.

Nader, Laura

1990 Harmony Ideology: Justice and Control in a Zapotec Mountain Village. Stanford: Stanford University Press.

Orta, Andrew

2000 Syncretic Subjects and Body Politics: Doubleness, Personhood, and Aymara Catechists. American Ethnologist 26(4): 864-889.

2004 Catechizing Culture: Missionaries, Aymara, and the "New Evangelism". New York: Columbia University Press.

Peel, John D. Y.

    1977　Conversion and Tradition in Two African Societies: Ijebu and Buganda. Past and Present 77: 108-141.

Robbins, Joel

    2003　On the Paradoxes of Global Pentecostalism and the Perils of Continuity Thinking. Religion 33: 221-231.

    2004a　Becoming Sinners: Christianity and Moral Torment in a Pupua New Guinea Society. Berkeley: University of California press.

    2004b　The Globalization of Pentecostal and Charismatic Christianity. Annual Review of Anthropology 33: 117-143.

    2007　Continuity Thinking and the Problems of Christian Cultures: Belief, Time, and the Anthropology of Christianity. Current Anthropology 48(1): 5-38.

Saunders, George R., ed.

    1988　Culture and Christianity: The Dialectics of Transformation. New York: Greenwood Press.

Schneider, J. and S. Linderbaum

    1987　Introduction: Frontiers of Christian Evangelism. American Ethnologist 14(1): 1-8.

Schrauwers, Albert

    2000　Colonial 'Reformation' in the Highlands of Central Sulawesi, Indonesia,: 1892-1995. Toronto: University of Toronto Press.

Stirrat, R. L.

    1984　Sacred Models. Man 19(2): 199-215.

Stott, John

    1984　The Cross of Christ. Leicester: Inter-Varsity Press.

Tapp, Nicholas

    1989 The Impact of Missionary Christianity Upon Marginalized Ethnic Minorities: The Case of the Hmong. Journal of Southeast Asian Studies 20: 70-95.

Tooker, Deborah E.

    1992 Identity System of Highland Burma: 'Belief', Akha Zan, and a Critique of the Interiorized Notions of Ethno-Religious Identity. Man 27 (4): 799-820.

Weber, Max

    1963 The Sociology of Religion. Boston: Beacon Press.

Wood, Peter

    1993 Afterward: Boundaries and Horizons. In Conversion to Christianity: Historical and Anthropological Perspectives on a Great Transformation. Robert W. Hefner, ed. pp. 305-321. Berkeley: University of California Press.

Wu, Ming-Yi 吳明義

    1978 The Renewal of the Church and the Mountain Tribal People of Taiwan. M.Th. Thesis. New York: Columbia Theological Seminary.

Yang, Shu-Yuan楊淑媛

    2001 Coping with Marginality: The Bunun in Contemporary Taiwan. PhD Thesis, Department of Anthropology, London School of Economics, University of London.

    2005 Imagining the State: An Ethnographic study. Ethnography 6(4).

第八章
倫理自我的形塑：
台灣民間宗教靈乩的「調靈訓體」*

蔡怡佳
輔仁大學宗教學系所助理教授

一、靈乩協會的創立

「中華民國靈乩協會」是在解嚴後由靈乩[1]所組成的宗教團體。在協會正式成立之前，各宮廟中的靈乩就常藉著法會的舉辦共同合作。根據其相關機構雜誌《中華大道》[2]的報導，這個由靈乩所組成

* 本文是根據筆者「從倫理自我的形塑談台灣民間宗教的調靈訓體」一文（刊登於《原住民巫術與基督宗教》，台北：光啟文化事業，2008）為基礎所進行之增補與改寫，感謝光啟文化事業惠允本文重新刊登。本文之英文版刊登於*Religious and Ritual Change: Cosmologies and Histories* (Edited by Pamela J. Stewart and Andrew Strathern. Durham, North Carolina: Carolina Academic Press, 2009)以及*Shamanism and Christianity: Religious Encounters among Indigenous Peoples* (Edited by O. Lardinois & B. Vrmander. Taipei: Taipei Ricci Institute, 2008)。

1 關於靈乩的意涵與宗教實踐的討論，請參見參考資料中鄭志明教授的專文（2005）。

2 《中華大道》於1986年10月創刊，至1992年冬季停刊，由靈乩協會核心發起人之一，也是靈乩協會第二任理事長的賴宗賢博士擔任發行人兼社長。雜誌中紀錄了靈乩協會創立前後的活動紀錄。

之團體的成立是源於戊辰年(1988年)8月16日在新店皇意宮所舉辦之靈乩聚會中所得到的上天啓示。[3] 第一次發起人會議於一個星期後召開，討論成立協會之草案與組織章程，討論的過程並透過數位靈乩的「神人溝通」作爲參證，將團體名稱定爲「梅花聯盟同心會」。「媒」與「梅」同音，希望靈乩以梅花不畏霜雪之精神自許，也象徵靈乩經過霜雪之苦而團結起來，承擔上天給予之使命與大道。在9月20日召開的第一次會員大會中，有91位會員參加。1989年當它正式向內政部登記爲宗教社團時，由內政部的建議改名爲「中華民國靈乩協會」。至2000年止，靈乩協會有團體會員(宮院堂)480家，個人會員逾4,000人，在全省設有18個辦事處，是目前台灣正式申請登記規模最大的靈乩組織。其組織架構包括護國安靈委員會、靈乩研習委員會、聖理研習委員會、企劃公關委員會、靈乩教育基金委員會、靈乩報導編輯委員會，以及正法研習委員會。

在台灣社會中，儘管靈媒(包括乩童、靈乩、尪姨等)的宗教實踐常爲了寬解社會殘酷(余德慧、彭榮邦 1999)，他們卻很少受到相稱的敬重(林富士 2002；陳藝云 2003)。靈乩協會的成立是靈乩首度企圖以協會的組織方式彼此串聯，以「神職人員」自我界定，並提昇此宗教角色之品格與「靈質」的嘗試。這種提昇的努力一方面表現在論述上對於「乩」的層次的區別，以及「靈乩」之教化角色的強調。靈乩協會將「乩」由其不同的媒介劃分爲三種，認爲童乩以「身」爲媒介；神乩以「心」爲媒介，包括扶鸞著書的文乩，以及開口辦事的武乩；靈乩則是以「靈」爲媒介，爲道統的代言人。當靈乩以「醒世辦

3　根據《中華大道》雜誌的報導，啟示的內容為希望靈乩們團結合作，以團隊精神共同完成下列使命：包括重整道風、扭轉社會日漸衰微的道德觀念、發揚中華民族的道統脈源，以達成普渡、收圓與大同之天命。

事的神職人員」自居時，是在自我理解上刻意與民間宗教中受到諸多
爭議的童乩有所區分。這種區別意謂著層次高低的排比。靈乩認爲童
乩以身體爲乩，用踩鋼刀、吞火叉、狼牙棒鞭打身體等皮破血流的方
式達到使世人警醒震懾的效果，層次較低，對眾生的教化作用有限。
靈乩則是以靈爲媒介，由於累世因緣而具足了靈乩的慧根。因爲其
「元靈」容易與先佛恩師相應，所以可以成爲列聖恩師的代言人。在
靈乩協會之「靈學院」的教育課程，無論是靜態的經典研讀或是動態
的「調靈訓體」，都可以看到靈乩企圖以提昇「品格」與「靈質」的
方式，一方面在自我陶成上追求「天人合一」之境界，另一方面在神
職角色上藉由「仙佛聖神代言人」的身分凸顯其教化功能。這種跳脫
傳統靈媒形象的努力可以視爲靈乩在當代社會重新建立其宗教專業角
色的嘗試，亦可視爲靈乩以傳統宗教資源與現代教育設計之結合回應
當前台灣社會政治與道德境況之企圖。

　　本文以靈乩協會靈學院之「調靈訓體」活動爲討論對象，以傅科
(Michel Foucault)之「自我技藝(technology of self)」爲分析架構，從
倫理實體(ethical substance)、交付方式(mode of subjectivation)、倫理
目的(telos)與倫理功課(ethical works)四個面向討論「調靈訓體」活
動所蘊含之「體」「靈」共修的倫理視域，以及修行者倫理自我的
形塑。民間宗教的「調靈訓體」可視爲一帶有宗教療癒性質的靈修
活動，也展現了台灣民間宗教心理照顧的獨特視野，這樣視野也爲
「乩」的形式與內涵帶來一種新的實踐方式。

二、靈乩之「靈」觀與「靈」的教育

(一)「靈」觀

　　在理解漢人民間信仰的神靈體系時，學者曾提出神—鬼—祖先的

架構（Jordan 1972; Wolf 1974）。神由在世有功德、強健有力的靈魂所
轉化而成，其生前的德行使得他（她）成為天界官僚系統的一員，一方
面享有信徒的祭拜，一方面以其靈力護佑信徒。祖先由子孫所祭拜，
其靈力亦可庇祐或降禍於子孫。鬼是凶死的靈魂，或是沒有信徒或後
裔祭拜的飄蕩的遊魂。這套分類架構也被視為漢族社會組織的隱喻，
官僚系統相當於神，祖先是親族，異人與外人則屬於鬼的範疇（Wolf
1974）。在這個架構中，神與祖先是社會秩序的象徵，而鬼則是一種
渾沌無序的存在，飢渴地期待秩序。換言之，鬼的狀態其實是從無秩
序到有秩序的起點，是一種預定要變化的存在，它能夠藉著變化而變
成神或祖先（渡邊欣雄 2000）。鬼雖然以神或祖先的對立面來界定，
與神或祖先並非截然不同，而是連續性概念的兩端。這種概念的連續
性帶來另一種靈界階層觀的劃分，例如可以用修行的語言來表徵靈魂
層次的高低。較高層次的神靈有較高的自我規訓能力，並能超越慾
望。較低層次的神靈或是鬼則容易為慾望所綑綁，喜歡以憑附人身的
方式喚起注意（DeBernardi 1995: 151）。

　　相對於上述神—鬼—祖先的架構，靈乩以「靈」來指稱靈界中不
可見的存有，而且指的大部分是尚在變化過程中的靈（vs. 神）。靈乩
也以靈界的階層觀來理解這些在變化過程中的靈。在這樣的概念中，
不再以鬼與祖先或神的對立概念來理解靈界，而代之以在不同修練階
段中的種種靈。靈乩將靈分為許多種類，包括祖先靈、朝代靈、因果
靈、元靈、植物靈或動物靈。祖先靈是祖先的靈魂。靈乩在開始其服
事的生涯時，必須先得到祖先的同意，祖先的靈力會幫助靈乩，靈乩
因為人辦事所累積的功果也可分給祖先。朝代靈是靈乩在轉世於不同
朝代的靈魂，或是與靈乩在前朝有因果業力之牽扯的靈。靈乩辦事時
多為朝代靈所憑附，因為這些靈需要借靈乩的身體來完成前世承諾、
未竟的使命。這樣的合作是以特定靈脈的方式來完成。例如，如果朝

代靈在前世朝拜觀音，而靈乩曾在某一世屬於此靈脈，那麼靈乩就會以菩薩爲名，藉著朝代靈之靈力爲人辦事。靈乩所說的朝代靈通常指的是皇室成員靈。在靈乩會照中表達前世的恩怨並化解之。從教育與修練的角度來看，與朝代靈關係的認出並不是最終的目標，而是一個有待超越階段。因果靈是與靈乩在前朝有因果業力之牽扯的靈。依修練境界來區分，層次境界較低者爲鬼，由於乏人祭祀，常以附身或騷擾的方式贏得注意。

元靈是個人第一世的靈，也是源自無極界的靈；是墮入輪迴前，最沒有因果業力之牽扯的狀態。若在修練過程與之相遇，修練者的靈質可以因爲元靈的幫助而提昇。與其他靈的概念相比，這是對靈的一種內在化的理解。若前面提及的朝代靈或因果靈代表某個有待轉化的對象，那麼元靈則是所要追尋或是恢復的最純淨狀態。但它又不是一個向外尋求的對象，而是指向內在、最真實的自我。對靈乩來說，與元靈的會合有一定的時機，須等到身心靈鍛鍊至某種狀態，例如強健、純淨的身體以及慈悲、奉獻、自我虛空等狀態。與元靈的會合最終能幫助個人從輪迴的痛苦中解放出來，回到根源。不同的元靈屬於不同靈脈，在這裡，收圓的意義一方面指向個人與其元靈之會合，另一方面也指屬於同一靈脈之靈子的聚合。

靈乩的生涯由與不同的靈之相遇與合作所構成，也是一個與未竟之業緣相遇與分離的過程。這種聚合可理解爲義務或責任的連結，而宗教使命的完成就在這種把糾纏的業緣轉化爲合作的功德累積。不同修行層次的靈之間的界限不是絕對的，可藉著功德的累積而提昇。這個過程則需要靈乩的參與。遊魂可被帶領至有緣之廟中修行，成爲修行中的靈，修行中的靈累積相當功果之後，甚至可能由上天封爲神明。界線的可跨越性不代表界線是不重要的，相反地，靈格的區分在靈乩教育中是重要的議題。

　　靈乩不以鬼來稱呼修練過程中的靈，是強調其尚未修練完成的特徵。在修練過程中的靈，為了累積功果，提昇層次，需要借用靈乩的身體，以及靈力為人辦事（靈療、諮詢）。靈乩借體給前世有因緣牽扯的靈，或是祖先靈，以完成前世承諾之宗教使命。透過靈與體的合作他們共同完成上天交代的任務，靈乩也償還他們的業債。當靈累積足夠的功果時，就離開靈乩。若靈乩在合作的過程表現良好，上天會派遣另一個有緣的靈界來與之合作，繼續完成宗教使命。反之，若靈乩失職，則會永遠失去靈力。

（二）靈的教育

　　根據靈乩協會主要理論論述者賴宗賢博士的說法，靈乩的修行構成第三次「絕地天通」的核心任務，也就是從君權時代邁向民主時代的轉換。而此任務特別要透過對靈乩以及靈的教育方式來達成，[4] 換言之，靈乩與靈雙方都是教育的對象。就靈乩來說，大部分靈乩雖有與靈或神明感通的能力，卻不一定有足夠的教育來合宜地運用自己的特殊能力。靈乩的再教育不只是為了提高靈乩的靈質，也是為了幫助靈乩成為更專業的神明的代言人，以懷有現代視野的宗教理念來為新時代的來臨做預備。由於靈乩在宮廟中也扮演重要的角色，其素質的提昇也能帶動宮廟之文化的提昇。就靈來說，尤其是那些緊抓著過去的怨忿，無法從其中解脫出來的靈，更需要藉著教育與修練的過程來提昇其靈質，並適應現代社會（下面詳述）。既然靈乩生活於現代社會，他們成為這些需要重新與「現在」「和解」的老靈魂最好的老師。

4　關於賴宗賢如何把靈乩使命與絕地天通的論述結合，請參見文末參考資料賴宗賢的文章（1989, 1998a, 1998b）。以及筆者（Tsai）博士論文 *The Reformative Visions of Mediumship in Contemporary Taiwan* 第二章中的討論（2003）。

　　靈乩教育的目標之一在於化解為靈所干擾或附身的個人以及靈之間的恩怨。換言之，為了脫離怨靈的干擾，教育的課程試著幫助雙方把業力的糾纏化為創造性的關係。對靈乩來說，教育的目的希望讓他們成為好的「神職人員」，來服務其信徒，以及需要被照顧的靈。由於靈乩在其成乩或辦事歷程中，常要面對業力糾葛的問題，他們在教育過程中首先的任務就是「認識自己」，亦即自己靈脈的根源，以及自己需要去完成的特殊宗教使命為何。（我從何處來，要往何處去）靈乩也要幫助那些漂泊遊蕩的靈（朝代靈、因果靈等）回到自己靈脈的根源。就靈乩協會的理解來說，社會動亂的部分原因即緣於這些找不到安棲之地的飄蕩的靈。當某人為靈所附身時，他會被靈的怨忿所影響。所以，靈乩有義務要幫助這些靈不再以附身的方式干擾人，幫助他們找到適合的宮廟修行。因此，靈乩的教育與靈的教育是相輔相成的。靈乩的自我理解以及修持也構成其助靈力量，以及完成其宗教使命的核心。靈的轉化與提昇也是藉著他們從靈乩所接受的教育與修持。對靈乩來說，參加靈學院上課的不只是做為學生的他們，還有跟著他們一起來上課的靈。這些被靈所干擾的學生不一定被召喚要成為靈乩，等干擾他們的靈因為聽課而化解心中怨忿時，他們就不再為靈所控制，而可以回到正常的生活。若這些學生前世曾承諾做靈乩，則要訓練他們成為靈的諮商者，來幫助那些來宮壇問事的人，以及未得安頓的靈。

三、靈乩協會的「調靈訓體」活動

(一)靈乩協會的教育課程

　　從1987年開始，靈乩協會正式成立前，靈乩們就已經聚在一起，展開對靈乩的教育課程。此靈乩教育的課程稱為「中華靈學研習

班」，於丁卯年(1987)閏六月六日舉行第一次課程，約百餘人參加，會中並決定以後每月二十(農曆)定期舉行一日的研討學習。課程的目的在於提高靈乩的素質，並幫助靈乩體認到自身對於社會的教化使命。課程的安排分爲學者專家的講課，以及資深靈乩的經驗研究。此研習班一直持續到1988年的5月。1988年，梅花聯盟同心會成立時，開始推動另一個教育課程，稱爲「普明班」。從1989年1月開始，持續50週的課程，內容包括專題演講、五教經典介紹、五行道與五行病理、演說技巧訓練以及天時天命的認識等。靈乩協會正式成立時，開始由其組織架構中的「靈學院」來負責靈乩的教育課程，並由資深靈乩游美玲女士擔任總執行長。此教育機構之學雜食宿等費用全免，共分爲四班：(1)先修班。不限學員之年齡與學歷，但要求學員「品德端正、誠心向道、守班紀、不缺課」。課程一共12天，分散在4個月舉行(每月3天)。白天爲專題演講之課程(例如三極界說、河圖洛書、大學、中庸、般若心經、五行問性、道德經)，晚間則爲調靈會照的活動。結業後會發給結業證書。(2)初級班。爲先修班之延續課程，每個月10天，連續上3個月，課程內容爲「叢林之淨靈化性、認識自我」。(3)中級班。初級班之延續課程，每月10天，共進行一年。課程以「靈體合一、緣師啓化、神人合一」爲目標。由於合格之學員甚少，中級班的課程只開過一次。

接下來的討論，我將針對靈乩協會最後一次舉辦的先修班訓練課程，這是2000年在台南一元宮所舉辦，歷時4個月(9月至12月)，每月3天共12天的課程，也是我唯一有機會親自參與的一次課程。如同歷年一樣，課程的內容由賴宗賢博士以及游美玲女士(學員口中的游老師)規劃。白天爲專題演講，晚上爲「調靈訓體」的活動。與歷年的盛況相比，這次僅有13位學員參加，但主辦者仍戮力以赴，游美玲女士更是全程參與。報名的學員一部分是宮廟中的靈乩，另一部分是爲

自己靈動經驗所困擾的人。後者不一定在未來會成為專業的神職人員，但其不由自主的靈動意味著她(他)有待解決的業緣糾葛。

(二)調靈訓體

(1)界定與目標

　　於夜間舉行的調靈訓體活動可以說是學員在訓練過程中最期待的部分。我們可以將之視為一個帶有宗教療癒性質的靈修活動，目的在於促進學生的靈與其合作靈之間的協調。調有調整、調適的意思，因此調靈就是靈的調整與調適。訓體則是關於身體的訓練。根據游老師的說法，調靈訓體的目標包括治療、管理(自主)以及合作。從治療來看，一個人由靈的干擾所導致的「靈光病」可在調靈訓體的過程中得到治療。另一方面，有些靈本身的疾病也可以藉著靈乩的身體得到療癒。療癒的獲得也就是自主狀態以及自我管理的恢復。在這裡調靈也意味著靈乩對靈之慾望的控制。就合作來說，指的是與神明或善靈之間的創造性關係。藉著訓體的過程，靈乩學習調整自己的頻率，使之與合作靈的頻率相合。當靈乩與靈進入更好的合作狀態時，他們才能行使其宗教使命。對靈乩來說，訓練場以及其他的靈地，例如宮廟，充滿著形形色色之靈的頻率。因此，如何保護自己免於邪靈或惡靈的入侵，以及如何發展與善靈的合作關係，就成了受訓時的重要課題。

(2)場景

　　調靈訓體的訓練課程通常在晚飯後，於空曠的地方進行。2000年的課程，就在一元宮大殿外的廣場舉行。廣場的拱門，面對面分坐於兩側的男女學員，以及老師的坐席形成一四方形的空間。空間內就是學員靈動時的主要場地。學員就坐後，就不再更換位置，根據靈乩的理解，每個座位上除了學員之外，還有其他跟過來一起修練的靈，所以不能隨便更換位置。老師的坐席上除了游老師之外還坐著幾位資深

的靈乩以及一元宮的住持，但游老師為最主要的指導者。在調靈訓體
課程的一開始，所有人均面向大殿，向神明鞠三鞠躬。學員的班長代
表大家向諸神明禮敬、稟告。目的是邀請眾神的參與與幫忙。

(3)暖身

　　稟告儀式之後，接著每位學員坐在座位上，聆聽游老師的指導。
為了讓學生在身體與心靈有良好的預備（預備接下來與靈的感通），游
老師以一動一靜兩種方式幫助學生調整自己的身心狀態。游老師先要
求學生從座位起立，以一致的步伐行進、如同行軍一樣大聲報數。接
著學員回到座位，腰背挺直，以緩慢、有節奏的方式呼吸，放鬆身
體，試著把心靈放空。此預備階段稱為架台。「台」意指靈乩的身
體，架台意指預備好自己的身體，等待靈或神明的降臨。

　　有些學員需要一些外在的刺激，例如規律的節奏或焚香的味道來
幫助進入靈動的狀態。在某些情況下，指導的老師會以吟唱的方式來
啓靈。根據游老師的說法，吟唱代表某個神靈的歌聲，來自較高層次
靈界之神明的吟唱不只有安定靈界的作用，還有指導的作用，意即幫
助那些靈質較低的靈更流暢地表達自己。不同的靈對不同的曲調有所
感應，某些特定的曲調可以幫助學員放鬆身體或放空心靈，以幫助他
們的靈更流暢地表達自己。

(4)入場

　　當學生的身體慢慢感受到一股氣的催迫時（氣催迫的生理徵兆包
括顫抖、打嗝、打哈欠等），就從座位離開，進入場中舞動。舞動的
姿勢因個人感受到的氣的流動而異，有的像是打拳、跳舞、或是吟
唱。進入場中有隱約的順序，大致上是一位接著一位，但這順序在後
來的階段會打亂。每人在場中時間不一樣，從10分鐘到數十分鐘都
有，入場的次數也不一樣。大致說來，學員在這幾個月的調靈訓體中
都維持類似的步伐與舞動的動作，這是因為靈乩在特定時期要學習與

某個特定的靈配合的緣故。

(5)調靈：靈與體的配合

　　在調靈過程中，由資深靈乩所擔任的老師扮演重要的指導角色。以游老師為例，在學員眼中，她既是靈乩的老師，也是靈的老師，在指導學員的過程中有能力與不同的靈溝通與互動。這種與諸靈交涉的能力來自其個人經驗的累積，無論是安慰、聆聽、勸誡、或是驅除，目的在於聆聽與理解靈的狀態，讓學員的身體與之得到更好的配合。一個夠資格的老師必須以自己的經驗以及對靈界的知識幫助學生，包括對靈的特徵、姿勢、來源、靈界的組織，靈脈的知識。在學員上場調靈的過程中，也時時注意學生的狀態、動作，給予適切的引導。例如老師就常常提醒學生在靈動時要把眼睛張開，把持住自我意識，避免跌倒。遇著悲怨泣訴的靈時，老師亦會進入場中安慰哭泣的學員。在靈乩的理解中，由於調靈是一個人與神靈共同參與的過程，因此指導的老師有時也會以降神的方式進入場中，代表神的親自臨在，示範神靈的步伐與吟唱。高層次的靈就像是充滿電力的手電筒，當祂進入訓練場時，與學員分享其靈力，並幫助他們訓練身體，調整靈的狀態。來到場中的神靈猶如看不見的指導靈，藉著指導老師的聲音或動作來幫助學生。學生在調靈訓體之後會變得更強壯、更健康。

　　為了給予有效的幫助，老師要能夠了解學生的狀態：

　　有的人認為訓靈一開始最重要的就是讓學生有靈動的現象，像乩童那樣舞動。但我覺得還有更重要的事情。在學生訓靈的初期，我會特別注意他們的狀態，我可以從其舞動的動作、姿態、哭泣的方式、腳步等看出其情緒狀態以及家庭的狀況。因此我才能了解他們的痛苦，給予適當的幫助。如何感受到他們的狀態？我關心他們，忘掉自己。你必須放下自己，專注於他們的情況，才能與其頻率相通，收到正確的訊息。（游老師）

　　靈動的現象在日常生活的場域中常被認為不正常。但在這個訓練的場域中老師會鼓勵學生盡量表達。游說：靈動是一種靈的表達，無論多麼怪異，卻是靈乩的轉化以療癒發生的關鍵。游老師以錄音帶的播放為例，要把帶子放過一遍才能置入新帶子；這個過程也像是過關卡或是試鍊，靈乩以「轉」這個詞彙來形容過程。轉有迴轉、轉化、轉移等意義，一方面指設靈乩在靈動過程的動作，一方面也指藉著靈動過程得到的轉化。訓練初期學生的體與神靈尚未達到合一的狀態，就像牙牙學語的嬰孩，傳遞的訊息並不清楚。調靈的目的就是藉著吟唱、說話、打拳與舞動的方式來幫助靈的表達。為了與靈更好地配合，靈乩在修練的過程有時也會被要求在身體的層次更肖似所要表達的靈。有一位在靈動過程常出現如鳥一般飛行姿態的女學員，在參與課程的這段期間身體自然地排斥水果以外的食物，根據游老師的解釋，這種「自然」傾向其實與(鳥)靈的狀態相符，也是來自於鳥靈的要求以及教導，為了彼此更好的配合。

　　根據靈乩的描述，靈來臨時靈乩的身體會感受到一股如同電流的電力。若靈乩的身體不夠強健，可能在「接收」的過程中感到呼吸困難、顫抖、休克，甚至暈厥。對新乩而言，靈乩的身體與神靈的配合是最重要的學習課題之一。靈乩的身體是神靈的中介工具。為了更好傳遞神靈的訊息，靈乩的身體必須要有足夠的活力與體力。靈乩在宮廟為人辦事是非常耗費體力的事情，多半是在夜間，常常到深夜。他們把身體借給神靈，以獲得辦事的靈力。為了克服退駕的虛耗，因此靈乩的教育課程也強調照顧身體的重要性。

四、「靈」「體」共修的自我倫理學

　　對調靈訓體過程中的「靈動」現象之討論可以從宗教人類學中對

於薩滿、靈媒之附身現象的研究成果出發。人類學家對於附身現象主要的研究取向包括(Stoller, 1995)：(1) 結構功能論：認爲附身現象的主要功能在於揭露社會中既存之衝突與矛盾，並給予社會中受壓迫的一群人(婦女)一個合法發聲的管道(Lewis, 1971)。簡言之，功能論將附身現象視爲一帶來特定之社會後果的社會過程。(2)精神分析取向：以Obeyesekere的研究爲代表，探討靈媒之心理動力發展過程(Obeyesekere, 1981)。(3)生理學研究取向：此研究取向的學者爲附身現象尋找生理學的基礎。大部分學者認爲附身狀態會改變腦波的型態。也有研究台灣通靈者的學者試圖以生理特徵的方式來理解通靈者的特殊體質，例如把出神(trance)狀態與右腦作用的活躍互相連結(Lane, 1986)。(4)象徵詮釋取向：將附身現象視爲表達文化知識的文本，研究者以之爲基礎探究具有顯著文化意涵的主題，例如男／女、天／人、善／惡、與生／死。(5)劇場表演的取向：將附身現象視爲文化劇場的一種形式，在劇場的表演中表達文化所關切的存在命題。此取向認爲附身現象的效果就存在於表演當中。

　　在理解靈乩特殊的靈動現象時，若將其置於靈乩協會念茲在茲的「靈乩自我改造」工程，以及其特別強調的教育與修行脈絡上，會發現上述的研究觀點還是有不足之處。在靈乩的自我理解中，「靈」與「體」的辯證構成兩個重要概念。靈乩自述以「靈」爲媒介代天地宣化，在其生涯中通常靈乩爲不同因緣之靈界借體；若爲天界之神靈借體，則是代天宣道，若爲地界之鬼靈借體，則是替那失去身體，無法發聲之怨靈辦收圓，使其有機會修成得道。若我們暫時將「借體說」從「靈異論述」的脈絡移開，就會發現借體背後其實存在著深刻的倫理意涵。不同因緣的靈界向靈乩附體借用，是藉著再度擁有的身體累積功果，功果是「靈」與「體」共修得來的善果，也是靈乩與靈界共同分享的功德。靈界藉著靈乩的身體修道，得其果位後成爲靈乩的無

形護法，幫助靈乩完成「公體」的使命。「靈」與「體」的交會在「因緣論」的脈絡下有其生生滅滅的過程，因此，因緣的把握與放下也就成了另一種對靈乩修持的考驗。這種考驗可以就靈乩與慾望的關係來討論，若個人企圖心與慾望超過助人的願望，神會認為這個「體」不好用，在靈界則不會繼續推薦，靈乩之靈力會逐漸消失。修持的考驗也可以就靈乩之自我認同來討論。靈學院的總執行長游美玲女士就強調靈乩教育最重要的目標之一就是「自我認識」。「自我認識」對靈乩來講就是一個「去神化」的過程：許多靈乩在領有神佛之旨令後，最容易陷入神人不分，挾神威以壯大自我的陷阱，自以為與神同高，而忘卻自己只是代言人的身分。此外，分辨靈格也是重要的功課，很多雜靈會冒名假姓，借用神的聖號，若在神靈與靈乩的自我之間有一個區隔的空間，就比較不容易踏入人神不分的誘惑。接下來的討論中，我將以「靈」「體」共修的倫理實踐作為理解的框架，來分析靈乩的調靈訓體活動。

　　作為神靈與人之「中介與媒介」，靈乩的宗教實踐與修行從來不只是一個內在的心理事件，而是一個互為主體的事件。換言之，靈乩與神靈藉著彼此的合作完成各自的宗教使命。他們的合作可以視為共同實踐的「自我的技藝」(technology of the self)。自我的技藝一詞是借用傅科(Michel Foucault)後期著作所提出的概念。對傅科來說，技藝與實踐理性有關，他將技藝分為四個向度：生產的技藝，符號系統的技藝，權力的技藝，以及自我的技藝。自我的技藝使人對自己的身體、靈魂、行為、與存在方式等面向施行種種操作，藉著自己或是他人的幫助來轉化自己，以達到特定的目標，例如智慧、完善、慈悲，或是永生等目標(Foucault 1997: 225)。傅科的自我技藝概念源於他對西方文化脈絡中古典時期自我構作的分析，他的分析拒斥永恆不變的自我觀，而強調倫理自我的轉化。如果我們將倫理理解為一個關於自

由的有意識的實踐(conscious practice of freedom)，那麼靈乩與神靈的合作也可視爲是一個共同實踐的倫理計畫(ethical project)。爲神靈所附身的靈乩在幫助神靈或其附身靈完成其爲實現之願望或宗教使命後，獲致其自主性。而附身靈也因爲從怨忿的狀態轉向功德的累積(藉著靈乩的幫助)而獲致解放。接下來我將以傅科的分析概念來進一步理解這種靈乩與神靈互爲主體的關係。在分析靈乩的宗教實踐時，傅科所提出的倫理場域的四個因素(倫理課題的實體，自我臣服的方式，倫理課題所需的工作，以及倫理課題所要達到的目的)可以作爲分析架構，幫助我們討論宗教實踐者如何將自身以及自身的處境問題化(problematization)，以建構自身爲倫理人的過程。

(1)倫理課題的實體(Ethical Substance)：體與靈

倫理課題的實體也就是構成倫理判斷的核心部分，例如基督宗教中對慾望的檢視，或是康德倫理判斷中的意向動機。對靈乩的教育來說，靈乩的身體與神靈構成倫理關懷的內容。從理論的角度切入，靈乩借用道家修練的術語「借假修真」來論述靈與體之辯證關係，亦即如何藉著修練身體來鍛鍊靈魂。真是永恆不變的真我，假則是變動不居的表象，爲了追求最終極的道以及反本溯源，必須藉著擁有人身之肉體時修練。游老師在對學員上課時提到，假體就是我們的五臟六腑，它是有限的，要經歷生老病死。隨著時間的流逝這個暫時的聚合會慢慢衰弱。真實的則是道、真神或真自我。換言之，是我們必須追求的真源。與道教複雜的理論相比，這樣的解釋比較簡單。若我們從靈乩的經驗來理解這個詞，則有更深的意義。靈乩的身體可以被視爲可見與不可見的交接，因此對靈乩的靈修經驗來說，這個詞不能單純地理解爲對靈魂的重視以及對於身體的貶抑或忽略。靈乩的身體經驗對「借假修真」的「借」有獨特的理解。我們可以從兩方面來理解真假或是肉體與靈魂的辯證關係。

　　「借」的第一個意義指出神靈對靈乩之身體的挪用與取用。靈乩的身體是靈提升自我以及神靈實現其宗教使命時不可或缺的途徑、媒介與工具。對飄盪的靈魂來說（wandering departed souls），靈乩的身體帶他們脫離無家漂泊的狀態，進入靈界修行系統之救贖結構。對累積功德過程之靈來說，靈乩的身體成為他們發揮靈力，與人間交接的所在。對靈性層級較高之神靈來說，靈乩的身體是其慈悲、正義以及靈能化身與展現。當靈乩把他們的身體借給不同的靈時，就像是Poulet對於閱讀的理解：「我把自己借給了別人，這個他人在我內思考、感覺、受苦、與行動。」（"I am on loan to another, and this other thinks, feels, suffers, and acts within me"）（Poulet 1969: 1215）這是物質與精神的合作，或是有形與無形的轉換。當靈乩把身體借給神靈時，神原來不可見的靈性得到一個表達自身的形式，而且靈乩也空出自己，成為一個虛空的管道。由此說來，靈乩的身體是使得「真」得以顯現的「假」。從這個意義來說，靈乩的活力與強健在訓練過程要被強調，所以他們的身體才能含納神靈的力量。然而，靈乩的身體並不能成為神靈的終點站。而比較像是修行過程中的「中途之家」。根據游老師的說法，如果靈乩試著幫助為靈所困擾的人，而自己變得越來越虛弱，那是因為靈乩背負著他人的苦痛，但不知如何轉化這些苦痛，所以身體越來越衰弱。或用民間流行的說法，若靈乩為人消災解惑時，沒有相對要求求助者行功立德，則對方原本應該背負的業力會轉到靈乩身上。從這個觀點來說，容器（container）不是了解靈乩中介者角色的適當隱喻，相對地，靈乩比較應該像忠實的信差。而且，靈乩的中介並不能顛覆或超越正義或因果律則的約束。

　　當靈乩強調修行與功德的累積時，身體在修行的過程的重要性仍是不可抹滅的。身體是行善的工具，也是神明降臨的基礎。身體與神靈的合一並不否定身體角色的重要性。神靈甚至保護身體，幫助身

體累積功德。因此我們可以說靈乩在其靈體修練中並不把「靈」與「體」視爲相對的兩極。而比較像是瞎子與跛腳者之間的合作，一個擁有對於起源、過去以及未來的視野，一個擁有實踐的能力。

(2) 自我臣服的方式與目的（Mode of Subjectivation and Telos）

我以前很鐵齒，過去我不信這些，我是後來才變的。我的過程就是神把我的財務全部毀掉，再來是身體，讓腳受傷，躺在床上，沒有人要理我，讓你哭，哭到有一天你自己反省。這都是無形的在考我們，因爲我不相信這些，我很驕傲，我做生意啊，我有能力啊，我賺錢啊，我臉上的皮扒不下來，硬要這樣絞下去，要這樣拼，到頭來還是空空啊。連我的孩子也來考我，我受傷躺在床上時，他說，你不是能幹又行嗎，要吃飯的話自己去買啊。我自己才想到說，今天讓我們跌到躺在床上不能動，不但叫不動孩子，還讓孩子跟我們說這種話，這就是我們要去懺悔了。這樣好，我不哭了，我提出勇氣來，那時候靈學院在南部辦先修班，一開始我是拿著枴杖不能去上課，那天又是風又是雨，我先生必須載別人去上課，他不載我。我就叫我兒子載我到去上課，他說不用了，老爸都不載你，我爲什麼要載你，你不用讀了，你這種鐵齒的人還要唸嗎？就這樣，我想說，連你也這樣子說，好吧。這如果是發生在以前，如果不是因爲腳跌到而讓自己需要檢討，我就和他生死了，我會去鬧他，不過我想回來，這是考磨，我走回陽台，無形的就在窗口跟我講，說，提出勇氣，走出去。我就好啊，包袱整理整理，背著，沒有帶雨傘，走到樓下，剛好路邊一個計程車要出車，他就載我去上課。在那裡唸書的時候腳都是抬著，也是一個月讀三天，讀到四個月足足。那真的是很痛苦，我每個月都去，直到第四個月畢業了，學長和老師把我們一個一個叫起來問，來上課的這四個月中間，你得到什麼？每個人講的都不一樣，都是他們的心聲，輪到我，我就煩惱了，本來想要拄著枴杖閃到旁邊，因爲我都不

懂啊，都在打瞌睡啊，我腳在痛，哪有在聽老師說什麼，但忽然間輪到我要起來講，我沒有說什麼，我只說我什麼都不懂，我腳痛，沒有辦法聽老師說什麼，但是我覺得我後面無形中的那個靈界有改進耶，贊成，而且歡喜，有這樣的感應。我回來之後自己想，喔，原來這是無形的叫我提出勇氣，所以我們的肉體就要帶著我們無形的去上課，他才有辦法聽老師說靈界的事情嘛，這樣一來他就有改進啊，我們的肉體如果不讓他去，他就不能去啊。有上過靈學院，感覺大家出來之後都不會鬥來鬥去，受過教育之後都會靜靜地聽，靜靜地看。他不會和你相爭，如果還有和你相爭的，就是沒有受過教育的，我就是這樣走過來的。（靈乩黃太太的口述）

　　大部分的靈乩與上述例子一樣，在面對要成為靈乩的過程中，都經歷過抗拒到臣服的歷程。若成為靈乩是一種源於前世因果業力的命定或承諾，這種既定常以一種強迫注視的方式展示自身。許多靈乩是在經驗莫名的疾病、貧困、或其他磨難與試驗中聆聽到神靈的召喚。這種召喚的方式是義務的、受約束的、必要的，但也可能隨著自我的臣服與交付而成為鼓勵的、激發的、鼓舞的，當靈乩願意接受自己的「注定」使命時，就認同自身作為神靈之代言人的身分，並將自己的身體獻出，為神靈所用。

　　與因果靈的糾結只是神靈召喚的記號，對此糾結的處理與解決帶來對其宗教使命之認識（recognition）。自我臣服的方式是在順從的臣服以及信實地完成宗教使命之光譜中開展，這是自我的臣服，也是自我的重新獲取。在此脈絡下，臣服的目的就是成為神明無私的工具以及代言人（例如在宮壇中的服事，宣揚神的救贖訊息），以及成為道的追求者（例如真我與元靈合一的修行目標，與對於真道的了解與實現）。

（3）倫理功課（Ethical Works）：含納與區分

　　在靈乩教育的視野中，靈與體的辯證功課可從含納與區分兩種移

動(movement)來理解。靈與體是一種成雙(double)的關係，彼此成為彼此的另一個。從含納來說，一方面靈的悲苦具現為靈乩的心理與生理方面的痛苦，另一方面靈乩個人的不幸也藉著附身靈得到引渡，得到一個表達的基礎，不管這個基礎從外人的眼光來看多麼怪異。換言之，附身靈與靈乩以彼此作為中介，表達自身的苦痛。他們成為彼此的另一位，藉著別人訴說自己的故事。他們的連結也是建立在共同經驗到的，難以言說的苦楚。根據靈乩的說法，靈與靈乩會因相應的思想情緒與頻率而彼此感通。例如悲苦的靈，憤怒的靈。有修為的靈乩也能吸引到較高層次之靈界來與之配合。以充滿怨苦的靈與受苦的靈乩之遇合為例，二者在彼此的痛苦中彼此感應，並在訓練場中以戲劇性的方式表達。一個原本正常的靈乩變得行為古怪的人，一個原本安靜寡言的婦女可能在訓練場中嚎啕大哭，就像演員全然投入角色中，並在他人的故事裡流著自己的眼淚。游老師曾在上課時對學生解釋哭泣的意義：長久以來積壓的情緒必須藉著調靈訓體的方式得到紓解，這過程猶如小雞從殼中破殼而出。如果靈想要表達，但卻被壓抑，它會越來越痛苦，使得靈乩生病。這也是為什麼哭泣是靈乩的訓練過程中重要的過程。它也是治療靈光病的方式。靈乩的哭泣有許多意義，可能是埋怨悲慘的命運，表達在世界遊蕩的痛苦等等。雖然哭泣不是一個值得追求的目標，卻是靈乩必經的過程。游老師甚至說：

> 如果當一個靈乩從來沒有哭過，我不認為它可以被稱為一個真正的靈乩。如果一個靈乩哭了，我們應該要恭喜他，因為這代表他已經進入靈的領域。當無形的靈進入他的身體時，彷彿一個靈的小孩的誕生。你必須知道要如何引導他。

靈乩的哭泣象徵著靈性小孩的誕生，從靈與靈乩的痛苦中誕生。

然而，這個新生兒看來就像是醜陋而古怪的「換子(changeling)」，被換取的孩子，標示著已然與應然之間的距離。他召喚著一個救贖的行動，要把被換掉的孩子換回來，重新找回「原來的那一個」。對靈來說，那「原來的那一個」是其天真靈性的恢復。對靈乩來說則是與因果靈之間的糾纏。兩者皆須靠著繼續的訓練與修練來完成。

從區分來說，靈格的區分以及靈類的分辨構成重要的課題。靈乩從被憑附時所感受到的溫度、靈的表達以及對靈乩的影響來判斷靈類，一般而言層次較高的神感覺較溫暖，低層次的靈則帶來陰寒的感覺。就靈的表達來說，神明大多比較嚴肅，沒有情緒，而低層次的靈常表達出忌妒報復或競爭這些不定的情緒，例如大哭或大笑。從靈對靈乩的影響來說，高層次的靈帶給靈乩性格及習性的正面影響，低層次的靈則帶來負面的影響。

含納與分化不只是靈乩與較低層次之靈之間的功課，也是靈乩與較高層次之靈之間的功課。靈乩與神明之間的含納功課在於學習與仿效神明種種特質，例如剛正，慈悲，寬容等。對靈乩來說，對神明的崇拜不只是祈求保佑，更重要的是效法神明的精神。與神明之間的含納也可以用「演員」做比喻，好的靈乩就像是優秀的演員，在忘我當中全然演出扮演的角色。當他們空虛自我的心靈，並放掉自私的慾念時，才能與神靈的頻率相應。不同的神明有不同的磁場，特性，舉止，以及使命，作為靈乩就像是千面女郎一般，可以把這些角色都扮演好。對神明的含納可幫助靈乩提高靈質，但忽略區分的功課也有其危險，例如自我膨脹，尤其發生在靈乩與修行中的神靈之間，一旦靈乩的慾念為這些靈所看穿，就容易成為被控制的對象；虛榮似乎是這些神靈最大的試探。游老師在上課時曾告誡學員：

> 你不要一直陶醉，你現在明明是現代人，你是領身分證的

人，你拿這個身分證叫什麼名字，就把你的本分做好，不是
說我今天還陶醉，說我以前是宮女、是皇帝、是將軍，把自
己打扮得像清朝那種衣服還拿出來穿，這種不符合時代。你
想了解過去的因緣，但過去不一定如你想像一樣地美好。從
修練中你獲得一些關於過去身分的啟示，如果這樣做是為了
幫助你獲得過去的智慧，來幫忙你，去解決事情，解決週遭
人家的困難，這種的可以，但是你不要回到過去的虛榮心。
有的人想說我過去在皇宮做母后呢，有的男的說他是做皇
帝，我說你以前如果做皇帝你這一世就會很悽慘，你想想，
皇帝欠了多少愛妃啊，如果做一次來跟你討，你會被追得沒
處跑，就是這樣啊。在靈修的過程中呢，人家說沒修沒代
誌，修了全代誌，這代誌就是因為你累世有欠人，甚至你做
將軍的人，殺人千萬，他現在一條一條要來向你討，你要甘
願去還啊，甘願受啊，因為那是你前世欠人的。如果你這個
原理通得清楚，你就沒有什麼是非來跟人家講了，因為你光
是做都還來不及。

　　認識自己因此構成靈乩教育的重要功課。認識自己一方面指向理
解過去的因緣，另一方面也強調現世身分的重要。認識過去的因緣的
真正意義在於承擔過去的因果業緣，因此可以對自己負責，而不是在
虛妄的名號中迷失了自己。
　　從神靈的角度來看的話，區分的功課強調的是神靈對當代世界的
適應與學習。游老師以自身的經驗為例，與學員分享自己與靈交涉的
過程：

　　有的靈已經會教你打電腦了，有的還執著在古早洪荒時期，

穿樹葉的，現在的人要你穿樹葉，你敢穿嗎？有的執著說我這一條靈要怎樣。我過去那一條靈也是很執著，只穿白衣，別的顏色無法穿出門，我也要去跟她講啊，我說你這一尊也不是觀世音菩薩，報名字都跟我報觀世音，當然要這樣我們才會接受，但是她是很漂亮，很莊嚴的，她說雖然我不是觀世音，但是我可以修到觀世音的境界啊，我可以教你方法啊，如果你正心正念，我教你的都是正確的方法。我們靈乩士也是一直要求突破，我就說，你為什麼一直要我穿白衣，她就說，就好像自己是公主，現在要出門了，如果不這樣的話，全身發癢，抓得都破皮了，所以只好乖乖地穿，後來我說好，我可以這樣穿出門，但是你不能讓別人覺得我奇形怪狀，她說不會啦，我想說這樣才不會讓人家笑，雖然我看起來是古早人。以前我是跟古代人的氣場比較一樣，自然表達語言種種就會不同，但我們盡量就是，游美玲這個肉體一定要來突破，你要給我用多久，要跟她溝通，到最後她可以接受我穿別的衣服，慢慢地，有的道親信者會買一些衣服給我們，如果沒有穿又覺得不好意思，我就說這是人家送的，你要讓我穿啊，但是辦事時她就不讓我這樣穿了，逛街時隨便你穿，但是辦事時就不能亂穿了，就是有一定的規格，有時候規格定得不錯，我們要接受，所以我常說，無戒自戒，她就是無形的來戒律我。

五、「乩」之內涵的再定義

調靈訓體活動對於教育與修行的強調，可以從變遷的角度來進行考察。丁仁傑曾經以其相關的會靈山現象為對象，指出會靈山如何在

現代化的「去地域化」過程中進行「再連結」的轉化作用(丁仁傑，2005)。本文的結論想從宗教的角度提出調靈訓體活動如何對「乩」之內涵提出新的理解與實踐方式。首先，靈乩對於神靈世界的理解有從地域化(territorial)朝向跨地域化(trans-territorial)轉變的傾向。學者曾經提出傳統漢人民間信仰中神－鬼－祖先的神靈體系是一個人際關係(親族、官僚體系與陌生人)的反映，我想進一步指出，這樣的反映與空間與地域也有高度的相關，從空間的觀點來說：祖先位於家中的牌位，神居於奉祀的廟宇，而鬼則是那沒有所在(dislocated)、在「外」遊蕩的孤魂。當靈乩以「靈」來指稱靈界中不可見的存有，並以祖先靈、朝代靈、因果靈、元靈、植物靈或動物靈(幾乎可以不斷增列名單)的分類方式來羅列其對於神靈世界的理解時，原來以空間做為屬性區隔的系統顯得不再那麼重要。相對於傳統理解的三大範疇，靈乩的理解更關注那尚未被範疇化，仍在變化過程中的靈，並以修行的狀態來標示變化的過程。其次，與上述之理解的變化相關的，則是一種從強調空間性到強調歷史或時間性的轉變。無論是「靈」之境界的提升，或是靈乩修行的動力，都建立在過往業緣之轉化之上；靈乩對自身所屬「靈脈」的認識，或是「因果靈」與「元靈」等概念，也都強調跨越時間性的一種認同。最後，因為對於修行的強調，所以也從過去神－鬼－祖先架構中對於疆域之界線維護的強調轉而強調可藉由修行來進行疆域的跨越：不同類別的靈雖有靈格高低之分，但靈格低者可藉著修行，累積功果來提昇自己的靈格。

　　靈乩對於不可見之神靈世界的理解也帶來對於「乩」之內涵與實踐的重新理解。靈脈的指認給予靈乩一種新的認同，標示出自己在今生修行的路途中所肩負的使命，而這樣的認同不必然建立於特定地域的歸屬之上。此外，如前文所言，靈乩的生涯由與不同的靈之相遇與合作所構成，這種聚合可理解為義務或責任的連結，而宗

教使命的完成就在這種把糾纏的業緣轉化為合作的功德累積。過去研究附身現象的宗教人類學者認為，附身以及出神狀態可以構成一種賦力（empowerment）的經驗，並帶來自我或社會的轉化（Boddy, 1989; Comaroff, 1985; Kleinman & Kleinman, 1995; Lewis, 1971; Ong, 1987）。在他們的研究中，社會底層者的聲音透過這種在儀式中合法的附身狀態，對父權或是其他社會壓制的力量提出批判。這是從儀式象徵力量的觀點出發，挑戰精神醫療模式的「解離論」觀點，後者認為附身是一種「解離的出神違常（dissociative trance disorder）」。從靈乩協會的自我理解以及教育設計來說，「解離論」的理解框架顯然是有限制的。靈乩按照自身對於靈界的理解以及調靈訓體的經驗把靈動的狀態置於修行與教育的框架下，揭露了莫名力量的來源與目的，使得混亂的經驗得到暫時的安頓，並認為當靈乩的自我得以從靈的糾結中離開時，人與靈的合作以及共同提升才成為可能。從論述的層次來說，這樣的觀點應和了宗教人類學者對儀式象徵力量的認識。本文從傅科自我倫理的架構出發，則是進一步貼近靈乩將調靈訓體置於「修行」脈絡的認識，指出此宗教實踐在自我倫理照顧上豐富的意涵。

參考書目

丁仁傑

　　2005　會靈山現象的社會學考察：去地域化情境中民間信仰的轉化與再連結。台灣宗教研究4(2): 57-111。

余德慧、彭榮邦

　　2003　從巫現象考察牽亡的社會情懷。刊於情、欲與文化。余安邦主編，頁109-150。台北：中央研究院民族學研究所。

林富士

　　2002　台灣童乩的社會形象初探（二稿）。發表於「巫者的面貌」
　　　　　學術研討會，中央研究院歷史語言研究所、中央研究院亞
　　　　　太研究計畫主辦。台北：中央研究院歷史語言研究所，
　　　　　2002年7月17日。

陳藝匀

　　2003　童乩的社會形象與自我認同。輔仁大學宗教研究所碩士
　　　　　論文。

渡邊欣雄

　　2000　漢族的民俗宗教：社會人類學的研究。周星譯。臺北：地
　　　　　景。

賴宗賢

　　1989　我所認識的靈乩現象。中華大道23。

　　1998a　台灣巫術文化初探。發表於東方宗教研討會，1998年7月
　　　　　25日。

　　1998b　台灣道教源流。台北：中華大道出版。

鄭志明

　　2005　台灣靈乩的宗教型態。宗教與民俗醫療學報，台北：大元
　　　　　出版。

Boddy, Janice.

　　1989　Wombs and Alien Spirits. Madison: University of Wisconsin
　　　　　Press.

Comaroff, J.

　　1985　Body of Power, Spirit of Resistance. Chicago: University of
　　　　　Chicago Press.

DeBernardi, Jean.

1995 On Trance and Temptation: Images of the Body in Malaysian Chinese Popular Religion. In Religious Reflections on the Human Body. Jane Marie Law, ed. pp. 151-165. Bloomington: Indiana University Press.

Foucault, Michel

1997 Ethics: Subjectivity and Truth. P. Rabinow, trans. R.H. Hurley and others. New York: The New Press.

Jordan, David K.

1972 Gods, Ghosts, and Ancestors: Folk Religion in a Chinese Village. Berkeley: University of California Press.

Jordan, D.K. and D.L.Overmyer

1986 The Flying Phoenix: Aspects of Chinese Sectarianism in Taiwan. Princeton: Princeton University Press.

Kleinman, A.

1980 Patients and Healers in the Context of Culture : An Exploration of the Borderland between Anthropology, Medicine, and Psychiatry. Berkeley: University of California Press.

Lane, Timothy J.

1986 The Left Hand of God: Trance and Divided Minds in Taiwan. Ph.D. Dissertation. Ann Arbor: University Microfilms International.

Lewis, I. M.

1971 Ecstatic Religion: An Anthropological Study of Spirit Possession and Shamanism. Baltimore, Md.: Pengin Books.

Obeyesekere, Gananath

1981 Medusa's Hair: An Essay on Personal Symbols and Religious

Experience. Chicago: University of Chicago Press.

Ong, A.

　　1987　Spirits of Resistance and Capitalist Discipline. Albany: SUNY
　　　　　Press.

Poulet, Georges

　　1969　Phenomenology of Reading. New Literary History: A Journal
　　　　　of Theory and Interpretation 1(1).

Stoller, Paul

　　1995　Embodying Colonial Memories: Spirit Possession, Power and
　　　　　the Hauka in West Africa. New York; London: Routledge.

Tsai, Yi-Jia

　　2003　The Reformative Visions of Mediumship in Contemporary
　　　　　Taiwan. Unpublished Doctoral Dissertation. Rice University.

Wolf, Arthur P.

　　1974　God, Ghosts, and Ancestors. In Religion and Ritual in Chinese
　　　　　Society. A. P. Wolf, ed. Stanford: Stanford University Press.

第九章
文化接觸與宗教變遷：
左鎮地方祀壺信仰研究

葉春榮

中央研究院民族學研究所副研究員

一、前言

　　宗教變遷一直是人類學家非常關心的古典題目。長期以來，許多不同學派的人類學家各從不同的角度來處理宗教變遷的問題。無可諱言的，過去的這些人類學宗教變遷的研究，多少帶有西方文化偏見的觀點，認為西方文化衝擊著全球各地，使得世界各地的宗教信仰好像處於從汎靈信仰（animism）進化到拜物信仰（fetishism），再進化到一神論的過程裡，研究宗教變遷就好像研究西方文化對非西方社會的影響。因此，研究宗教變遷幾乎就是研究從傳統宗教改信基督宗教的過程。

　　在台灣的宗教改信研究裡，改信基督教的確吸引許多學者的研究，然而本文的重點在於以西拉雅平埔與漢人神明教之間的轉換，[1]來討論什麼是「改信」（conversion）的問題。人類學對於台灣人宗教改信的研究，洪秀桂（1973）認為平埔人改信基督宗教主要是因為早期的西方傳教士多半熟悉醫術，時常醫治病人。在巴則海的例子裡，巴

1　漢人民間信仰是否為一宗教，若是一個宗教，也沒有一統一的名稱。此處暫且稱為神明教，因為漢人以神明為主要的奉祀對象，就像崇拜耶穌的宗教被稱為耶穌教、基督教一樣。

則海人認為自己的最高神祇也可以跟耶穌基督相比擬，因此使他們很容易改信基督宗教（ibid.）。相對的，巴則海人之改信漢人宗教，洪秀桂認為經濟生產方式的改變是他們改信漢人宗教最主要的原因。因為他們放棄原來一年長達九個月的打獵捕魚改為農耕，因此原來的夢占、鳥占、禁忌、巫術也隨著消逝，而改信漢人的土地公。同時，巴則海人的最高神祇跟漢人的天公、火神跟漢人的灶神、水神則跟漢人的「好兄弟」都可以合而為一，因此巴則海人就逐漸改信漢人宗教，同時他們把原來農曆十一月十五日的過年慶典改成漢人的農曆除夕；祖先牌位的郡望題為「皇清」，都是受漢人影響的例子。

　　清水純（1986, 1987, 1989, 1991）在花蓮新社研究噶瑪蘭人，她認為因為傳統的噶瑪蘭宗教信仰跟漢人的宗教信仰可以相互容忍，不會發生摩擦，因此有許多傳統的儀式保留下來。但是噶瑪蘭人在改信基督教、天主教後，陸陸續續放棄其他傳統的治病、葬禮儀式，但是一直保存傳統的過年儀式（palilin），這是家裡祭拜祖先的儀式，因為他們相信祖先的靈魂一年一次在過年時回來，所以子孫得要供奉酒跟食物。

　　Shepherd（1996）對於平埔之改信西方宗教，則從政治經濟學的角度提出完全不同的看法。Shepherd以屏東萬金的西班牙多明尼克（Dominicans）天主教、巴則海的長老教會、馬偕在北臺灣的長老教會等等例子，他說從這些例子我們都可以看到西方教會保護這些弱勢族群。Shepherd認為中法天津條約（1860）之後，外國的傳教士的地位大為提高，不但可以直接到衙門見地方官員，甚至干預地方事務（1996: 121），因此享有相當的權力。Shepherd認為平埔族做為漢文化之外的邊緣族群（marginal ethnic group），在經濟上無法與漢人競爭，又沒有仕進之路，根本就被拒絕在取得財富、地位、權力的門外，因此改信基督宗教，藉著西方傳教士的力量，是走向財富、地位、權力的可能

途徑。因此，雖然當時的西方傳教士說，平埔人比漢人容易接受基督宗教是因為他們的個性關係，也就是說平埔人比漢人容易相處、有情感(Shepherd 1996: 135)，Shepherd還是認為平埔人是為了藉傳教士的力量而接受基督宗教。相對的，漢人本來就有仕進的途徑，自然就沒有必要接受基督宗教。

Shepherd認為平埔人想藉著西方傳教士的勢力來對抗漢人，因而改信基督教。在晚近的人類學文獻裡，研究南非白人殖民勢力的Comaroff夫婦的研究對人類學的文化理論也有同樣的批評(Comaroff and Comaroff 1991: 20-21)。他們認為殖民主義產生在南非的歐洲霸權主導的文化或文明，而英國的傳教士所代表的就是殖民帝國最活躍的文化掮客(同前引: 6)。Comaroff夫婦的重點在於重新提出義大利馬克思學者Antonio Gramsci的霸權(hegemony)的說法，而Shepherd的權力競爭說跟他們的說法則頗為接近。

筆者已在他文裡討論他們的說法(葉2006)，此處不再重複。本文擬討論David Jordan（1993）的測字因素(glyphomancy factor)說。Jordan認為，有些漢人認為漢字裡已經包括有些西方宗教的教義與概念，因此漢人會改信西方宗教。Jordan認為以往人類學對宗教改信的看法太過狹隘，就臺灣的例子看來，我們應該把宗教融合(syncretism)的現象看成是宗教的改信。Jordan認為漢人宗教的改信有三個現象：條件性(conditional, 因為外在的因素而改信。譬如因為牧師治病或可以領到救濟品等條件而改信基督教)、附加性(additive, 改信新宗教時，不必放棄舊信仰。譬如改信天主教時，仍可祭拜祖先)、以及神明交換性(pantheon interchangeability, 在不影響宇宙觀或價值觀的情形下，改變信奉的對象。譬如媽祖信徒也拜瑤池金母)。

本文將針對Jordan的說法來討論。Jordan 認為漢人從傳統宗教改信世界宗教當然是改信，傳統宗教之間的轉換也是「改信」。筆者不

同意這樣的說法。筆者認為，臺灣人對於宗教、改信的觀念跟西方人相當不同。西方學者對於「宗教」、「改信」等概念受到西方文化的影響，他們認為這世界上存在著基督教、天主教、猶太教等等不同的宗教，當一個基督徒變成天主教徒或摩門教徒等等，那就是改信。然而我們要是看看臺灣的例子，一個平常拜關公、媽祖的人，他家裡要是多了佛教的釋迦、觀音的雕像，沒有人會說他「改信」，也不是宗教融合（syncretism）。

再進一步說，假如一個平常拜拜的人，徹底放棄對神明的拜拜，改信基督教，除了他家人外，沒有人會有意見，也就是說這社會沒有任何機制會干預他的改變。反過來說，當一個基督徒放棄基督教，改成拜拜，教會裡的牧師會來勸他回頭、其他教友會說他「反教」。

由以上的說明我們可以知道，我們不能用西方「改信」的觀念來探討台灣的情形。本文將以臺南左鎮的地方為例（主要的田野地點在葫蘆），討論西拉雅平埔與漢人的宗教變遷。本文牽涉到西拉雅與漢人兩種人，也牽涉到西拉雅平埔之祀壺、漢人民間宗教、與西方基督教等三種「宗教」。西拉雅在過去三百多年來，先後接觸漢文化與西方傳教士，因此改信漢人民間宗教與基督教；然而，何以同樣接觸西方傳教士的漢人，卻未改信基督教？筆者認為這其中最重要的關鍵在於對神明與祖先祭祀的堅持，[2] 換句話說，在奉祀神明與祖先的前提下，漢人可以接受其他宗教的神祇，這樣的接受不是改信。

2 　西方學者把祖先祭祀稱為ancestor worship（祖先崇拜），筆者認為漢人是「祭祀」祖先，而非「崇拜」。

二、西拉雅平埔族的宗教變遷[3]

我們要是把陳第的〈東番記〉（1603）以及荷蘭以來的記錄合起來看，就會發現過去三百多年來，西拉雅平埔族經歷了他們歷史上最激烈的宗教變遷。

Candidius（1903［1628］）及Wright（1984［1671］）都曾詳細描述荷蘭時期西拉雅人的宗教信仰。根據甘治士（George Candidius）的報告，在荷蘭人到達之前，當時的西拉雅人相信多神（Candidius 1903: 23-25）。David Wright（1984: 71）更指出他們有十三個神，有的管打雷，有的管下雨，有的管戰爭，有的管造人。他們也描寫西拉雅人的喪葬習俗，但從未提到西拉雅人是否有祭拜祖先的習俗。

在佔領臺灣的的三十八年間，荷蘭人共派了三十六位傳道師來台，他們主要在臺灣南部及中部的平埔聚落傳教。1631年初，新港、麻豆一些重要的人物已開始拋棄偶像；到了1632年底，所有的新港人都拋棄了他們的偶像（Campbell 1903: 105）。到了1634年，幾乎所有的新港社人都信了基督教。荷蘭人離開後，西拉雅人放棄了基督教。我們知道西拉雅人放棄了基督教，十八世紀初的中文文獻裡也屢次提到西拉雅人的作向，但是他們什麼時候開始奉祀阿立祖則沒有文獻可考。

1871年訪問左鎮岡仔林的英國攝影家John Thomson，他提到在岡仔林人自己蓋的教堂附近看到平埔人家裡供奉的偶像（Thomson 1982, Vol. II, Plate IV），Thomson的描述非常接近我們現在所看到的阿立

3　關於西拉雅平埔族的宗教變遷，筆者在另文（葉 1998）裡有更詳細的敘述。

祖，[4] 雖然Thomson 並沒有說那是阿立祖。1874年底，俄國海軍准尉伊比斯(P. Ibis)在臺灣調查了兩個月，他訪問過頭社(Tauxia)的平埔部落。由伊比斯所畫的公廨圖來看，他所描述的應該就是今天的阿立祖信仰。

具體提到阿立祖信仰的是日據初年的《安平縣雜記》一書。這本書提到四社番作向的習俗，尪姨家裡供奉李老祖君，[5] 堂上供有磁罐或磁瓶，裡面裝水，並供奉檳榔、酒、麻藷等。因此我們有理由相信英國傳教士來到臺灣時，西拉雅人奉祀的就是阿立祖，而英國傳教士要他們丟棄的偶像就是阿立祖。

1865年英國人馬雅各(James L. Maxwell, 1836-1921)醫生來台傳教，左鎮大部分的平埔人家再一次經歷他們宗教信仰的文化大革命，他們拋棄家裡原來的神——以壺(bottle)為表徵的太祖——而改信基督教，少數保留祀壺的家庭也融合漢人民間信仰，也就是在正廳大門的對面牆上擺設神明桌，掛著神明掛軸，設立祖先牌位，家裡原有的太祖則仍然供奉在地上。

三、左鎮地方的平埔族

左鎮地方的開發，一般認為可以追溯到鄭成功時代。許多人都認為鄭成功趕走荷蘭人之後，不久就在左鎮附近的龜潭(今左鎮內庄村)置兵屯田。不過筆者並不相信這樣的說法，筆者認為當時臺灣西

4　阿立祖指的是西拉雅平埔族原來所奉祀的神，通常以壺、瓶、或類似的瓷器為代表，一般被供奉在西拉雅人家裡或公廨裡。太祖是台南以南許多地方對壺神的稱呼，但在不同的地方也被稱為阿立祖、阿立母、老君、向祖、案祖、老祖等等(詳見林清財 1995: 479-481)。

5　《安平縣雜記》〈四社番作向〉稱荷蘭時期的inibs為尪姨。

部平原沃野千里，到處都可以屯田。而左鎮處在山裡，杳無人煙，也沒道路可達，鄭成功要屯田何必躲到山裡？（詳細的討論參見葉春榮1998）。

　　左鎮地方的平埔族，經過百年來的文化變遷，現在在表面上已經「漢化」得跟漢人幾乎沒有什麼差異。但是當地五、六十歲以上的人，幾乎人人都非常清楚誰是人（漢人），誰是番，日據時期的戶口資料也非常清楚的記錄誰是「熟蕃」。在1961年時，左鎮及鄰近村落的8,001人當中，平埔人口佔44.5%（劉茂源 1974: 42）。近年來因為人口外移的關係，總人口已經下降到約只有五千人，多半是六十歲以上的老人。筆者沒有確實的統計數字可以說明閩南與平埔的比例，但是根據筆者近年來在那兒的觀察，平埔裔人口仍然約佔45%左右。

　　平埔與閩南的比例雖然差不多，但是根據筆者的觀察，閩南人擁有較多的可耕地，而平埔人則擁有較多的山坡地。近年來平埔人大量到都市裡當工人賺取工資，經濟情況有明顯的改善，只是平埔人儲蓄的習慣似乎遠不如閩南人。根據一位在當地當了七年的牧師的說法，他教會裡的信眾都是平埔人，他們經常有錢就花，尤其喜歡喝酒，因此常常領了工錢很快就花光。喝酒之後的後遺症之一是鬧事、吵架。

　　平埔人因為多半住在山區、丘陵地，他們仍然喜歡到山裡打獵，到河裡抓魚。筆者在田野裡時常聽老一輩的平埔人說他們以前如何帶著獵狗獵捕山豬。現在年輕的平埔後裔已經沒有機會獵捕山豬了，可是他們仍然喜歡到山裡獵捕各種小動物，如兔子、野雞等等。

　　表面上看來平埔後裔跟閩南後裔已經沒有什麼兩樣，實際上更細微的差異則表現在他們的價值觀、宇宙觀上。根據筆者多年來的觀察，除了上面提到的酗酒、儲蓄的觀念，平埔人對於婚姻、家庭、子女教養、祭拜祖先等等的態度也跟閩南人有些不同，一般最容易觀察得到的差異主要表現在宗教方面：他們不是信基督教就是奉祀阿立

祖，百分之九十以上信基督教，剩下的百分之十跟福佬裔一樣拜拜；在福佬裔當中，百分之九十以上拜拜（一般習稱的民間信仰，本文稱爲神明教）。

四、祀壺

在左鎮地方，大多數人都知道太祖是平埔人的神明。太祖最典型的特徵是祂是以壺或瓶或罐做爲象徵，而不像神明教的神明是以具體的雕像爲代表。以前當地漢人稱平埔人爲「番仔」，因此太祖也被稱爲「番仔佛」；也因爲太祖一般被平埔人供奉在客廳的牆壁下，也被稱爲「壁腳下」。

一般人認爲跟漢人的神明比起來，太祖顯得比較兇悍。因爲太祖不在漢人的神明體系之中，不在玉皇大帝的管轄之下，所以可以爲所欲爲。一般人提到太祖，心裡都有幾分畏懼。最明顯的印象是太祖不喜歡人家放屁，因此要是在太祖附近放屁，往往會肚子痛或不舒服，得要去跟太祖道歉求情。

1957年劉斌雄跟劉枝萬到臺南一帶調查祀壺信仰時，在左鎮一帶他們只記錄了一處祀壺的人家（劉斌雄 1987）。劉茂源在1966年8月調查時，左鎮地方有19戶祀壺人家（1974: 48）。石萬壽（1990）未記錄左鎮地區的祀壺人家，他說：「拔馬社還是臺灣長老教最早傳教的地區之一，信奉基督教者很多，奉祀阿立祖者幾乎沒有，甚至不知道阿立祖是和何種神祇。……」（石萬壽 1990: 62）。劉還月的《南瀛平埔誌》（1994）則著錄了左鎮鄰近地區的十三處祀壺地點。根據筆者過去數年在左鎮地區的田野工作，筆者所記錄的祀壺地點在三十處以上，不過爲了尊重當事人的隱私（有的人家接受筆者的訪問，但是不願意曝光），以及有的人家長期遷居在外以致於無法完成完整的記錄，筆

者依供奉的地點，將資料比較完整的二十四處太祖列表如下。

表一：左鎮祀壺地點

	名　稱	地　點	備　　註
家裡	買先生家裡	岡仔林滴水仔	
	李先生家裡	岡仔林滴水仔	
	穆先生家裡	岡仔林滴水仔	
	李先生家裡	岡仔林滴水仔	
	穆先生家裡	岡仔林二寮	私人神壇，以漢人神明為主
	買太太家裡	岡仔林	
	陳太太家裡	岡仔林	
	某先生家裡	頭前溪	主人不願意公開
	葉先生家裡	大松腳	
田裡	邵先生田裡	岡仔林紅柿腳	
	廖先生山坡上	岡仔林紅柿腳	
	黃先生田裡	外岡仔林	
	地主不詳	睦光廟前	
	地主不詳	睦光橫山	
	口社寮阿立祖壇	左鎮公所前	1997建廟（原來在大芒果樹下）
	顯赫太組	茱寮國小邊	
	楊先生田裡	頭前溪	
廟裡	篤加阿立母	摔死猴	路邊小祠，專祀太組
	三十六聖功	頭前溪社有地	路邊小祠，專祀太組
	慈媽宮	二寮	太祖原在柯山隆家
	天后宮	過嶺	以媽祖為主
	老君祠	茱寮	與土地公、萬姓公等合祀
	復興宮	茱寮	以池府千歲為主。太祖原在茅茂源家
	威善堂	小路崎	以太祖為主，另有土地公、萬姓公

資料來源：筆者田野記錄

從上表可知，供奉太祖的地點可以分成三類：供奉在家裡、在田裡、在廟裡。最後供奉在廟裡這一項又可分為獨自供奉及與漢人神明合祀兩種。左鎮地區沒有像頭社或吉貝耍那樣的公廨，就算是擁有獨自的小廟裡的太祖，也沒有人稱之為公廨。筆者認為，以前左鎮應該有獨立的公廨，但現在已經消失不見；現在供奉太祖的廟，跟原來的公廨並無關係。

筆者認為現在供奉在田裡、廟裡的太祖，原來都供奉在私人家裡，因為主人改信基督教，因而被丟棄在田裡、山谷裡、野外。在這些拋棄太祖的過程裡，有些平埔人家因為不同的因素把土地、山林賣給漢人，許多漢人買了土地之後，才發現田裡的太祖前來要求供奉，因此我們看到許多田裡有大小不同的小祠，有人或許會誤以為那是土地公祠或有應公祠，其實是太祖祠。此外，有些漢人為了安撫無家可歸的太祖，也在廟裡供奉他們。因此，在西拉雅平埔分佈的地方，我們看到有些西拉雅後裔仍然供奉太祖，而這些供奉太祖的人家都在正廳裡供奉漢人神明；我們也看到許多太祖被供奉在田頭、在漢人的廟裡。因此，在漢人與平埔之間，形成太祖與神明的交換。

過去一百多年來，有許多被拋棄的太祖住在荒郊野外，當地人也都知道什麼地方有一siu（台語「巢」）太祖，但是大家都認為太祖非常兇，非常怕這些田裡的太祖。許多人都說經過太祖居住的野外地方，總覺得陰森森的，使人感到不寒而慄毛骨悚然，更有許多人有被太祖作弄的經驗。這類的故事，筆者在田野裡聽到的非常多，這裡舉幾個例子。

例一：葫蘆的顯赫太祖就在路邊，有個油漆匠因為工作的需要，經常得經過那兒。油漆工說他本來不知道那兒有太祖，但是有一回摩托車在那兒熄火，他只好停下來修理，他才看到那裡有個小太祖祠，他認為這是太祖故意提醒他，使他知道那兒有太祖。後來他經過那

兒，不是油漆桶掉了，就是油漆桶莫名其妙的空了。當地人認為他既然經常經過此地謀生，就該對太祖多少表示一點意思。後來每逢太祖生日，他都準備牲禮來拜，從此就不再發生類似的事了。

例二：卓先生說他三年前有個晚上和三位朋友到後坑抓兔子，他們在山裡放了許多捕兔機，四個人在山上過了一夜。隔天清晨，他們去檢查捕兔機，所有的捕兔機都合上了，可是沒有抓到一隻兔子，頂多就是夾著幾根草。他們知道他們得罪了附近羅家田裡的太祖。可是他們四人當中有三人是基督徒，所以他們也不太在乎。過了不久，他們四人當中拜拜的一位騎摩托車出了車禍死亡，而且正好他家供奉太祖，他的弟弟就問太祖車禍死亡的原因，太祖說他們在後坑抓兔子時得罪了太祖。後來卓先生透過朋友的介紹，到高雄市問神，神明也告訴他，他朋友出車禍是因為得罪了後坑羅家田裡的太祖。

私人家裡供奉的太祖

在左鎮地區，私人家裡的太祖，一般供奉在大廳裡（由外往內看）右邊牆壁的中柱下，但也有人供奉在大廳、甚至房裡的其他地方，或者供奉在供桌上。

家裡供奉太祖者幾乎都是平埔後裔，但也有很少數是閩南後裔。閩南後裔對家裡太祖來源的說法，大都說是是祖母或曾祖母出嫁時帶來的，而他們也不諱言祖母或曾祖母是平埔族。

以前虎啣的穆惡家供奉太祖，牆上掛著鹿角，非常漂亮。穆惡是平埔族，太祖從來就供奉在他家，他也就是太祖的童乩。光復後他家的太祖興旺時，有許多人都來「拜契」，也就是拜太祖做「契子」（乾兒子）。因為大家認為番仔佛天不怕地不怕，比較「邪」（邪門），拜太祖為契父的話，自己比較不會生病。太祖的契子都會以紅線把太祖的香火袋戴在脖子上。每年太祖生日時，契子都回來幫忙，替番仔

佛換水，也把香火袋取下來過爐。

穆惡作為太祖的乩童，通常跟法官(法師)歐陽城配合。有一年，鄰近聚落大松腳有人要來問神，但是法官歐陽城已經去世了，穆惡就一個人前往，雖然沒有法官配合，但是他還是自己落地府。穆惡從大松腳回來後就生病，過了十來天就死了。他的家人說，那次在大松腳落地府，因為沒有法官帶他回來，他的元神(靈魂)留在那兒，因此他回來後不久就死了。穆惡死後他的子女也遷徙他處。他家的房子傾頹後，太祖就不知所終了。

廟裡的太祖

茱寮的老君祠是廟裡供奉太祖的典型代表。

老君祠在六十年前只是個路邊小小的有應公祠，正面敞開，其餘三面圍以竹牆，上面覆蓋茅草，像是個簡陋的棚子。原來只有鄰近的兩三戶人家祭拜，傾圮之後就沒有人整建了。大約六十年前，有個外地來的老伯寄居在原來有應公祠鄰近的黃獻家，大家稱他為「臺灣伯仔」。臺灣伯沒有正業，以賭為生，他腳上長了瘡，久醫不好。據說有天晚上有個白頭髮、白鬍鬚的老先生在夢裡告訴臺灣伯說，你要是希望你的的腳早點好，你起床後就在附近找一找。臺灣伯認為白頭髮、白鬍鬚的老人就是土地公，是土地公顯靈要他幫忙，他不敢輕忽，就在屋子前後翻找，後來在附近的草叢裡找到個香爐，問過左右鄰居下才知道原來當地曾經有個有應公祠。

既然找到香爐，臺灣伯仔當然不敢怠慢，就夥同他的賭友，集資在原地替有應公建了個小有應公祠，大約只有一公尺高，依然是竹牆茅草屋頂，正面敞開，門口掛著「有求必應」的紅布，裡面則只有香爐，沒有神像。臺灣伯腳上的瘡後來也就好了。

有應公祠主要是附近的居民逢年過節時來拜。在臺灣伯重建之

後，又幾經修建，把竹牆改爲磚牆，屋頂的茅草改爲瓦片。到了1985年又擴大重建時，當時的主任委員茅先生說，就他個人的體會，他認爲有應公祠附近的鬼、神等超自然物非常多，他覺得應該把這些超自然物通通請來共祀在一起，免得他們沒有地方去，到處遊蕩、作祟。

首先，茅先生說有應公就是無人祭拜的孤魂野鬼，但是他認爲「有應公」不好聽，他就把有應公改成「萬姓公、萬姓媽」。

其次，他認爲應該把有應公祠後面山坡上「萬人堆」的孤魂野鬼通通請來。茅先生說「萬人堆」就是大正四年(1915年)噍吧哖事件之後，在這裡被殺的「抗日烈士」。他們既然沒有地方住，就應該一起把「萬人堆」的烈士都請來，並替他們立一個「抗日烈士」的神位。[6]

接著，茅先生認爲也應該把附近沒有地方住的太祖都請來供奉在一起。茅先生說日據時期此地人口比較少，處處都是荒郊野外，因此到處都是「一巢一巢」(一窩一窩)的太祖。茅先生說以前醫學也沒有現在這麼發達，有人要是招惹了太祖，醫生根本無法醫治，只有請教神明，神明就會指示是因爲得罪了什麼地方的太祖。爲了安撫這些無人供奉的太祖，在重建有應公祠的時候，茅先生就把附近所有的太祖都請來供奉在一起，免得他們繼續擾民。(茅先生認爲現在鄉下到處

6　噍吧哖事件發生在1915年3月。當時余清芳、江定、羅俊等人以臺南市西來庵爲根據地，密謀起義抗日。五月事洩，余、江率眾在臺南、高雄山區的甲仙埔、南庄[今南化]、噍吧哖[今玉井]等地與日軍展開游擊戰。余清芳在八月間被捕，江定亦在次年被誘出山。這次事件被法院判決處死者上千人，而日軍又在左鎮、內庄仔、岡仔林等地大肆搜索，因此而受到株連者約有兩百人。因爲當時的有應公祠附近有個派出所，因而有許多人被帶到派出所來，未經法院判決就在有應公祠後面的山坡地被處死，當地人稱爲「萬人堆」。

都已經開發，到處都住滿了人，因此鬼神也漸漸退到深山裡。加上現在的科學、醫學也比以前進步許多，鬼神也比較難「作弄」人了，人也就比較不必求神明了。）

茅先生認為土地公是地方的小官，應該給祂地方住。此外，茅先生認為任何廟宇都得要有個主神，而他認為「太上老君」應該是神界地位很高的神明，就請「太上老君」做此當家做主。既然主神是太上老君，茅先生就以老君的名義做為廟名。[7]

因此，原來寫著有求必應的有應公祠，現在變成供奉太上老君、抗日烈士、萬姓公媽、太祖、土地公等等眾神的地方。

茅先生說老君祠供奉太祖，當地人也有同樣的看法。離老君祠不遠的一戶山居的羅姓人家，在田裡的龍眼樹下有個磚砌的小小的太祖祠。從前當地人偶而會經過那兒到山裡去耕種，許多人都知道那裡的太祖很兇。二十多年前羅家人搬到平地後，逢年過節時羅家仍然會回去拜太祖，但是後來漸漸覺得卜杯不靈，覺得太祖已經不在了。羅家後來去問神，才知道他們田裡的太祖已經住到老君祠去了。

田裡的太祖

在左鎮地區，田裡供奉的太祖都是同樣的模式，也就是說是平埔族把土地賣給漢人之後，太祖要求地主建廟供奉。此處筆者以紅柿腳邵家的例子及頭前溪楊家田裡供奉的太祖來說明。[8]

邵先生的地是在二十多年前向一位聽道理的[基督徒]買的。過了

7　根據茅先生的說法，他說老君祠的命名完全是他的意思。因為當初他曾經到玉井、楠西、南化、臺北八里的廖添丁祠等各地考察，他問廖添丁祠的管理人員，為什麼廖添丁祠稱為「祠」，廟裡的人告訴他，政府有立案的才能稱為宮或者廟，沒有立案的只能稱為祠，所以他就把這座廟稱為老君「祠」。

8　筆者在另外的論文裡也曾引用這個故事（葉1997）。

幾年，家裡之不平安，家畜也養不好。有一回，邵先生養的豬整個星期不肯吃餿水，豬毛聳立，一看就知道是歹物作祟，使人感到不寒而慄。

邵先生於是到外岡林請神明到家裡來。童乩發作之後，問邵先生是不是不久前買地，他說是。接著太祖媽也來附身，說那塊地留了很久要賣給你們，現在太祖媽沒有地方住，要在園頭蓋一座小廟給她住。不必煩惱豬母，先留一點洗米水給豬吃，很快就會好了。

邵先生很快在田頭搭個小棚子讓太祖媽遮風避雨，就像一般田頭的小土地公祠一樣，棚子裡頭只擺個香爐，連一般奉祀太祖用的壺都沒有。可是從此以後，邵先生覺得一切都非常平安順利。

五、改信

平埔基督徒改信神明教

前面提到，當基督教傳到葫蘆地方，大多數的平埔後裔改信基督教。然而在過去一百年來，又有許多基督徒放棄基督教，改信神明教。因為平埔後裔跟閩南後裔生活在一起，而且全臺灣人口中閩南後裔居多，他們難免受到閩南文化的影響。

在日據、光復初期，葫蘆地方的許多基督徒改信神明教。根據筆者的觀察，聚居在一起的平埔基督徒比較不會改信神明教，與漢人混居的基督徒比較容易改信神明教。根據筆者訪問老一輩的當事人(有人已經九十幾歲)，改信神明教的基督徒，幾乎很難講出一個具體的理由。筆者認為主要的原因是避免種族歧視。在日據、光復初期，葫蘆地方的「人」(閩南後裔)、「番」(平埔後裔)之間的分辨非常清楚，因為漢人拜拜而平埔信基督教，因此只要是基督徒就是平埔後裔。跟漢人生活在一起的基督徒，漢人稱他們為「番仔」，無形中受

到歧視，避免歧視的辦法之一就是放棄基督教。

從基督徒改成拜拜是個長期的過程。首先，他們不再去教會。剛開始時，牧師還是會來找他們去教會，但隨著時間一久，牧師也只好放棄。接著，這些不再去教會的平埔後裔，慢慢參加地方廟宇的活動，久而久之，他們的參與得到大家的認同。然後，在蓋新房、兄弟分家、婚喪儀式的過程，他們就藉著這樣的轉變，開始設立神明桌，開始拜拜。然而現在的基督徒當中，參加神明教活動者也頗為常見，這裡舉兩個例子。

例一：葫蘆的買先生是平埔後裔，信基督教，因為經濟情況良好，也是地方上的名人。他因為家裡工作的關係，經常會經過某個太祖祠，但他信基督教，因此他不會在太祖祠拜拜。有一天他家的貨車不小心撞到太祖祠的金爐，因為損壞並不嚴重，當時買先生並不以為意。然而之後的幾個月裡，買先生家裡經常出事，要不是工作不順利就是家人生病，買先生因而懷疑是他撞壞太祖的金爐，得罪了太祖。但是買先生是地方上的名人，大家都知道他是基督徒，他也不便出面，買先生因而委託一個朋友去跟太祖說，他願意修復金爐。這朋友拜拜非常虔誠，就建議買先生，兩人一起出錢整修太祖祠，買先生也答應了。然而在太祖祠整建完成後，總共花了二十幾萬，買先生都沒拿出錢來，這朋友也不在意。

過了不久，買先生夫婦一起參加他們主辦的北部旅遊團北上旅遊。當遊覽車開到台中，買太太突然心痛不已，只好送醫急救，買先生夫婦也因而放棄其他行程，回臺南繼續就醫。買先生自己覺得可能是得罪太祖，但沒有證據。他覺得應該去廟裡問神，可是他是地方上的名人，不便這樣做，買先生只好請朋友帶他到高雄一家私人神壇問神。神明說，你對你家附近的太祖言而無信，他讓你太太生病，只是提醒你，病並無大礙。買先生非常訝異高雄的神居然知道他的心事，

說得這麼準，因此他回來後，馬上去跟那朋友結帳，並請那朋友準備三牲，代他前去祭拜。他太太很快就出院，之後每逢過節，買先生也都委託那朋友買三牲去祭拜。因為他的身份，大家也都能瞭解他的苦衷。

例二：卓先生是基督徒，但是他也求神問卜，他一再跟筆者說，他去求神的事，絕對不能講出去，否則他沒法面對教會裡其他教徒。他說他到各地廟宇也一樣用手拜拜，只是不燒香而已。他對太祖充滿敬畏之情。卓先生一再強調太祖非常兇，他說他母親是基督徒，但是非常怕太祖，尤其是羅家田裡的太祖。她說經過那裡時，千萬不可以爬上果樹，因為要是摔下來一定會斷手斷腳，絕對不能「鐵齒」。

卓先生認為，我們本來就應該相信地理、風水，基督徒就是因為不重視風水、地理，家庭因而亂七八糟。他說他自己四個兄弟都非常失敗，是因為信基督教的關係。他說葫蘆的神明非常興，非常準；而他從來就感覺不到基督教的神的存在。卓先生說他小就受洗，可是那是父母幫他決定的，他無從選擇，很不公平。

我們不能由這兩個例子說買先生、卓先生改信神明教，但是可以反映出平埔基督徒如何受到神明教的影響，而這樣的影響在比較邊緣的基督徒中慢慢擴大。前面提到牧師憂慮信徒喝酒鬧事，然而更嚴重的是有些信徒對星期天的禮拜越來越不熱心，而且有些基督徒居然參與閩南裔漢人的拜拜。這些基督徒住在離教會比較遠的地方，他們跟閩南裔漢人生活在一起，甚至參與閩南人的進香、廟會，雖然他們到廟裡可能沒拿香拜拜。然而筆者也觀察到，當閩南人廟裡神明生日廟會活動時，有些平埔人雖然不是信徒，但也會幫忙抬神轎、甚至拿香參加拜拜。廟會當晚，閩南信徒總是大宴賓客，住在村裡的有些基督徒也一樣宴客。他們蓋房子的時候看風水，遇到喪事時要看日子、時間，遇到家裡不平安的時候也會偷偷的去問神明。

　　近年來，完全放棄基督教而改信神明教者，筆者知道的有兩個例子。

　　例一：兵先生(兩年前去世，時年60歲)為平埔後裔，受洗之基督徒。他太太姓李，為兵先生臨鄰村之神明教徒，她家裡供奉玄天上帝。李女嫁給兵先生後改信基督教，育有兩男，長子現年34歲，開貨櫃車為業；次子現年32歲，油漆工。全家都是受洗過的基督徒。

　　李女父母過世後，她哥哥帶著家裡的玄天上帝搬家至善化，她哥哥是玄天上帝的乩童，但並未開設神壇，只是偶而有人會來問事。

　　兵先生在十年前有一次腳被刀劃傷，兵先生並不以為意，只去看醫生拿藥塗抹傷口。可是傷口不但為見好轉，反而更見擴大。如此經過三年，兵先生的腳變成烏黑腫脹，但醫生也無法醫治。

　　有一回兵先生跟太太到太太的哥哥家，談起腳的問題，太太的哥哥建議問問玄天上帝。玄天上帝說可以醫好，並說他將來會改信拜拜。兵先生就依照玄天上帝指示的青草藥來治療，過了幾個月，他的腳果然痊癒。因為這樣的緣故，兵先生一家人跟太太哥哥家更常有來往。

　　兵先生在2003年因病過世，他在過的兩年前「反教」，改信神明教，全家人都不再去教堂。兵先生去世後，他的長子搬到新市開摩托車店，並在租來的房子裡設一神明桌，上頭供奉玄天上帝的符令，是他舅舅家玄天上帝的分靈。兵先生長子租屋處隔壁有一私人神壇，供奉廣澤尊王，因為鄰居關係，他也經常到鄰居的廣澤尊王神壇拜拜。有一回，廣澤尊王要他雕塑金身回去供奉，他說他家已供奉玄天上帝，廣澤尊王說他不合適供奉玄天上帝，因此要他將玄天上帝退火，兵先生長子因而改成供奉廣澤尊王，並雕塑廣澤尊王金身。

　　過了兩三年，兵先生長子結束摩托車生意，回到葫蘆鄉下，以開貨櫃車為業，也把廣澤尊王迎回鄉下。去年(2009)十二月(國曆)，兵

家的廣澤尊王突然降駕，附在兵家次子身上。次子從小著父母去教堂，之後雖然隨著父母「反教」，但他從不拿香，對神明也不熟悉。廣澤尊王降在他身上，他覺得非常意外，但是他並不排斥。廣澤尊王指示他要閉關七天，但因為他白天要上班，因此只有晚上禁在神桌下。出禁時，他自然而然就會操五寶，成為廣澤尊王的乩童。

廣澤尊王表示要設立神壇救世，因此兵家就在門口掛上「廣安壇」的招牌，晚上偶而有人來問事，問事者都是外地人。因為目前沒有桌頭，所以問事時只有乩童以台語回答問題。

例二：標先生是另一個基督徒改信神明教的例子。標先生（1950-1995）是平埔後裔，基督徒，從小跟著父母上教堂。標先生退伍後在外地打零工為生，後來跟一屏東女子同居、結婚。標太太家裡拜拜，陳先生也就跟著太太拜拜。標先生後來離婚，他一個人在外地居住，又沒有固定的工作，1990年他決定搬回左鎮鄉下，在已毀壞的老家旁邊搭蓋一鐵皮屋居住。

標先生的幾個堂兄弟都住在附近，他們都是基督徒，只有標先生變成拜拜的。標先生從外地帶回來許多神像。他說他的神像來自三處：黑面三媽、濟公原來供奉在岳父母家，岳父母亡故後，由他請回來供奉；三太子、虎爺原來供奉在一位換帖朋友家，[9] 這位朋友因案入獄被判無期徒刑，他負責照顧三太子及虎爺；另外標先生還有田都元帥及二太子，那是一位玉井王姓朋友從旗山等地大廟請回來送給他的。

漢人改信基督教

筆者得先說明，過去一百多年來住在葫蘆、移出移入葫蘆的人那麼多，筆者並不認識所有的葫蘆人，因此筆者不知道葫蘆有多少漢人

9　「換帖」朋友，即結拜兄弟。

改信基督教。筆者所知道葫蘆漢人改信基督教者僅有一個家族，而且這是發生在日據初期的事(詳見葉 1995：334-337)。

在日據初期，有一天有個「河南勇」在左鎮附近的山區迷路。[10] 當這個「河南勇」來到葫蘆的渡頭時，有個姓陳的葫蘆人覬覦他身上的槍，就趁機要搶他的槍，但是反而被「河南勇」開槍打傷，這個「河南勇」也因而逃入山裡。在山裡躲了幾天之後，因為忍不住口渴要到河邊喝水，正好被另一個葫蘆人發現，那人就去告訴陳先生，陳先生這回制服了「河南勇」。該「河南勇」請求陳先生先讓他喝水，陳先生讓他喝水之後，把他殺死。因為陳先生的刀非常鈍，因此殺人的過程非常殘忍。

陳先生殺人之後，時常聽到被他殺死的「河南勇」在他家後院叫他，陳先生因為受不了精神壓力而改信基督教。陳先生沒有兒子，唯一的女兒招贅後也沒有生育，陳先生又收養陳禮蘭為子，陳禮蘭也沒有生育，他收養陳美平、陳今連為養女與養子。陳美平招贅，先生是外地人。陳今連的妻子為同村青梅竹馬的朋友，未婚前兩人就常在一起放牛。但是當他們論及婚嫁時，女方家長卻堅決反對，因為女方父母以及村人都認為陳今連的祖父殺人的行為是「做了過分的事」，將來必有報應。不過女方家長拗不過女兒的決心，最後還是讓他們結婚。

陳家的後代原來都是基督徒，然而近一、二十年來，只有兩戶人家還參加教會，其餘的都已「反教」拿香拜拜。

漢人信奉太祖

表一顯示供奉太祖的三類地方：家裡、田裡、廟裡，其中在家裡供奉太祖者都是平埔後裔，但是在田裡、廟裡供奉太祖者，則全為漢

10　「河南勇」，應該是來自河南的清兵。

人。筆者已在表一之後舉例說明太祖奉祀在田裡、廟裡的情形，此處
再舉另外一個例子。

口社寮阿立祖，[11] 原先供奉在現林務局山林管理所左鎮工作站內
的豬母松大樹下，後因該大樹經常遭受雨打雷劈而呈現枯枝，才把阿
立祖移到現址前之一棵大芒果樹下。信徒在大芒果樹上綁著紅布，樹
根處則供奉著代表阿立祖的三個花瓶。該地屬廖家(閩南後裔)所有。

與大芒果樹相隔約三百公尺(但是隔著大馬路)的地方，有一座北
極殿，主神玄天上帝(上帝爺)原來是廖家渡海來台時所攜帶之私神，
但後來發展為地方性廟宇。北極殿建廟落成之後，主神玄天上帝曾邀
請阿立祖來住在北極殿側邊，以便信徒祭拜，但是未被阿立祖同意。
阿立祖表示祂兵馬眾多，若祂住在北極殿的一邊，雙方兵馬難免會吵
架，祂寧可住在大芒果樹下忍受日曬雨淋風吹雨打。

阿立祖跟上帝爺雖然不住在一起，但是平常就有來往。因為在上
帝爺還沒有蓋大廟之前，供奉在私人家裡，有時信徒前來問事，但是
上帝爺、媽祖都不在時，兵將會去找阿立祖前來幫忙，附身在乩童身
上。北極殿供奉大上帝、二上帝兩尊上帝爺，但是大上帝爺很少降駕
出來。有一次大上帝爺降駕時，信徒問祂為什麼很少出來，祂說：
「無功不受祿。」因為以前這地方遭受災難時，祂無法幫忙照顧弟
子，自己覺得愧疚，因此凡事都請二上帝出面。

每年農曆三月初三上帝爺生日熱鬧時，都會請阿立祖來看戲。通
常在三月初一下午開始演戲，信徒到大芒果樹下把三個花瓶中的左右
兩個請來，供奉在上帝爺神龕的一邊看熱鬧，等上帝爺生日熱鬧完畢
之後，在3月4日下午再把花瓶送回去。

11　此處所敘口社寮阿立祖壇故事，乃根據筆者之訪問，以及林榮昭先生提供
　　之草稿修改而來，特此申謝。

　　阿立祖所居住的大芒果樹因為瀕臨山坡地，由於風雨摧殘而於民國八十三年倒伏。信徒計畫在原大芒果樹前面興建一座公廨供阿立祖居住，經請示阿立祖同意，但公廨之造型格局必須異於漢式廟宇型式。信徒在由柱子所支撐的大敞棚當中，只有一面牆壁，信徒將原來傾倒之大芒果樹樹幹的根部移進來放在牆壁前，在樹幹下擺著大石塊當作供桌供奉太祖，表示大芒果樹與太祖長相左右不忘舊誼之意。公廨於民國八十四年農曆十一月十九日上午九時破土興建，破土後先僱人整地。整地時，挖土機司機郭先生挖掘到石灰，他就知道必定是挖到墳墓，再深挖之後，果然挖到人骨頭，乃請撿骨師傅林先生前來處理。撿骨師傅看到骨頭非常完整，將骨頭安裝在金斗（甕）後放在鄉裡第六公墓之靈骨塔裡。

　　但是三天後奇蹟出現。那天晚上有人前來北極殿問事，玄天上帝降壇附在乩童郭先生身上。信徒問完事後，玄天上帝指示要大家明晚再來，神明有事交代。隔晚眾信徒及委員到達後，神明又降駕附身在乩童身上，說：

　　「眾弟子千萬不可這樣做。」上帝爺開口說。

　　「什麼事？」大家都不知道到底上帝爺說的是什麼事情。

　　「先的先，慢的慢，[12] 不可如此。得將其骨骸取回，葬在阿立祖之大邊（即龍邊），而且不可同字。」[13] 眾信徒終於知道上帝爺講的是什麼事情了，但是大家都非常訝異，乩童郭先生根本不知道此事，上帝爺怎麼知道，而且特地降駕指示處理的方法。

　　「是不是廖家的祖先？」信徒問。

　　「不是。」

12　「先的先，慢的慢」意思是要依照先來慢到的次序。

13　不可平行。

「是不是死於搜索的人？」[14]

「不是。此人在這裡已經有兩百八十年。要蓋一小廟奉祀他，以後對地方一定有幫助。稱呼他爲萬善爺、萬善堂。弟子不必再問。」

上帝爺指示，該地是該人所得到的地理，該人長久以來在那裡修行，因此應該尊重他。阿立祖壇已於民國八十六年十月興建完成，並且在三十一日（農曆十月初一）午時十一點舉行安座大典。信徒也依照上帝爺的指示，在阿立祖壇的龍邊建一小廟供奉萬善爺，並且依照祭拜阿立祖的日子（每年農曆正月十五日、六月十五日及十月十五日）同時祭拜他。阿立祖壇的爐主負責祭拜阿立祖，供品爲檳榔、煙、米酒、甜米糕及鹹油飯，不燒香及紙錢；另有一個副爐主則負責祭拜萬善爺，以牲禮、菜飯、茶、酒、燒香及紙錢等漢人習俗來祭拜他。

六、討論

當代人類學家討論平埔人改信西方基督宗教的原因時，洪秀桂認爲是西方傳教士熟悉醫術，靠醫術吸引信徒；而Shepherd認爲是平埔族爲了得到權力，因而跟傳教士結合在一起。而當討論平埔人改信漢人民間信仰時，洪秀桂、清水純都提到平埔人的宗教跟漢人民間信仰可以互相容忍，因此容易融合。

本文以左鎮地區西拉雅平埔族的宗教變遷爲例，說明過去三百多年來他們經歷的許多轉變。他們從多神信仰改信荷蘭人的基督新教，荷蘭人離開後發展出阿立祖信仰，清末又拋棄阿立祖改信基督教，接著漢人開始信奉阿立祖。根據筆者的田野經驗，一般平埔人無論是基

---

14 「搜索」指的是大正四年（1915）余清芳事件後，日本人曾在左鎮地方大肆搜索，並槍殺許多當地人。

督徒或非基督徒，幾乎都知道他們的祖父或曾祖父那一代為了信基督教而把家裡原來奉祀的阿立祖丟棄到山谷、溪澗、或田野裡，雖然沒有人能夠確實的描述當時發生的情形。也有人因為拋棄阿立祖導致家裡不平安，又迎回阿立祖，滴水仔買家供奉的太祖就是個例子。

左鎮地區並沒有頭社或吉貝耍的那種公廨，太祖除了私人供奉，也供奉在田裡、廟裡。根據岡仔林當地人的說法，太祖本來只供奉在私人家裡，因為許多人改信基督教，所以把太祖丟棄到荒郊野外。這些被丟棄的太祖輾轉流離於野外，等到漢人(或者非基督徒)從平埔人手中購買該地，太祖就會要求地主建簡單的草寮供奉。因此，我們現在在野外看到的太祖，原本應該是供奉在私人家裡，只因為主人改信基督教，才把太祖丟棄在外。

至於說供奉在廟裡的太祖，由左鎮的例子看來，本來也都是住在野外。依筆者的瞭解，左鎮地區所有廟裡的太祖原來也來自私人家庭，而不是原來就在廟裡。換句話說，就左鎮地區的例子來看，所有的太祖原來都出自私人家裡，而不是原來就在田裡或廟裡。

本文根據左鎮地方平埔改信基督教、接受漢人神明教，以及漢人接受壺的例子，來討論Jordan的測字因素(glyphomancy factor)說。Jordan認為既然西方人從一宗教變成另一宗教(譬如從基督教到摩門教)是改信，那麼漢人從媽祖到玄天上帝也是改信。筆者不同意他的說法。筆者認為，漢人對「宗教」的觀念跟態度跟西方人不同。漢人社會裡沒有教會這樣的制度，沒有牧師之類的神職人員，沒有任何機制來約束一個人的信仰。

此外，漢人是多神論者，跟西方人的一神論不同。對漢人來說，拜拜最重要的對象是祖先跟神明，而且什麼神明都拜，一個人固然可能以拜某尊神明為主，但並不會排斥其他神明。換句話說，只要不排除原來的信仰，能夠拜祖先與神明，漢人就不會認為是改信，也不

是Jordan所說的融合(syncretism)。因此，漢人不但可以接受不同的神明，也可以接受平埔的太祖。當一個人在田裡蓋一間小廟奉祀太祖，沒有人會認為他改信。同樣的，當一個家裡拜壺的平埔後裔接受漢人神明，也沒有人會說那是改信。

　　理論上，漢人神明教信徒也同樣可以接受基督教的耶穌做為漢人的神明，但是基督教排斥漢人原來的祖先與神明信仰，因此漢人會把從拜拜到基督教看成改信。因此筆者認為漢人何以不改信基督教的問題，是因為基督教不容許漢人祭拜原來的神明及祖先。

參考書目

石萬壽

 1990　臺灣的拜壺民族。臺北：台原出版社。

林清財

 1995　從歌謠看西拉雅族的聚落與族群。刊於平埔研究論文集，潘英海、詹素娟主編。頁 475-498。台北：中央研究院臺灣史研究所籌備處。

洪秀桂

 1973　南投巴宰海人的宗教信仰，台大文史哲學報 22: 445- 509。

清水純

 1986　花蓮縣新社村噶瑪蘭族的宗教簡介，中國民族學通訊 25: 51-58。

 1987　トルビアワン族祖先祭祀，民族學研究 52(3): 234-246。

 1989　クヴアラン族の治療儀禮と宗教職能者，宗教研究 280: 93-113。

 1991　クヴアラン族。京都：アカデミア出版會。

葉春榮

　　1995 風水與空間：一個臺灣農村的考察，刊於空間、力與社
　　　　會，黃應貴主編，頁317-350。臺北：中央研究院民族學研
　　　　究所。

　　1997 葫蘆福佬裔漢人的祀壺信仰，刊於從周邊看漢人的社會與
　　　　文化，黃應貴、葉春榮合編，頁91-127。臺北：中央研究
　　　　院民族學研究所。

　　1998 西拉雅平埔族的記憶與歷史：以宗教變遷爲例，發表於
　　　　「時間、記憶與歷史研討會」。中央研究院民族學研究所
　　　　主辦，2月19-23日，臺灣宜蘭。

　　2006 宗教改信與融合：太祖與神明的交換。刊於建構西拉雅研
　　　　討會論文集，葉春榮主編，頁199-225。新營：台南縣政
　　　　府。

劉茂源

　　1974 曾文溪畔の平埔族：シラヤを訪ねて，えとのす(Ethnos)
　　　　1: 40-49。

劉斌雄

　　1987 臺灣南部地區平埔族的阿立祖信仰，臺灣風物 37(3):
　　　　1-62。

劉還月

　　1994 南瀛平埔誌。新營：臺南縣立文化中心。

Campbell, Rev. William

　　1903 Formosa Under the Dutch: Described from Contemporary
　　　　Records. London: Kegan Paul, Trench, Trubner & Co.

Candidius, George

　　1903 Account of the Inhabitants. In Formosa Under the Dutch. Rev.

Wm. Campbell, ed. pp. 9-25. London: Kegan Paul, Trench, Trubner & Co.(荷據初期的西拉雅平埔族，葉春榮譯，臺灣風物 44(3): 193-228。1994)

Comaroff, Jean and John Comaroff

1991 Of Revelation and Revolution: Christianity, Colonialism, and Consciousness in South Afroca, Vol.1. Chicago: The University of Chicago Press.

Jordan, David K.

1993 The Glyphomancy Factor: Observations on Chinese Conversion. In Conversion to Christianity: Historical and Anthropological Perspectives on a Great Transformation. Robert W. Hefner, ed. pp. 285-303. Berkeley: University of California Press.

Shepherd, John R.

1996 From Barbarians to Sinners: Collective Conversion Among Plains Aborigines in Qing Taiwan, 1859-1895. In Christianity in China: From the Eighteenth Century to the Present. Daniel H. Bays, ed. pp. 120-137. Stanford: Stanford University Press.

Thomson, John

1982 China and Its People in Early Photographs: An Unabridged Reprint of the Classic 1873/4 Work. New York: Dover Publications. (Reprint of Illustrations of China and Its People. Lonon: Sampson Low, Marson, Low, and Searle. 1873/74)

Wright, David

1984 Notes on Formosa (An appendix to Sinicized Siraya Worship of A-li-tsu, by John R. Shepherd), Bulletin of The Institute of

Ethnology, Academia Sinica 58: 56-76.（Originally published in 1671）

第十章
歷史、改信與政治：
巴布亞新幾內亞三個案例的討論*

Andrew Strathern and Pamela J. Stewart

導言

在巴布亞新幾內亞中不同基督教信仰所反映的新宗教實踐型態，總是造成了當地權力關係上的改變，以及與權力相關的社會分化。由於地方領袖角色與權力的變動息息相關，我們發現在歷史、改信與政治之間，存在著一種關聯性，它們在各自的型態上有所不同，但又彼此相關。這種關聯性提供了我們一個檢視改信現象的方向，以及如何透過地方歷史案例來認識這些現象的角度。而同樣重要的是，我們必須了解歷史因素不同的結合方式如何導出多種不同的結果。而將「基督教信仰」（Christianity）這個類別視為一個本身就多元、多變且複雜的概念也十分重要。「基督教信仰」看似一個一元性的想法，透過各種媒介（agents）被引進世界各種不同的文化脈絡中與這些文化產生互動，創造出多變的、混和的、融合的互動結果；但從另外一個角度來看，我們也可以說不同時期、不同地點的教會之間本身就已經有很大的差異，而傳教和殖民歷史中個別的傳教士或地方的小型宗派也會帶

---

* 本章節是由林浩立先生與邱子倫小姐合譯，編者們在此感謝他們的協助。

來相當的影響。「基督教信仰」其實反映了一段超越兩千年不斷轉變的歷程，以及各教會根據聖經新舊約選擇性的詮釋和演繹。在這段過程中，不意外地，基督教信仰會隨著傳播到各種不同的脈絡中而日益複雜。然而，我們同時也不能忽視其中一些重複出現的主題，例如：原罪、救贖、真理，和單一上帝的全能性，如何反映一套基督教的中心思想和教義。我們由此可以看到基督教信仰之中有一種異同之間的辯證關係，如同回教和佛教一般。因此，對我們而言，基督教派（Christianities）這個複數名詞和單數的基督教（Christianity）一樣具有特定意義。

對身為理論家的我們來說，面對異同之間複雜的辯證關係，再加上多變的歷史脈絡，用來了解改信過程的比較方法便顯得十分重要。我們認為，在案例之間有著基本的相同性時，比較的研究才可能有效。[1] 做為民族誌學者，我們期許我們的研究能成為其他延伸討論的範例。[2] 而如果我們能在歷史中尋找到相同的過程，這就是一個可行的計畫。然而我們還是必需藉著比較幾個相關的案例，找出其中的差異性，才能使整個比較分析更為完整。因此，這就是為什麼在這篇文

1　這個論點類似於一種對人類學比較研究的看法，也就是比較研究應該受到某種程度的「控制」，如此一來一些變異因素才能被一致化，而其他因素則可以被當作實驗差異性來研究。當然，這種說法僅適用於比較研究。更詳盡的討論見Strathern and Stewart 2000c。關於受控制的比較研究的價值，見Shepherd 1995關於台灣西拉雅人的研究。

2　因此，人類學家有時候會說他們的研究，例如儀式性的交換、交易、巫術（shamanism）、或是改信基督教，能夠以小見大反映更大的架構，因此可以被拿來作為研究範例。事實上，這種說法是一個經驗上，而非理論上的問題。關鍵在於，在每個研究案例中都會摻有許多變因，使得要真正建立能夠拿來分析其他個案的範例，就變得困難許多。一套理論概念被整個移植到不同脈絡中應用時，也容易遇到這種問題（例如從南亞到新幾內亞）。

章中我們要將我們所熟知的三個地區列入討論：巴布亞新幾內亞高地的Hagen、Pangia與Duna地區 。[3] 我們比較討論的目標在於解釋「改信」在以上三個地區的歷史差異，並將這三個地區放進所屬的國家或跨國區域這些較大的框架中進行討論。

　　在導言的最後，我們想要特別強調現在為眾人所知的一點：改信在基督教的教導中常被認為是一種忽然出現的經驗，就像聖靈忽然注入一樣。然而，它其實是一種漸進改變人們生活的過程。[4] 改信本身也可以是多樣性的，例如人們可以進入、離開、或回到某個教會中，或是在幾個教會、信仰間來回擺盪，或是甚至同時參加數個教會或宗教(如果他們可以的話)。改信狹義地說，只是在廣大經驗體系中一瞬間的事。將這個瞬間具體化成為一套穩定的信仰實踐，則是靠關於在地性(emplacement)、宇宙觀與物質論的地方儀式來進行的，而這些在地實踐也會藉此與強化基督教信仰的體現形式勾連在一起。從這個角度來看，教堂建築作為宗教活動在地景中具象的負載體，就變得非常重要。因此，教堂該蓋在哪裡、誰有權力蓋、誰能參與其中，也成

3　我們關於巴布亞新幾內亞Hagen, Pangia與Duna地區的儀式和宗教實踐的部分研究清單如下：1999a, 1999b, 1999c, 1999d, 2000b, 2000c, 2001a, 2001b, 2001c, 2002b, 2002c, 2003, 2004, 2005b, 2005c, 2008; Strathern and Stewart 1999a, 1999b, 1993, 2000a, 2000b, 2000c, 2000d, 2003, 2004a, 2004b, 2007b, 2008。

4　這個論點類似於羅馬天主教會及基督新教教會之間對改信不同的看法。天主教神父常將「基督教化」(Christianization)視為漸進且長遠的過程。新教牧師則較常強調「真正」的改信中立即性的特質，不論是在集體或是在個人的層次上。我們的重點是，或許某些時間點會被人們當作特定的信仰轉換點，但做為觀察者，我們必須了解在這個轉換點之前或許已有一段「史前史」，而且在這個過程中或許包含了會因應不同脈絡而加快或減緩信仰轉變的元素。

爲爭論的焦點。我們早期曾出版關於Hagen地區人們競相建造新教堂的行爲，這些行爲反映了1990年後期「向上帝進行*moka*獻禮」（make *moka* with God）的活動，也就是以地方禮物獻給上帝，以求得上帝對特定團體或社群的祝福（Stewart and Strathern 2001a）。

　　*Moka*一詞在這裡指盛行於個人或群體間的一種競爭性獻禮活動。當地人透過這種方式以求敵對群體或個人之間的和平，積極參與這個活動的人也能藉此成爲領袖人物（Strathern 1971; Strathern and Stewart 2000a, 及Stewart and Strathern 2005a）。*Moka*獻禮對接受者而言是一項挑戰，其目的是試探他們是否能回以更大的禮物。同時，接受者也能因爲回以更大的禮物而得到名望。能夠在*moka*交換中不斷獻出諸如豬隻、貝幣等財物而勝出的領袖會被稱爲*wuö nuim*。這就是在關於巴布亞新幾內亞高地地區的人類學文獻中提到的「大人物」（big-man）一詞。在當地路德教派信徒對事物的看法中，神就是被視爲至高的*wuö nuim*（更廣泛的討論見Strathern and Stewart 2007a）。

Mount Hagen：兩個階段

　　關於這種交換活動以及它與基督教信仰的交集，需要被置入當地的歷史中來了解其重要性。因此我們在這裡接著討論我們所研究的三個高地地區宗教變遷的歷史軌跡。我們將從Hagen地區開始，因爲此區與基督教有著最深的淵源。「Hagen人」一詞指的是在巴布亞新幾內亞西部高地省中近120,000個使用「Melpa語」的人。Hagen人從事密集的園藝種植，被分割成許多大大小小不同的群體，以透過暴力、競爭性交換和聯姻表現出來的複雜聯盟和競爭關係著名。他們是高地社會的幾個族群中最主要的一支，而且非常投入於1930年代以來因爲殖民主義而形成、並於1970年代後的後殖民時期仍持續

進行的政治經濟變遷。最早的外地探險家於1930年抵達此地，稍後則有澳洲政府官員跟進。這些探險家來此淘金，而官員們則需要提供一個安全的環境以建設飛機跑道以及道路來進行他們的「綏靖政策」（pacification）。高地地區是新幾內亞中最後被此方式影響的地區。在那裡被外來者入侵的地區逐漸形成了一個廣大的殖民勢力範圍，從早期的中心如東邊的Goroka開始，一直到西邊的Hagen。傳教組織此時也在進行他們受到政府管理的探險工作，而且就像其他地區一樣，天主教和新教傳教組織開始爭相建立他們自己的勢力範圍。在1930年代初期，在Hagen地區的傳教活動確實是最早的殖民經驗之一，因為探險家、政府官員、以及傳教士大約是在同一個時間來到這裡。然而，澳洲的殖民政府在某些方面特別偏袒由美國人William Ross神父創始的天主教聖言會（Catholic Societas Vocis Divini）（Mennis 1982），並且對位於Hagen巡邏站北方幾哩遠的Ogelbeng，一個來自德國Neuendettelsau的路德教派則心存疑慮。這樣的懷疑態度在幾年後隨著二次世界大戰的爆發以及將德國人從其傳教區移出的命令達到高點。這兩個教派接著被分配到不同的區域中，並且各自與當地兩個最大的Hagen社群建立緊密的關係：天主教徒和Mokei人；路德教派和Ndika人。

　　以Georg Vicedom和Hermann Strauss為主的路德教派傳教士，為了方便自己的傳教活動，對Melpa語言、文化以及社群進行了深入的研究（Vicedom and Tischner 1943-8; Strauss and Tischner 1962; Strathern and Stewart 2007a），他們因此能夠以當地語言佈道，並且翻譯新約聖經，儘管他們使用的是一種以Kâte（Kotte）語為基礎的拼字法。此語來自Madang地區的Finschafen港（也就是他們早期傳教活動進行的地方），屬於巴布亞新幾內亞北海岸一帶的語言。1930年代期間，他們在學校中將他們對Kâte語的研究介紹給授課的牧師。久而久之，

路德教派的基督教信仰成為了當地人口中的*miti*（*misin*或*mission*的變化型），而天主教則被稱為*mön*，一個能與Melpa當地對醫療師和儀式專家的想法產生共鳴的詞彙。*Mön*在Melpa語中指的是神奇而且強而有力的言詞，而*miti*則是一個外來的概念。天主教儀式因此被部分地同化為Melpa土著的儀式想法，路德教派的基督教信仰則與新約聖經的「經文」有較緊密的關係，因為*miti*主要指的就是聖經上的文字。Melpa語區分這兩個教派的方式反映了他們與歐洲宗教歷史遙遠的認知距離。也就是說，他們覺得天主教徒和其宗教實踐與Melpa自己的儀式想法類似，而路德教派則被認為比較強調聖經中文字的力量，其中新約聖經（Strauss將新約聖經翻譯成Melpa語的*Kant Êk Kont-nga*，也就是「真理的新語」[The New Words of the Truth]的意思）被視為與當地人的過去毫無關連。無庸置疑地，這兩種不同的印象也是延續自傳教士自己反映出來的形象。但值得一提的是，最後兩個教派都開始強調力量如何能夠藉由言語調解和儀式展演來表達出來的想法。並且，如同我們之前提到的，有兩個路德教派傳教士曾經對當地文化有深刻的接觸和認識，而且他們已經試著在著作中解釋*mön*這個土著概念。

這兩個教派基本的對立情況一直持續到1960年代。在同時間，隨著靈恩福音教派的復興運動開始進入高地社會中，這個地區第二階段的教會歷史也跟著展開。這些復興運動在1990年代開始進入天主教以及路德教派的地方組織中。以往配合地方社群界線進行的改信活動，不論是部分的、逐漸的、還是策劃好的，現在開始被積極的福音傳教活動所取代。這些福音傳教活動不但跨越了社群的界線，更入侵了天主教以及路德教派的教區中。這種狀況尤以神召會（Assemblies of God）為主。它以Mount Hagen這個不斷發展擴張，並且居住著眾多複雜族群的城鎮為其基地。神召會這種起源於城鎮中的特性是非常重要

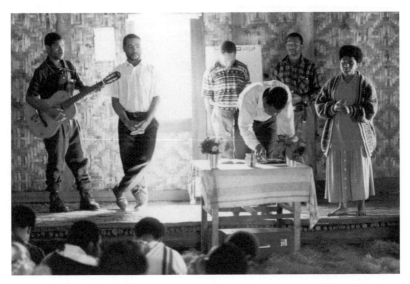

圖一

位於Mount Hagen中的Kuk聚落，1994年。年輕的佈道者以及教會志
工在一個小型的復興派教會中進行禮拜。在簡單的聖壇上鋪有桌巾，
並有花朵作為裝飾。（照片來自P.J. Stewart/A.Strathern檔案）

的。儘管另一個教會，基督復臨安息日會（Seventh Day Adventists），
也同時具有城鎮的基礎，它從來就無法像神召會那樣擁有吸引來自鄉
村地區的信徒的能力。神召會便是透過鄉村信徒與城鎮教會的聯繫，
以及它的醫療儀式、說神語的能力（speaking in tongues）、告解、集體
的祝福、和伴隨著詩歌與吉他伴奏的改信活動，來將其福音傳布到城
鎮周圍的鄉村地區中，吸引了年輕人特別是女性的支持，展現了宗教
展演如何能提供新的角色和可能性。雖然教會的支持度根源於城鎮化
的過程，它同時也在城鎮外的地方上擁有有效的自我行銷計畫，也就
是對於「地方教會植入計畫」（local church planting），以及當地教會

圖二

圖一中教堂空蕩蕩的一景。牆壁是由藤條編織而成，窗戶是玻璃紙，天花板是由整根的樹幹以及藤條做成的，地板上則覆以軟草皮以供信徒坐下或跪著。（照片來自P.J. Stewart/A.Strathern檔案）

團體自主性的強調。這個過程在1990年代末期開始與千禧年末世訊息結合在一起，造成了更多的集體改信、謠言、恐慌以及當地人積極地建造教堂等狀況。這些現象也是「向上帝進行*moka*獻禮」活動的時代背景；這與1960年代地方領袖僅派遣幾個年老男女來代表他們參與教會活動以取悅他們的新朋友(外國傳教士)的情形是很不一樣的。在這個時候，四處散布的謠言和恐懼感主要是來自世界即將在2000年毀滅的想法。當地人認為在此之後耶穌會回到世上，而且正直的基督教徒將會從人群中被選出來進入天堂。自1990年代中期開始，在銀行與商店中的流言不斷地在重複這個主題，並引起了大眾的警覺心以及不安定感，造成了人們集體湧入新福音派教會中的潮流，以尋求對未來的安全感並且使他們更清楚接下來到底會發生什麼事(關於這個主題

更詳細的觀察和學者們在新幾內亞多處進行的研究可見於 Stewart and Strathern eds. 1997, 2000a。Robbins 2004則詳盡地討論了Urapmin人，一個位於中部高地的孤立小社群，如何面對同樣的過程）。我們所提到的向上帝進行*moka*獻禮的活動，其實就是透過一種類似禮物交換的行為來試著獲得安全感的手段，因為在過去禮物交換是一個很重要的社會安定的基礎。由於當地人恐懼末世即將來臨，在這些獻禮活動中時常出現的教堂建築計畫便被視為格外地重要。另一方面，這些建築計畫也是當地領導人增加他們的名聲以及穩固在地方上地位的手段。

　　Hagen地區年輕的牧師開始取得了領導地位，強迫當地老一輩的人認真參與神召會的教會活動，然而一些特定的世系團體在這片千禧年的狂熱中還是不受影響地留在天主教會、路德教派、甚至安息日會中。特定的文化議題也仍然有其重要性：例如，不被任何教會認可的一夫多妻制，便是那些擁有許多妻子的地方領袖(以及他們的妻子們)的一大問題，並且是地方爭議以及衝突的焦點。[5]安息日會教徒則在1990年代中發展出一套新的行銷策略：因為在當地習俗中聘金花費很高，因此他們便提出只要男女雙方都是安息日教徒，婚禮就不需要聘

5　自早期基督教進入當地以來，一夫多妻制就一直是天主教以及路德教派在對地方領導人以及其妻子們進行洗禮時的一個問題。Hagen社會建立在群體以及領導人間聲望的競爭的想法上，這種競爭是由財物儀式性的交換進行的，而一夫多妻制則是領導人的一項資產，因為他們可以透過生產和姻親的關係網路來擴展他們的財富。教會當然也想招募這些地方領導人，因為他們可以影響其跟隨者一同加入。在洗禮儀式中，一位領導人只能從他眾多的妻子中選出一位與他一同受洗，她也因此被教會視為唯一正式的妻子。這也是為何這些領導人從來就不想受洗或是僅在他們年邁時才受洗的原因。

金的口號。從本質上來看，這是一種創造以宗教信仰為基礎的內婚結構的方法，但同時也提供了當地人一個加入這種新的結構的動機。

　　對Hagen地區來說，這裡的教會歷史可以區分成兩個清楚且漫長的階段，各自受到一套殖民相對於後殖民時期的條件，以及Hagen地區作為政經變遷中心的地位的影響。簡單來說，第一階段始於1930年代並結束於1960年代末期；也就是從外人在這邊首次的探險活動開始，一直到諸如地方政府會議和國家選舉制度的引入為止（這些制度也造成了之後自治政府的形成以及1975年的獨立）。在第一階段期間，族群間的爭鬥暫時停止了，現金作物的種植開始盛行，儀式性交換網路則大量地擴張。教會此時相對地擁有一個安全穩定的社會環境使他們得以建立並擴張他們的傳教工作。在第二階段期間，從1970年代初期一直到2000年以及之後，社會和政治情況變得非常不穩定、多變、和扭曲，並伴隨著不斷發生的暴力事件、末世恐懼、和劇烈變遷。在這個新的狀況下，靈恩派教會提供了一種能夠安定和安慰人心的新希望。Pangia和Duna地區則展現了完全相反的情形，因為它們兩者在變遷的影響上處於比較邊緣的地位，但是這兩個地區之間由於不同政治地理位置和教會政策的影響，還是有其差異。

Pangia：殖民壓縮

　　Pangia地區位於南部高地省中。這個省份到1990年代為止，在經濟發展上始終落後於西部高地省。居住在Pangia地區的Wiru語族在1960年代時人口大約有200,000多人，就像Hagen人一樣從事著園藝種植，但擁有較小的競爭性交換體系，並且在1960年代之前都不在殖民政府的有效控制中。接下來的10年內，澳洲殖民政府官員開始積極地迫使這些Wiru語族遷徙到新的聚落中，接受衛生保健、

現金作物種植以及道路舖設等政策，這些過程也伴隨著無數的傳教活動。Hagen地區在被外人接觸後很久才開始有狂喜式的改信現象（ecstatic conversions）以及千禧年的想法。在Pangia，福音派聖經傳教會（Evangelical Bible Mission, EBM）在1960年代則已經瞬間將類似的信仰模式帶給了巡邏站附近的聚落。在此同時，路德教徒與天主教徒也競相爭取村落的支持，但對各自的勢力範圍卻缺乏一致的意見，導致一些部分支持一個教會，其他部分支持另一個教會的新村落聯盟的出現。例如，一個當地的村落政治團體，從1960年代便開始將自己區分成路德教派與天主教派兩個分支。有趣的是，這兩個分支大致符合當地歷史上儀式和政治團體的分群方式。一開始的時候，殖民政府命令當地人將自己的房子圍繞著舊儀式中心建造，而他們則依照以進行*tapa*儀式活動的祖先頭骨屋（ancestral skull house）為基礎的儀式團體分群方式，將自己的住所建立在傳統朱蕉圍籬*kendo*的兩側。這種*tapa*儀式分群方式現在則變成了路德教派與天主教派之間的區隔線。[6] 在過去，這兩個群體是可以自由通婚的，但到了現在路德教徒與天主教徒之間則不鼓勵通婚，這使得兩者的區別更加地明顯，並且更進一步地中斷了他們之間的交換聯繫關係。殖民政府的巡邏活動也

6　在其他地方也可以看到這類殖民主義造成的群體再劃分的方式，以及當地人空間與宇宙觀在地性被再形塑的過程。例如，台灣的南島語族原住民在日本殖民時期（1895-1945），就常因為日本政府的影響而流離到其原本的活動範圍之外。他們也因此常常會重新組成新的聚落聯盟，其中各群體彼此間不一定會有密切的關係。有關排灣族的相關資料可以參見Egli 1989: 5與1990: fn.12。這類群體的區分方式也可能會像這裡所談到的Pangia的例子一樣，去接受不同的教會宗派。在一個我們於2007年6月所造訪的排灣族村落中，長老教會、浸信教會以及安息日會都都屬於不同的村落團體。然而，這種區分方式不一定就代表著不同群體之間有所不和。

是常見的現象，造成許多人被關進監獄中；群體之間對於地方政府議會的職位也有著激烈的競爭。這兩個教會在傳教上也有不同的政策。天主教徒會訓練當地的傳教士，而且很早就讓他們負責教會的禮拜活動。相反地，路德教派則傾向從Hagen地區帶來那邊的傳教士（就好比一開始在Hagen地區，他們也是從Finschafen引進勞工一樣）。這些傳教士之中有些於1960年代在當地開始成為具有某種程度的影響力的領導者，讓他們本身變成了殖民主義式的「大人物」，要求給自己建立大型的房屋以及更多的食物供給還有整理園藝的工人（A. J. Strathern 1982; Strathern and Stewart 2000b）。當Pangia人遷徙到Hagen成為咖啡園的契約勞工時，他們發現這些Hagen傳教士在自己的家鄉中並沒有特殊的社會地位，因此他們開始厭惡這種不公平的狀況。我們在此看到了傳教工作政治地理上的傳布，如何深切地被傳教政策以及Hagen傳教士自己的能動性所影響——直到被Pangia當地的Wiru語族逐漸發展的歷史意識所反抗為止（在其他地區，例如Takuru，衛理公會[Wesleyan Mission]則始終居於領導的地位，參見Clark 2000）。

在1980年代早期，路德教派與天主教會對Pangia部分地區的影響逐漸走入了歷史，另外一個類似Hagen地區神召會勢力高漲的狀況的時期則揭開了序幕。Pangia政府巡邏站附近開始出現五旬節教派的教會，吸引著年輕人的加入，並舉辦夜晚的「詩歌跟唱」以及告誡活動。這些教會也許便成為了之後1990年代千禧年末世言論的有力基礎；但是，這些想法似乎無法像在Hagen地區一樣得到同樣的影響力。我們對此的解釋是，此時Pangia地區城鎮化的程度比起Hagen來說較為微弱。Pangia巡邏站從來沒有變成一個大城鎮。它的飛機跑道被置之不理，而它連接到Ialibu和Hagen的道路也年久失修，成為流動搶匪活動的危險地區。1990年代晚期，「強硬」的外國浸信教會傳教士開始在這個地區的一些地方上成為傳教活動的主力，決心要去制止

這批流氓盜匪，並自己帶來大量的食物供給。至於Jeffery Clark(Clark
2000)所研究的衛理公會在Takuru的傳教活動是否在這些挑戰下生存
了下來，以及福音派聖經傳教會在末世千禧年運動中扮演何種角色，
都沒有明確的答案。但整體而言，Pangia是一個被晚期殖民政府積極
地推向變遷、在之後卻沒有得利於這些發展計畫的地區。因此，我們
認為它沒有體驗到像Hagen地區那種第二階段的大量改信過程。

　　在Pangia，我們倒是發現一種將Mount Hagen地區的兩個階段加
速且壓縮在短時間內的狀況。首先，1960年代早期在殖民綏靖政策後
緊接著出現的各種教會在這裡為了爭取信徒而開始了激烈的爭鬥。這
些教會不會將自己限制在特定的區域中，例如1930年代剛被外人接觸
的Hagen地區天主教聖言會(SVD)與來自Neuendettelsau的路德教派之
間那種勢力範圍區分方式。在靈恩福音派的新教教會進來之前，這兩
個在Hagen地區的主流教派幾年來都一直在各自的區域中進行傳教活
動；然而在Pangia，福音派聖經傳教會的傳教活動很早就到來了，並
在巡邏站附近新建立的殖民聚落中開始了宗教狂喜和「重生式」改信
(born-again conversion)的動作。衛理公會在遠離巡邏站的Takuru村落
中建立了一個他們自己的勢力範圍，將其傳教士、診所和商店安置在
那邊。路德教徒與天主教徒則被要求在巡邏站四周的地帶建立各自的
地盤，彼此之間只相隔幾百碼之遙(天主教徒在Yaraparoi，路德教徒
在Tiripini)。在此不久之後，新一波的五旬節運動開始從Hagen地區
傳到了Pangia的北部。五旬節教派一開始只影響了於1960年代曾體驗
過福音派聖經傳教會活動的一些群體，因為他們比較熟悉這種狂喜式
的宗教行為。相較於Hagen地區，Pangia整體的「改信歷史」是經過
「壓縮」或加速的，而到了1980年代當地的經濟發展與基礎建設反而
相當緩慢。Pangia這種壓縮的狀況同時也反映在後殖民的政治上，因
為巴布亞新幾內亞的獨立是緊接著在一開始的殖民政府綏靖政策之後

（整個過程只有15年，相較於Hagen地區的45年）。各地當選的國會議員很快地便投身於首都Port Moresby政黨鬥爭的喧囂中。

Duna：疏遠的連繫

我們要談的第三個案例是Duna人。他們居住在南部高地省西部偏遠地區，同樣也從事園藝種植活動。我們在那邊的田野地是Aluni谷地，那裡住著大約1000名屬於五個不同「教區」或地方政治群體的Duna人。Aluni谷地是Duna地區最偏遠的地方之一，離Lake Kopiago地區的巡邏站有一段遙遠的距離，並且在1990年代期間都沒有可以讓車輛通行以與外界聯繫的道路。他們也沒有任何地方學校。由於他們這種偏遠的位置，Aluni谷地的Duna人似乎從來都沒有被迫去進行Pangia地區那種「發展計畫」，儘管他們在1960年代差不多是同時受到了殖民政府的控制。[7]

---

7 自1960年代早期開始，殖民政府透過飛機跑道和巡邏站在Duna地區進行了一系列的活動，而其目的當然是想建造道路並引進學校和現金作物給當地人，就像對同時期的Pangia地區一樣。然而，該地區的Lake Kopiago比Pangia距離高地內像是Mount Hagen那樣的發展中心還要遙遠，而且在那邊殖民政府帶來的影響也較難從巡邏站擴展到邊陲地區，例如在Aluni谷地建設的學校和診所就沒有影響到四周的聚落。Aluni谷地本身是一個作為發展中心的小型巡邏站，那邊也蓋了一間初級學校。然而到了1991年，那間學校被遺棄了，當地人說來自外地的學校老師是因為害怕當地的巫術而離開的。Aluni在當時以巫術的盛行而聞名，甚至連在Duna之外的地區都知道。傳教活動與教會的影響從來就無法消除當地居民對於巫術的恐懼。即使1990年代當地每個人都改信基督教，加入各個教會時，當地人還是認為教會無法保護他們免於巫術的攻擊。從經濟發展的層面來說，Aluni谷地的Duna人偏遠的地理位置代表發展種植現金作物，例如採收並用空運來運送咖啡豆，並非一個可行的辦法。到了1991

到了1990年代，Aluni谷地的Duna人確實處於被政府管理所忽略的狀態。這個時候還有另外兩個原因使他們在歷史上有別於Hagen和Pangia地區。首先，在1990年代當地有一位主權恩典浸信教會（Sovereign Grace Baptist）的外國傳教士大量地依賴當地的傳統來傳教。他的教誨與宗教的想法被他所施洗並訓練為接班人的當地牧師保存下來，成為一種權威性的地方行為準則。這位傳教士在1960年代來到這裡，走遍各個地方，向許多人當地人施予洗禮，將這個地區當作自己的教區。接著，在這位傳教士突然離開之後，這裡出現了一段很長的空白期（當地人告訴我們，他的離開是因為一些對他的行為的指控），但是他仍然被認為是該地區教會的「始祖」。

其次，那些被他任命為牧師的當地人通常都是父系世系群的男性領袖。他們一般都有土地所有權並且通曉儀式知識。這些牧師因此在當地社會結構中的身分與以往並沒有什麼不同，使得這裡在文化變遷之餘仍能夠有結構上的連貫性。從這兩點來看，他們就有別於Hagen與Pangia地區了，因為這兩個地方對傳教士有比較分歧的看法，同時在傳教士與（其他）當地人之間有更多的衝突（Strathern and Stewart 2004a）。

Aluni谷地的Duna人對「發展」的體驗也與Hagen和Pangia不同。他們沒有受到太多現金作物種植的影響——當然是幾乎沒有——但是他們卻深受其西邊的Ok Tedi與東南方的Porgera Gold Mine這兩個大型採礦計畫的影響。當地居民的渴望、期待與文化創意因此都聚焦在採礦的活動，以及他們想像能從中得到或失去的事物上。[8]他們較為排

（續）————
　　年，早先種植的咖啡樹園已經荒蕪，很少有人會去採收這些咖啡樹的種子。

8　對於Aluni谷地這種現象更詳細的研究可見Stewart and Strathern 2002a。到了2007年，當地人開始認為在Porgera的大型金礦事業會在幾年內就關閉，而這代表「發展」的影響又將更加遠離Aluni谷地的人民。

斥那些以教會爲基礎的千禧年運動，儘管這裡的使徒教會(Apostolic Church)已經將這類的想法帶給了當地的人們。

當地人屬於一向反對安息日會傳教活動的浸信教派的一支，而且不相信耶穌即將重新降臨人間或是世界末日即將來臨的想法，儘管他們自己的「土著」宇宙觀是基於一種14個世代的循環，而且相信在一個輪迴之後，一個特定的世界或時代將會終止，而一個新的世界則會開始。與此有鮮明差異的是在Hagen的情形：在那裡沒有這類關於世界終止的「土著」想法，但卻是這幾年間千禧年運動的溫床。因此，我們認爲土著宇宙觀並非造成這種差異的主要原因，而是Duna人所處的偏遠位置以及他們特有的浸信教派的教誨導致了這樣特殊的結果。同樣的情況也發生在谷地最西邊Ekali聚落的巴布亞新幾內亞福音教會(Evangelical Church of Papua New Guinea)上。我們在1999年在當地停留期間所造訪的傳教士家庭，在當時就避開所有關於世界末日的想法，而專注於「基督徒」在世界上每日生活的道德教誨上。當然，在巴布亞新幾內亞其他的「偏遠地區」也都曾體驗過盛大的「復興」(revival)運動。在這些案例中，我們必須假定這種思想的散布在這些地區中是以不同的方式與當地的宇宙觀、政治與歷史結合在一起的(見Robbins 2004對於Urapmin人的討論)。類似的例子也可以在早期「船貨運動」在新幾內亞的散布模式上看到。

討論

在對這三個地區進行簡單的比較之後，我們現在想要討論四個主題。

第一個主題是關於教會之間的衝突與競爭。在Hagen第一階段的傳教歷史中這種狀況算是溫和的，但是到了第二階段的改信時期卻開

始變得很激烈，尤其是在神召會信徒和路德教徒以及天主教徒之間。這種競爭在Pangia比較不明顯，雖然村落中天主教會和路德教派的區隔的確產生了一些緊張關係。而在1990年代Aluni谷地的Duna語區中，競爭幾乎是不存在的，直到一些特殊的議題開始讓浸信教派與安息日會之間產生衝突。[9] 這種衝突發生的可能性因此總是存在。至於它是否會爆發出來則端視當時歷史的情勢，不管是內部或是外來的，或是兩者同時造成的。

第二個議題是基督教信仰、「現代性」、政府、國家與跨國力量之間的連結。在Hagen，這些環環相扣的力量造成的影響是相當明顯的；這些過程在Pangia的影響則比較次要，或甚至根本沒有出現。在Aluni谷地浸信教派的基督教信仰中，這些過程的影響則最不明顯，因為那裡的社群一直到2000年以前都沒有真正體驗到「發展」所帶來的機會與負擔。人們的想像也會因為他們地理與歷史的位置、何種影響的到來、以及其成員曾到何處去過，來以不同的方式與跨國力量等較廣泛的議題進行互動。

第三個主題是一個關於「土著化」(indigenization)的複雜議題。學者經常認為當地人經過一段時間會「土著化」基督教。另一個在此發生的過程是當地人會選擇在聖經以及基督教歷史傳統中的主題，配合自己關於祖先、疾病、醫療、夢境和幻象的想法來加以放大。不管這些主題是否被教會人員所認可，它們仍然會在民眾的生活脈絡中浮

9　這些議題是圍繞在1990年代末期一個令教會煩惱的問題上，也就是巫術。浸信教派以及安息日會都為了如何處理巫術在地方上傳說的行為而傷透腦筋，在Aluni長期被邊緣化的安息日會就因為讓被懷疑是女巫的女性可以在他們建造的新聚落中避難而開始在傳教上獲得些許的成功。這些女性也因此便決定從浸信教派「轉移」到安息日會中，而這也是她們獲得這類保護的條件。

現，並且在一段時間後成為當地基督教活動重要的一部分。即使在因為與天主教在歐洲的歷史衝突中而以反對「迷信」和「偶像崇拜」為其訴求的長老教會中，情況也是如此。[10]

　　這個重要且被廣泛討論的主題並不是本章的焦點。然而，簡單來說，在Hagen地區的各個教派都曾經以不同的方式處理過這個議題。天主教會長期以來都對土著的想法與儀式保持著開放的態度，但一直到了1990年代他們才開始認真地執行「因地制宜的文化適應」(inculturation)的政策，也就是教會對於地方文化形式的適應。不過在2006年時，一位在Hagen城鎮附近的Rebiamul巡邏站中的天主教傳教士組成了一個跨宗派的團體來促進Melpa語(以及其豐富的文化表現形式與意義)在地方上的使用。路德教徒也對Hagen的社會和語言進行了深入的學術研究，但是並沒有將這些知識應用到他們正式的禮拜儀式上。有趣的是，當地社群本身則藉由早期來自Kâte語區的傳教士，創造出借用Kâte語區文化主題的文化實踐方式。雖然Kâte語的使用在不久之後便消失了，一種調查疾病來源、調解親族糾紛的降靈會(séance)開始於1960年代至1970年代之間興起，而它便是以一個有著類似意義的Kâte詞彙*sutmang*來命名的；在Hagen地區舉辦的聖誕舞蹈儀式中，當地的路德教徒也會穿上Kâte的服飾跳著Kâte風格的舞蹈。

　　隨著靈恩派教會的出現，Hagen地區的傳教歷史有了更進一步的轉折。神召會的牧師反對所有與祖先或其他神靈相關的傳統儀式，但

10　在台灣部分的排灣族中也可以找到關於這種歷史轉變的好例子。在那裡長老教會與當地文化實踐與想法之間正在調解出的新的適應型式。這種調解來自於(a)南島語族原住民在台灣的政治領域中新的地位，以及(b)文化復興活動、手工藝產品工業和觀光事業之間的連結(我們在此的觀察是根據從2000年至2007年底的田野工作。這種狀況未來可能會隨著2008年總統大選的結果而產生更深遠的變化)。

是在他們的宗教想法卻又與夢境、神諭、情緒衝突、憤怒等概念深刻地連結在一起，某種程度而言甚至模仿或反映了當地之前的習俗和土著概念。因此，儘管這些神召會牧師公開地反對地方文化，他們還是隱晦地，甚至是無意識地將地方文化引入他們的宗教論述中，特別是在對抗「邪靈」的想法上。在天主教徒當中，土著的文化實踐也隨著「靈恩派天主教」(Charismatic Catholicism)的出現而回到其宗教生活中。1990年代末期這個運動的擁護者舉行了整夜的晚禱儀式。他們打著由五加侖煤油筒製成的鼓，並以當地語調唱著含有深澀難懂的預示語彙的歌曲。藏在這些活動之後的是一種對世界末日問題的關心。在路德教徒之中類似的靈恩想法也一樣存在，其中一位地位崇高的路德教派牧師便在教會中開始了一個擁有聖靈附身或是說神語等靈恩實踐的分支運動，並且在Hagen的路德教派教會中產生了很大的爭議。大體而言，所有這些過程都可以被視為「土著化」的一部分，但是其中也有外來跨國影響下的產物。

在我們於Pangia和Duna地區的田野工作期間，我們發現「傳統」宗教實踐在當地的復甦較不明顯，但是有大量的證據顯示在Pangia與Duna地區的巫術活動和對它們的恐懼感仍持續地存在，在Aluni谷地的Duna語區中關於女靈(*Payame Ima*)的複雜想法也是如此(見Stewart and Strathern 2002a; Strathern and Stewart 2000c)。

最後，第四個主題是關於地方基督教會如何創造出對宗教、宇宙觀有獨特見解的當地人與菁英分子。那時大眾與菁英不約而同地認為，在「改信」的某個階段中，有必要將基督教教義、儀式概念與土著哲學進行「調和」。在Hagen地區，我們的一位報導人，一位加入神召會的已婚女性，在1998年時和我們討論了關於疾病的問題。在Hagen地區，夢境可以指出疾病可能是來自於不滿的過世親人。但是另一方面基督教教導他們只有上帝有能力讓這種事情發生。這位婦人

於是認為這個過程是如果鬼魂想要讓人生病，他們就必須先詢問上帝是否能這麼做，因為上帝，作為他們最原始的祖先，是至高無上的。我們在與台灣一位身為長老教會牧師與學者的排灣族菁英的討論中則發現了另一個不同的觀點。他向我們指出因為上帝創造了萬物，祂一定也給予了所有原住民其文化知識，包括儀式上的知識，因此這些土著知識大體而言一定是「好的」，而且不應該被拋棄。在這個模型中，上帝仍然是至高無上的，但是被認為創造並授與了原住民他們的文化知識。在Hagen該名婦人的觀點中也有著同樣的邏輯，但是卻有著不同的影響：上帝必須批准祖先所運作的個人能動性，因為他們是從屬於上帝的意志之下。

從我們對巴布亞新幾內亞西部高地省與南部高地省中Hagen、Pangia與Duna三個地區的歷史比較中，可以看到我們處理的是1930年代至2000年間不同樣貌的基督教教義如何傳布的問題。所有在這些地區的時間與空間中進行的過程都被結合在一起。從檢視這些案例間的差異的分析角度來看，我們所得到的一個重要的結論是，千禧年末世想法在Hagen地區最為顯著的原因是它是一個經歷過最多政治經濟發展與其所帶來的壓力的地方。另外兩個地區則接受到較少的發展。雖然Pangia比Duna地區有更多接觸外界的機會，但是這兩地受到變遷直接的影響都少於Hagen地區。Duna人有著他們自己關於循環與世界末日的土著概念，但是這些概念卻沒有進入千禧年末世想法中，因為他們之中的教會領導人並沒有明顯地鼓勵他們這麼做。因此，在解釋這些差異的時候，歷史的各種細節必須被考量進去。

參考書目

Clark, Jeffrey

 2000　Steel to Stone: A Chronicle of Colonialism in the Southern Highlands of Papua New Guinea. Chris Ballard and Michael Nihill, eds. Oxford: Oxford University Press.

Egli, Father Hans

 1989　Mirimiringan. Die Mythen und Märchen der Paiwan. Zurich: Verlag Die Waage.

 1990　Paiwan Grammatik. Zurich: Verlag Die Waage. Mennis, Mary 1982. Hagen Saga. The Story of Father William Ross, Pioneer American Missionary to Papua New Guinea. Port Moresby: Institute of Papua New Guinea Studies.

Robbins, Joel

 2004　Becoming Sinners: Christianity and Moral Torment in a Papua New Guinea Society. Berkeley, CA: University of California Press.

Shepherd, John R.

 1995　Marriage and Mandatory Abortion among the 17th Century Siraya. American Ethnological Society Monograph Series, no. 6.

Stewart, Pamela J. and Andrew J. Strathern

 1999a　Politics and Poetics Mirrored in Indigenous Stone Objects from Papua New Guinea. Journal of the Polynesian Society 108(1): 69-90.

1999b Female Spirit Cults as a Window on Gender Relations in the Highlands of Papua New Guinea. The Journal of the Royal Anthropological Institute [Sept. 1999] 5(3): 345-360.

1999c Time at the End: The Highlands of Papua New Guinea. In Expecting the Day of Wrath: Versions of the Millennium in Papua New Guinea. Christin Kocher-Schmid, ed. pp.131-144. Port Moresby: National Research Institute, Monograph 36, July 1999.

1999d "Feasting on my enemy": Images of Violence and Change in the New Guinea Highlands. Ethnohistory 46(4): 645-669.

2000 Naming Places: Duna Evocations of Landscape in Papua New Guinea. People and Culture in Oceania 16: 87-107.

2001a The Great Exchange: Moka with God. Special Issue, "Pentecostal and Charismatic Christianity in Oceania" edited by Joel Robbins, Pamela J. Stewart, and Andrew Strathern. Journal of Ritual Studies 15(2): 91-104.

2001b Humors and Substances: Ideas of the Body in New Guinea. Westport, CT: Bergin and Garvey, Greenwood Publishing Group.

2001c Timbu Wara Figures From Pangia, Papua New Guinea. Records of the South Australian Museum 34(2): 65-77.

2002a Remaking the World: Myth, Mining and Ritual Change among the Duna of Papua New Guinea. For, Smithsonian Series in Ethnographic Inquiry, Washington, D.C.: Smithsonian Institution Press.

2002b Gender, Song, and Sensibility: Folktales and Folksongs in the

Highlands of New Guinea. Westport, CT: Praeger Publishers

2002c Power and Placement in Blood Practices. Special Issue, "Blood Mysteries: Beyond Menstruation as Pollution," Janet Hoskins, ed. Ethnology 41(4): 349-363.

2003 Dreaming and Ghosts among the Hagen and Duna of the Southern Highlands, Papua New Guinea. In Dream Travelers: Sleep Experiences and Culture in the Western Pacific. Roger Ivar Lohmann, ed. pp. 42-59. New York: Palgrave Macmillan.

2004 Witchcraft, Sorcery, Rumors, and Gossip. For, New Departures in Anthropology Series. Cambridge: Cambridge University Press.

2005a The Death of Moka in Post-Colonial Mount Hagen, Highlands, Papua New Guinea. In The Making of Global and Local Modernities in Melanesia. Humiliation, Transformation and the Nature of Cultural Change. Joel Robbins and Holly Wardlow, eds. pp. 125-134. For, Anthropology and Cultural History in Asia and the Indo-Pacific Series, London: Ashgate Publishing.

2005b Cosmology, Resources, and Landscape: Agencies of the Dead and the Living in Duna, Papua New Guinea. Ethnology 44(1): 35-47.

Stewart, Pamela J. and A. Strathern, eds.

1997 Millennial Markers. Townsville: JCU, Centre for Pacific Studies.

2000a Millennial Countdown in New Guinea. Special Issue of Ethnohistory. 47(1). 2000. Duke University Press.

2000b Identity Work: Constructing Pacific Lives. ASAO（Association for Social Anthropology in Oceania）Monograph Series No. 18. Pittsburgh: University of Pittsburgh Press.

2005 Expressive Genres and Historical Change: Indonesia, Papua New Guinea and Taiwan. For, Anthropology and Cultural History in Asia and the Indo-Pacific Series, London: Ashgate Publishing.

2008 Exchange and Sacrifice. For, Ritual Studies Monograph Series, Durham, NC: Carolina Academic Press.

Strathern, Andrew

1971 The Rope of Moka. Big-men and Ceremonial Exchange in Mount Hagen, New Guinea. Cambridge: Cambridge University Press.

1982 A Line of Power. London: Tavistock.

Strathern A. and Pamela J. Stewart

1999a Collaborations and Conflicts. A Leader Through Time. Fort Worth,TX: Harcourt Brace College Publishers.（ISBN 0-15-502147-8）.

1999b "The Spirit is Coming!" A Photographic-Textual Exposition of the Female Spirit Cult Performance in Mt. Hagen. Ritual Studies Monograph Series, Monograph No. 1. Pittsburgh.（ISBN0-9670499-03）.

1999c Objects, Relationships, and Meanings: Historical Switches in Currencies in Mount Hagen, Papua New Guinea. In Money and Modernity: State and Local Currencies in Melanesia. David Akin and Joel Robbins, eds. pp. 164–191. ASAO

（Association for Social Anthropology in Oceania）Monograph Series No. 17. Pittsburgh: University of Pittsburgh Press.

2000a Arrow Talk: Transaction, Transition, and Contradiction in New Guinea Highlands History. Kent, OH: Kent State University Press.

2000b Dangerous Woods and Perilous Pearl Shells: the Fabricated Politics of a Longhouse in Pangia, Papua New Guinea. Journal of Material Culture 5(1): 69-89.

2000c The Python's Back: Pathways of Comparison between Indonesia and Melanesia. (2000) Westport, CT: Bergin and Garvey, Greenwood Publishing Group.

2000d Accident, Agency, and Liability in New Guinea Highlands Compensation Practices. Bijdragen 156-2: 275-295.

2003 Divisions of Power: Rituals in Time and Space among the Hagen and Duna Peoples, Papua New Guinea. Taiwan Journal of Anthropology 1(1): 51-76.

2004a Empowering the Past, Confronting the Future, The Duna People of Papua New Guinea. For, Contemporary Anthropology of Religion Series. New York: Palgrave Macmillan.

2004b Cults, Closures, Collaborations. In Women as Unseen Characters: Male Ritual in Papua New Guinea. For Social Anthropology in Oceania Monograph Series. Pascale Bonnemere, ed. pp. 120-138. Philadelphia, PA: University of Pennsylvania Press.

2007a Ethnographic Records from the Western Highlands of Papua

New Guinea: Missionary Linguists, Missionary-Ethnographers. In Anthropology's Debt to Missionaries. L. Plotnicov, P. Brown and V. Sutlive, eds. pp. 151-160. Ethnology Monograph Series No. 20, Pittsburgh: University of Pittsburgh.

2007b Actors and Actions in 'Exotic' Places. In Experiencing New Worlds. Jurg Wassmann and Katharina Stockhaus, eds. pp. 95-108.New York: Berghahn Books.

2008 Exchange and Sacrifice: Examples from Papua New Guinea. In Exchange and Sacrifice. Pamela J. Stewart and Andrew Strathern, eds. pp. 229-245. For, Ritual Studies Monograph Series, Durham, NC: Carolina Academic Press.

Strauss, Hermann and H. Tischner

1962 Die Mi-Kultur der Hagenberg Stämme. Hamburg: Cram, de Gruyter and Co.

Vicedom, Georg F. and H. Tischner

1943-8 Die Mbowamb（3 vols.）. Hamburg: Friederichsen de Gruyter and Cjo.

結語
確立比較研究的視角[*]

Andrew Strathern and Pamela J. Stewart

一、全球與地方之間的面向

我們集結本書論文的目的之一是想將台灣改信和宗教社會化的研究與太平洋社會，特別是所羅門群島和巴布亞新幾內亞，放置在一個比較研究的架構下。然而，唯有探索不受特定比較研究脈絡限制的主題，這樣的目標才得以實現。同時，這些主題也必須要能與其他地區的研究產生共鳴。這點是放諸任何文化或社會現象的討論皆準的，特別是在基督教改信研究的脈絡中，因為傳教和福音的散布是一個遍布全球的活動。基督教是一個不斷外傳的宗教，在歷史上它就一直在擴張自己的版圖，同時也強勢地在地方生根，與當地的政治和性別關係等社會議題緊密結合(參見Buswell and Lee eds. 2007)。一言以蔽之，基督教具有一種如Deleuze和Guattari(2004)所說的「根莖類形式」(rhizomatic form)，一旦落地生根就會自行蔓延發展。誠然，基督教再生產和傳布的其中一個主要方式就是改變自己的信仰和實踐內容，而這個過程本質上是與基督教在希臘羅馬時期的教義相違背的。但在許多世紀之後，權力關係上有了轉變。基督教發展的初期，基督教的

---

*　本章節是由林浩立先生翻譯，編者們在此感謝他的協助。

信徒勢力薄弱，其領導人往往在羅馬的國家權力運作下成為殉道者。
很久之後，基督教才成為羅馬國教，並在神聖羅馬帝國時期壯大，而
基督教傳教的路徑也逐漸成為殖民擴張的媒介。

　　因此，「全球化」在歷史上可以說是基督教世界觀秩序的一部分
（參見Hefner 1993關於「世界觀的建構」[world-building]的討論）。
基督教同時也是一個重視「真理」的宗教，而它擴張的手段是使人
們相信這個真理，並成為信徒。靈恩運動（Charismatic）和五旬節運動
（Pentecostalist）便是將基督教往全球擴張的理念發揚地淋漓盡致，使
之表現成聖靈無處不在的樣貌，更進而轉變人們的生活。五旬節運
動，隨著它在全球不斷地擴張，及其與主流教派之間的競爭關係，逐
漸成為許多研究關注的重點（例如，Martin ed. 1990, Poewe ed. 1994;
Vasquez 2003; 更早的研究可參見Hollenweger 1972）。Simon Coleman
在他對於瑞典生命之道運動（Word of Life）的研究中便將全球化視為
其研究焦點，來探討生命之道運動的擁護者如何看待自己的活動。有
許多特點對這個運動要散布的旨意是相當重要的，其中之一是信仰為
繁榮富有的基礎。這種想法可以從個人推展到國家層次，例如尚比
亞的狀況即是一例（Coleman 2000: 33）。某種程度而言，這個意識型
態深植於它在美國社會的脈絡中（頁36），但是其意義同時也是跨國
界和文化的（頁36）。類似這樣的靈恩運動將自己與全世界接觸的傳
教活動視為一種獨特的體現方式（頁51），這包括一種藉由自己的信
仰遊歷全世界的形象。Coleman將五旬節運動視為「一種全球化的意
識型態，存在於日常實踐的草根層次，以及更高的社會文化層次」
（a globalising ideology from the grass roots level of everyday practice as
well as from higher levels of social and cultural articulation）（頁70）。在
實踐的層次上，身體的支配和例行的行為成為一種在世界中重要的身
分認同方式。這同時也反映在信徒「將救贖與繁榮的旨意傳布全球」

圖一

奇美村的布農族長老教會教堂，2003年聖誕節。教堂上的字樣寫著：「神愛世人」和「耶穌愛你」。這個教堂位於台灣東南部花蓮和台東之間的山區（謝謝宋世祥先生幫助我們找到這個教堂的位置。這個照片是我們在李宜澤先生的陪伴下，一趟從台東到花蓮的田野之旅途中所拍攝的）。（照片來自P.J. Stewart/A.Strathern檔案）

圖二

土坂村的排灣族天主教教堂，2007年1月。在這個裝飾上我們可以看到排灣百步蛇圖騰圍繞著祖靈的頭部。支撐柱的部分有浮雕的形象。側面的地方掛著一個織袋。頂端則有一個簡單的十字架。（照片來自P.J. Stewart/A.Strathern檔案）

圖三
土坂村的排灣族天主教教堂。小米
穀裝置藝術、編織的提袋、編織吊
飾。小米的種植和布的紡織是排灣
族以及台灣其他南島語族傳統生活
的一部分。（照片來自P.J. Stewart/
A.Strathern檔案）

圖四
土坂村的排灣族天主教
教堂。一幅由雕刻、小
米、織布、和朱蕉圍繞著
聖母像所組成的景象。
（照片來自P.J. Stewart/
A.Strathern檔案）

圖五

土坂村的排灣族天主教教堂。
一塊掛在教堂入口大門內牆上
的雕刻板。板上展示著共用眼
睛和手足的聖三位一體。一張
類似的圖像可以在譚昌國先生
2001年的博士論文第191頁處
看到。（照片來自P.J. Stewart/
A.Strathern檔案）

圖六

巴布亞新幾內亞南部高地省Egali（Agali）聚落的一個基督復臨安息日會
（Seventh-Day Adventist）的告示，1999年。告示上寫著：「非常歡迎大
家」。（照片來自P.J. Stewart/A.Strathern檔案）

圖七

在巴布亞新幾内亞Aluni谷地附近的Egali聚落，一個傳教士家庭的房子前等待直昇機接駁，1999年。Pamela J. Stewart坐在田野器材旁。Andrew Strathern的帽子也在照片中。（照片來自P.J. Stewart/A.Strathern檔案）

圖八

在巴布亞新幾内亞Aluni谷地的田野工作者(Pamela J. Stewart與Andrew Strathern)，1999年。照片由Joseph-Tukaria所拍攝。地點在Hagu聚落。（照片來自P.J. Stewart/A.Strathern檔案）

(as they reach out to spread salvation and prosperity across the globe)(頁116)的態度上。

　　Colemen所研究的生命之道教派其中一個明顯的特徵是它強調文字的力量(尤其是聖經上的文字)。Coleman將此分成四個類別。第一個是「敘事的安置」(narrative emplacement；頁119)：對救贖與上帝的計畫的見證；「戲劇化」(dramatization；頁125)：牧師「透過熟練的演說和肢體語言」(through skillful oratory and dramatic body language)(頁125)將經文表演出來；「內化」(internalisation；頁127)：藉由這個動作，聖經上的文字被視爲像食物一樣，能夠被讀者所攝取吸收(例如，人類不能只靠麵包而活……)，在此同時信徒則成爲信仰的體現；「外化」(externalization；頁131)：透過這個方式，文字和語言變得像外在物質一樣，成爲抽象想法存在的基礎。總的來說，Coleman認爲這些實踐是一種「全球化的慣習」(globalizing habitus；頁133)。它們可以跨越文化和國界，安排定義被基督教規範的自我。因此，全球化是一個將這個被規範的自我輸出到全世界的過程。

　　Coleman所發現的四個面向可以輕易地，或至少部分地，在生命之道之外的基督教脈絡中看到。在全球化過程之外尚必須被強調的是，這種普世化的模型是一種對基督教中不同的實踐方式的認可。在此之中，靈恩運動的基督教教義會在特別的脈絡中被重新創造，例如非洲或是太平洋社會對夢境、附身、惡魔等概念的使用。在這些對經文聖言特殊的體現中，我們可以發現一個潛藏在下，與地方文化的對話在悄悄進行，而且這個狀況不是Coleman的模型能預知的。除了文字外，圖像也可以擁有重要性。事實上，圖像，例如Coleman所著的書封面肌肉發達的耶穌基督形象，對生命之道的信徒來說一直都是很重要的。文字和圖像兩者都可以是使超然存在的宗教變得能夠被理解

的媒介。

　　另一個能夠加入Coleman的模型的元素是，當五旬節運動信徒進入一地之前，當地已經有別的基督教教派的時候，他們會將自己視為基督教真正理念的推廣者，並且直接地反抗其他教派。他們在基督教象徵的和物質的空間中找到適合他們的位置，並在既有的信徒結構中動員其支持者。他們的全球化慣習在這個脈絡中「正當化」他們挑起衝突的目的：他們是唯一知曉普世真理的人。他們將自己視為真正的「基督徒」，而其他人只是諸多「教派」中的一員罷了。這很顯然是早期歐洲基督徒對異教徒的描述，不過指涉對象象徵性地換成了其他教派。這裡另一個重點是，為了解釋五旬節運動在世界上成功的散播，我們必須了解它將基督教福音中普世的和地方的面向結合在一起的能力。Robin Shoaps在一個針對加州和密西根神召會（Assemblies of God）禱告詞與聖歌的語言學研究中指出，即便這些活動使用了反映教會權威的語言形式，之中還是會出現一種文本化（entextualization）的過程，包括強調個人和地方的重要性（Shoaps 2002: 62）。從另一個角度來看，福音教派的基督教可以用不同的方式在不同的階級、民族、國家脈絡中運作。Vasquez（2003: 168）指出「賦權的過程在巴西的窮人中，以及在瑞典的富人中，會有非常不同的內涵。」（empowerment has vastly different connotations among the poor in Brazil than among affluent Swedes）。

　　承接著Vasquez的觀察，我們認為對巴西的窮人來說，賦權是一個屬於地方的，而且立即的動作；對瑞典的富人來說，它隱含了一個將自己的能動性投射到世界上的過程。Coleman的研究中很重要的一點是，世界觀會成為生命本身、會體現在人類身上。他的觀察強調隱喻和意義的創造在儀式想法和實踐的傳播過程中是非常重要的一環。在此必須特別強調的是，歌曲、音樂、和舞蹈通常是隱喻和意旨的傳

遞、以及賦權的進行，最重要的媒介（參見Strathern and Stewart 2008: xxvi-xxix）。對於這個主題，許多有價值的研究仍待語言人類學家來進行。

二、「現代性」的面向

「現代性」逐漸成為人類學中的陳腔濫調，並且已遠離當初的應用脈絡。當福音派傳教士將基督教傳到如巴布亞新幾內亞之類的地方，或是傳向如台灣原住民這樣的民族時，他們不只是將自己傳教的行為視為將「真正」的宗教取代在當地「錯誤」或是「惡魔般」信仰形式的過程，他們同時也認為自己在散布「文明」。「現代性」在這樣的脈絡中意味著這些民族是「落後的」而且需要被教化來「進步」。從一個人類學的角度來看，這樣的論述完全是民族中心主義的主體性或是意識型態的最佳例子。然而，當當地人自己也是這樣想的時候，這些論述便成為了民族誌研究的對象，而這樣的想法也成為變遷的動力。在這部論文集的文章中，Robbins與Telban的研究已經為這個論點提供了足夠的解釋。在Robbins的文章中，勢力微小偏遠的Urapmin人明顯地嚮往一個全球化變遷的意識。他們否定自己的過去，並為自己的基督教生活立下一個如同其他地方的「文明人」一般的標準。在Telban關於變遷切中要害的敘述中則可以看到，當地人丟棄或將自己以前的聖像藏起來，只是為了要使新的宗教或物質的力量，能夠進入他們的村子中。這些新的力量可以被稱之為「現代化」，如果喜歡這個說法的話。

在一個更深的層次上，在這裡運作的機制並非固定或客觀的，而是一種不斷變動、希冀變遷能夠完成的主觀希望和慾望。現代性在此並非真正的議題，真正的議題是變遷本身，一種解決認定的問題、解

救生命的虧缺的手段。同時，這種對變遷的想法並非將它視為一個漸
進的過程，而是一種斷裂、中斷、甚至革命。新教反對偶像崇拜的
教義正反映了這個主題。這樣對中斷和翻轉的關心同時也是巴布亞
新幾內亞部分地區在2000年千禧年運動的中心想法（參見Stewart and
Strathern eds. 1997, 2000）。除此之外，還有另一個至少在太平洋島嶼
社會中很普及，在別的地區中也可能找到的要素也在運作。這個要
素就是交換，並且是Bruce Knauft對於Gebusi人（巴布亞新幾內亞另一
個地處偏遠的小群體）歷史變遷的研究中的重點。他的書的標題《交
換過去》（Exchanging the Past）清楚地反映Gebusi人認為他們必須放
棄過去的行為以獲得傳教士以及政府提供的進步生活的想法（Knauft
2002）。這就像「過去」是一個必須交給外來者的禮物，以獲得代表
幸福的好禮。從這個角度來看，關於現代性的問題可以被化約成交換
與獻祭的過程。

三、交換與獻祭的面向

交換與獻祭在宇宙觀中的關係已經在許多之前的研究中被討論
過（Stewart and Strathern 2008；較舊的研究可參見James 1962，當代
的綜述則可見McClymond 2008）。在此我們想要強調一些與改信相關
的主題。

獻祭的行為可見於幾乎所有的宗教傳統中。為了遵循一個有特殊
規範的生活之道，信徒放棄或是犧牲其他方面的存在。在基督教的
脈絡中，這點可見於那些將自己的生命奉獻於信仰的修士、修女，
或是在其他虔誠的信徒身上看到。但在創造儀式化身體的過程中（the
production of a ritualized body），借用Catherine Bell的用詞（Bell 1992,
1997），總是包括某種獻祭的形式。基督徒有時候被視為將自己的心

臟交給上帝以得到救贖，或是純粹只是一個單方面的奉獻。總的來
說，苦修主義，或是身體的規訓都是用來達成目的的手段，使自身能
夠更像或是更接近所信仰的神（效法基督 imitation Christi）。此類獻祭
的最終目的是像通道一樣，通往宗教超然的境界，誠如佛教傳統中的
靜坐。

　　承上所言，改信本身也可以被視為一種獻祭。昨日種種譬如昨日
死，而新的自我則以一個回禮的方式出現。改信在這個角度下成為一
種通過儀式，就像受洗或是信仰的確認一樣（關於這個論點更進一步
的哲學意涵可在重生[resurrection]這個概念上看到；此論點神學上的
討論可參見Williams 2000）。因此，研究這個過程的儀式面向是非常
重要的。Bennetta Jules-Rosette早期關於一個在非洲的獨立教會「非
洲使徒」（African Apostles）的研究（書名《John Maranke教會的儀式與
改信現象》Ritual and Conversion in the Church of John Maranke 1975）
詳盡地確認了這個論點。這個研究花了很多篇幅敘述這個教會組織
的儀式過程，包括歌曲「有意圖地達成宗教目的」（as intentional acts
oriented toward spiritual ends）的重要性（頁128）。雖然歌曲的重要性尚
未被本書論文的作者所強調，我們可以很確定地說當我們研究儀式實
踐時，吟唱作為一種祈禱和對神靈世界奉獻的行為，一直都是非常重
要的。歌曲可以將說話的聲音重新架構起來，並給予它更強大的負載
力量以及美感，提升它的層次到彷彿可以與神靈溝通一般。

　　基督教當然也透過耶穌基督犧牲自我以洗去世人的原罪的故事將
犧牲的主題灌輸在其宗教觀中。至於這如何發展到上帝不要求其他獻
祭這樣的想法，則是另一個問題。然而，正是因為這點使得基督教福
音教派進入有著深厚交換與獻祭想法的社會中時，會產生爭議性。
首先，在接觸的初期，傳教士會批判在當地社會中作為人與神靈關
係溝通基礎的獻祭行為。接著，他們會批判進行獻祭以安撫神靈的

想法，並宣揚耶穌基督是如何犧牲自己的生命，因此其他的獻祭行為是不必要的。但是要將這個論點與當地的邏輯相符合非常困難。在當地的邏輯中，宇宙是藉由不斷交換和獻祭的行為來運作的（參見 Shipton 2007）。在那裡沒有只有一種儀式是永遠有效的道理。每一個事物都會改變、衰敗、並且需要被更新。當基督教本身與這種宇宙觀碰撞在一起時，在福音教派的脈絡中耶穌基督的形象以及祂自我犧牲的行為，便被視為取代動物犧牲和其他種類獻祭的方式。Robbins 在對Urapmin的研究中指出，傳教士不妥協於當地獻祭的想法是不可能的，而且這些獻祭還能幫助道德秩序的維繫。我們在對Duna人的研究中也發現基督教的禱告被應用在豬隻的犧牲上，以傳達奉獻之意，並確認這個行為獻祭的意義以及上帝的存在（參見Stewart and Strathern 2002和Strathern and Stewart 2004）。禱告也由此與獻祭行為混合在一起。此類對宗教理念兩難的妥協，以及新的和舊的身體儀式和諧的結合，是了解基督教普同性和地方特殊性如何藉由新的宗教實踐被協調的關鍵。

四、醫療的面向

醫療是另一個顯示儀式實踐和其效力的地方。如之前我們提到的 Duna人的例子，醫療行為在新宗教的引入下也會受到影響。例如他們會說在那邊之前的一場森林火災打擾了居住其中的祖靈，並擾亂了人與環境的關係，因此豬隻的獻祭是為了要重新建立這樣的關係（Stewart and Strathern 2002: 129）。對基督徒而言，死後得以通往天堂可以說是最高境界的醫療，他們在世所做的許多努力都是為了獲得這樣的醫療機會。

也正是如此，基督教和其他宗教實踐的形式會在一個地方和諧共

存,在另一個地方卻產生衝突。一些學者已發現耶穌在新約聖經中描述的醫療行為與巫師無異(Craffert 2008)。Fenella Cannell比較了菲律賓民俗醫療者的醫療行為和模擬耶穌基督醫療能力的想法(Cannell 1995)。醫療的力量代表著信仰的力量,在基督教意識型態中則是生命的力量。藉由對醫療行為的觀察,我們可以將它與改信進行比較。改信往往被想像成是一種立即和完整的過程,事實上它是相當緩慢的。醫療行為也是如此。Thomas Csordas在他對於Navaho天主教靈恩醫療(charismatic healing)和其他醫療行為的詳細研究中(Csordas 1994, 1997, 2002)認為這個主題需要從過程的角度來探討。醫療可以是漸進而緩慢的,端視人們如何看待它。關於這個過程的敘事也許會將它簡化成只是一個片刻的事,如同一種奇蹟似的轉變。Csordas(2002: 171)指出在醫療的過程中有四個要素:(1)「對請求醫療者的安置」(the disposition of the supplicants),(2)「對神聖的體驗」(the experience of the sacred)(3)「對另類經驗的闡述」(the elaboration of alternatives)(4)「變化的實現」(the actualization of change),而這個變化「可能會是漸進而且沒有任何明確的結果。」(may occur in an incremental and open ended fashion without definitive outcome)。這與信仰醫療者喜歡在培靈會(revival meeting)上表現出瞬間治癒患者的形象大不相同。這些論點不但詳盡地反映了Csordas所蒐集的歷史資料,同時也可以成為了解在不同的脈絡中的醫療行為的研究方法。本書中譚昌國的章節所談及的民族誌的案例歷史與Csordas的模型十分吻合,不論是當地基督徒想要得到一種超然的「神聖自我」,如同Csordas的天主教靈恩運動;還是如譚昌國的排灣族長老派教徒一樣只是想變成有紀律的宗教模範。

五、測字學（Glyphomancy）、連續性和變遷

　　David Jordan關於改信中測字因素（glyphomancy factor）的探討是一個頗為有用的研究方法，如果使用得宜的話（Jordan 1993）。Jordan指的是在任何歷史脈絡中能夠造成改信（或是反對改信）的因素。他的模型是以能動性和選擇，以及價值的偏好為基礎。在任何一個時間點上，醫藥治療、政治支持、個人救贖、儀式醫療、教育或是教義分歧等等都會影響人們對宗教的忠誠度。其中哪一個最具影響力，取決於很多因素，但是一個選擇的決定會造成某些價值勝過其他價值。測字因素因此是一種條件限制的因素，而理論上條件是無限的。

　　Jordan關於測字因素的概念，儘管晦澀難懂，還是提供了一個有用的指示。測字學是一個宣稱基督教的旨意一直都存在於中文字中的看法，也因此消抹了基督教外來理念與中國文化之間的距離。從這個角度來看，測字學與Duna人將禱告與豬隻的犧牲混合在一起的狀況是一樣的（Stewart and Strathern 2002: 129，在上面也被引用過）。

　　我們在2005年的工作坊中已經表達的一個想法也與此相符。我們認為「連續中藏有變遷；變遷中也藏有連續。」（continuity hides in change; change hides in continuity）藉由展示連續與變遷可以在彼此之中繼續存在，這個想法消除了兩者之間的對立關係。變遷中巨變的概念很難被處理，連續中一成不變的性質也是一樣。這個論點首先想強調的是，在一個明顯的基督教儀式之中會埋藏著舊有的儀式形式，這和歐洲天主教儀式在凱爾特文化脈絡中演進的情況雷同。第二，一個儀式也許會一直進行，但是它的意義會隨著時間改變：例如基督教的聖餐聖體儀式就是一個很好的例子。通常這兩個論點可以應用在同一個儀式的分析中。整體來說，這些不同的因素所形成的集合體使得社

會生活得以延續,之中有可以讓創意發揮的空間,但也有穩定的安定感,一開始的紛擾也會因此隨著時間消弭。新的方式會被吸收同化;舊的則被轉化。我們同時也認為,人類學理論的發展也可以藉由類似的過程得到裨益。

John Barker對外在和內在改信的區別也很適合應用在此。外在改信指的是順從傳教士的指導,內在改信則是關於個人意識和其與「宇宙觀的想法和道德的定位」(cosmological notions and moral orientations)的關係(Barker 1993: 225)。從連續與變遷的觀點來看,這兩者可以同時並存,並且帶給它們的對立關係一些不同的面向。Barker在此也點出「連續中的變遷」的元素(頁214);同樣地,如同我們之前提到的,「變遷中的連續」也會存在。變遷與連續的互動隨著全球與地方的基督教實踐,緊密地交織在一起(參見Ranger 1993關於非洲南部基督教的研究、Kwark 2004關於非洲獨立教會的研究、還有Larson 1997關於馬達加斯加基督徒如何「借用歐洲傳教士帶來的宗教教義轉化成適合他們文化邏輯的形式」的研究(appropriated the religious idiom of European missionaries yet transformed it to suit their own cultural logic),頁970)。

六、世界性(Cosmopolitanism)與原住民性(Indigeneity)

Simon Coleman在研究瑞典靈恩運動體現經驗中全球化的面向時,也提到關於世界性與全球性、體現的關係的問題。他認為靈恩派基督徒擁有一個能夠將自己的肉體與建構其信仰的神聖世界合併的機制(Coleman 2000: 65)。這種強調體現的方式與對「一種放諸四海皆準的真理體系」(universalizing system of truth)的追尋息息相關,如此一來他們便得以「在頌揚地方神聖性的同時,也能與全球的價值

與行動聯繫」（they construct global frames of reference and action while celebrating the sacredness of locality）（ibid）。在一個全球化的影響力需要在地方生根的世界中，這種雙重性在靈恩運動中，以及在「大眾傳播科技的使用」（the deployment of mass communications technology）上（頁66），特別有用。Coleman在此引用了Karla Poewe(1994)的著作。她強調「基督教的靈恩運動是一個全球性的文化……在理想上，它包含了整個個人和整個世界」（Charismatic Christianity is a global culture……Being idealistic it embraces the whole person and the whole world）（Poewe 1994: xxi，引用自Coleman 2000: 67-68）。Coleman認為他所研究的基督徒「創造了實踐的脈絡，不但讓自我延伸到教區的時空之外，也使遙遠崇高的概念能夠被理解」（create contexts of practice which both extend the self out from 'parochial' space and time and make the distant and remote seem understandable）（頁71）。在他們認定的普世真實需要被保護的同時（頁69），五旬節運動也認可並轉化他們傳教途中所遭遇的不同的地方實踐（頁68，引用Cox 1995的著作）。

Coleman區隔了世界性和全球性。前者他認為是一種「調解另類的傳統和價值觀」的想法（accommodations with alternative customs or points of view）（2000: 69），後者則是將一個單一的價值觀傳播複製到世界各地的過程。在我們自己關於世界性的研究中，我們關心一個任何想要超越地方脈絡的運動都擁有的特徵：將觸角伸向其他人、地區、權力中心的想法（Stewart and Strathern n.d.; Strathern and Stewart n.d.）我們也強調這些運動可以同時是向外和向內的。它們可以向世界推廣，但其目的是提升自己的地方狀況。我們將這種世界性與地方性聯繫在一起，因為世界各地的族群時常使用全球性的架構，例如教會組織，來達到自己的目的。在觀察基督教是如何傳布到世界的同時，我們也關心全球化的需求與地方的展望需求會在何處產生交會。在這

樣的脈絡下，改信就必須以全球與地方兩者在交會點中的能動性來理
解。

　　本書中的研究關注這些歷史交會的不同面向、它們的宇宙觀的脈
絡、和它們長期的影響。在我們對台灣東南部的一個排灣族村落的研
究中，和我們對巴布亞新幾內亞的長期觀察中，我們想要表達的是，
這些地方的基督徒通常也是世界主義者，他們會將自己所關心的地方
問題與外來援助網絡所產生的廣大效應融合在一起。我們在此摘錄一
段我們的民族誌（引用自 Strathern and Stewart 即將發表的論文）。有一
些論點在本書稍早的地方已經解釋清楚了，但是我們在這邊還是會重
複它們，以給予一個屬於接下來的討論的理論基礎：

　　　　基督教教會總是以某種方式參與原住民的身分建構或再建構
　　　中。在台灣官方認定的原住民族群中，我們對排灣族最為熟
　　　悉。我們在位於台灣東南海岸，距台東市40分鐘車程的一個
　　　部落中進行了田野調查的工作。當地長老教會的牧師和他的
　　　妻子兩個都在當地社區組織中十分活躍。他們藉由教會的支
　　　持，舉辦了許多文化活動。我們從2004年第一次來到這個村
　　　子以來，見證了這裡各種活動如何經歷不同的階段。我們當
　　　時伴隨著一群學者參加一個由台東史前博物館所舉辦的南島
　　　語族論壇活動。那次的參訪是由這位牧師以主人的身分招待
　　　我們。村中婦女為我們準備了由當地蔬果做成的節慶佳餚，
　　　牧師則以排灣語做了餐前祈禱。餐後他們開始進行當地傳統
　　　的舞蹈和歌唱。所有的來賓也被要求要一起參與（我們由此
　　　發現很多我們參與的當地活動都有這種參與性的本質）。在
　　　這次的參訪中也有排灣文化的介紹。我們參觀了一個經過重
　　　建的男子會所，屋內放置了狩獵戰利品、槍枝、服飾和雕刻

品。接著牧師在一位族人的伴隨下便開始生動地介紹這個活動。這位族人是一位作家，曾用中文出版了許多關於排灣文化和歷史的書籍。男子會所和餐宴在此刻便成為活動的重心。牧師告訴我們他的目標是使村民善用當地資源而非依賴村落外的工作。其中的一個計畫是復興以往屬於重要儀式實踐的傳統小米種植活動。小米的栽培受到漢人和日本人長期的影響，現在已經被稻米所取代。

隔年2005年，我們有不同的拜訪重點。我們對基督教改信和基督教與原住民傳統之間的關係之類的議題非常感興趣。顯然地，2004年當地人對我們這些拜訪學者的表演是想要強調教會和土著文化可以和睦相處。這代表的是外來的、或全球的基督教價值不需要被視為地方文化的敵人。兩者可以在不同的領域中共存，某些層面來說甚至可以互相支持。在我們於2005年6月的田野調查中，我們被安排參訪兩個地方的長老教會，與當地人士討論關於基督教與排灣文化的議題。參與討論的牧師各自都有對這個議題不同的見解。一些人明白地表示當基督教教義與當地傳統實踐產生衝突時，基督教的教規必須被優先遵守。其他人認為兩邊都需要做一些調整以給予當地文化一個生長的空間。我們之前拜訪的部落的牧師對此則有一個頗為有趣的看法。他的想法來自主持社區發展計畫的經驗，也就是教會應該提供道德和社群的基礎，在此之上傳統活動的復興和現代經濟的發展才能夠進行。這類社區發展計畫也是當初使我們前往這個村落拜訪的原因之一。牧師指出，由於部分排灣地區世襲頭目權力不斷地衰落，他認為教會現今已經取代了頭目在地方社會結構中的位置。

我們下一次的拜訪是在2007年1月。我們開始發現一些村落中顯著的變遷。首先，牧師和他的妻子兩人充滿精力不斷地在發揚村落和地方事業。牧師的小米種植計畫比以前更為成功。他表示，以往對小米種植事業的參與都是出於自願。現在他鼓勵教區的居民主動參加。有一天，當我們還在村子中時，有一群學者和法律專家前來拜訪這裡，想要了解小米種植的情形並針對商業販售的部分給予意見。我們後來得知這些人來自一個叫做「小米穗原住民文化基金會」的非政府組織。這個組織主要是在復興原住民社群小米種植的習俗，特別是排灣族和鄰近的魯凱族這些適合小米生長的區域。牧師和他的妻子向我們展示了一束束收成的小米，他並解釋這樣一束小米上次收成了一千多個，其中十分之一獻給了教會（有一點類似什一稅，但牧師表示這並不是捐獻的目的）。這個行為充分表示教會已經取代頭目在部落的地位，因為小米的奉獻傳統上是由村子中較年輕的世系獻給身為長嗣的頭目世系，意在回報他們在播種季節所給予的小米種子。事實上，長嗣頭目世系的排灣話*vusam*指的就是「小米種子」。

牧師同時也向我們展示一些剛製作完成，之後可以拿來飲用小米酒的陶器和陶杯。還有一個陶罐，可以將小米放置在裡頭與土產的莧菜子（當地排灣話方言叫做*djuli*）一起發酵。他們希望這些陶器能成為以後拿來販售的製作樣本。顯然地，小米復育種植計畫有儀式上和商業上的目的。雖然小米酒的製作可能會引起爭議，因為歷史上教會基於酗酒問題而禁止原住民飲酒的政策，但牧師表示只要考慮周到的話，這不會阻礙小米計畫的進行。

他們把教會樓上的一個房間半整理成電腦室和研究空間。牧師的親友在這裡準備架設教會的網站。其中一個人在牧師的要求下，正在試著下載Google Earth的軟體，讓他們可以看到我們提到的巴布亞新幾內亞的地圖，以及他們自己的土地。他們非常希望看到支持他們土地所有權的土地調查能夠進行。他們已經開始把口傳歷史中的遷徙記錄與當地現今的地圖結合，並將當地人記憶中遷徙路線上重要的地點標繪出來。這種將歷史繪製在當地地景上的做法，並且將地名用排灣語標示，取代原本漢字的方式，使土地有了當地特殊的意義。我們在這個地區拜訪的許多部落都希望能夠使用全球定位系統(GIS，Global Information Systems)來標示土地所有權。這樣可以展現給政府和外界看一幅清楚的口傳歷史地圖(Google Earth對他們來說是一個可以進行這個工作的新資源)。

這個忙碌的景象反映了牧師和他的家庭透過網路資源向廣大外界接觸的努力。我們同時也發現他們不斷地在使用手機，不論是在吃飯中、開車時、喝茶時、或在使用電腦時。這種將他們聯繫到世界的通訊網路中的適應手段(mimetic appropriation of customs)其實是在我們2005年的拜訪之後才發生的事。這可以被視為世界主義被地方化的另一個跡象。除此之外，牧師以及他自己人際網絡中的親友都去過菲律賓、美國這些地方與當地原住民和發展運動建立關係。在太平洋社會中，例如巴布亞新幾內亞，魔術般的想像有時候會在新科技產品上出現。但在這個排灣族的村落中，科技產品皆被實際地使用。當地人會賦予這些東西一般用途之上的象

徵意義。

我們還參觀了位於台東市，由牧師的妻子擔任主任的原住民社區發展中心。這個中心分為兩個部分。一個處理社會服務，另一個處理原住民手工藝品的製作和銷售，經銷地點除了台東市外，還包括首都台北市（台東位於台北的東南方，兩地的火車車程約5小時）。在這裡我們看到了琉璃珠的樣品和當場製作的過程。我們得知這些藝品被分為「傳統」、「文化」和「當代」三個類別。「傳統」代表依照特定原住民傳統紋路圖案設計的藝品；「文化」代表從傳統紋路發展出來並且能夠反映地方文化的藝品；而「當代」指的則是在排灣傳統圖像之外的實驗性創作。這個中心也準備透過網路將產品銷售國外。他們有一個網路部落格可以用來進行這些商業行為。主任向我們表示這對一般人而言比電子郵件還要方便。

琉璃珠對排灣族人來說是一個很重要的文化產品。它們是頭目家屋中珍貴的財產。員工在現場向我們解釋不同的顏色和設計如何擁有特殊的意涵。其中一個商品是模仿掛在小米田中，隨風飄盪嚇阻鳥類的物件。其他還有代表小米束的商品。它們代表環繞著「小米主題」的系列產品。另外的主題則留待之後的產品研發。他們希望行銷這些工藝產品，使其成為排灣族的代表，意欲在國家級的手工藝計畫中求得一席之地。（其中一個叫做「一村一品」（one village, one product）的計畫是前台灣總統陳水扁於2005年在南韓舉辦的亞太經濟論壇會議中提倡的，參見Chung 2006: 36）。在現場

> 展示的商品多為價格不等、設計多樣的琉璃珠。其中一種深
> 受歡迎的設計圖樣叫做「綠蟲」，象徵著一種專吃小米的害
> 蟲。當小米越豐收它就越肥美。中心的員工正準備好要將賣
> 出的琉璃珠項鍊寄到國外。如同部落的小米事業一般，這些
> 手工藝品也與教會息息相關：這些工作機會的提供和文化創
> 意的推廣，都是當地長老教會向外發展計畫的一部分。

> 在教會本身和原住民社區發展中心的活動中，我們看到了一
> 種密集地使用排灣族文化傳統的地方性，以及廣泛地利用網
> 路資源以求行銷和獲取外界資訊的跨地區性的結合。

2008年7月我們再次與這個村子的牧師相會討論他之後的工作計畫。有趣的是，他向我們再次強調教會必須在社區中扮演協調者的角色，因為以往土著語言和文化被歧視和矮化，同時一些特定的習俗也面臨變遷。他所屬的長老教會在他的眼中便成為帶來啟發性變遷的工具。教會要有道德上的權威才能夠帶來這樣的轉變。我們同時也得知他透過他妻子的父親與國家層級的長老教會有重要的聯繫，而這個關係想必也給予了他更多的權威，幫助他在社區中建立具有個人魅力的影響力。這個例子提醒了我們在本書所討論的實例裡，有關改信問題以及基督教的地方應用中領導人的重要性。領導氣質，套句俗話說，不能光說不練。因此這位牧師在地方上以及更廣的世界架構中，才會有這麼多實際的考量。改信無疑地有著它學理上的根基，Robin Horton(1971, 1975)很久以前便在非洲的例子中這樣認為。然而，在不斷變遷的歷史脈絡中，對基督教的長期追求逐漸成為一種以不同形式體現的關懷，其中包括了複雜繁瑣的日常實踐與對各種目標的努力。

參考書目

Barker, John

1993 "We are Ekelesia": Conversion in Uiaku, Papua New Guinea. In Conversion to Christianity. R.W. Hefner, ed. pp. 199-230. Berkeley: University of California Press.

Bell, Catherine

1992 Ritual Theory, Ritual Practice. New York: Oxford University Press.

1997 Ritual: Perspectives and Dimensions. New York: Oxford University Press. Buswell, Robert E. Jr. and Timothy S. Lee, eds.

2007 Christianity in Korea. Hanolulu: University of Hawai'i Press.

Cannell, Fenella

1995 The Imitation of Christ in Bicol, Philippines. Journal of the Royal Anthropological Institute, n.s. 1: 377-394.

Chung, Oscar

2006 A Gateway to the World: Taiwan is Making its Strength Felt in APEC, But It Always Needs to Do More. Taiwan Review, Nov., 32-37.

Coleman, Simon

2000 The Globalisation of Charismatic Christianity. Spreading the Gospel of Prosperity. Cambridge: Cambridge University Press.

Cox, H.

1995 Fire from Heaven: The Rise of Pentecostal Spirituality and the

Reshaping of Religion in the Twenty-first Century. Reading, MA: Addison-Wesley.

Craffert, Pieter

2008 The Life of a Galilean Shaman: Jesus of Nazareth in Historical-Anthropological Perspective. Eugene, OR: Cascade Books.

Csordas, Thomas

1994 The Sacred Self: A Cultural Phenomenology of Charismatic Healing. Berkeley: University of California Press.

1997 Language, Charisma, and Creativity: The Ritual Life of a Religious Movement. Berkeley: University of California Press.

2002 Body / Meaning / Healing. New York: Palgrave Macmillan.

Deleuze, Gilles and Felix Guattari

2004 A Thousand Plateaus: Capitalism and Schizophrenia, with a contribution by Brian Massumi. London: Continuum.

Hefner, Robert W., ed.

1993 Conversion to Christianity. Historical and Anthropological Perspectives on a Great Transformation. Berkeley: University of California Press.

Hollenweger, W.

1972 The Pentecostals: The Charismatic Movement in the Churches. Minneapolis: Augsburg.

Horton, Robin

1971 African Conversion. Africa, Journal of the International African Institute 41(2): 85-108.

1975 On the rationality of conversion. Africa, Journal of the International African Institute. 45(3): 219-235.

James, E.O.

　　1962 Sacrifice and Sacrament. New York: Barnes and Noble.

Jordan, David K.

　　1993 The Glyphomacy Factor: Observations on Chinese Conversion. In Conversion to Christianity. R.W. Hefner, ed. pp. 285-303. Berkeley: University of California Press.

Jules-Rosette, Bennetta

　　1975 African Apostles: Ritual and Conversion in the Church of John Maranke. Ithaca: Cornell University Press.

Knault, Bruce

　　2002 Exchanging the Past: A Rainforest World of Before and After. Chicago: University of Chicago Press.

Kwark, Lawrencia

　　2004 The Reinvention of Tradition in African Independent Churches as a Means to Engage Modernity. In Engaging Modernity: Methods and Cases for Studying African Independent Churches. D. Venter, ed. pp. 128-145. Westport, CT: Praeger.

Larson, Pier M.

　　1997 Capacities and Modes of Thinking: Intellectual Engagements and Subaltern Hegemony in the Early History of Malagasy Christianity. American Historical Review 102: 969-1002.

Martin, D. ed.

　　1990 Tongues of Fire: The Explosion of Protestantism in Latin America. Oxford: Blackwell.

McClymond, Kathryn

　　2008 Beyond Sacred Violence: A Comparative Study of Sacrifice.

Baltimore, MD: The Johns Hopkins University Press.

Poewe, Karla, ed.

1994 Charismatic Christianity as a Global Culture. Columbia: University of South Carolina Press.

Ranger, Terence

1993 The Local and the Global in Southern African Religious History. In Conversion to Christianity. R.W. Hefner, ed. pp. 65-98. Berkeley: University of California Press.

Shipton, Parker

2007 The Nature of Entrustment: Intimacy, Exchange, and the Sacred in Africa. New Haven: Yale University Press.

Shoaps, Robin A.

2002 "Pray earnestly": The Textual Construction of Personal Involvement in Pentecostal Prayer and Song. Journal of Linguistic Anthropology 12(1): 34-71.

Stewart, Pamela J. and Andrew Strathern

2002 Remaking the World. Myth, Mining, and Ritual Change among the Duna of Papua New Guinea. Washington, D.C. and London: Smithsonian Institution Press.

n.d. Transplacements and Indigenous 'Cosmopolitanism' among Taiwan's Indigenous Populations. Paper delivered at 2007 AAA Meeting, "Landscape Interrupted: Reflections on Experiences of Place and Displacement," session organized by Bilinda Straight.

Stewart, Pamela J. and Andrew Strathern, eds.

1997 Millennial Markers. Townsville: Centre for Pacific Studies,

James Cook University of North Queensland, Australia.

2000 Millennial Countdown in New Guinea. Ethnohistory 47(1). Durham, NC: Duke University Press.

2008 Exchange and Sacrifice. Durham, NC: Carolina Academic Press.

Strathern, Andrew and Pamela J. Stewart

2004 Empowering the Past, Confronting the Future: The Duna People of Papua New Guinea. New York: Palgrave Macmillan.

2008 Introduction: Aligning Words, Aligning Worlds. In Exchange and Sacrifice. Pamela J. Stewart and Andrew Strathern, eds. Pp. xii-xxxvi. Durham, NC: Carolina Academic Press.

n.d. Indigenous Cosmopolitanisms. Paper delivered at the Institute of Ethnology, Academia Sinica, Taipei, Taiwan, March 5th 2007. in press Shifting Centers, Tense Peripheries: Indigenous Cosmopolitanisms. In United in Discontent. D. Theodossopoulos and E. Kirtsoglou, eds. Oxford: Berghahn, forthcoming.

Tan, Chang-kwo 譚昌國

2001 Mediated Devotion: Tradition and Christianity among the Paiwan of Taiwan. Ph.D Dissertation, University College, London.

Vasquez, Manuel

2003 Tracking Global Evangelical Christianity: A Review Essay. Journal of the American Academy of Religion 71(1): 156-173.

Williams, H.A.

2000 True Resurrection. London: Continuum.

宗教與儀式變遷：多重的宇宙觀與歷史

2010年8月初版　　　　　　　　　　　　　　定價：新臺幣580元
有著作權・翻印必究
Printed in Taiwan.

主　　編	Pamela J. Stewart
	Andrew Strathern
	葉　春　榮
發 行 人	林　載　爵

出　版　者	聯經出版事業股份有限公司	叢書主編	沙　淑　芬
地　　　址	台北市忠孝東路四段561號4樓	校　　對	蔡　耀　緯
編輯部地址	台北市忠孝東路四段561號4樓	封面設計	蔡　婕　岑
叢書主編電話	(02)87876242轉212		
台北忠孝門市	台北市忠孝東路四段561號1樓		
電　　　話	(02)27683708		
台北新生門市	台北市新生南路三段94號		
電　　　話	(02)23620308		
台中分公司	台中市健行路321號		
暨門市電話	(04)22371234ext.5		
高雄辦事處	高雄市成功一路363號2樓		
電　　　話	(07)2211234ext.5		
郵政劃撥帳戶第0100559-3號			
郵撥電話	27683708		
印　刷　者	世和印製企業有限公司		
總　經　銷	聯合發行股份有限公司		
發　行　所	台北縣新店市寶橋路235巷6弄6號2樓		
電　　　話	(02)29178022		

行政院新聞局出版事業登記證局版臺業字第0130號

國家圖書館出版品預行編目資料

宗教與儀式變遷：多重的宇宙觀與
歷史 / Pamela J. Stewart、Andrew Strathern、
葉春榮主編 . 初版 . 臺北市 . 聯經 . 2010年6
月（民99年）. 456面 . 14.8×21公分
ISBN 978-957-08-3633-2（精裝）

1.宗教社會學 2.宗教人類學 3.宗教儀注
4.文集

210.15   99010018

聯經出版事業公司

信用卡訂購單

信 用 卡 號：□VISA CARD □MASTER CARD □聯合信用卡

訂 購 人 姓 名：_____

訂 購 日 期：_____年_____月_____日　（卡片後三碼）

信 用 卡 號：_____ _____ _____ _____

信 用 卡 簽 名：_____(與信用卡上簽名同)

信用卡有效期限：_____年_____月

聯 絡 電 話：日(O)：_____夜(H)：_____

聯 絡 地 址：□□□ _____

_____

訂 購 金 額：新台幣 _____元整
（訂購金額 500 元以下，請加付掛號郵資 50 元）

資 訊 來 源：□網路　　□報紙　　□電台　　□DM　□朋友介紹
□其他 _____

發 票：□二聯式　　　□三聯式

發 票 抬 頭：_____

統 一 編 號：_____

※ 如收件人或收件地址不同時，請填：

收 件 人 姓 名：_____ □先生　□小姐

收 件 人 地 址：_____

收 件 人 電 話：日(O) _____夜(H) _____

※茲訂購下列書種,帳款由本人信用卡帳戶支付

書　　　　　　　　名	數量	單價	合　　計
	總　　計		

訂購辦法填妥後

1. 直接傳真 FAX(02)27493734
2. 寄台北市忠孝東路四段 561 號 1 樓
3. 本人親筆簽名並附上卡片後三碼(95 年 8 月 1 日正式實施)

電 話：(02)27683708

聯絡人:王淑蕙小姐(約需 7 個工作天)